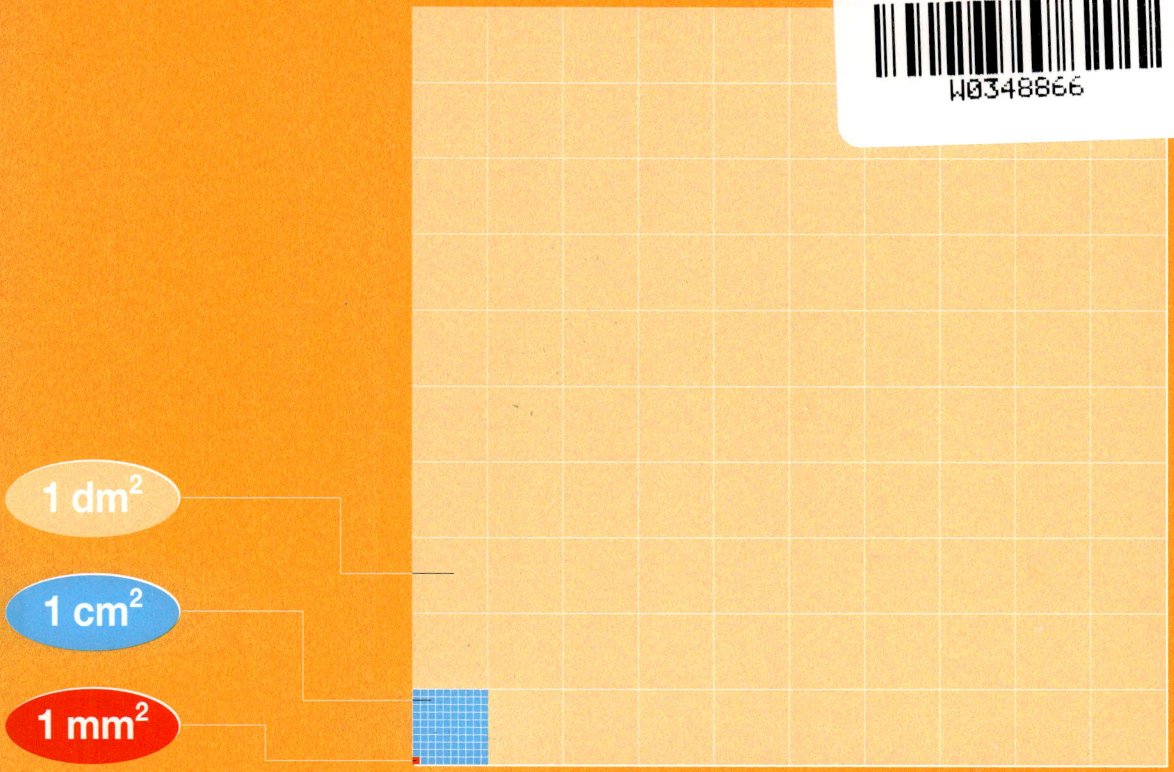

Flächeninhalt

Einheiten	Zeichen	Umrechnung
Quadratkilometer	km^2	$1\ km^2 = 100\ ha$
Hektar	ha	$1\ ha = 100\ a$
Ar	a	$1\ a = 100\ m^2$
Quadratmeter	m^2	$1\ m^2 = 100\ dm^2$
Quadratdezimeter	dm^2	$1\ dm^2 = 100\ cm^2$
Quadratzentimeter	cm^2	$1\ cm^2 = 100\ mm^2$
Quadratmillimeter	mm^2	

Volumen (Rauminhalt)

Einheiten	Zeichen	Umrechnung
Kubikmeter	m^3	$1\ m^3 = 1000\ dm^3$
Kubikdezimeter	dm^3	$1\ dm^3 = 1000\ cm^3$
Kubikzentimeter	cm^3	$1\ cm^3 = 1000\ mm^3$
Kubikmillimeter	mm^3	
Liter	l	$1\ l = 1\ dm^3 = 1000\ cm^3 = 1000\ ml$
Milliliter	ml	$1\ ml = 1\ cm^3$

Netzwerkkommunikation – Begriffe und Abkürzungen

Browser	Client-Software (Programm) zum Aufrufen und Darstellen von Web-Seiten
Client	Ein Programm, welches von einem anderen Programm (Server) Dienstleistungen anfordert.
Domain	Teil eines Netzwerks, der durch Einteilung oder Gliederung bestimmt wird. Speziell im Internet versteht man darunter eine aus organisatorischen oder inhaltlichen Gründen zusammengefasste Gruppe von IP-Adressen. Beispiel: http://www.vwv.de
Download	Prozessbeschreibung für das Herunterladen von Daten aus einem Online-Dienst oder dem Internet auf einen lokalen Computer.
E-Mail	Nachrichtensendung (elektronische Post) in Form von Dokumenten, Grafiken, Video- und Audiodaten über Computernetze (Internet, Intranet, lokale Netze)
FTP	Dienst oder Netzprotokoll im Internet, das die Dateiübertragung über FTP-Server steuert (engl. File Transfer Protocol).
ISDN	Digitales Datennetz zur Übertragung von Ton, Bildern und Texten (engl. Integrated Services Digital Network).
Homepage	Startseite einer Web-Site
HTML	Dokumentenbeschreibungssprache zur Gestaltung von Web-Seiten (engl. Hyper Text Markup Language)
HTTP	Übertragungsprotokoll, das das Übertragen von Web-Seiten ermöglicht (engl. Hyper Text Transfer Protocol). Textbestandteil jeder Web-Adresse (URL), die auf eine WWW-Seite verweist.
Hyperlink	Markierter Teil auf einer Web-Seite, der auf eine andere Web-Seite, auf ein Objekt, ein Bild oder eine sonstige eingebundene Datei verweist. Durch Anklicken erfolgt der Sprung auf das Objekt.
Modem	Elektronisches Gerät (Modulator/Demodulator), welches die Signalpegel zweier unterschiedlicher Signalarten anpasst. Ein Modem übernimmt die Umwandlung digitaler Signale des Computers in analoge Signale der Telefonleitung und umgekehrt.
Provider	Ermöglicht den Zugang zum Internet. Oft auch als Online-Diensteanbieter bezeichnet, da über den Zugang hinaus E-Mail-, Chat- oder WWW-Dienste bereitgestellt werden.
Server	Computer, der in Netzwerken Dienste (E-Mail, WWW, FTP) anbietet, die vom Client genutzt werden können.
TCP/IP	Ergeben zusammen das Übertragungsprotokoll im Internet (engl. Transmission Control Protocol/Internet Protocol). TCP: verantwortlich für das Verpacken; IP: verantwortlich für das Versenden der Pakete
URL	Vollständige Web-Adresse, unter der sich eine Web-Site aufrufen lässt (engl. Uniform Resource Locator). Sie gibt die Adresse des Servers und den Ort der Datei an. Beispiel: http://www.cornelsen.de/index.htm
WWW	Dienst im Internet zur Anforderung und Anzeige von HTML-Seiten auf der Basis von HTTP (engl. World Wide Web).

Das große Tafelwerk

Formelsammlung für kaufmännische Schulen

Mathematik

Informatik

Wirtschaft

Physik

Chemie

Biologie

Cornelsen

Inhalt

MATHEMATIK

CHEMIE

BIOLOGIE

Mathematik

Zahlen, Zeichen, Ziffern

Mathematische Zeichen

Zahlen, Relationen, Operationen	
$+;\ -;\ \cdot;\ :$	plus; minus; mal; geteilt durch
$\frac{2}{5}$	zwei Fünftel (2 geteilt durch 5)
$=;\ \neq$	gleich; ungleich
$:=$	wird definiert als
$\approx$	angenähert gleich, rund
$<;\ >$	kleiner als; größer als
$\leq$	kleiner gleich (kleiner oder gleich)
$\geq$	größer gleich (größer oder gleich)
$\mid;\ \nmid$	teilt; teilt nicht
$0{,}2\overline{51}$	periodischer Dezimalbruch (Periode 51)
%; ‰	Prozent; Promille
$\lvert z\rvert$	Betrag von z
$\sim$	proportional; in der Geometrie: ähnlich
$\widehat{=}$	entspricht
$\sqrt{\ }$	Wurzel aus (Quadratwurzel aus)
$\sqrt[n]{\ }$	n-te Wurzel aus
∞	unendlich
i	imaginäre Einheit ($\mathrm{i}^2 = -1$)
$f, g, \ldots$	Funktionen
$f(x)$	Funktionswert von f an der Stelle x
$f(x) = \ldots$	Funktionsgleichung/-vorschrift (auch: $f\colon x \to f(x)$)
$f^{-1}, \bar{f}$	Umkehrfunktion von f (auch $\check{f}, f^*$)
$\log_a b$	Logarithmus b zur Basis a
$\lg x$	dekadischer Logarithmus von x (Basis 10)
$\ln x$	natürlicher Logarithmus von x (Basis e)
e	Euler'sche Zahl (e = 2,718 281 828 459...)
$n!$	n Fakultät ($1 \cdot 2 \cdot 3 \cdot \ldots \cdot n$)
$\binom{n}{k}$	n über k (Binomialkoeffizient)
p	Wahrscheinlichkeit eines Ergebnisses
$P(A)$	Wahrscheinlichkeit für das Eintreten eines Ereignisses A
sin; cos	Sinus; Kosinus
tan; cot	Tangens; Kotangens
sgn (x)	Signum von x
int (x) oder $[x]$	ganzzahliger Anteil von x (int ist Abkürzung für engl. integer = ganzzahlig)
π	Kreiszahl (π = 3,141 592 653 589...)

Mengen	
$(a;\ b)$	offenes Intervall (ohne a und b), (auch: $]a;\ b[$ oder $a < x < b$)
$[a;\ b]$	abgeschlossenes Intervall (mit a und b), (auch: $a \leq x \leq b$)
$[a;\ b)$	halboffenes Intervall (mit a, aber ohne b), (auch: $[a;\ b[$ oder $a \leq x < b$)
$(a\mid b)$	geordnetes Paar (auch: $(a;\ b)$)
$\{a;\ b\}$	Menge der Elemente a und b
$\{a;\ b;\ \ldots\}$	Menge der Elemente $a;\ b;\ \ldots$
$\{x \mid \ldots\}$	Menge aller x, für die gilt ...
$\in;\ \notin$	Element von; nicht Element von
$\subset;\ \subseteq$	echte Teilmenge von; Teilmenge von
$\emptyset$	leere Menge
$A \cap B$	Schnittmenge, Durchschnitt (A geschnitten B)
$A \cup B$	Vereinigungsmenge (A vereinigt B)
$A \setminus B$	Differenzmenge (A ohne B)
$\bar{A}$	Komplementärmenge zu A
$A \times B$	Produktmenge von A und B (A kreuz B)

Analysis	
(a_n)	Folge a_n
$\sum_{i=1}^{n} a_i$	Summe über alle a_i von $i = 1$ bis n
$\lim_{x \to x_0} f(x)$	Limes $f(x)$ für x gegen x_0 (Grenzwert von f an der Stelle x_0)
$f'(x_0)$	1. Ableitung von f an der Stelle x_0
$f''(x_0)$	2. Ableitung ...; andere Schreibweisen: $\left.\frac{\mathrm{d}y}{\mathrm{d}x}\right\|_{x=x_0}$ bzw. $\left.\frac{\mathrm{d}^2y}{\mathrm{d}x^2}\right\|_{x=x_0}$ „dy nach dx an der Stelle $x = x_0$" „d zwei y nach dx Quadrat an der Stelle $x = x_0$"
$f';\ f'';\ f''';\ f^{(n)}$	Erste; zweite; dritte; n-te Ableitungsfunktion von f
$\int_a^b f(x)\,\mathrm{d}x$	Integral von a bis b über f von x dx (bestimmtes Integral)
$\int f(x)\,\mathrm{d}x$	Integral f von x dx (unbestimmtes Integral)

Geometrie	
$\parallel$; $\nparallel$	parallel zu; nicht parallel zu
$\perp$	senkrecht auf; orthogonal zu
$\triangle$	Dreieck
AB	Gerade AB (durch A und B)
$\overline{AB}$	Strecke AB
$\lvert\overline{AB}\rvert$	Länge der Strecke AB
$\overrightarrow{AB}$	Strahl AB (mit dem Anfangspunkt A)
$\overset{\frown}{AB}$	Bogen AB (Kreisbogen von A nach B)
$\sphericalangle$	Winkel
$\sphericalangle(g, h)$	Winkel zwischen g und h
$\sphericalangle AOB$	Winkel AOB (mit dem Scheitel O)
⦜	rechter Winkel
∢	orientierter Winkel (mit vorgegebener Drehrichtung)
$°; '; ''$	Grad; Minute; Sekunde (Winkeleinheiten)
$\text{arc}\,\alpha$	Arcus α (Winkeleinheit im Bogenmaß)
$\cong$; $\ncong$	kongruent; nicht kongruent
$\sim$	ähnlich

Zahlenbereiche	
$\mathbb{N}$	Menge der natürlichen Zahlen
$\mathbb{Z}$	Menge der ganzen Zahlen
$\mathbb{Q}$	Menge der rationalen Zahlen
$\mathbb{Q}^+$	Menge der positiven rationalen Zahlen (Bruchzahlen ohne Null)
$\mathbb{R}$	Menge der reellen Zahlen
$\mathbb{R}^*$	Menge der reellen Zahlen mit Ausnahme der Null
$\mathbb{C}$	Menge der komplexen Zahlen
$\mathbb{P}$	Menge der Primzahlen
$\mathbb{Z}_{\leq 8}$	Menge der ganzen Zahlen, die kleiner oder gleich 8 sind
$\mathbb{Q}_{\geq 0}$	Menge d. nicht negat. rationalen Zahlen
$\mathbb{R}_{>0}$	Menge der positiven reellen Zahlen

Vektorrechnung	
$\overrightarrow{AB}, \vec{a}$	Vektor AB bzw. Vektor a
$\vec{a} = \begin{pmatrix} a_x \\ a_y \\ a_z \end{pmatrix}$	Vektor a mit den Koordinaten a_x, a_y und a_z
$\vec{e}_i = \begin{pmatrix} 0 \\ \vdots \\ 0 \\ 1 \\ 0 \\ \vdots \\ 0 \end{pmatrix}$	i-ter Einheitsvektor; alle Einträge sind 0, nur an der i-ten Stelle steht eine 1
$\vec{a} \uparrow\uparrow \vec{b}$	Vektor a gleich gerichtet mit Vektor b
$\vec{a} \uparrow\downarrow \vec{b}$	Vektor a entgegengesetzt gerichtet zu Vektor b (für zueinander parallele Vektoren)
$\vec{a} \cdot \vec{b}$	Vektor a Punkt Vektor b (skalares Produkt; Skalarprodukt)
$\vec{a} \times \vec{b}$	Vektor a Kreuz Vektor b (vektorielles Produkt; Vektorprodukt, Kreuzprodukt)
$\mathbf{A}_{(m,n)}$	Matrix mit m Zeilen und n Spalten $\mathbf{A}_{(m,n)} = \begin{pmatrix} a_{11} & a_{12} & a_{13} & \dots & a_{1n} \\ a_{21} & a_{22} & a_{23} & \dots & a_{2n} \\ a_{31} & a_{32} & a_{33} & \dots & a_{3n} \\ \dots & \dots & \dots & \dots & \dots \\ a_{m1} & a_{m2} & a_{m3} & \dots & a_{mn} \end{pmatrix}$

Logik	
$\neg$	nicht (Negation)
$\wedge$	und (Konjunktion)
$\vee$	oder (Alternative)
$\Rightarrow$	wenn, dann … (Implikation)
$\Leftrightarrow$	genau dann, wenn … (Äquivalenz)

Griechisches Alphabet (Druckbuchstaben)

A	α	Alpha	H	η	Eta	N	ν	Ny	T	τ	Tau
B	β	Beta	Θ	ϑ	Theta	Ξ	ξ	Xi	Y	υ	Ypsilon
Γ	γ	Gamma	I	ι	Jota	O	o	Omikron	Φ	φ	Phi
Δ	δ	Delta	K	$\varkappa$	Kappa	Π	π	Pi	X	χ	Chi
E	ε	Epsilon	Λ	λ	Lambda	P	ϱ	Rho	Ψ	ψ	Psi
Z	ζ	Zeta	M	μ	My	Σ	σ, ς	Sigma	Ω	ω	Omega

Frakturbuchstaben

Lateinische Buchstaben	A	B	C	D	E	F	G	H	I	J	K	L	M
Frakturbuchstaben	𝔄 𝔞	𝔅 𝔟	ℭ 𝔠	𝔇 𝔡	𝔈 𝔢	𝔉 𝔣	𝔊 𝔤	ℌ 𝔥	ℑ 𝔦	𝔍 𝔧	𝔎 𝔨	𝔏 𝔩	𝔐 𝔪
Lateinische Buchstaben	N	O	P	Q	R	S	T	U	V	W	X	Y	Z
Frakturbuchstaben	𝔑 𝔫	𝔒 𝔬	𝔓 𝔭	𝔔 𝔮	ℜ 𝔯	𝔖 𝔰	𝔗 𝔱	𝔘 𝔲	𝔙 𝔳	𝔚 𝔴	𝔛 𝔵	𝔜 𝔶	ℨ 𝔷

Zahlenbereiche

	Ausführbarkeit von Rechenoperationen	Darstellung auf einer Zahlengeraden
Natürliche Zahlen $\mathbb{N}$ $\mathbb{N} = \{0, 1, 2, \ldots\}$	Addition und Multiplikation sind stets ausführbar, Subtraktion und Division nicht immer. *Monotoniegesetze:* Aus $a < b$ folgt $a + c < b + c$. Aus $a < b$ folgt $a \cdot c < b \cdot c$ $(c \neq 0)$.	Den natürlichen Zahlen entsprechen einzelne Punkte im Abstand von 1 auf dem Zahlenstrahl (ab 0). Jede Zahl (außer 0) hat einen Vorgänger und einen Nachfolger.
Ganze Zahlen $\mathbb{Z}$ $\mathbb{Z} = \{\ldots, -2, -1, 0, 1, 2, \ldots\}$ 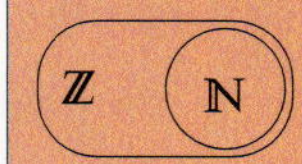 $\mathbb{N} \subset \mathbb{Z}$	Addition, Subtraktion und Multiplikation sind stets ausführbar, Division nicht immer. *Monotoniegesetze:* Aus $a < b$ folgt $a + c < b + c$. Aus $a < b$ folgt $a \cdot c < b \cdot c$, falls $c > 0$. Aus $a < b$ folgt $a \cdot c > b \cdot c$, falls $c < 0$.	Den ganzen Zahlen entsprechen einzelne Punkte im Abstand von 1 auf der Zahlengeraden. Jede Zahl (auch 0) hat einen Vorgänger und einen Nachfolger. Die zu einer Zahl a entgegengesetzte Zahl ist $-a$ (durch Punktspiegelung von a an 0).
Bruchzahlen $\mathbb{Q}_{\geq 0}$ $\mathbb{Q}_{\geq 0} = \left\{ \frac{p}{q} \middle\vert p, q \in \mathbb{N} \text{ und } q \neq 0 \right\}$, z. B. 0; 3; $\frac{4}{3}$; 1,47; $0,\bar{3}$ 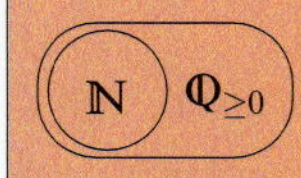 $\mathbb{N} \subset \mathbb{Q}_{\geq 0}$	Addition, Multiplikation und Division (außer durch 0) sind stets ausführbar, Subtraktion nicht immer. Bruchzahlen können auch durch (endliche bzw. periodische) Dezimalbrüche dargestellt werden. *Monotoniegesetze wie in $\mathbb{N}$*	Die gebrochenen Zahlen liegen dicht auf dem Zahlenstrahl (ab 0), es gibt aber Punkte, zu denen keine gebrochene Zahl gehört. (Lücken auf der Zahlengeraden)
Rationale Zahlen $\mathbb{Q}$ $\mathbb{Q} = \left\{ \frac{p}{q} \middle\vert p, q \in \mathbb{Z} \text{ und } q \neq 0 \right\}$, z. B. 1; $\frac{5}{8}$; $-0,\bar{3}$; $-\frac{1}{17}$; 2,5 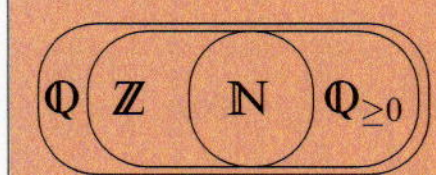 $\mathbb{N} \subset \mathbb{Q}$; $\mathbb{Z} \subset \mathbb{Q}$; $\mathbb{Q}_{\geq 0} \subset \mathbb{Q}$	Addition, Subtraktion, Multiplikation und Division (außer durch 0) sind stets ausführbar, Wurzelziehen nicht immer. Z. B. ist $\sqrt{2}$ nicht als Bruchzahl darstellbar. *Monotoniegesetze wie in $\mathbb{Z}$*	Die rationalen Zahlen liegen dicht auf der Zahlengeraden, es gibt aber Punkte, zu denen keine rationale Zahl gehört. (Lücken auf der Zahlengeraden)
Reelle Zahlen $\mathbb{R}$ z. B. -3; $\frac{5}{2}$; π; $\sqrt{4}$; $-\sqrt{3}$ 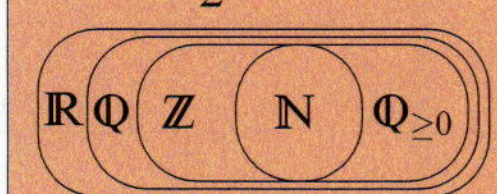 $\mathbb{N} \subset \mathbb{R}$; $\mathbb{Z} \subset \mathbb{R}$; $\mathbb{Q}_{\geq 0} \subset \mathbb{R}$; $\mathbb{Q} \subset \mathbb{R}$	Addition, Subtraktion, Multiplikation und Division (außer durch 0) sind stets ausführbar; Wurzeln aus positiven, reellen Zahlen können stets gezogen werden. Z. B. ist $\sqrt{2}$ irrational, d. h. ein unendlicher, nichtperiodischer Dezimalbruch. *Monotoniegesetze wie in $\mathbb{Z}$*	Jedem Punkt auf der Zahlengeraden entspricht genau eine reelle Zahl.
Komplexe Zahlen $\mathbb{C}$ $\mathbb{C} = \{a + bi \mid a, b \in \mathbb{R}; i^2 = -1\}$ z. B. 7; $-\frac{3}{5}$; $\sqrt{-4}$; $\sqrt{-1}$ $\mathbb{R} \subset \mathbb{C}$	Addition, Subtraktion, Multiplikation, Division (außer durch 0) und Radizieren (Wurzelziehen) sind stets ausführbar.	Die komplexen Zahlen können nicht mehr auf einer Zahlengerade, sondern in der Gauß'schen Zahlenebene dargestellt werden. (↗ S. 12)

Rechenoperationen

1. Stufe	Addition	$a+b=c$	a, b Summanden	c Summe	
	Subtraktion	$a-b=c$	a Minuend	b Subtrahend	c Differenz
2. Stufe	Multiplikation	$a \cdot b=c$	a, b Faktoren	c Produkt	
	Division	$a:b=c\ (b \neq 0)$	a Dividend	b Divisor	c Quotient
3. Stufe	Potenzieren	$a^b=c$	a Basis der Potenz	b Exponent	c Potenz
	Radizieren	$\sqrt[a]{b}=c\ (b \geq 0)$	a Wurzelexponent	b Radikand	c Wurzel
	Logarithmieren	$\log_a b=c\ (a>0; a \neq 1)$	a Basis	b Numerus	c Logarithmus

Sind mehrere *Rechenoperationen verschiedener Stufe* auszuführen, so haben stets die Operationen der höheren Stufe den Vorrang: Es gilt Punkt- vor Strichrechnung sowie Potenzieren, Radizieren und Logarithmieren vor Punkt- und Strichrechnung.
Zuerst müssen jedoch die Operationen in den Klammern ausgeführt werden.
Beispiel: $43-(7 \cdot 2^2-\sqrt{9})=43-(7 \cdot 4-3)=43-(28-3)=43-25=18$

Sind mehrere Zahlen durch *Rechenoperationen gleicher Stufe* verknüpft, so werden die Operationen in der Regel schrittweise von links nach rechts ausgeführt.
Beispiel: $24:3 \cdot 7=8 \cdot 7=56$

Termumformungen

Rechengesetze	$a+b=b+a$	Kommutativgesetz der Addition
	$a \cdot b=b \cdot a$	Kommutativgesetz der Multiplikation
	$a+(b+c)=(a+b)+c$	Assoziativgesetz der Addition
	$a \cdot(b \cdot c)=(a \cdot b) \cdot c$	Assoziativgesetz der Multiplikation
Auflösen von Klammern	$a \cdot(b+c)=a \cdot b+a \cdot c$	Distributivgesetze
	$a \cdot(b-c)=a \cdot b-a \cdot c$	Distributivgesetze
	$(a+b):c=a:c+b:c\ (c \neq 0)$	Distributivgesetze
	$(a-b):c=a:c-b:c\ (c \neq 0)$	Distributivgesetze
	$a+(b+c)=a+b+c$	$a+(b-c)=a+b-c$
	$a-(b+c)=a-b-c$	$a-(b-c)=a-b+c$
Ausmultiplizieren	$(a+b) \cdot(c+d)=ac+ad+bc+bd$	$(a+b) \cdot(c-d)=ac-ad+bc-bd$
	$(a-b) \cdot(c+d)=ac+ad-bc-bd$	$(a-b) \cdot(c-d)=ac-ad-bc+bd$
Binomische Formeln	$(a+b)^2=a^2+2ab+b^2$ $\quad(a-b)^2=a^2-2ab+b^2$	$(a+b) \cdot(a-b)=a^2-b^2$

Mittelwerte

	bei 2 Größen a_1, a_2	bei n Größen $a_1, a_2, \ldots, a_n$
Arithmetisches Mittel	$A=\frac{a_1+a_2}{2}$	$A=\frac{a_1+a_2+\ldots+a_n}{n}=\frac{1}{n}\sum_{i=1}^{n} a_i$
Geometrisches Mittel	$G=\sqrt{a_1 \cdot a_2}$	$G=\sqrt[n]{a_1 \cdot a_2 \cdot \ldots \cdot a_n}=\sqrt[n]{\prod_{i=1}^{n} a_i}\quad(a_i>0)$
Harmonisches Mittel	$H=\frac{2 \cdot a_1 \cdot a_2}{a_1+a_2}$	$H=\frac{n}{\frac{1}{a_1}+\frac{1}{a_2}+\ldots+\frac{1}{a_n}}=\frac{n}{\sum_{i=1}^{n}\frac{1}{a_i}}$

Teiler und Vielfache natürlicher Zahlen

Teiler $(a\|b)$ Vielfaches	a heißt Teiler von b, wenn es eine natürliche Zahl n gibt, sodass $a \cdot n = b$ gilt. Wenn a ein Teiler von b ist, so ist b ein Vielfaches von a.	
Größter gemeinsamer Teiler (ggT)	Beim Vergleich der Teiler zweier oder mehrerer Zahlen findet man den ggT.	Beispiel: 9 : 1, 3, 9 12 : 1, 2, 3, 4, 6, 12
Kleinstes gemeinsames Vielfaches (kgV)	Beim Vergleich der Vielfachen zweier oder mehrerer Zahlen findet man das kgV.	Beispiel: 9 : 9, 18, 27, 36, 45, … 12 : 12, 24, 36, 48, …

Teilbarkeitsregeln

Teiler t	Eine natürliche Zahl ist durch t teilbar, …
2	wenn sie auf 0, 2, 4, 6 oder 8 endet, sonst nicht.
3	wenn ihre Quersumme (Summe aller Ziffern) durch 3 teilbar ist, sonst nicht.
4	wenn ihre letzten beiden Ziffern eine durch 4 teilbare Zahl darstellen, sonst nicht.
5	wenn sie auf 0 oder 5 endet, sonst nicht.
6	wenn sie durch 2 und durch 3 teilbar ist, sonst nicht.
8	wenn ihre letzten drei Ziffern eine durch 8 teilbare Zahl darstellen, sonst nicht.
9	wenn ihre Quersumme (Summe aller Ziffern) durch 9 teilbar ist, sonst nicht.
10	wenn sie auf 0 endet, sonst nicht.

Primzahlen

Natürliche Zahlen, die größer als 1 und nur durch 1 und durch sich selbst teilbar sind, heißen Primzahlen. (Primzahlen sind natürliche Zahlen mit genau zwei Teilern.) Die kleinste Primzahl ist 2, eine größte Primzahl gibt es nicht. Die ersten 130 Primzahlen lauten:

2	31	73	127	179	233	283	353	419	467	547	607	661
3	37	79	131	181	239	293	359	421	479	557	613	673
5	41	83	137	191	241	307	367	431	487	563	617	677
7	43	89	139	193	251	311	373	433	491	569	619	683
11	47	97	149	197	257	313	379	439	499	571	631	691
13	53	101	151	199	263	317	383	443	503	577	641	701
17	59	103	157	211	269	331	389	449	509	587	643	709
19	61	107	163	223	271	337	397	457	521	593	647	719
23	67	109	167	227	277	347	401	461	523	599	653	727
29	71	113	173	229	281	349	409	463	541	601	659	733

Römische Zahlzeichen

I	1	V	5	X	10	L	50	C	100	D	500	M	1000

Stehen diese Ziffern nebeneinander, so wird je nach ihrer Reihenfolge addiert bzw. subtrahiert.

1 I	6 VI	11 XI	16 XVI	40 XL	90 XC	500 D
2 II	7 VII	12 XII	17 XVII	50 L	100 C	600 DC
3 III	8 VIII	13 XIII	18 XVIII	60 LX	200 CC	700 DCC
4 IV	9 IX	14 XIV	19 XIX	70 LXX	300 CCC	800 DCCC
5 V	10 X	15 XV	20 XX	80 LXXX	400 CD	900 CM

Zahlen im Zehnersystem/Dezimalzahlen

Im dekadischen Zahlensystem, kurz: Zehnersystem oder Dezimalsystem, wird als Basis die Zahl 10 benutzt, d. h. die einzelnen Stellen sind Potenzen von 10 (**Zehnerpotenzen**).
Zur Darstellung der einzelnen Zahlen werden die zehn Ziffern 0, 1, 2, 3, 4, 5, 6, 7, 8 und 9 benutzt.
Die Stelle einer Ziffer innerhalb der ganzen Zahl ergibt ihren Wert.
Eine **Stellentafel** im Dezimalsystem hat folgende Form:

Billionen			Milliarden			Millionen			Tausend					
10^{14}	10^{13}	10^{12}	10^{11}	10^{10}	10^{9}	10^{8}	10^{7}	10^{6}	10^{5}	10^{4}	10^{3}	10^{2}	10^{1}	10^{0}
					4	3	0	5	2	6	0	0	4	4

Für die in der dezimalen Stellentafel dargestellte Zahl 4 305 260 044 gilt:

$$\begin{aligned} 4\,305\,260\,044 &= 4 \cdot 10^9 + 3 \cdot 10^8 + 5 \cdot 10^6 + 2 \cdot 10^5 + 6 \cdot 10^4 + 4 \cdot 10^1 + 4 \cdot 10^0 \\ &= 4 \cdot 1\,000\,000\,000 + 3 \cdot 100\,000\,000 + 5 \cdot 1\,000\,000 + 2 \cdot 100\,000 + 6 \cdot 10\,000 + 4 \cdot 10 + 4 \cdot 1 \end{aligned}$$

Die in der Stellentafel dargestellte Zahl 4 305 260 044 lautet:
vier Milliarden dreihundertfünf Millionen zweihundertsechzig Tausend vierundvierzig.

Zahlen im Zweiersystem/Dualzahlen

Im dualen Zahlensystem, kurz: Zweiersystem oder Dualsystem, wird als Basis die Zahl 2 benutzt, d. h. die einzelnen Stellen sind Potenzen von 2.
Zur Darstellung der einzelnen Zahlen werden nur zwei Ziffern benötigt: 0 und 1.
Eine Stellentafel im Dualsystem hat folgende Form:

2^{10} (= 1024)	2^{9} (= 512)	2^{8} (= 256)	2^{7} (= 128)	2^{6} (= 64)	2^{5} (= 32)	2^{4} (= 16)	2^{3} (= 8)	2^{2} (= 4)	2^{1} (= 2)	2^{0} (= 1)
		1	0	1	0	1	1	0	1	1

Für die in der dualen Stellentafel dargestellte Zahl $[101011011]_2$ gilt:

$$\begin{aligned} [101011011]_2 &= 1 \cdot 2^8 + 1 \cdot 2^6 + 1 \cdot 2^4 + 1 \cdot 2^3 + 1 \cdot 2^1 + 1 \cdot 2^0 \\ &= 256 + 64 + 16 + 8 + 2 + 1 = 347 \end{aligned}$$

Für die Addition von Dualzahlen gilt: $0 + 0 = 0$; $0 + 1 = 1$; $1 + 0 = 1$; $1 + 1 = 10$
Für die Multiplikation von Dualzahlen gilt: $0 \cdot 0 = 0$; $0 \cdot 1 = 0$; $1 \cdot 0 = 0$; $1 \cdot 1 = 1$

Zahlen im Hexadezimalsystem/Hexadezimalzahlen

Im Hexadezimalsystem wird als Basis die Zahl 16 benutzt, d. h. die einzelnen Stellen sind Potenzen von 16.
Zur Darstellung der einzelnen Zahlen werden 16 Ziffern benötigt: 0, 1, 2, 3, 4, 5, 6, 7, 8, 9, A, B, C, D, E, F.
Eine Stellentafel im Hexadezimalsystem hat folgende Form:

16^{8} (= 4 294 967 296)	16^{7} (= 268 435 456)	16^{6} (= 16 777 216)	16^{5} (= 1 048 576)	16^{4} (= 65 536)	16^{3} (= 4 096)	16^{2} (= 256)	16^{1} (= 16)	16^{0} (= 1)
		A	0	6	0	3	7	F

Für die in der hexadezimalen Stellentafel dargestellte Zahl $[A06037F]_{16}$ gilt:

$$\begin{aligned} [A06037F]_{16} &= 10 \cdot 16^6 + 6 \cdot 16^4 + 3 \cdot 16^2 + 7 \cdot 16^1 + 15 \cdot 16^0 \\ &= 10 \cdot 16\,777\,216 + 6 \cdot 65\,536 + 3 \cdot 256 + 7 \cdot 16 + 15 \cdot 1 = 168\,166\,271 \end{aligned}$$

Rechnen mit Bruchzahlen (gebrochenen Zahlen)

Erweitern/Kürzen	$\frac{a}{b}=\frac{a\cdot c}{b\cdot c}\quad (b\neq 0,\ c\neq 0)$	$\frac{a}{b}=\frac{a:c}{b:c}$ ($b\neq 0,\ c\neq 0$, a und b teilbar durch c)
Addition/ Subtraktion	$\frac{a}{b}+\frac{c}{d}=\frac{ad+bc}{bd}\quad (b\neq 0,\ d\neq 0)$	$\frac{a}{b}-\frac{c}{d}=\frac{ad-bc}{bd}\quad (b\neq 0,\ d\neq 0)$
Multiplikation/ Division	$\frac{a}{b}\cdot\frac{c}{d}=\frac{a\cdot c}{b\cdot d}\quad (b\neq 0,\ d\neq 0)$	$\frac{a}{b}:\frac{c}{d}=\frac{a\cdot d}{b\cdot c}\quad (b\neq 0,\ c\neq 0,\ d\neq 0)$

Rundungsregeln

Ab- und Aufrunden	Folgt der Rundungsstelle eine 0, 1, 2, 3 oder 4, so wird abgerundet. Folgt der Rundungsstelle eine 5, 6, 7, 8 oder 9, so wird aufgerundet.
Faustregel für das Rechnen mit gerundeten Werten	*Addition/Multiplikation:* Um Rundungsfehler gering zu halten, sollte die eine Zahl vergrößert und die andere verkleinert werden. *Subtraktion/Division:* Beide Zahlen sollten vergrößert oder beide verkleinert werden, um geringere Rundungsfehler zu erhalten.

Näherungswerte

Näherungswerte	Näherungswerte erhält man beim Messen und beim Runden. Auch beim Rechnen mit Dezimalbrüchen benutzt man oft Näherungswerte, um Rechnungen mit vielen Nachkommastellen zu vermeiden.
Abweichung vom genauen Wert	Ein Näherungswert weicht i. Allg. vom (meist unbekannten) genauen Wert um nicht mehr als die Hälfte des Stellenwertes der letzten Ziffer ab. *Beispiel:* Für $\sqrt{7}$ gibt der Taschenrechner 2,64**57**513 an. Der Näherungswert 2,646 weicht davon um 0,0002487 ($<0{,}0005$) ab.
Faustregeln für das Rechnen mit Näherungswerten	*Addition/Subtraktion:* Suche den Näherungswert, bei dem die letzte zuverlässige Ziffer am weitesten links steht. Bestimme die Stelle dieser letzten zuverlässigen Ziffer. Runde das Ergebnis auf diese Stelle. *Multiplikation/Division:* Suche den Näherungswert mit der geringsten Anzahl zuverlässiger Ziffern. Runde das Ergebnis auf die gleiche Anzahl von Ziffern.

Intervalle im Bereich reeller Zahlen

Abgeschlossene Intervalle
$[a;\ b]$ ist die Menge aller reellen Zahlen x mit $a\leq x\leq b$.
Die Randwerte a und b gehören zum Intervall.

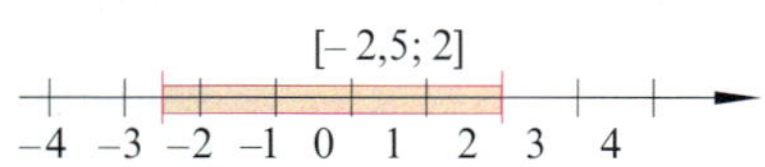

Offene Intervalle
$(a;\ b)$ ist die Menge aller reellen Zahlen x mit $a<x<b$.
Die Randwerte a und b gehören nicht zum Intervall.
$(a;\ +\infty)$ ist die Menge aller reellen Zahlen x mit $x>a$.

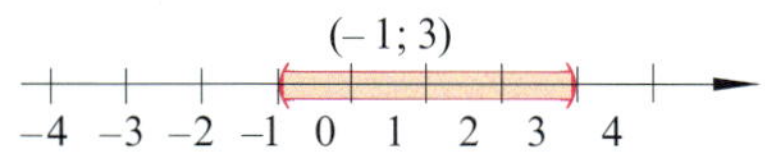

Halboffene Intervalle
$[a;\ b)$ ist die Menge aller reellen Zahlen x mit $a\leq x<b$.
$(a;\ b]$ ist die Menge aller reellen Zahlen x mit $a<x\leq b$.
$[a;\ +\infty)$ ist die Menge aller reellen Zahlen x mit $x\geq a$.
$(-\infty;\ a]$ ist die Menge aller reellen Zahlen x mit $x\leq a$.

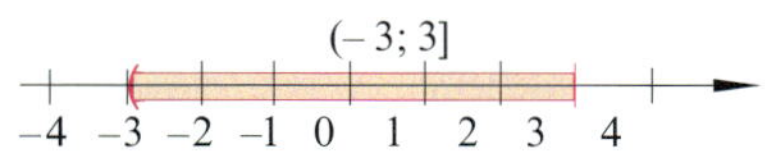

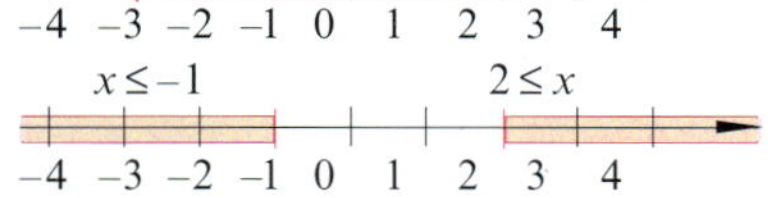

Komplexe Zahlen

Komplexe Zahlen in Normalform	Der Bereich der komplexen Zahlen $\mathbb{C}$ umfasst alle Zahlen der Form $z = a + b\,\mathrm{i}$ $(a, b \in \mathbb{R};\ \mathrm{i}^2 = -1)$. a nennt man Realteil von z (Re z) und b Imaginärteil von z (Im z). Alle komplexen Zahlen mit $b = 0$ sind reelle Zahlen, also $\mathbb{R} \subset \mathbb{C}$. Alle komplexen Zahlen mit $a = 0$ und $b \neq 0$ sind imaginäre Zahlen. Die Zahl $\bar{z} = a - b\,\mathrm{i}$ heißt die zu $z = a + b\,\mathrm{i}$ konjugiert komplexe Zahl.	Darstellung der komplexen Zahlen in der Gauß'schen Zahlenebene 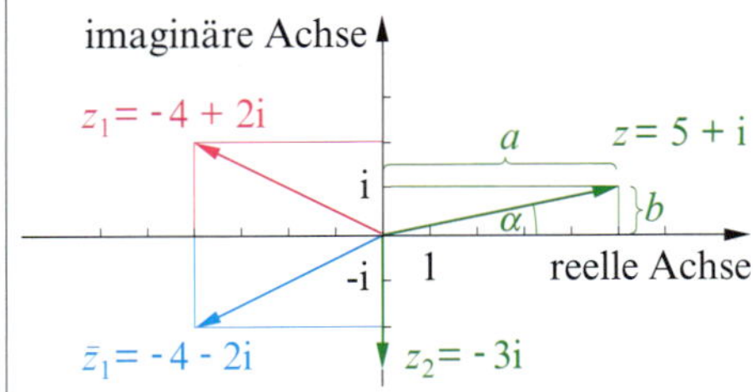
Rechenoperationen mit komplexen Zahlen in Normalform	Gegeben sind die komplexen Zahlen $z = a + b\mathrm{i}$, $z_1 = a_1 + b_1\mathrm{i}$, $z_2 = a_2 + b_2\mathrm{i}$. • Gleichheit: z_1 und z_2 sind genau dann gleich, wenn $a_1 = a_2$ und $b_1 = b_2$. • Addition: $z_1 + z_2 = (a_1 + a_2) + (b_1 + b_2)\,\mathrm{i}$ • Subtraktion: $z_1 - z_2 = (a_1 - a_2) + (b_1 - b_2)\,\mathrm{i}$ • Multiplikation: $z_1 \cdot z_2 = (a_1 a_2 - b_1 b_2) + (a_1 b_2 + a_1 b_1)\,\mathrm{i}$ • Division: $z_1 : z_2 = \frac{a_1 a_2 + b_1 b_2}{a_2^2 + b_2^2} + \frac{b_1 a_2 - a_1 b_2}{a_2^2 + b_2^2}\,\mathrm{i}$ für $z_2 \neq 0 + 0\mathrm{i}$ • Inverses: $\frac{1}{z} = \frac{a}{a^2 + b^2} - \frac{b}{a^2 + b^2}\,\mathrm{i}$ für $z \neq 0 + 0\mathrm{i}$ • Betrag: $\lvert z \rvert = \sqrt{a^2 + b^2}$	
Komplexe Zahlen in trigonometrischer Form	Wegen $\lvert z \rvert = r = \sqrt{a^2 + b^2}$, $a = \lvert z \rvert \cdot \cos\alpha$ und $b = \lvert z \rvert \cdot \sin\alpha$ mit $0° \leq \alpha \leq 360°$ folgt aus $z = a + b\mathrm{i}$: $z = \lvert z \rvert \cdot \cos\alpha + \lvert z \rvert \cdot \sin\alpha\,\mathrm{i}$ $\quad = \lvert z \rvert \cdot (\cos\alpha + \sin\alpha\,\mathrm{i})$ $\quad = r \cdot (\cos\alpha + \sin\alpha\,\mathrm{i})$	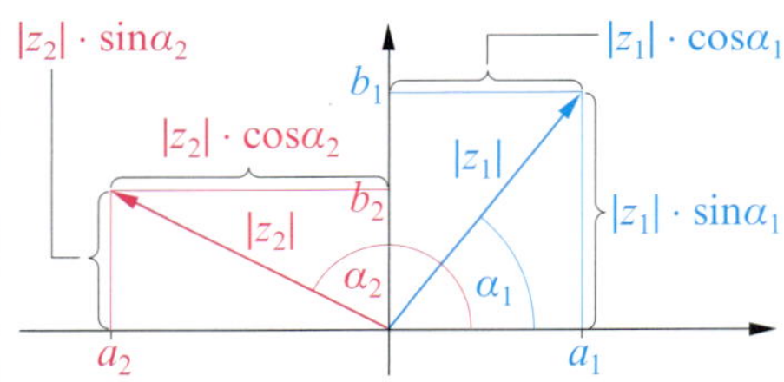
Rechenoperationen mit komplexen Zahlen in trigonometrischer Form	Gegeben sind die komplexen Zahlen $z = r \cdot (\cos\alpha + \sin\alpha\mathrm{i})$, $z_1 = r_1 \cdot (\cos\alpha_1 + \sin\alpha_1\mathrm{i})$, $z_2 = r_2 \cdot (\cos\alpha_2 + \sin\alpha_2\mathrm{i})$. • Gleichheit: z_1 und z_2 sind genau dann gleich, wenn $r_1 = r_2$ und $\alpha_1 = \alpha_2$. • Addition: $z_1 + z_2 = (r_1 \cdot \cos\alpha_1 + r_2 \cdot \cos\alpha_2) + (r_1 \cdot \sin\alpha_1 + r_2 \cdot \sin\alpha_2)\,\mathrm{i}$ • Subtraktion: $z_1 - z_2 = (r_1 \cdot \cos\alpha_1 - r_2 \cdot \cos\alpha_2) + (r_1 \cdot \sin\alpha_1 - r_2 \cdot \sin\alpha_2)\,\mathrm{i}$ • Multiplikation: $z_1 \cdot z_2 = r_1 r_2 [\cos(\alpha_1 + \alpha_2) + \sin(\alpha_1 + \alpha_2)\,\mathrm{i}]$ • Division: $z_1 : z_2 = \frac{r_1}{r_2}[\cos(\alpha_1 - \alpha_2) + \sin(\alpha_1 - \alpha_2)\,\mathrm{i}]$ für $z_2 \neq 0 + 0\mathrm{i}$ • Inverses: $\frac{1}{z} = \frac{1}{r}[\cos\alpha - \sin\alpha\,\mathrm{i}]$ für $z \neq 0 + 0\mathrm{i}$ • Potenzieren: $z^n = r^n[\cos(n\alpha) + \sin(n\alpha)\,\mathrm{i}]$ (Satz von de Moivre)	
Beispiel für die grafische Addition bzw. Subtraktion komplexer Zahlen	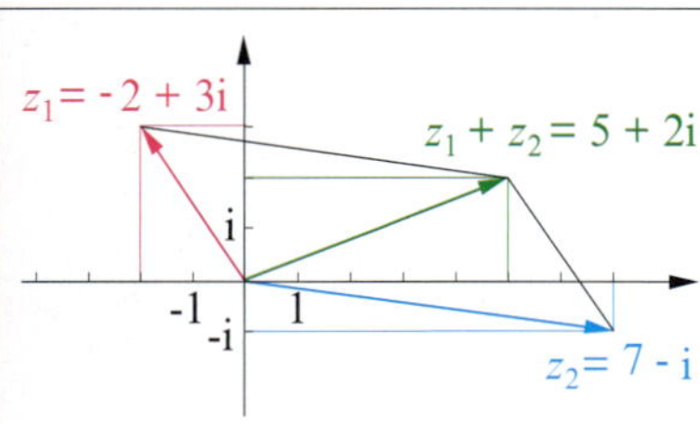	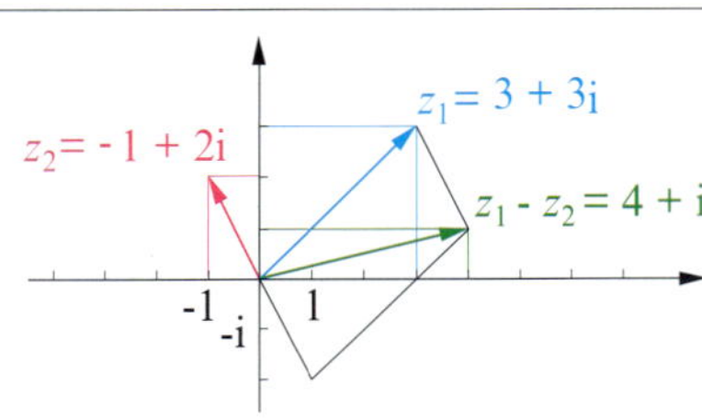

Gleichungen und Funktionen

Zuordnungen

Bei **Zuordnungen** wird jedem Wert aus einem Bereich ein Wert aus einem anderen Bereich zugeordnet. Zuordnungen können z. B. durch Wertetabellen, Diagramme oder Rechenvorschriften gegeben sein.
Eine spezielle Zuordnung ist die **Funktion**: Jedem Wert aus einem Bereich wird **genau** ein Wert aus einem anderen Bereich zugeordnet.

Beispiel: „Jeder natürlichen Zahl wird ihr Doppeltes, um eins vermehrt, zugeordnet."

Wertetabelle:

x	0	1	2	3	4
y	1	3	5	7	9

Diagramm:

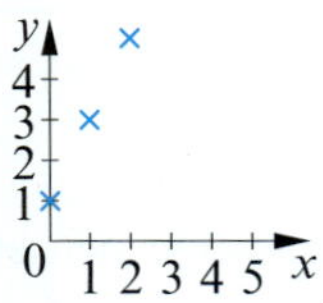

Pfeildiagramm:

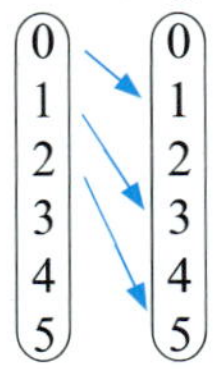

Rechenvorschrift:

$x \rightarrow y$ mit $y = 2x + 1$,
wobei $x \in \mathbb{N}$

Proportionale Zuordnungen/Proportionalität

	Proportionale Zuordnungen (Direkt proportionale Zuordnungen)	Antiproportionale Zuordnungen (Indirekt proportionale Zuordnungen)
Definition	Die Verhältnisse einander zugeordneter Zahlen sind stets gleich (quotientengleich). Für alle Paare $(x_i; y_i)$ bzw. $(x_k; y_k)$ gilt: • $\frac{y_i}{x_i} = m \ (x_i \neq 0)$ bzw. $y_i = m \cdot x_i$ • $\frac{y_i}{x_i} = \frac{y_k}{x_k}$ (Verhältnisgleichung)	Die Produkte einander zugeordneter Zahlen sind stets gleich (produktgleich). Für alle Paare $(x_i; y_i)$ bzw. $(x_k; y_k)$ gilt: • $x_i \cdot y_i = k$ bzw. $y_i = \frac{k}{x_i} \quad (x_i \neq 0)$ • $x_i \cdot y_i = x_k \cdot y_k$ (Produktgleichung)
Merkmale	Wird die eine Größe verdoppelt (verdreifacht, ...), so verdoppelt (verdreifacht, ...) sich auch die andere. Wird die eine Größe halbiert (gedrittelt, ...), so halbiert (drittelt, ...) sich auch die andere. *Faustregel:* „Je mehr – desto mehr."	Wird die eine Größe verdoppelt (verdreifacht, ...), so halbiert (drittelt, ...) sich die andere. Wird die eine Größe halbiert (gedrittelt, ...), so verdoppelt (verdreifacht, ...) sich die andere. *Faustregel:* „Je mehr – desto weniger."
Grafische Darstellung	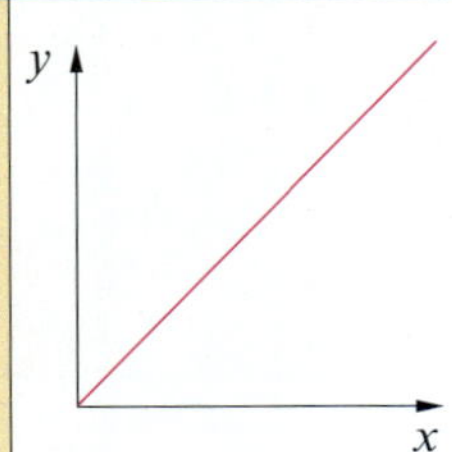 Alle Punkte liegen auf einer Geraden, die durch den Nullpunkt des Koordinatensystems geht.	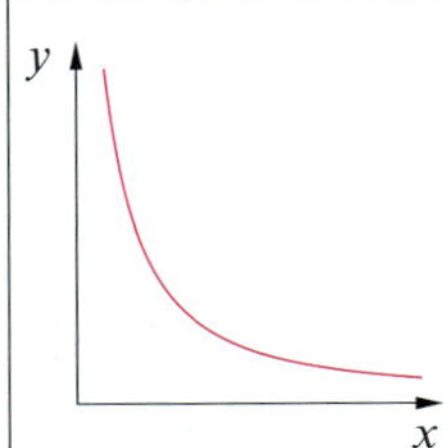 Die Punkte liegen auf einer Kurve, die sich für sehr kleine x-Werte an die y-Achse und für sehr große x-Werte an die x-Achse anschmiegt.
Dreisatz-Schema	gegebenes Zahlenpaar: 3 — 4 Schluss auf die Einheit: $:3$ → 1 — $\frac{4}{3}$ ($:3$) Schluss auf das Gesuchte: $\cdot 5$ → 5 — $\frac{4}{3} \cdot 5$ ($\cdot 5$)	gegebenes Zahlenpaar: 7 — 6 Schluss auf die Einheit: $:7$ → 1 — $6 \cdot 7$ ($\cdot 7$) Schluss auf das Gesuchte: $\cdot 2$ → 2 — $\frac{6 \cdot 7}{2}$ ($:2$)

Prozentrechnung/Zinsrechnung

	Prozentrechnung	Zinsrechnung
Begriffe	*das Ganze (100%):* Grundwert G *Anteil am Ganzen* $\left(1\% = \frac{1}{100} = 0{,}01\right)$: Prozentsatz $p\%$ *Größe des Anteils:* Prozentwert W	Kapital K Zinssatz $p\%$ Zinsen Z
Grundgleichung	$\frac{W}{p} = \frac{G}{100}$ $\left(\text{auch } W = \frac{G \cdot p}{100}\right)$	$\frac{Z}{p} = \frac{K}{100}$ $\left(\text{auch } Z = \frac{K \cdot p}{100}\right)$
Grundaufgaben	Zu berechnen ist W: $W = \frac{G \cdot p}{100}$ Zu berechnen ist $p\%$: $p\% = \frac{p}{100} = \frac{W}{G}$ Zu berechnen ist G: $G = \frac{W \cdot 100}{p}$	Zu berechnen ist Z: $Z = \frac{K \cdot p}{100}$ Zu berechnen ist $p\%$: $p\% = \frac{p}{100} = \frac{Z}{K}$ Zu berechnen ist K: $K = \frac{Z \cdot 100}{p}$

Einige Prozentsätze und ihre Anteile von G

1%	2%	2,5%	4%	5%	10%	12,5%	20%	25%	33,3%	50%	66,6%	75%
$\frac{1}{100}$	$\frac{1}{50}$	$\frac{1}{40}$	$\frac{1}{25}$	$\frac{1}{20}$	$\frac{1}{10}$	$\frac{1}{8}$	$\frac{1}{5}$	$\frac{1}{4}$	$\frac{1}{3}$	$\frac{1}{2}$	$\frac{2}{3}$	$\frac{3}{4}$

Zinsen für feste Anlagezeit

ein Jahr: $Z = \frac{K \cdot p}{100}$ m Monate: $Z = \frac{K \cdot m \cdot p}{100 \cdot 12}$ i Tage: $Z = \frac{K \cdot i \cdot p}{100 \cdot 360}$

Zinseszins

Das Kapital K wächst nach n Jahren auf K_n:

n	1	2	…	n
K_n	$K \cdot q$	$K \cdot q^2$	…	$K \cdot q^n$

mit $q = 1 + \frac{p}{100}$

Skonto und Umsatzsteuer (auch Mehrwertsteuer)

Skonto
prozentualer Preisnachlass auf den Rechnungsbetrag bei Zahlung innerhalb einer bestimmten Frist

Beispiel mit 3% Skonto:

Rechnungsbetrag	200 €	Rechnungsbetrag
− Skonto	− 6 €	Skonto: 3% von 200 €, also $\frac{200\,€ \cdot 3}{100} = 6\,€$
= Barpreis	= 194 €	Barpreis

Umsatzsteuer (USt) auch Mehrwertsteuer (MwSt)
Steuer, die den Austausch von Waren und Dienstleistungen besteuert

Beispiel mit 19% Umsatzsteuer:

Nettobetrag	50,00 €	Nettobetrag
+ Umsatzsteuer	+ 9,50 €	USt: 19% von 50 €, also $\frac{50\,€ \cdot 19}{100} = 9{,}50\,€$
= Bruttobetrag	= 59,50 €	Bruttobetrag

$$\text{Nettobetrag in } € = \frac{\text{Bruttobetrag in } € \cdot 100}{100 + \text{Steuersatz}} = \frac{59{,}50\,€ \cdot 100}{119} = 50\,€$$

$$\text{Umsatzsteuer in } € = \frac{\text{Bruttobetrag in } € \cdot \text{Steuersatz}}{100 + \text{Steuersatz}} = \frac{59{,}50\,€ \cdot 19}{119} = 9{,}50\,€$$

Lineare Optimierung

Lineare Optimierung – Probleme mit zwei Variablen	Ausgangspunkt: • lineares Ungleichungssystem mit 2 Variablen x_1, x_2 • lineare Zielfunktion $f(x_1; x_2)$ • oft: **Nichtnegativitätsbedingungen** $(x_1 \geq 0,\ x_2 \geq 0)$ Gesucht sind alle Zahlenpaare $(x_1; x_2)$, für die gilt: 1. $(x_1; x_2)$ ist Lösung des lin. Ungleichungssystems. 2. f hat bei $(x_1; x_2)$ ein Maximum bzw. ein Minimum.	$a_{11}x_1 + a_{12}x_2 \leq b_1$ $a_{21}x_1 + a_{22}x_2 \leq b_2$ … $a_{m1}x_1 + a_{m2}x_2 \leq b_m$; $f(x_1; x_2) = p_1 x_1 + p_2 x_2 = \begin{cases} \text{max!} \\ \text{min!} \end{cases}$
Grafische Lösung eines linearen Optimierungsproblems mit zwei Variablen	1. Darstellung des durch das Ungleichungssystem bestimmten Bereiches B 2. Einzeichnen der Geraden g_0 mit $p_1 x_1 + p_2 x_2 = 0$ 3. Verschieben von g_0, sodass g^* mit $p_1 x_1 + p_2 x_2 = c$ $(c \neq 0)$ den Bereich B nur in einer Kante oder einem Eckpunkt berührt. c muss dabei maximal bzw. minimal werden. Für die Koordinaten x_1^*, x_2^* des Berührungspunktes von g^* mit dem Bereich B wird f maximal bzw. minimal. ($(x_1^*; x_2^*)$ existiert nicht notwendig.)	*Bsp.:* $x_1 + x_2 \leq 2;\ x_2 \geq 1;\ x_1 \geq 0$ $f(x_1; x_2) = 2x_1 + x_2 = \text{min!}$ 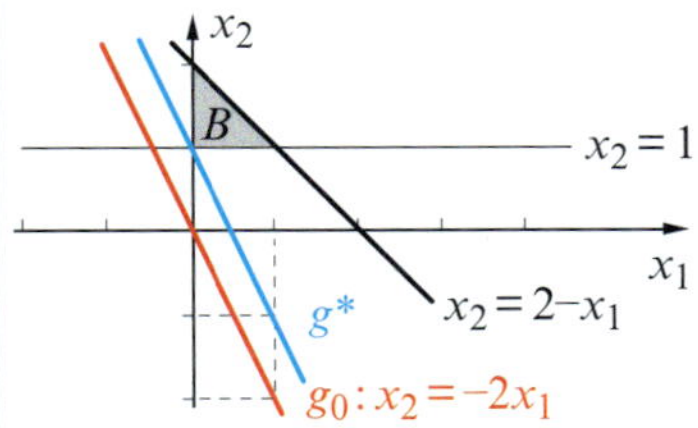
Lineare Optimierung – allgemeiner Fall (Probleme mit n Variablen)	Ausgangspunkt: • System linearer Ungleichungen (Nebenbedingungen) • Nichtnegativitätsbedingungen • eine zu optimierende lineare Zielfunktion f Gesucht ist ein n-Tupel $x = (x_1, x_2, \ldots, x_n)$, mit 1. x ist Lösung des lin. Ungleichungssystems. 2. f hat bei x ein Maximum bzw. ein Minimum.	Gegeben: (m, n)-Matrix A; $p = (p_1, \ldots, p_n)^T$, $b = (b_1, b_2, \ldots, b_m)^T$, $b_i \geq 0$ Gesucht: Vektor x mit (1) $f(x) = p^T x = \text{max!}$ bzw. min! (2) $A \cdot x \leq b$ mit $(x_i \geq 0)$
Standardform eines linearen Optimierungsproblems	Das Problem ist als Maximierungsproblem zu formulieren (notfalls durch max $(-f)$). Das standardisierte Ungleichungssystem $\boldsymbol{A} \cdot \boldsymbol{x} \leq \boldsymbol{b}$ wird mithilfe von **Schlupfvariablen** $y_1, y_2, \ldots, y_m$ in ein lineares Gleichungssystem umgewandelt. **Zulässige Basislösung:** Lösung, bei der $n - m$ Variablen (**Nichtbasisvariablen**) den Wert 0 haben und die zu den übrigen m **Basisvariablen** gehörenden Koeffizientenspalten des LGS lin. unabhängig sind.	(1) $y + \boldsymbol{A} \cdot x = b;\ x_i \geq 0;\ b_i \geq 0$ $\boldsymbol{y} = (y_1, y_2, \ldots, y_m)^T;\ y_i \geq 0$ (m, n)-Matrix $\boldsymbol{A}$ $(m > n)$ (2) $f(x) = p^T x = \text{max!}$ $p = (p_1, p_2, \ldots, p_n)^T$ $y_i = b_i$ für $i \in \{1, \ldots, m\}$ und $x_j = 0$ für $j \in \{1, \ldots, n\}$ ist eine zulässige Basislösung (mit den Schlupfvariablen als Basisvariablen).
Simplex-Algorithmus	– Lineares Optimierungsproblem in Standardform bringen – Koeffizienten in ein Simplextableau eintragen – je Iterationsschritt Folgendes ausführen: 1. Finden des **Pivotelements** $a_{i^*j^*}$ (a) **Pivotspalte:** Spalte j^* mit $p_{j^*} = \max p_j$; (b) **Pivotzeile:** Zeile i^* mit $\lvert b_{i^*}/a_{i^*j^*} \rvert = \min(\lvert b_i/a_{ij^*} \rvert)$, wobei $b_i/a_{ij^*} < 0$ 2. Variablen in Pivotzeile und -spalte tauschen; 3. Pivotelement durch sein Reziprokes ersetzen; 4. restliche Koeff. der Pivotspalte durch $a_{i^*j^*}$ teilen; 5. restliche Koeff. der Pivotzeile durch $-a_{i^*j^*}$ teilen; 6. restliche Koeff. des Tableaus wie folgt ersetzen:	**Simplextableau:**

		Nichtbasisvariablen				
Basisvariablen		x_1	x_2	…	x_n	
	f	p_1	p_2	…	p_m	0
	y_1	$-a_{11}$	$-a_{12}$	…	$-a_{1n}$	b_1
	y_2	$-a_{21}$	$-a_{22}$	…	$-a_{2n}$	b_2
	…	…	…	…	…	…
	y_m	$-a_{m1}$	$-a_{m2}$	…	$-a_{mn}$	b_m

$$a_{ij} \text{ durch } a_{ij} - \frac{a_{ij^*} \cdot a_{i^*j}}{a_{i^*j^*}},\quad b_i \text{ durch } b_i - \frac{a_{ij^*} \cdot b_{i^*}}{a_{i^*j^*}},\quad p_j \text{ durch } p_j - \frac{a_{i^*j} \cdot p_{j^*}}{a_{i^*j^*}}$$

Sind in dem so entstehenden Tableau alle Koeffizienten $p_1, p_2, \ldots, p_n$ negativ, enthält die rechte Spalte das Lösungstupel für die Basisvariablen.

Lineare Gleichungen/lineare Gleichungssysteme

Lineare Gleichungen mit einer Variablen	*allgemeine Form:* $a \cdot x + b = 0$, wobei a, b konstant und $a \neq 0$ *Lösung:* $x = -\frac{b}{a}$ bzw. $L = \left\{ -\frac{b}{a} \right\}$
Lineare Gleichungen mit zwei Variablen	*allgemeine Form:* $ax + by = c$, wobei a, b, c konstant und $a \neq 0, b \neq 0$ *Lösungsmenge:* $L = \left\{ (x; y) \mid y = -\frac{a}{b}x + \frac{c}{b} \right\}$ Alle Lösungen liegen auf ein und derselben Geraden.
Lineare Gleichungssysteme (LGS) mit 2 Variablen	*allgemeine Form:* (I) $a_1 x + b_1 y = c_1$ (II) $a_2 x + b_2 y = c_2$, wobei $a_1, b_1, c_1, a_2, b_2, c_2$ konstant *Lösungsmenge:* Schnittmenge der Lösungsmengen beider Gleichungen
Grafisches Lösen von linearen Gleichungssystemen mit 2 Variablen	Das LGS hat *genau eine Lösung,* wenn die Geraden einander schneiden. 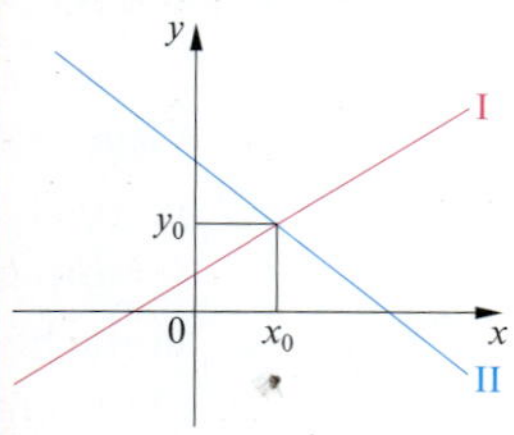 Das LGS hat *keine Lösung,* wenn die Geraden parallel verlaufen. 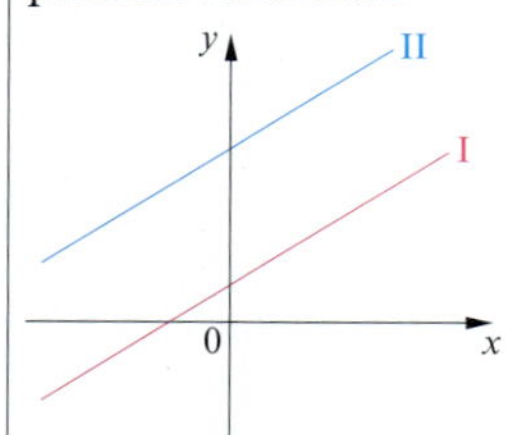 Das LGS hat *unendlich viele Lösungen,* wenn die Geraden zusammenfallen. 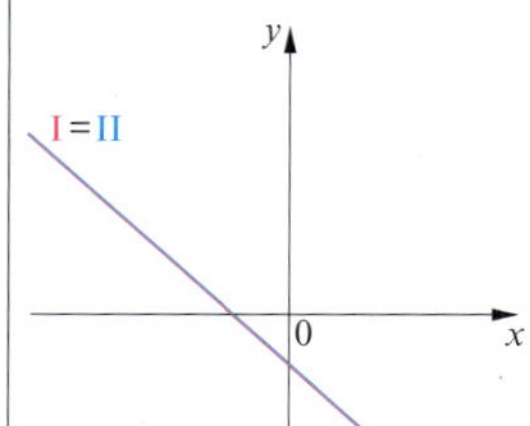
Rechnerisches Lösen von linearen Gleichungssystemen (↗ Seite 73)	*Einsetzungsverfahren:* – eine Gleichung nach einer Variablen auflösen – den entstehenden Term in die andere Gleichung einsetzen *Gleichsetzungsverfahren:* – beide Gleichungen nach derselben Variablen auflösen – entstehende Terme gleichsetzen *Additionsverfahren:* – eine Gleichung auf beiden Seiten mit einer Zahl ($\neq 0$) multiplizieren, sodass in beiden Gleichungen die Koeffizienten vor einer der Variablen dem Betrage nach gleich, ihre Vorzeichen aber verschieden sind – Gleichungen dann addieren

Lineare Funktionen/konstante Funktionen

Lineare Funktionen	*Funktionsgleichung:* $y = f(x) = m \cdot x + n$, wobei m, n konstant und $m \neq 0$ *grafische Darstellung:* Gerade durch den Punkt $P(0; n)$ mit Steigung m *Steigung:* $m = \frac{y_2 - y_1}{x_2 - x_1}$ $(x_1 \neq x_2)$ $m = \tan\alpha$ $(\alpha \neq 90°)$ *Monotonie:* für $m > 0$ monoton wachsend für $m < 0$ monoton fallend *Nullstelle:* $x_0 = -\frac{n}{m}$ 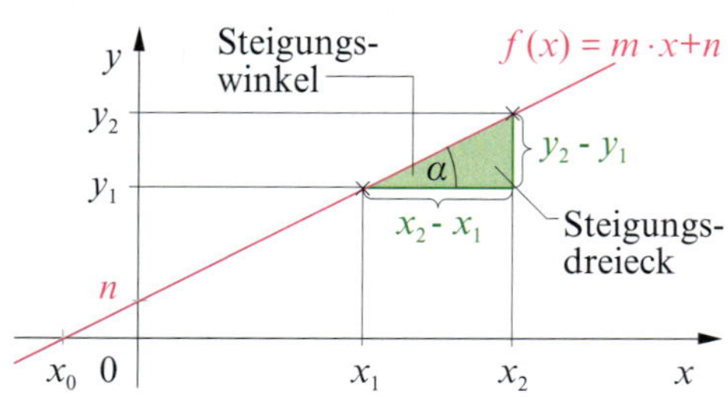
Konstante Funktionen	*Funktionsgleichung:* $y = f(x) = n$, wobei n konstant *grafische Darstellung:* Gerade durch den Punkt $P(0; n)$, parallel zur x-Achse

Quadratische Gleichungen

Quadratische Gleichungen	*allgemeine Form:* $ax^2+bx+c=0$, wobei a, b, c *konstant und* $a \neq 0$ *Normalform:* $x^2+px+q=0$, wobei p, q konstant	
Lösungsformeln	für Normalform: $x_{1,2}=-\frac{p}{2}\pm\sqrt{\left(\frac{p}{2}\right)^2-q}$	für allgemeine Form: $x_{1,2}=-\frac{b}{2a}\pm\sqrt{\frac{b^2-4ac}{4a^2}}$
Diskriminante	$D=\left(\frac{p}{2}\right)^2-q$, daher $x_{1,2}=-\frac{p}{2}\pm\sqrt{D}$	
Anzahl der Lösungen	Falls $D>0$: zwei Lösungen, $x_1=-\frac{p}{2}+\sqrt{\left(\frac{p}{2}\right)^2-q}$ und $x_2=-\frac{p}{2}-\sqrt{\left(\frac{p}{2}\right)^2-q}$ Falls $D=0$: genau eine Lösung, $x_1=x_2=-\frac{p}{2}$ Falls $D<0$: keine Lösung im Bereich der reellen Zahlen	
Satz von Vieta	Für die Lösungen x_1, x_2 einer quadratischen Gleichung $x^2+px+q=0$ gilt: $x_1+x_2=-p$ und $x_1\cdot x_2=q$	
Zerlegung in Linearfaktoren	Für die Lösungen x_1, x_2 einer quadratischen Gleichung $x^2+px+q=0$ gilt: $x^2+px+q=(x-x_1)\cdot(x-x_2)$	

Quadratische Funktionen

Allgemeine Form	*Funktionsgleichung:* $y=f(x)=ax^2+bx+c$, wobei a, b, c konstant und $a\neq 0$ *Scheitelpunkt:* $S\left(-\frac{b}{2a};\frac{4ac-b^2}{4a}\right)$ *Nullstellen:* $x_{1,2}=-\frac{b}{2a}\pm\sqrt{\frac{b^2-4ac}{4a^2}}$
Normalform	*Funktionsgleichung:* $y=f(x)=x^2+px+q$, *wobei* p, q konstant *Scheitelpunkt:* $S\left(-\frac{p}{2};-\frac{p^2}{4}+q\right)$ *Nullstellen:* $x_{1,2}=-\frac{p}{2}\pm\sqrt{\left(\frac{p}{2}\right)^2-q}$
Scheitelpunktsform	*Funktionsgleichung:* $y=f(x)=a(x+d)^2+e$, wobei a, d, e konstant und $a\neq 0$ *Scheitelpunkt:* $S(-d;e)$ *Nullstellen:* $x_{1,2}=-d\pm\sqrt{-\frac{e}{a}}$
Grafische Darstellung	Der Graph einer quadratischen Funktion heißt **Parabel**. Der Funktionsgraph zu $y=f(x)=x^2$ heißt **Normalparabel**. 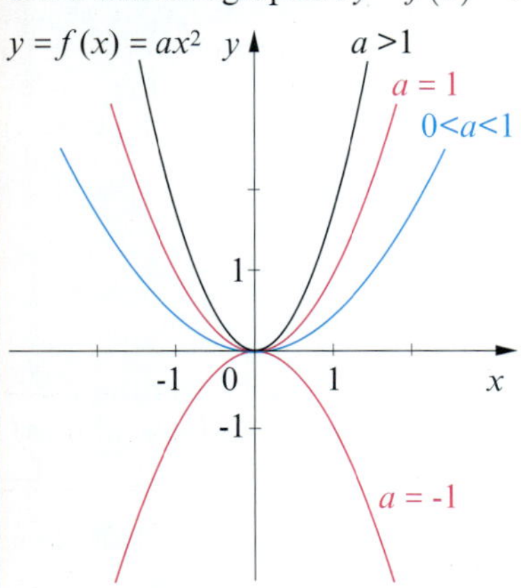 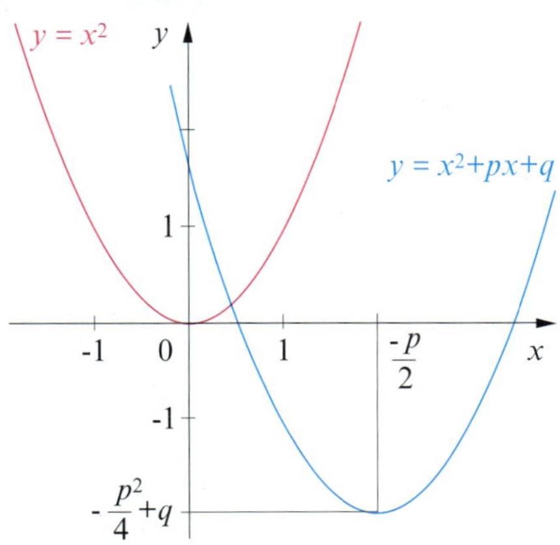

Potenzen

Definitionen für a^k	Für $k \in \mathbb{N}$ gilt: $a^k := \underbrace{a \cdot a \cdot \ldots \cdot a}_{k \text{ Faktoren}}$ $a^{-k} := \frac{1}{a^k}$ $(a \neq 0)$	Sonderfälle: $a^1 := a$ $a^0 := 1$ (0^0 ist nicht erklärt.)
	Für $k = \frac{p}{q}$ mit $p \in \mathbb{Z}$, $q \in \mathbb{N}$ und $q \neq 0$ gilt: $a^{\frac{p}{q}} = (a^p)^{\frac{1}{q}} := \sqrt[q]{a^p}$; $a^{\frac{1}{q}} = \sqrt[q]{a}$ $(a > 0)$	
Potenzgesetze	$a, b \in \mathbb{R}$, $a, b \neq 0$ und $m, n \in \mathbb{Z}$ oder aber $a, b \in \mathbb{R}$, $a, b > 0$ und $m, n \in \mathbb{Q}$ • $a^m \cdot b^m = (a \cdot b)^m$ • $a^m \cdot a^n = a^{m+n}$ • $\frac{a^m}{a^n} = a^{m-n}$ • $(a^m)^n = a^{m \cdot n}$ • $\frac{a^m}{b^m} = \left(\frac{a}{b}\right)^m$	

Wurzeln

Definition von $\sqrt[n]{a}$	Für $a \in \mathbb{R}$, $a \geq 0$ und $n \in \mathbb{N}$, $n \geq 1$ gilt: $\sqrt[n]{a} = x$ mit $x \geq 0$ und $x^n = a$
Wurzelgesetze	$a, b \in \mathbb{R}$, $a, b \geq 0$ und $m, n \in \mathbb{N}$, $m, n \geq 1$: • $\sqrt[n]{a} \cdot \sqrt[n]{b} = \sqrt[n]{ab}$ • $\frac{\sqrt[n]{a}}{\sqrt[n]{b}} = \sqrt[n]{\frac{a}{b}}$ (für $b \neq 0$) • $\sqrt[m]{\sqrt[n]{a}} = \sqrt[n]{\sqrt[m]{a}} = \sqrt[nm]{a}$ • $(\sqrt[n]{a})^m = \sqrt[n]{a^m}$

Logarithmen

Definition für $\log_a b$	Für $a \in \mathbb{R}$, $a > 0$, $a \neq 1$ und $b \in \mathbb{R}$, $b > 0$ gilt: $\log_a b = x$ genau dann, wenn $a^x = b$ Insbesondere gilt: $\log_a 1 = 0$, $\log_a a = 1$, $a^{\log_a b} = b$ *Achtung:* $\log_1 a$ ist nicht erklärt
Logarithmengesetze	$a \in \mathbb{R}$, $a > 0$, $a \neq 1$ und $b, b_1, b_2 \in \mathbb{R}$; $b, b_1, b_2 > 0$ und $r \in \mathbb{Q}$ und $n \in \mathbb{N}$, $n \neq 0$ • $\log_a(b_1 \cdot b_2) = \log_a b_1 + \log_a b_2$ • $\log_a b^r = r \cdot \log_a b$ • $\log_a\left(\frac{b_1}{b_2}\right) = \log_a b_1 - \log_a b_2$ • $\log_a \sqrt[n]{b} = \frac{1}{n} \cdot \log_a b$
Basiswechsel (Basis a zu Basis b)	$a \in \mathbb{R}$, $a > 0$, $a \neq 1$ und $b \in \mathbb{R}$, $b > 0$, $b \neq 1$ und $c \in \mathbb{R}$, $c > 0$: $\log_b c = \frac{\log_a c}{\log_a b}$; $\log_b a = \frac{1}{\log_a b}$
spezielle Logarithmen (Basis e bzw. Basis 10)	Schreibweise für $\log_e x$: $\ln x$ (natürlicher Logarithmus) Schreibweise für $\log_{10} x$: $\lg x$ (dekadischer Logarithmus)
Basiswechsel (Basis 10 zu Basis e)	Für $x \in \mathbb{R}$, $x > 0$ gilt: $\ln x = \frac{\lg x}{\lg e}$, also $\ln x \approx 2{,}3026 \cdot \lg x$

Potenzfunktionen $y = f(x) = x^k$

$k \in \mathbb{N}, k \neq 0$ und $x \in \mathbb{R}$	k gerade 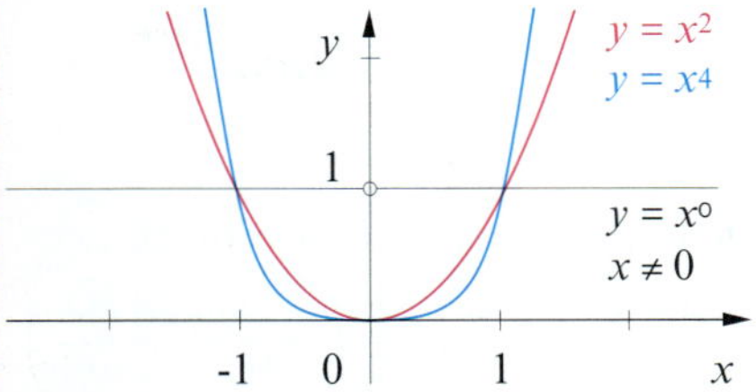 Die Graphen sind achsensymmetrisch zur y-Achse. *Gemeinsame Punkte aller Graphen:* $(1;1)$ und $(-1;1)$ *Nullstelle:* $x_0 = 0$	k ungerade 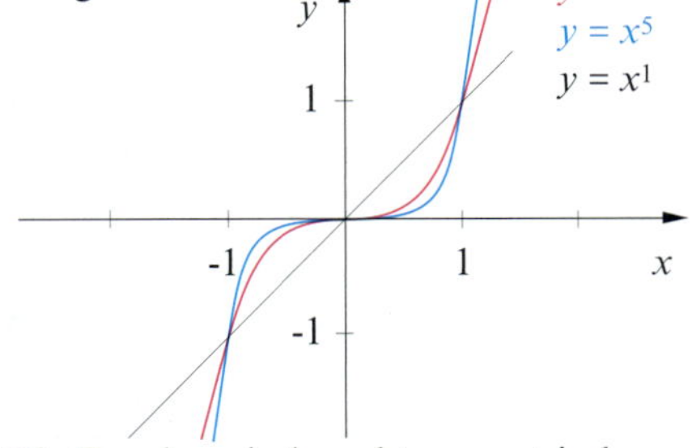 Die Graphen sind punktsymmetrisch zum Koordinatenursprung. *Gemeinsame Punkte aller Graphen:* $(1;1)$ und $(-1;-1)$ *Nullstelle:* $x_0 = 0$
$k \in \mathbb{Z}^-$ und $x \in \mathbb{R}, x \neq 0$	k gerade 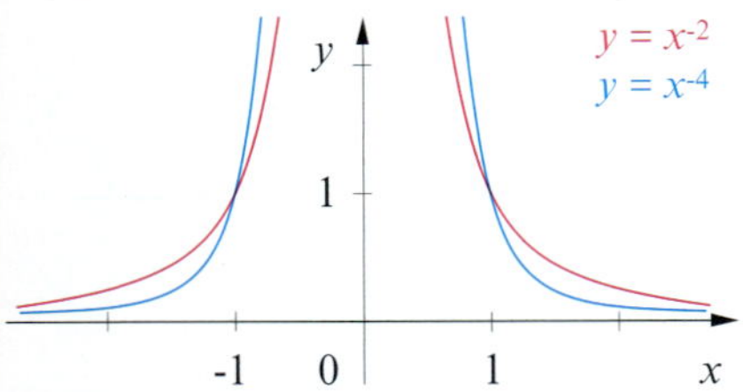 Die Graphen sind achsensymmetrisch zur y-Achse. *Gemeinsame Punkte aller Graphen:* $(1;1)$ und $(-1;1)$ *Nullstelle:* gibt es nicht	k ungerade 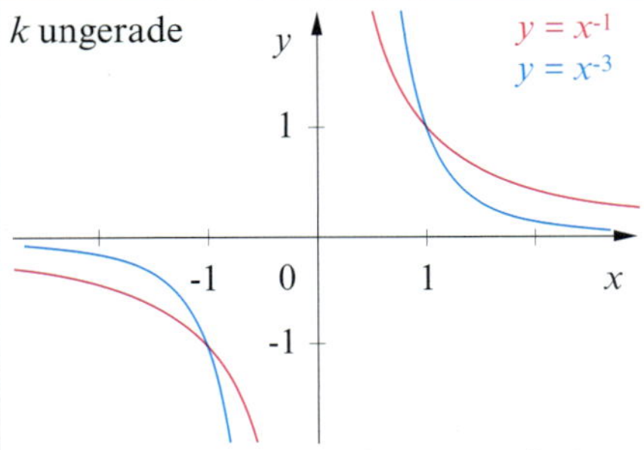 Die Graphen sind punktsymmetrisch zum Koordinatenursprung. *Gemeinsame Punkte aller Graphen:* $(1;1)$ und $(-1;-1)$ *Nullstelle:* gibt es nicht
$k \in \mathbb{Q}^+$ und $x \in \mathbb{R}, x \geq 0$ Spezialfall: **Wurzelfunktionen** $k = \frac{1}{n}, n \in \mathbb{N}, n > 1$ und $x \in \mathbb{R}, x \geq 0$	*Gemeinsame Punkte aller Graphen:* $(0;\ 0)$ und $(1;\ 1)$ *Nullstelle:* $x_0 = 0$	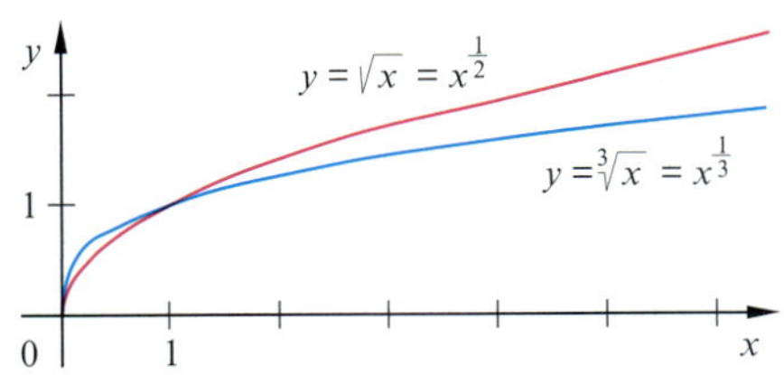

Exponentialfunktionen/Logarithmusfunktionen

Exponentialfunktionen $y = f(x) = a^x\ (a, x \in \mathbb{R}, a > 0, a \neq 1)$	Logarithmusfunktionen $y = f(x) = \log_a x\ (a, x \in \mathbb{R}, a, x > 0, a \neq 1)$
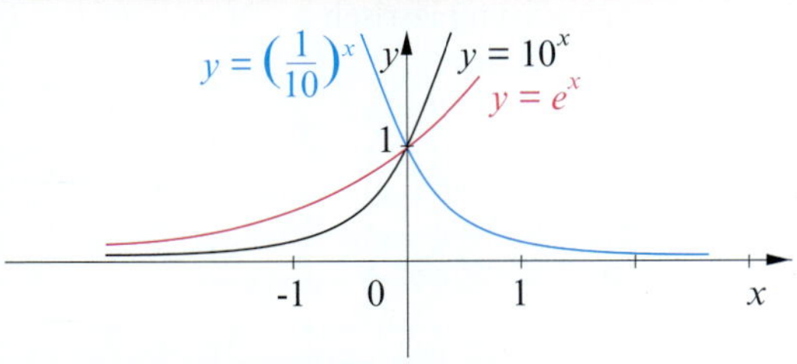 *Gemeinsamer Punkt aller Graphen:* $(0;\ 1)$ *Nullstelle:* gibt es nicht	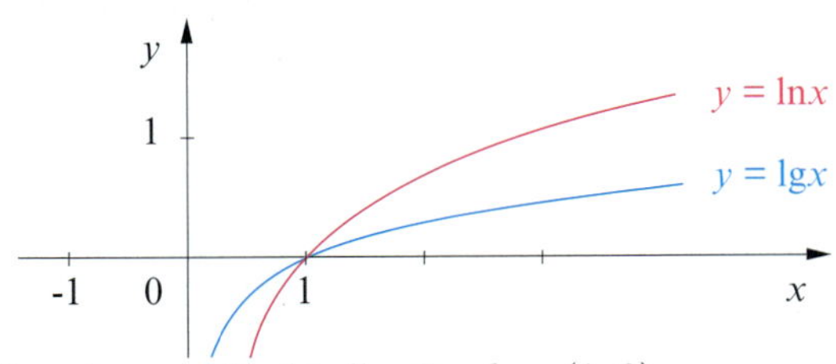 *Gemeinsamer Punkt aller Graphen:* $(1;\ 0)$ *Nullstelle:* $x_0 = 1$

Seiten-Winkel-Beziehungen am rechtwinkligen Dreieck – Sinus, Kosinus, Tangens, Kotangens

Bezeichnungen im rechtwinkligen Dreieck	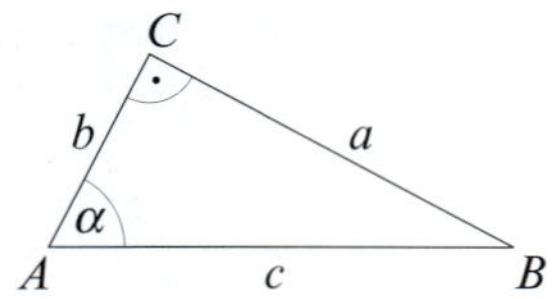 c – Hypotenuse a – Kathete b – Kathete
Seiten-Winkel-Beziehungen	Im rechtwinkligen Dreieck ABC mit $\sphericalangle BCA = 90°$ gilt: $\sin\alpha = \frac{a}{c} \left(= \frac{\text{Gegenkathete}}{\text{Hypotenuse}}\right)$, $\cos\alpha = \frac{b}{c} \left(= \frac{\text{Ankathete}}{\text{Hypotenuse}}\right)$ $\tan\alpha = \frac{a}{b} \left(= \frac{\text{Gegenkathete}}{\text{Ankathete}}\right)$, $\cot\alpha = \frac{b}{a} \left(= \frac{\text{Ankathete}}{\text{Gegenkathete}}\right)$

Winkelfunktionen – Sinusfunktion und Kosinusfunktion

	Sinusfunktion	Kosinusfunktion
Darstellung am Einheitskreis	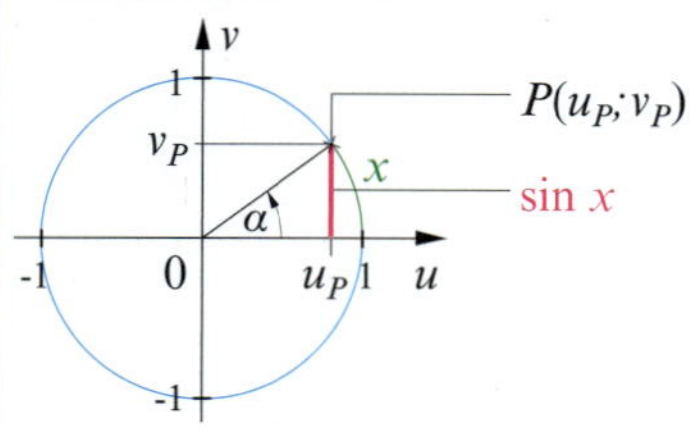	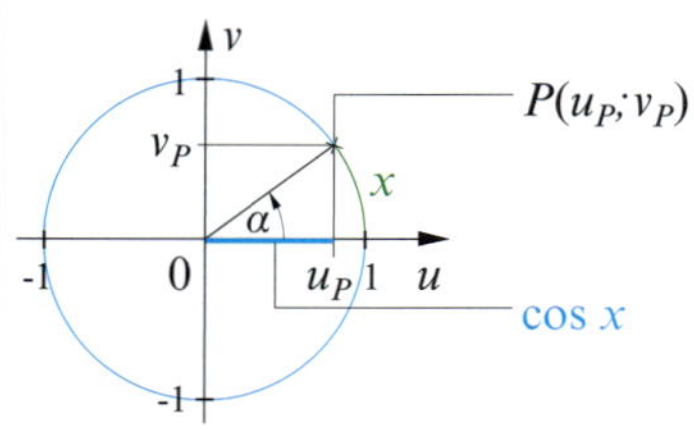
Graph der Funktion	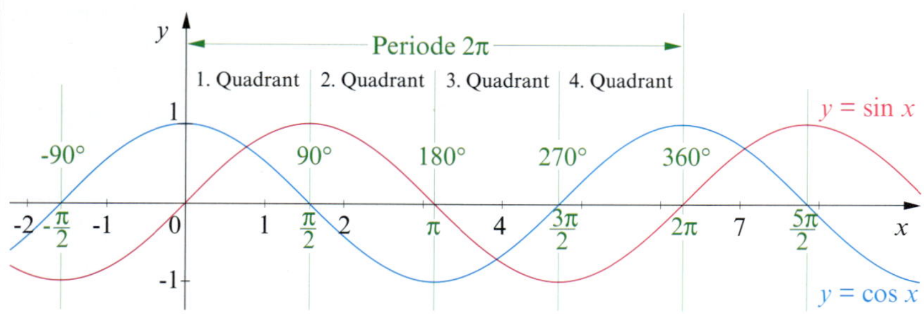	
Definitionsbereich	$\mathbb{R}$	$\mathbb{R}$
Wertebereich	$[-1; 1]$	$[-1; 1]$
Periodizität	Periode 360° bzw 2π: $\sin x = \sin(x + k \cdot 360°)$, wobei $k \in \mathbb{Z}$	Periode 360° bzw 2π: $\cos x = \cos(x + k \cdot 360°)$, wobei $k \in \mathbb{Z}$
Symmetrie	punktsymmetrisch zum Koordinatenursprung: $\sin(-x) = -\sin x$	achsensymmetrisch zur y-Achse: $\cos(-x) = \cos x$
Quadranten-beziehungen	II: $\sin(180° - x) = \sin x$ III: $\sin(180° + x) = -\sin x$ IV: $\sin(360° - x) = -\sin x$	II: $\cos(180° - x) = -\cos x$ III: $\cos(180° + x) = -\cos x$ IV: $\cos(360° - x) = \cos x$
Nullstellen	$k \cdot 180°$ bzw. $k \cdot \pi$, wobei $k \in \mathbb{Z}$	$90° + k \cdot 180°$ bzw. $\frac{\pi}{2} + k \cdot \pi$, wobei $k \in \mathbb{Z}$

Winkelfunktionen – Tangensfunktion und Kotangensfunktion

	Tangensfunktion	Kotangensfunktion
Darstellung am Einheitskreis	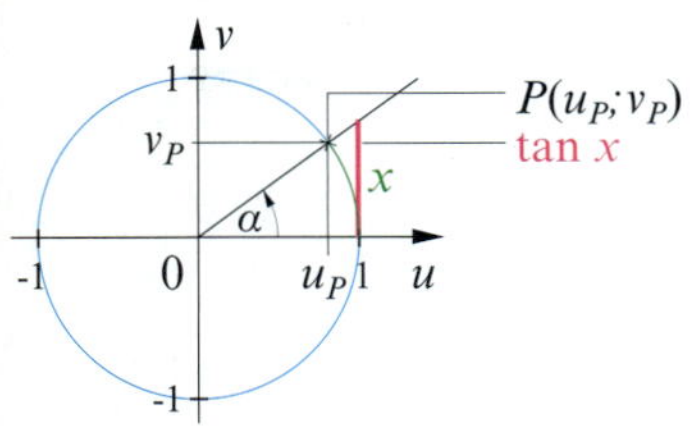	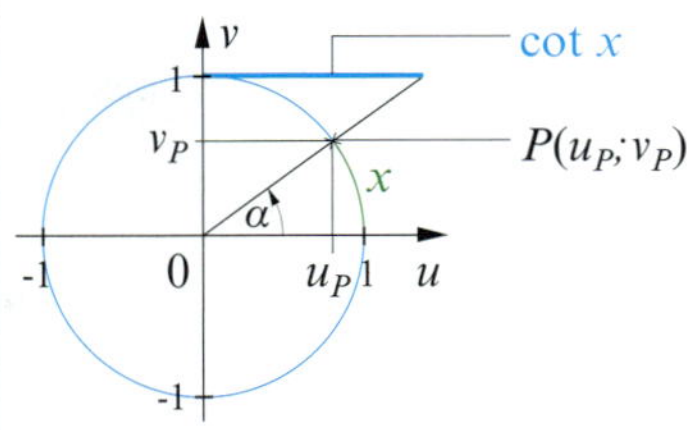
Graph der Funktion	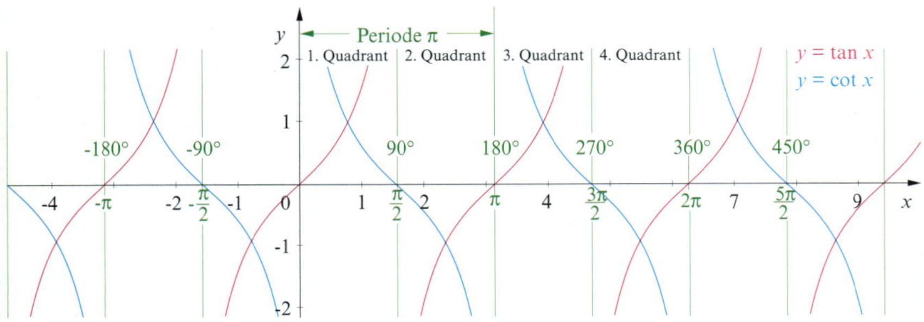	
Definitionsbereich	$\mathbb{R}\setminus\left\{(2k+1)\cdot\frac{\pi}{2}\right\}, k \in \mathbb{Z}$	$\mathbb{R}\setminus\{k\cdot\pi\}, k \in \mathbb{Z}$
Wertebereich	$\mathbb{R}$	$\mathbb{R}$
Periodizität	Periode 180° bzw. π: $\tan x = \tan(x + k\cdot 180°)$, wobei $k \in \mathbb{Z}$	Periode 180° bzw. π: $\cot x = \cot(x + k\cdot 180°)$, wobei $k \in \mathbb{Z}$
Symmetrie	punktsymmetrisch zum Koordinatenursprung: $\tan(-x) = -\tan x$	punktsymmetrisch zum Koordinatenursprung: $\cot(-x) = -\cot x$
Quadranten-beziehungen	II: $\tan(180°-x) = -\tan x$ III: $\tan(180°+x) = \tan x$ IV: $\tan(360°-x) = -\tan x$	II: $\cot(180°-x) = -\cot x$ III: $\cot(180°+x) = \cot x$ IV: $\cot(360°-x) = -\cot x$
Nullstellen	$k\cdot 180°$ bzw. $k\cdot\pi$, wobei $k \in \mathbb{Z}$	$90° + k\cdot 180°$ bzw. $\frac{\pi}{2} + k\cdot\pi$, wobei $k \in \mathbb{Z}$

Spezielle Funktionswerte der Winkelfunktionen

x	0	$\frac{\pi}{6}$	$\frac{\pi}{4}$	$\frac{\pi}{3}$	$\frac{\pi}{2}$	$\frac{2\pi}{3}$	$\frac{3\pi}{4}$	$\frac{5\pi}{6}$	π	$\frac{5\pi}{4}$	$\frac{3\pi}{2}$	2π
	0°	30°	45°	60°	90°	120°	135°	150°	180°	225°	270°	360°
$\sin x$	0	$\frac{1}{2}$	$\frac{1}{2}\sqrt{2}$	$\frac{1}{2}\sqrt{3}$	1	$\frac{1}{2}\sqrt{3}$	$\frac{1}{2}\sqrt{2}$	$\frac{1}{2}$	0	$-\frac{1}{2}\sqrt{2}$	-1	0
$\cos x$	1	$\frac{1}{2}\sqrt{3}$	$\frac{1}{2}\sqrt{2}$	$\frac{1}{2}$	0	$-\frac{1}{2}$	$-\frac{1}{2}\sqrt{2}$	$-\frac{1}{2}\sqrt{3}$	-1	$-\frac{1}{2}\sqrt{2}$	0	1
$\tan x$	0	$\frac{1}{3}\sqrt{3}$	1	$\sqrt{3}$	–	$-\sqrt{3}$	-1	$-\frac{1}{3}\sqrt{3}$	0	1	–	0

Darstellung einer Winkelfunktion durch eine andere Funktion desselben Winkels

Komplementwinkelbeziehung: $\sin x = \cos(90° - x)$; $\cos x = \sin(90° - x)$
$\tan x = \cot(90° - x)$; $\cot x = \tan(90° - x)$

„trigonometrischer Pythagoras“: $\sin^2 x + \cos^2 x = 1$

$\sin^2 x = 1 - \cos^2 x$	$\cos^2 x = 1 - \sin^2 x$	$\tan^2 x = \frac{\sin^2 x}{1 - \sin^2 x}$	$\cot^2 x = \frac{1 - \sin^2 x}{\sin^2 x}$
$\sin^2 x = \frac{\tan^2 x}{1 + \tan^2 x}$	$\cos^2 x = \frac{1}{1 + \tan^2 x}$	$\tan^2 x = \frac{1 - \cos^2 x}{\cos^2 x}$	$\cot^2 x = \frac{\cos^2 x}{1 - \cos^2 x}$

Additionstheoreme

$\sin(\alpha + \beta) = \sin\alpha \cdot \cos\beta + \cos\alpha \cdot \sin\beta$	$\sin(\alpha - \beta) = \sin\alpha \cdot \cos\beta - \cos\alpha \cdot \sin\beta$
$\cos(\alpha + \beta) = \cos\alpha \cdot \cos\beta - \sin\alpha \cdot \sin\beta$	$\cos(\alpha - \beta) = \cos\alpha \cdot \cos\beta + \sin\alpha \cdot \sin\beta$
$\tan(\alpha + \beta) = \frac{\tan\alpha + \tan\beta}{1 - \tan\alpha \cdot \tan\beta}$	$\tan(\alpha - \beta) = \frac{\tan\alpha - \tan\beta}{1 + \tan\alpha \cdot \tan\beta}$

Summen/Differenzen sowie Funktionen des doppelten und des halben Winkels

$\sin\alpha + \sin\beta = 2 \cdot \sin\frac{\alpha+\beta}{2}\cos\frac{\alpha-\beta}{2}$	$\sin\alpha - \sin\beta = 2 \cdot \cos\frac{\alpha+\beta}{2}\sin\frac{\alpha-\beta}{2}$
$\cos\alpha + \cos\beta = 2 \cdot \cos\frac{\alpha+\beta}{2}\cos\frac{\alpha-\beta}{2}$	$\cos\alpha - \cos\beta = -2 \cdot \sin\frac{\alpha+\beta}{2}\sin\frac{\alpha-\beta}{2}$
$\tan\alpha + \tan\beta = \frac{\sin(\alpha+\beta)}{\cos\alpha \cdot \cos\beta}$	$\tan\alpha - \tan\beta = \frac{\sin(\alpha-\beta)}{\cos\alpha \cdot \cos\beta}$
$\sin 2\alpha = 2 \cdot \sin\alpha\cos\alpha = \frac{2 \cdot \tan\alpha}{1 + \tan^2\alpha}$	$\sin\frac{\alpha}{2} = \sqrt{\frac{1 - \cos\alpha}{2}}$ $\tan\frac{\alpha}{2} = \sqrt{\frac{1 - \cos\alpha}{1 + \cos\alpha}}$
$\cos 2\alpha = \cos^2\alpha - \sin^2\alpha = 1 - 2 \cdot \sin^2\alpha = 2 \cdot \cos^2\alpha - 1$	$\cos\frac{\alpha}{2} = \sqrt{\frac{1 + \cos\alpha}{2}}$ $= \frac{\sin\alpha}{1 + \cos\alpha}$
$\tan 2\alpha = \frac{2 \cdot \tan\alpha}{1 - \tan^2\alpha}$ $(\tan^2\alpha \neq 1)$	$= \frac{1 - \cos\alpha}{\sin\alpha}$
$\sin 3\alpha = 3 \cdot \sin\alpha - 4 \cdot \sin^3\alpha$	$\cos 3\alpha = 4 \cdot \cos^3\alpha - 3 \cdot \cos\alpha$

Die Funktion $y = a \cdot \sin(bx + c)$ $(a \neq 0;\ b \neq 0)$

	$y = \sin x$	$y = a \cdot \sin x$	$y = \sin(bx)$	$y = \sin(x + c)$	$y = a \cdot \sin(bx + c)$
kleinste Periode	2π bzw. $360°$	2π bzw. $360°$	$\frac{2\pi}{\lvert b\rvert}$ bzw. $\frac{360°}{\lvert b\rvert}$	2π bzw. $360°$	$\frac{2\pi}{\lvert b\rvert}$ bzw. $\frac{360°}{\lvert b\rvert}$
Nullstellen	$k \cdot \pi, k \in \mathbb{Z}$	$k \cdot \pi, k \in \mathbb{Z}$	$k \cdot \frac{\pi}{b}, k \in \mathbb{Z}$	$k\pi - c, k \in \mathbb{Z}$	$\frac{k\pi - c}{b}, k \in \mathbb{Z}$
Auswirkung des Parameters		Streckung $(\lvert a\rvert > 1)$ bzw. Stauchung $(\lvert a\rvert < 1)$ in y-Richtung	Streckung $(\lvert b\rvert < 1)$ bzw. Stauchung $(\lvert b\rvert > 1)$ in x-Richtung	Verschiebung in positive $(c < 0)$ bzw. negative $(c > 0)$ x-Richtung	Kombination der entsprechenden Streckungen, Stauchungen bzw. Verschiebungen

Winkelmaße

Gradmaß Beim Gradmaß wird dem Vollwinkel die Zahl 360 zugeordnet.

Einheit: 1 Grad (1°)
(360ster Teil des Vollwinkels)

Weitere Einheiten: 1′; 1″
1° = 60′ = 60 Winkelminuten

Taschenrechner: Taste DEG

Bogenmaß Beim Bogenmaß wird jedem Winkel das Verhältnis $\frac{b}{r}$ von Bogenlänge und Radius zugeordnet.

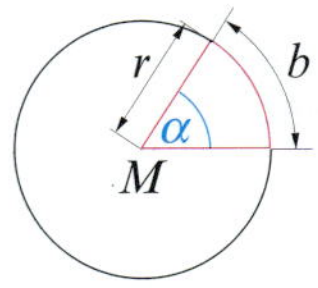

$\alpha = 1$ rad $\approx 57{,}296°$

Einheit: 1 Radiant
(wenn Bogenlänge b = Radius r)

Taschenrechner: Taste RAD

Umrechnungstafel: Grad in Radiant

Grad	Rad.	Grad	Rad.	Grad	Rad.
1	0,017	31	0,541	61	1,065
2	035	32	559	62	082
3	052	33	576	63	100
4	070	34	593	65	117
5	087	35	611	65	134
6	105	36	628	66	152
7	122	37	646	67	169
8	140	38	663	68	187
9	157	39	681	69	204
10	0,175	40	0,698	70	1,222
11	0,192	41	0,716	71	1,239
12	209	42	733	72	257
13	227	43	750	73	274
14	244	44	768	74	292
15	262	45	785	75	309
16	279	46	803	76	326
17	297	47	820	77	344
18	314	48	838	78	361
19	332	49	855	79	379
20	0,349	50	0,873	80	1,396
21	0,367	51	0,890	81	1,414
22	384	52	908	82	431
23	401	53	925	83	449
24	419	54	942	84	466
25	436	55	960	85	484
26	454	56	977	86	501
27	471	57	995	87	518
28	489	58	1,012	88	536
29	506	59	030	89	553
30	0,524	60	1,047	90	1,571
Grad	Rad.	Grad	Rad.	Grad	Rad.

Umrechnungstafel: Radiant in Grad

Rad.	Grad	Rad.	Grad	Rad.	Grad
0,02	1,1	0,62	35,5	1,22	69,9
0,04	2,3	0,64	36,7	1,24	71,0
0,06	3,4	0,66	37,8	1,26	72,2
0,08	4,6	0,68	39,0	1,28	73,3
0,10	5,7	0,70	40,1	1,30	74,5
0,12	6,9	0,72	41,3	1,32	75,6
0,14	8,0	0,74	42,4	1,34	76,8
0,16	9,2	0,76	43,5	1,36	77,9
0,18	10,3	0,78	44,7	1,38	79,1
0,20	11,5	0,80	45,8	1,40	80,2
0,22	12,6	0,82	47,0	1,42	81,4
0,24	13,8	0,84	48,1	1,44	82,5
0,26	14,9	0,86	49,3	1,46	83,7
0,28	16,0	0,88	50,4	1,48	84,8
0,30	17,2	0,90	51,6	1,50	85,9
0,32	18,3	0,92	52,7	1,52	87,1
0,34	19,5	0,94	53,9	1,54	88,2
0,36	20,6	0,96	55,0	1,56	89,4
0,38	21,8	0,98	56,1	1,58	90,5
0,40	22,9	1,00	57,3	1,60	91,7
0,42	24,1	1,02	58,4	1,62	92,8
0,44	25,2	1,04	59,6	1,64	94,0
0,46	26,4	1,06	60,7	1,66	95,1
0,48	27,5	1,08	61,9	1,68	96,3
0,50	28,6	1,10	63,0	1,70	97,4
0,52	29,8	1,12	64,2	1,72	98,5
0,54	30,9	1,14	65,3	1,74	99,7
0,56	32,1	1,16	66,5	1,76	100,8
0,58	33,2	1,18	67,6	1,78	102,0
0,60	34,4	1,20	68,8	1,80	103,1
Rad.	Grad	Rad.	Grad	Rad.	Grad

Umrechnungsgleichungen: Bezeichnet man die Winkelgröße im Gradmaß mit α und die Winkelgröße im Bogenmaß mit arc α (*lat.* arcus = Bogen), so gilt:

$$\operatorname{arc}\alpha = \frac{\pi}{180°} \cdot \alpha \approx 0{,}01745 \cdot \alpha \quad \text{und} \quad \alpha = \frac{180°}{\pi} \cdot \operatorname{arc}\alpha \approx 57{,}29578° \cdot \operatorname{arc}\alpha$$

Geometrie

Einteilung der Dreiecke

Einteilung der Dreiecke nach den Seiten		
unregelmäßig (alle Seiten sind paarweise verschieden lang)	**gleichschenklig** (ein Paar gleich langer Seiten) **nicht gleichseitig** (genau zwei Seiten sind gleich lang)	**gleichseitig** (alle Seiten sind gleich lang)
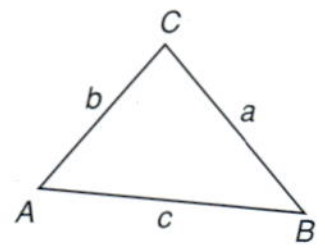 $a \neq b \neq c \neq a$	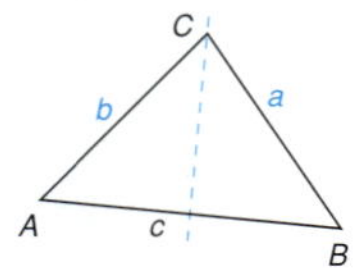 $a = b \neq c$	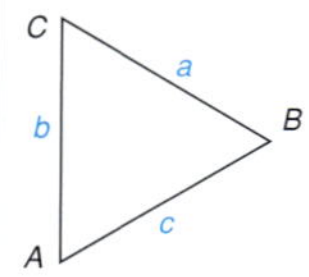 $a = b = c$
Einteilung der Dreiecke nach den Innenwinkeln		
spitzwinklig (alle Innenwinkel sind spitz)	**rechtwinklig** (es gibt einen rechten Winkel)	**stumpfwinklig** (ein Innenwinkel ist stumpf)
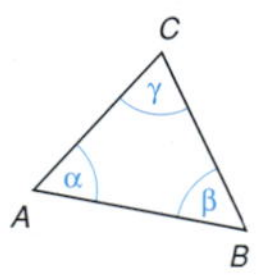 $\alpha < 90°$ $\beta < 90°$ $\gamma < 90°$	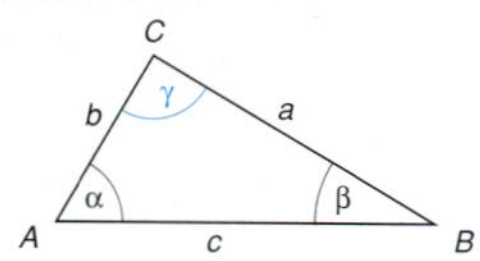 $\gamma = 90°$	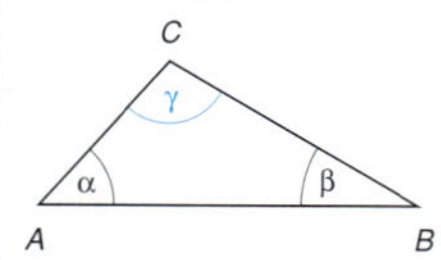 $\gamma > 90°$

Ebene Figuren (u – Umfang; A – Flächeninhalt)

Allgemeines Dreieck

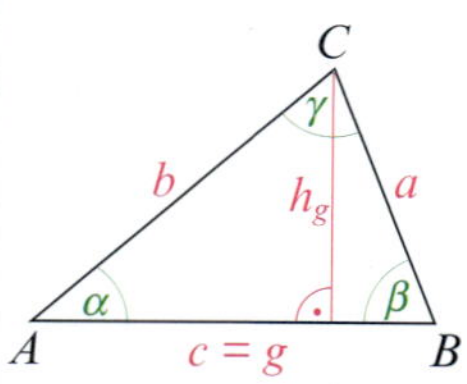

$u = a + b + c$

$A = \frac{1}{2} g \cdot h_g = \frac{1}{2} ab \cdot \sin \gamma$

$\alpha + \beta + \gamma = 180°$

$\frac{a}{\sin \alpha} = \frac{b}{\sin \beta} = \frac{c}{\sin \gamma}$

$c^2 = a^2 + b^2 - 2ab \cdot \cos \gamma$

Rechtwinkliges Dreieck ($\gamma = 90°$)

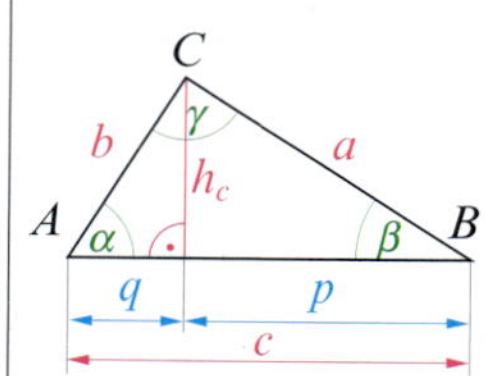

$A = \frac{1}{2} ab$

$a^2 + b^2 = c^2$; $h_c^2 = p \cdot q$

$a^2 = p \cdot c$; $b^2 = q \cdot c$

$\sin \alpha = \frac{a}{c}$; $\cos \alpha = \frac{b}{c}$;

$\tan \alpha = \frac{a}{b}$; $\cot \alpha = \frac{b}{a}$

Gleichschenkliges Dreieck

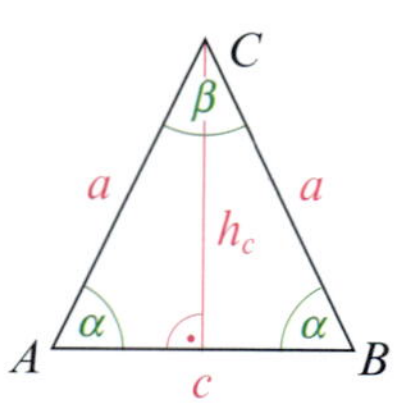

$u = 2a + c$;

$\beta = 180° - 2\alpha$

$h_c = \sqrt{a^2 - \frac{1}{4} c^2}$

$A = \frac{1}{2} c \cdot h_c$

1 Symmetrieachse

Gleichseitiges Dreieck

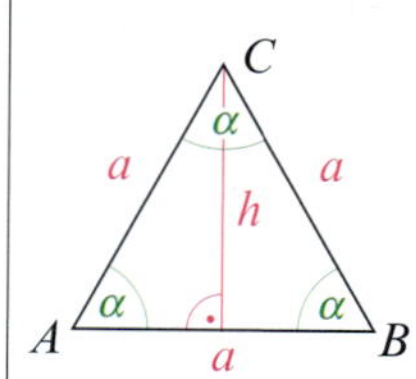

$u = 3a$

$A = \frac{a^2}{4} \sqrt{3}$ mit $h = \frac{a}{2} \sqrt{3}$

$\alpha = 60°$

3 Symmetrieachsen

Allgemeines Viereck

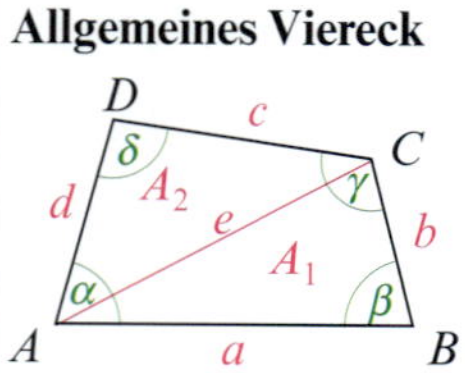

$u = a + b + c + d$

$A = A_1 + A_2$

$\alpha + \beta + \gamma + \delta = 360°$

Trapez ($a \parallel c$)

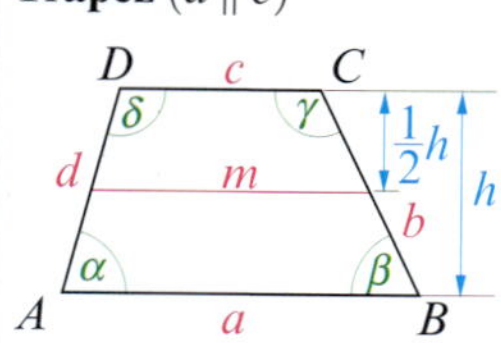

$A = \frac{1}{2} (a + c) \cdot h = m \cdot h$

$m = \frac{1}{2} (a + c)$

$\alpha + \delta = 180°$; $\beta + \gamma = 180°$

Parallelogramm ($a \parallel c$; $b \parallel d$)

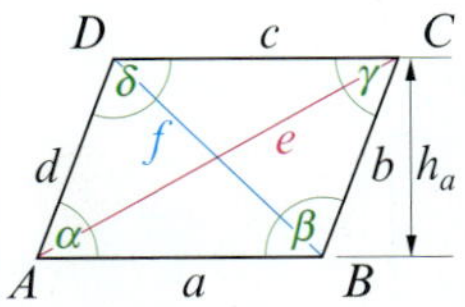

$u = 2(a+b)$
$A = a \cdot h_a = b \cdot h_b$
$A = ab \cdot \sin\alpha$
$\quad = ab \cdot \sin\beta$
$a = c; b = d$
$\beta = \delta; \alpha + \beta = 180°$
$\alpha = \gamma; \alpha + \delta = 180°$

Die Diagonalen halbieren einander. Es gibt keine Symmetrieachse.

Rhombus – Raute ($a \parallel c$; $b \parallel d$)

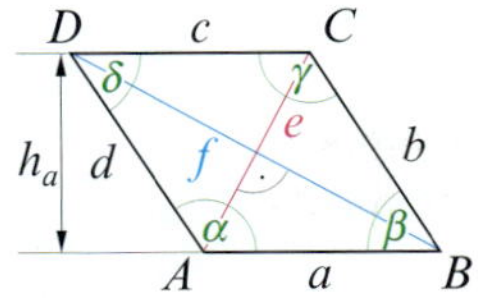

$u = 4a$
$A = a \cdot h_a$
$A = \frac{1}{2} e \cdot f; e \perp f$
$A = a^2 \cdot \sin\alpha = a^2 \cdot \sin\beta$
$a = b = c = d$
$\alpha = \gamma; \beta = \delta$
$\alpha + \beta = 180°$

Die Diagonalen halbieren einander und sie stehen senkrecht aufeinander. Es gibt 2 Symmetrieachsen.

Drachenviereck ($a = b$; $c = d$)

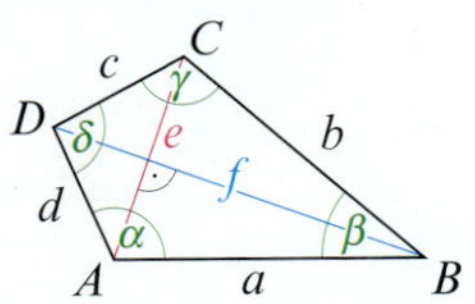

$u = 2(a+d)$
$A = \frac{1}{2} e \cdot f$
$\alpha = \gamma; e \perp f$
1 Symmetrieachse

Die Diagonalen stehen senkrecht aufeinander, eine Diagonale wird halbiert.

Rechteck ($a \parallel c$; $b \parallel d$; $a \perp b$)

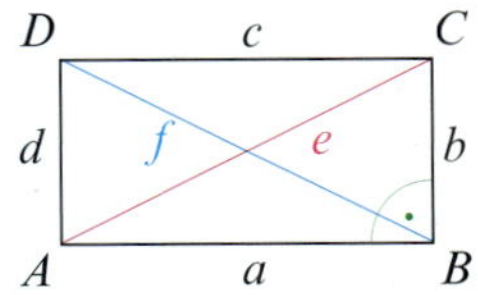

$u = 2(a+b)$
$A = ab$
$a = c, b = d; e = f$
$e = \sqrt{a^2 + b^2}$
$\alpha = \beta = \gamma = \delta = 90°$

Die Diagonalen sind gleich lang und sie halbieren einander. Es gibt 2 Symmetrieachsen.

Quadrat ($a \parallel c$; $b \parallel d$; $a \perp b$)

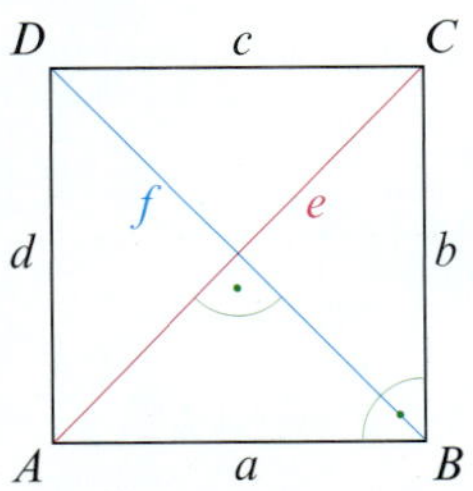

$u = 4a$
$A = a^2$
$a = b = c = d$
$\alpha = \beta = \gamma = \delta = 90°$
$e = f; e \perp f; e = a\sqrt{2}$
4 Symmetrieachsen

Die Diagonalen sind gleich lang, sie halbieren einander und stehen senkrecht aufeinander.

Kreis (r – Radius)

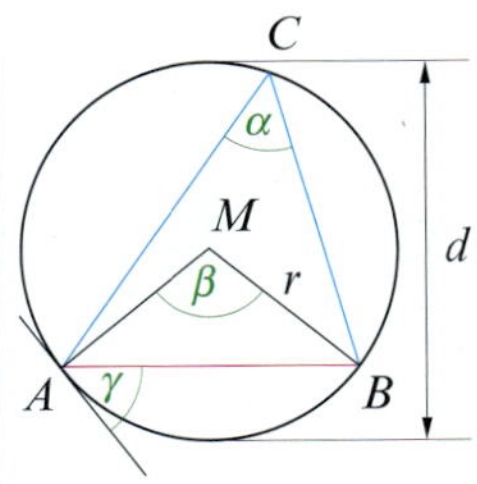

$u = 2\pi r = \pi d$
$A = \pi r^2 = \frac{1}{4} \pi d^2$
$\alpha = \frac{\beta}{2}; \alpha = \gamma$
α Peripheriewinkel
β Zentriwinkel über $\widehat{AB}$
γ Sehnen-Tangenten-Winkel

Kreisbogen

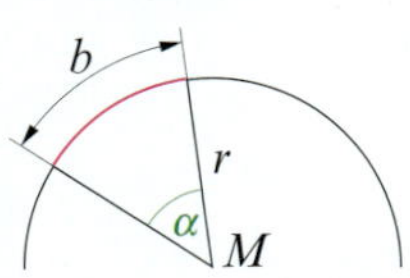

$b : u = \alpha : 360°$
$b = \frac{\pi r}{180°} \alpha$
$b = r \cdot \text{arc}\,\alpha$ (↗ S. 25)

Kreisausschnitt (Sektor)

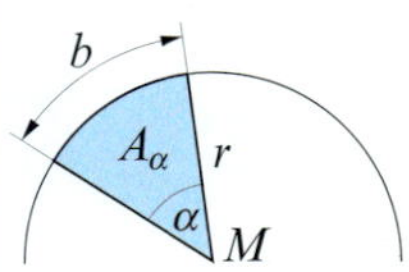

$A_\alpha : A = \alpha : 360°$
$\quad = \text{arc}\,\alpha : 2\pi$
$A_\alpha = \frac{\pi}{360°} \alpha r^2$
$A_\alpha = \frac{1}{2} b \cdot r = \frac{1}{2} r^2 \,\text{arc}\,\alpha$

Kreisring ($r_1 > r_2$)

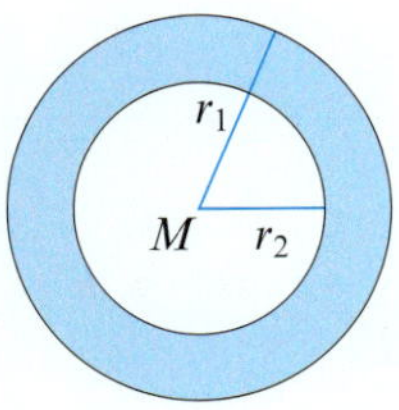

$A = \pi (r_1^2 - r_2^2)$

Regelmäßiges *n*-Eck

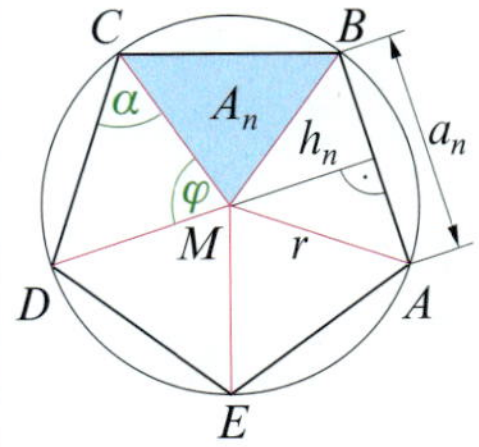

$u = n \cdot a_n; A = n \cdot A_n$
$\varphi = \frac{360°}{n}; \quad \alpha = \frac{180° - \varphi}{2}$
$h_n^2 = r^2 - \left(\frac{1}{2} a_n\right)^2$
$a_n = 2r \cdot \sin\frac{\varphi}{2}$
$A_n = \frac{1}{2} r^2 \cdot \sin\varphi$

Körper (A_O – Oberflächeninhalt; A_M – Mantelflächeninhalt; V – Volumen)

Würfel

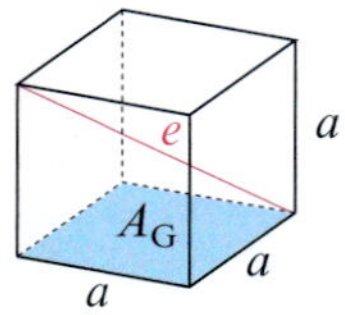

$A_G = a^2$

$V = a^3$; $e = a \cdot \sqrt{3}$

$A_O = 6a^2$

Netz:

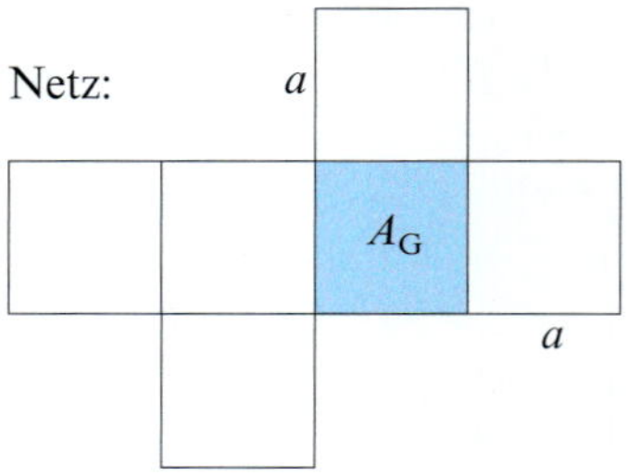

Quader

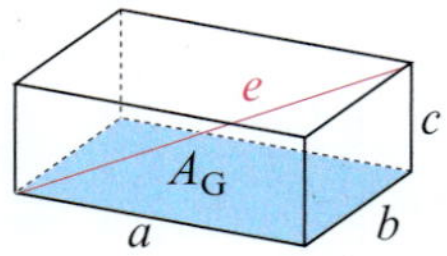

$A_G = ab$

$V = abc$; $e = \sqrt{a^2 + b^2 + c^2}$

$A_O = 2(ab + ac + bc)$

Netz:

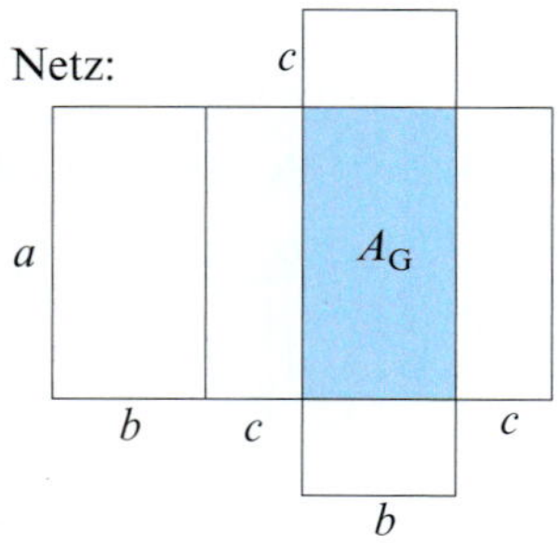

Prisma

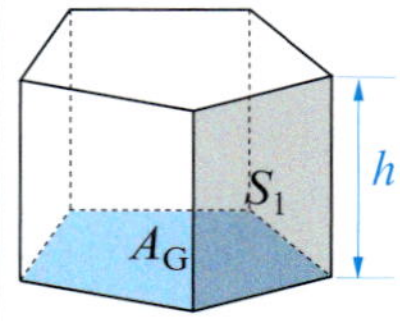

$V = A_G \cdot h$

$A_O = 2\,A_G + S_1 + S_2 + \ldots + S_n$

Netz:

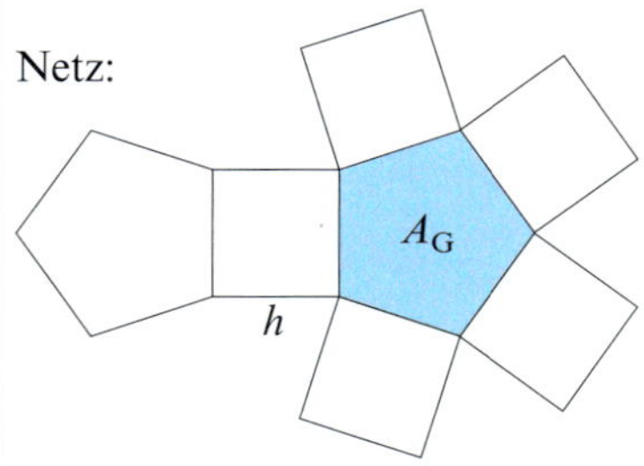

Kreiszylinder

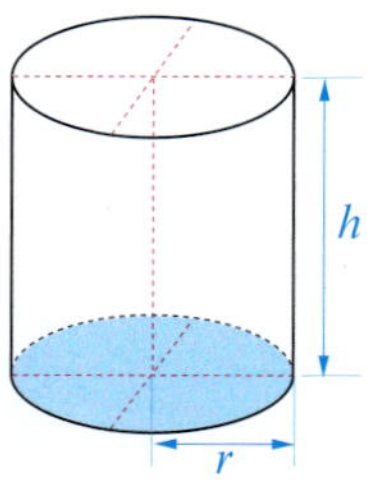

$V = \pi r^2 h$; $A_M = 2\pi r h$

$A_O = 2\pi r\,(r + h)$

Netz:

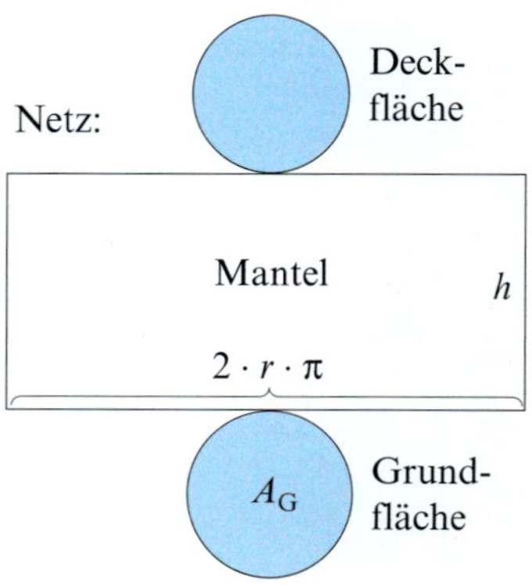

Pyramide

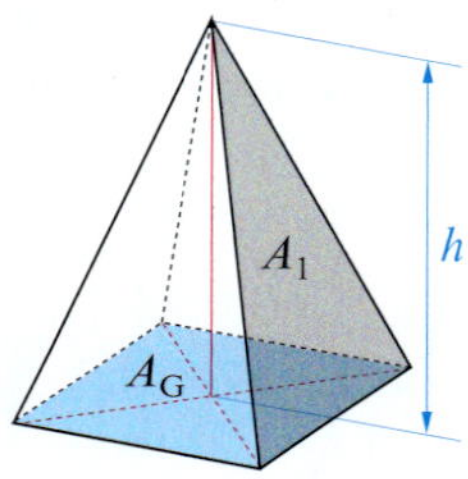

$V = \frac{1}{3} A_G \cdot h$

$A_O = A_G + A_1 + A_2 + \ldots + A_n$

Netz:

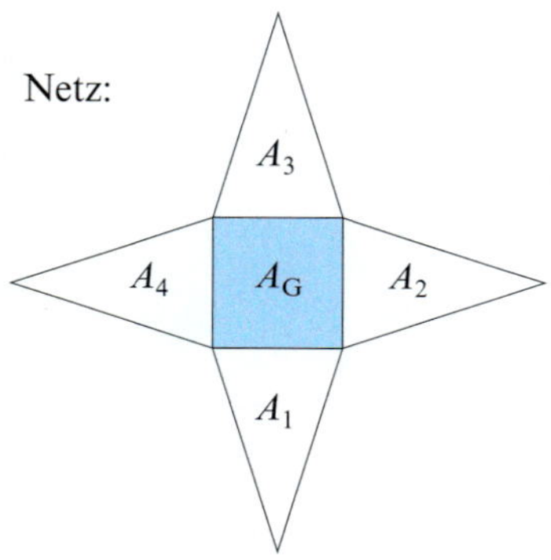

Kreiskegel

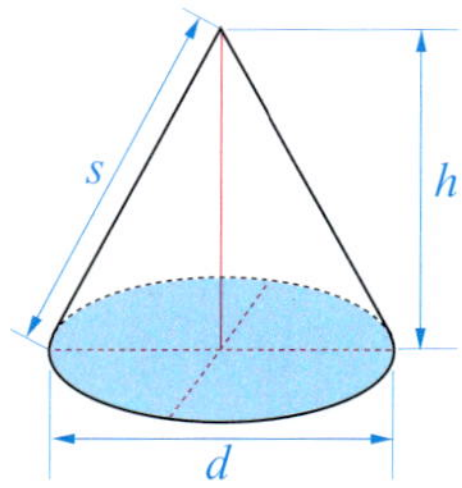

$V = \frac{1}{3} \pi r^2 h$; $s^2 = r^2 + h^2$

$A_O = \pi r\,(r + s)$; $A_M = \pi r s$

Netz:

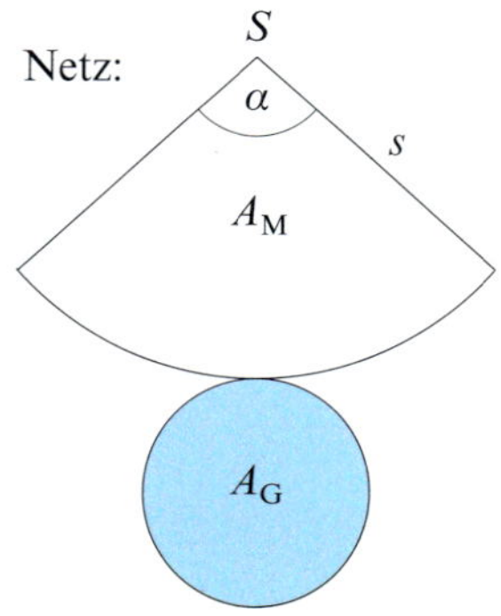

Satz des Cavalieri

Wenn zwei Körper gleich große Höhen und in gleicher Höhe gleiche Querschnittsflächeninhalte besitzen, so sind ihre Volumina gleich groß.

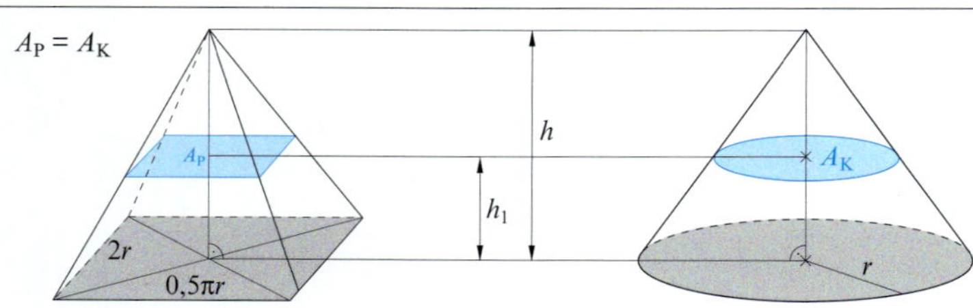

Kreiskegelstumpf ($r_1 > r_2$)

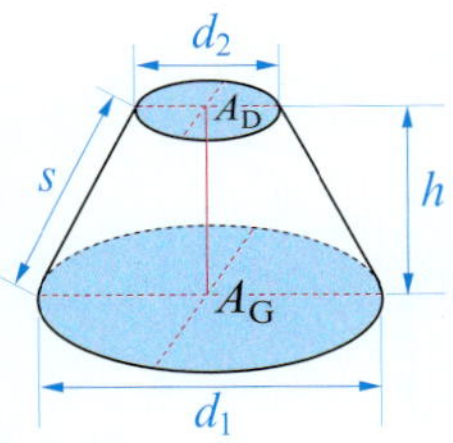

$$V = \frac{1}{3}\pi h(r_1^2 + r_2^2 + r_1 r_2)$$
$$A_O = \pi r_1^2 + \pi r_2^2 + \pi s(r_1 + r_2)$$
$$s^2 = (r_1 - r_2)^2 + h^2$$

Pyramidenstumpf

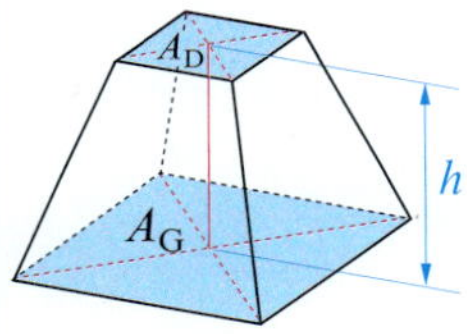

$$V = \frac{1}{3}h(A_G + \sqrt{A_G A_D} + A_D)$$
$$A_O = A_G + A_D + A_M$$

Kugel

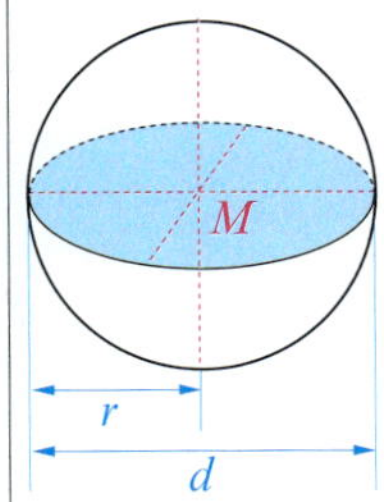

$$V = \frac{4}{3}\pi r^3$$
$$A_O = 4\pi r^2$$

Kugelabschnitt

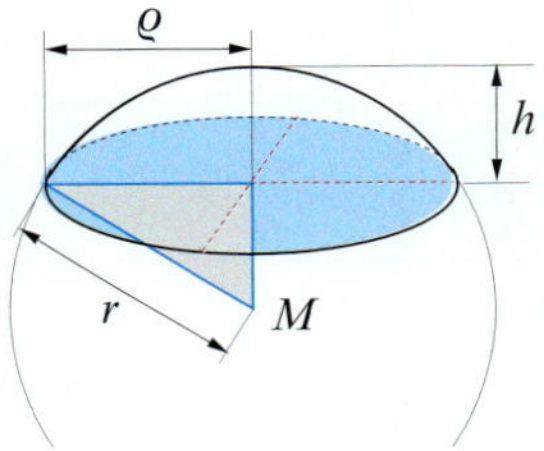

$$V = \frac{1}{6}\pi h(3\varrho^2 + h^2)$$
$$A_O = 2\pi r h + \varrho^2\pi$$
$$\varrho = \sqrt{h(2r - h)}$$

Kugelschicht

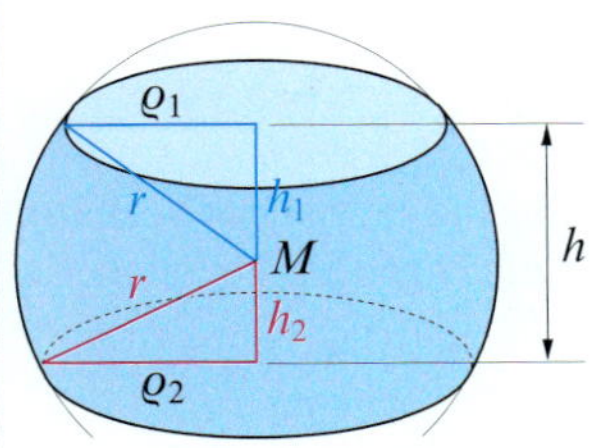

$$V = \frac{\pi h}{6}(3\varrho_1^2 + 3\varrho_2^2 + h^2)$$
$$A_O = 2\pi r h + \pi(\varrho_1^2 + \varrho_2^2)$$
$$\varrho_1^2 = r^2 - h_1^2$$

Kugelausschnitt (Kugelsektor)

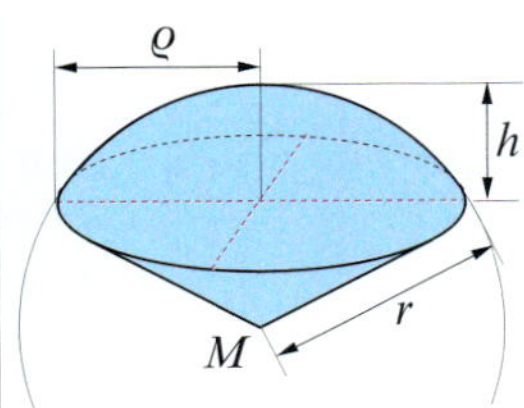

$$V = \frac{2\pi}{3}r^2 h$$
$$A_O = \pi\varrho r + 2\pi r h$$
$$\varrho = \sqrt{h(2r - h)}$$

Regelmäßige Polyeder

Tetraeder

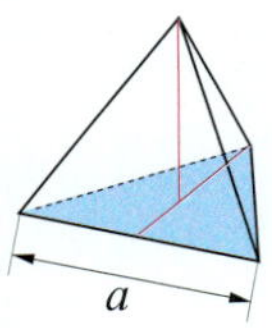

Oktaeder

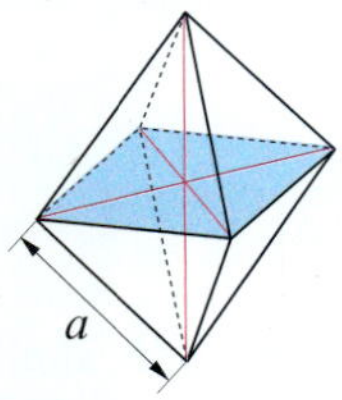

Hexaeder

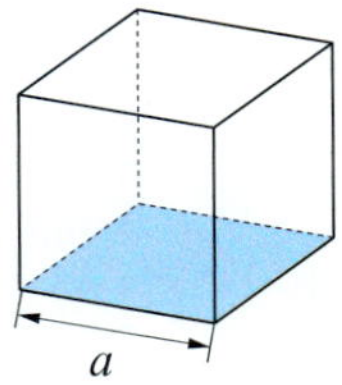

Ikosaeder

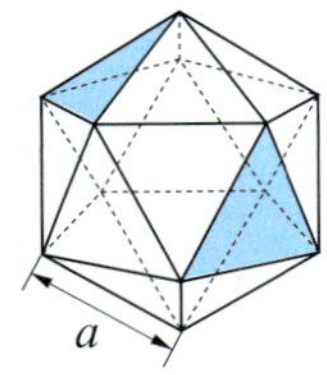

Dodekaeder

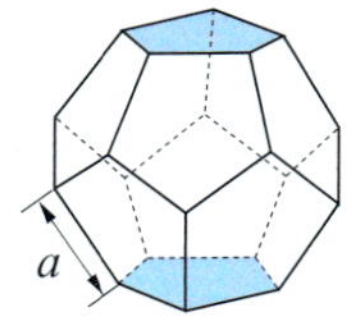

	Seitenflächen	Volumen	Oberfläche
Tetraeder	4 gleichseitige Dreiecke	$V = \frac{\sqrt{2}}{12}a^3 \approx 0{,}1179\,a^3$	$A_o = \sqrt{3}\cdot a^2 \approx 1{,}7321a^2$
Oktaeder	8 gleichseitige Dreiecke	$V = \frac{\sqrt{2}}{3}a^3 \approx 0{,}4714\,a^3$	$A_o = 2\sqrt{3}\cdot a^2 \approx 3{,}4641a^2$
Hexaeder (Würfel)	6 Quadrate	$V = a^3$	$A_o = 6a^2$
Ikosaeder	20 gleichseitige Dreiecke	$V \approx 2,1817a^3$	$A_o \approx 8{,}6603\,a^2$
Dodekaeder	12 regelmäßige Fünfecke	$V \approx 7,6631a^3$	$A_o \approx 20{,}6457\,a^2$

Winkelpaare

Winkelpaare an sich schneidenden Geraden:		
Nebenwinkel	$\alpha+\beta=180°$; $\gamma+\delta=180°$;	$\alpha+\delta=180°$ $\beta+\gamma=180°$
Scheitelwinkel	$\alpha=\gamma$;	$\beta=\delta$
Winkelpaare an geschnittenen Parallelen:		
Stufenwinkel	$\alpha_1=\alpha_2$; $\beta_1=\beta_2$;	$\gamma_1=\gamma_2$; $\delta_1=\delta_2$
Wechselwinkel	$\alpha_1=\gamma_2$; $\beta_1=\delta_2$;	$\gamma_1=\alpha_2$; $\delta_1=\beta_2$
Entgegengesetzt liegende Winkel	$\alpha_1+\delta_2=180°$; $\beta_1+\gamma_2=180°$;	$\gamma_1+\beta_2=180°$ $\delta_1+\alpha_2=180°$

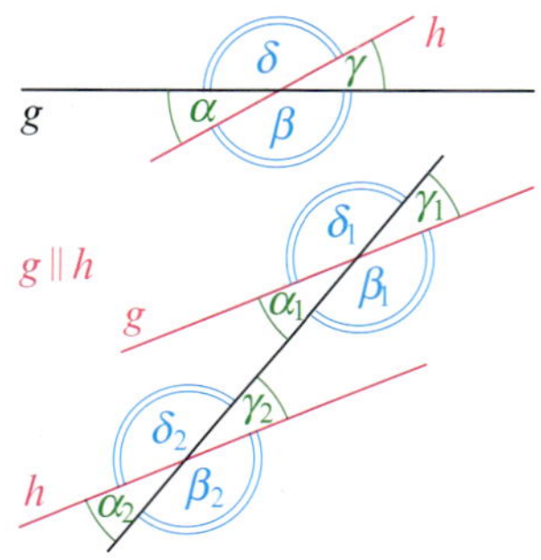

Sätze im allgemeinen Dreieck

Summe der Innenwinkel	$\alpha+\beta+\gamma=180°$
Summe der Außenwinkel	$\alpha_1+\beta_1+\gamma_1=360°$
Außenwinkelsatz	$\alpha_1=\beta+\gamma$; $\beta_1=\alpha+\gamma$; $\gamma_1=\alpha+\beta$
Dreiecksungleichung	$a+b>c$; $b+c>a$; $a+c>b$
Höhen	Je zwei Höhen verhalten sich im Verhältnis umgekehrt wie die zugehörigen Seiten des Dreiecks: $\frac{h_c}{h_b}=\frac{b}{c}$.
Seitenhalbierende	Die Seitenhalbierenden im Dreieck schneiden einander im Schwerpunkt. Sie teilen einander im Verhältnis 2 : 1. $\frac{\overline{AM}}{\overline{ME}}=\frac{\overline{BM}}{\overline{MF}}=\frac{\overline{CM}}{\overline{MD}}=\frac{2}{1}$
Winkelhalbierende	Die Winkelhalbierenden schneiden einander im Mittelpunkt M_i des Inkreises.
Mittelsenkrechte	Die Mittelsenkrechten schneiden einander im Mittelpunkt M_u des Umkreises.

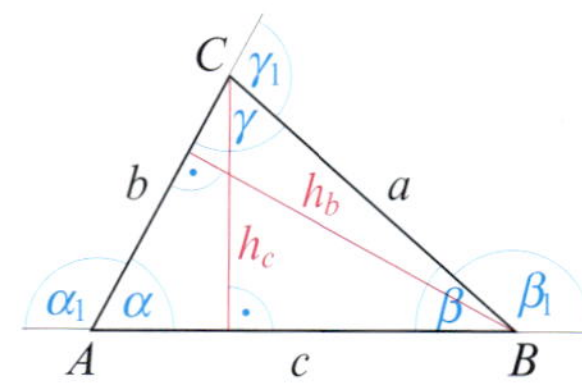

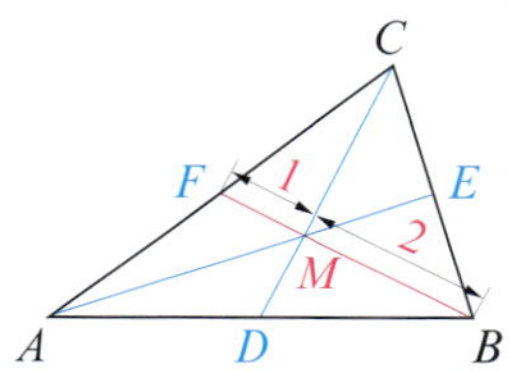

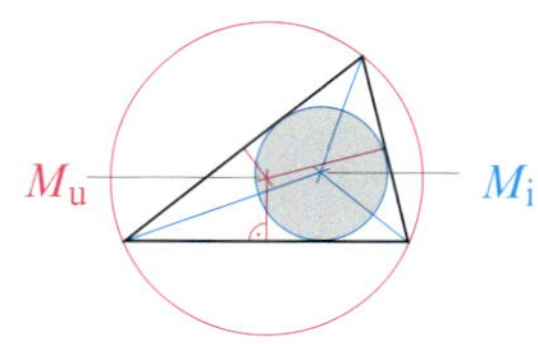

Kongruenzsätze	Ähnlichkeitssätze
Dreiecke sind kongruent, • wenn sie in den drei Seiten übereinstimmen (sss), • wenn sie in einer Seite und den dieser Seite anliegenden Winkeln übereinstimmen (wsw), • wenn sie in zwei Seiten und dem von diesen Seiten eingeschlossenen Winkel übereinstimmen (sws), • wenn sie in zwei Seiten und dem der größeren Seite gegenüberliegenden Winkel übereinstimmen (SsW).	Dreiecke sind zueinander ähnlich, • wenn jede Seite des einen Dreiecks mit je einer Seite des anderen Dreiecks das gleiche Verhältnis bildet, • wenn sie in zwei Winkeln übereinstimmen **(Hauptähnlichkeitssatz)**, • wenn sie in einem Winkel übereinstimmen und die dem Winkel anliegenden Seiten gleiche Verhältnisse bilden, • wenn zwei Seiten des einen Dreiecks mit je einer Seite des anderen Dreiecks das gleiche Verhältnis bilden und wenn sie in dem Winkel übereinstimmen, der jeweils der größeren Seite gegenüberliegt.

Satzgruppe des Pythagoras – Flächensätze am rechtwinkligen Dreieck

Satz des Pythagoras

$a^2 + b^2 = c^2$

In jedem rechtwinkligen Dreieck ist das Hypotenusenquadrat flächengleich mit der Summe der Kathetenquadrate.

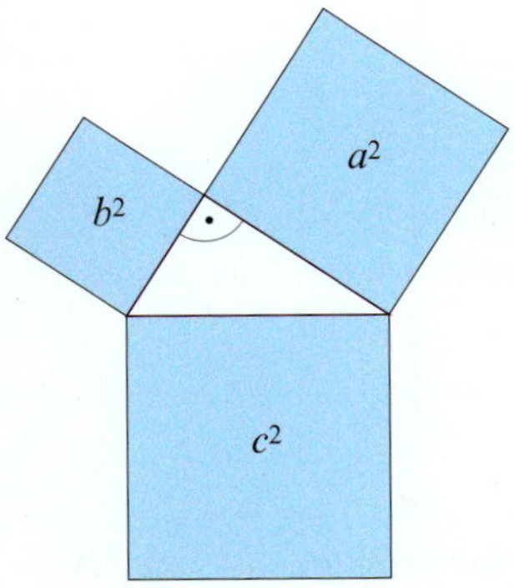

Kathetensatz

$b^2 = q \cdot c;\ \ a^2 = p \cdot c$

In jedem rechtwinkligen Dreieck ist ein Kathetenquadrat flächengleich zu dem Rechteck aus Hypotenuse und dem entsprechenden Hypotenusenabschnitt.

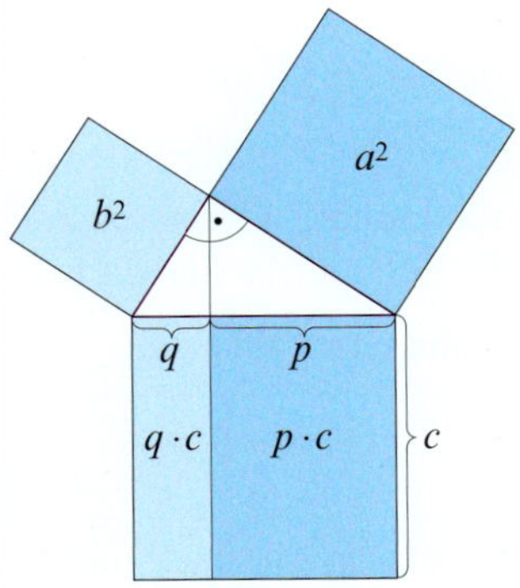

Höhensatz

$h^2 = p \cdot q$

In jedem rechtwinkligen Dreieck ist das Quadrat über der Höhe flächengleich zu dem Rechteck aus den beiden Hypotenusenabschnitten.

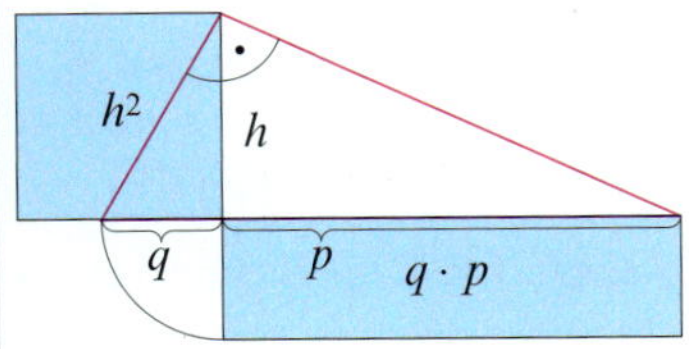

Sätze über Winkel am Kreis

Satz des Thales

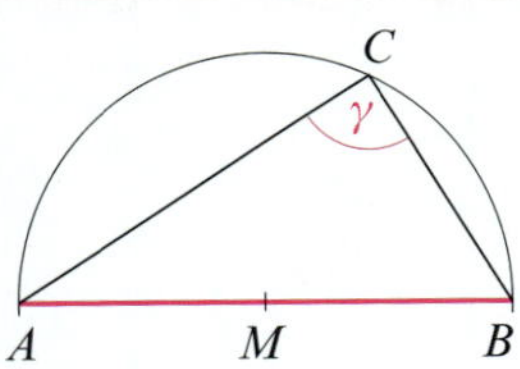

$\gamma = 90°$

Mittelpunktswinkelsatz

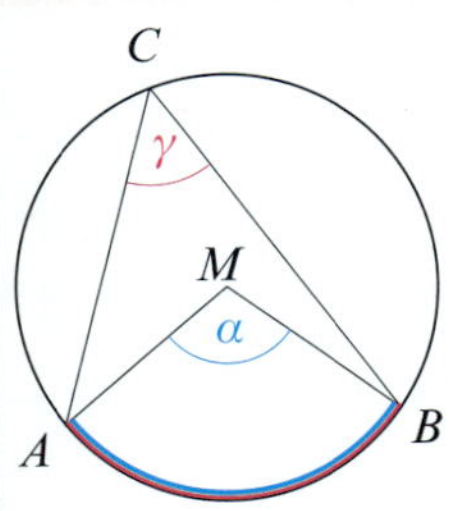

$\gamma = \frac{\alpha}{2}$

Umfangswinkelsatz Sehnensatz

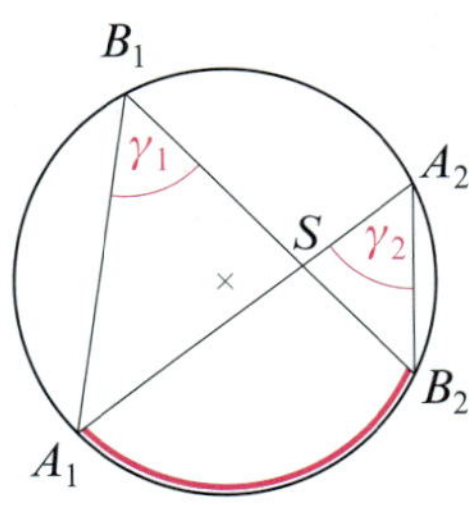

$\gamma_1 = \gamma_2$;
$|\overline{SA_1}| \cdot |\overline{SA_2}| = |\overline{SB_1}| \cdot |\overline{SB_2}|$

Sekantensatz

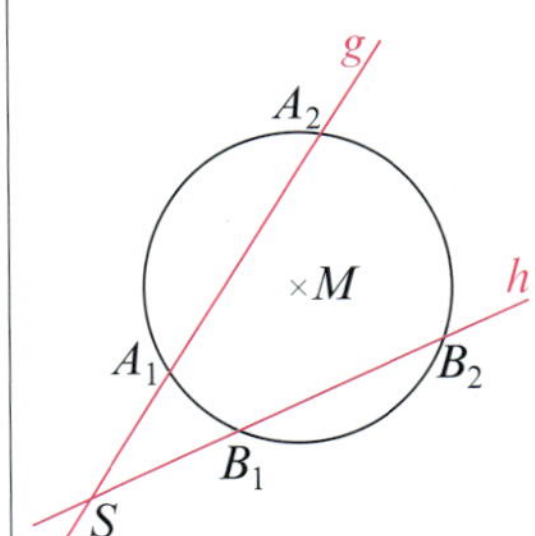

$|\overline{SA_1}| \cdot |\overline{SA_2}| = |\overline{SB_1}| \cdot |\overline{SB_2}|$

Sehnenviereck/Tangentenviereck

Sehnenviereck

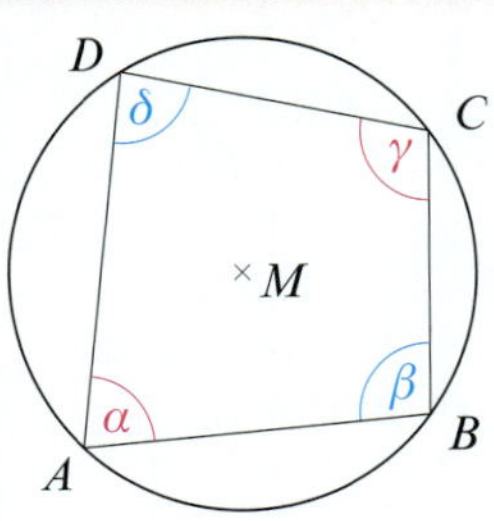

Die Summe der Gegenwinkel im Sehnenviereck ist stets 180°. Es gibt einen Umkreis.

$\alpha + \gamma = 180°$
$\beta + \delta = 180°$

Tangentenviereck

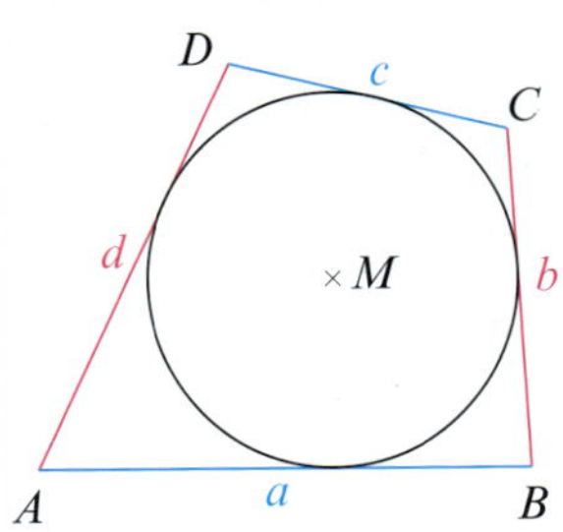

Die Summe der Gegenseiten im Tangentenviereck ist jeweils gleich groß. Es gibt einen Inkreis.

$a + c = b + d$

Strahlensätze

Wenn zwei Strahlen mit einem gemeinsamen Anfangspunkt von zwei Parallelen geschnitten werden, dann gelten für die dabei entstehenden Teilstrecken folgende Sätze:

1. Strahlensatz

$|\overline{ZA}|:|\overline{ZB}| = |\overline{ZC}|:|\overline{ZD}|$ bzw. $|\overline{ZA}|:|\overline{AB}| = |\overline{ZC}|:|\overline{CD}|$

2. Strahlensatz

$|\overline{AC}|:|\overline{BD}| = |\overline{ZA}|:|\overline{ZB}|$ bzw. $|\overline{AC}|:|\overline{BD}| = |\overline{ZC}|:|\overline{ZD}|$

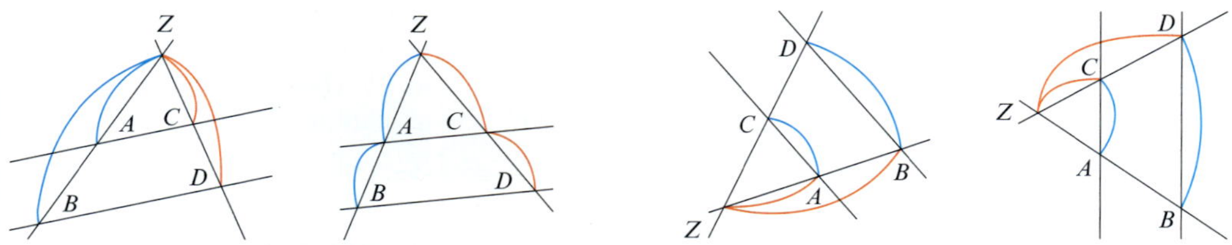

Umkehrung des 1. Strahlensatzes

Zwei Strahlen mit einem gemeinsamen Anfangspunkt werden von zwei Geraden geschnitten.
Wenn für die Teilstrecken $|\overline{ZA}|:|\overline{ZB}| = |\overline{ZC}|:|\overline{ZD}|$ gilt, so sind die beiden Geraden parallel zueinander.

Achtung: Die Umkehrung des zweiten Strahlensatzes gilt nicht.

Zentrische Streckung

Eine **zentrische Streckung** $(Z; k)$ mit dem **Streckungszentrum** Z und dem **Streckungsfaktor** k ist eine Abbildung, die jedem Punkt A einen Punkt A' zuordnet, der auf der Geraden ZA liegt und für den gilt: $|\overline{ZA'}| = |k| \cdot |\overline{ZA}|$.

Ist $k < 0$, liegt Z zwischen A und A',

ist $0 < k < 1$, liegt A' zwischen Z und A

ist $k > 1$, liegt A zwischen Z und A'.

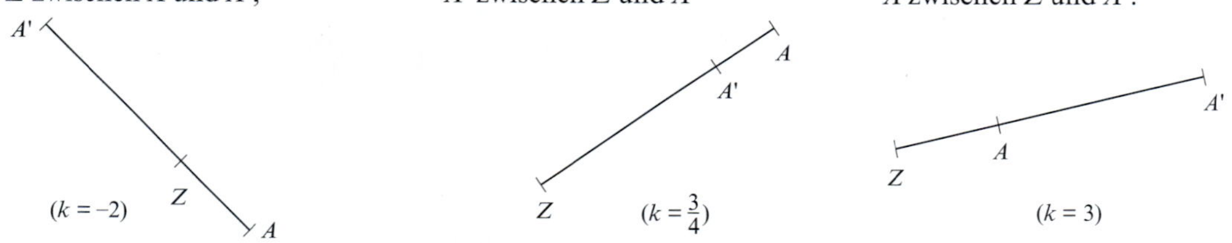

Bei einer zentrischen Streckung $(Z; k)$ sind die Originalfigur und die Bildfigur zueinander ähnlich. Für das Orginalviereck $ABCD$ und das Bildviereck $A'B'C'D'$ gilt:

$|\overline{A'B'}| = k \cdot |\overline{AB}|$; $|\overline{B'C'}| = k \cdot |\overline{BC}|$ usw.

$\overline{A'B'} \parallel \overline{AB}$; $\overline{B'C'} \parallel \overline{BC}$ usw. sowie $\alpha' = \alpha$ usw.

Für die Umfänge gilt: $u' = k \cdot u$
Für die Flächeninhalte gilt: $A_{A'B'C'D'} = k^2 \cdot A_{ABCD}$
Für die Rauminhalte gilt: $V_{K'} = k^3 \cdot V_K$

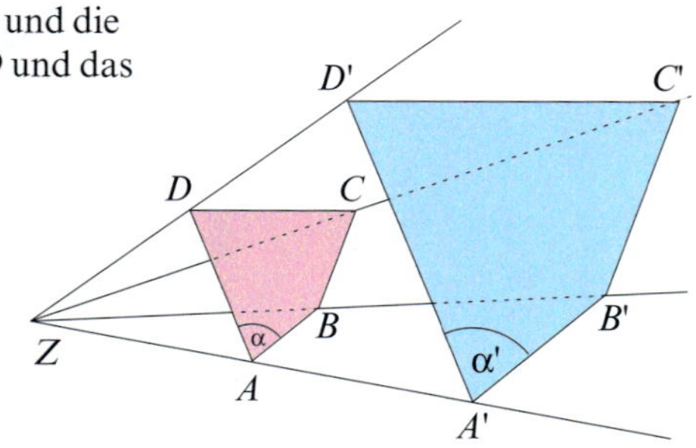

Goldener Schnitt

Wird eine Strecke $\overline{AB}$ in zwei Teilstrecken $\overline{AC}$ und $\overline{CB}$ geteilt und steht die größere Teilstrecke zur kleineren im gleichen Verhältnis wie die Gesamtstrecke zur größeren Teilstrecke, so spricht man vom Goldenen Schnitt:

$|\overline{AC}|:|\overline{CB}| = |\overline{AB}|:|\overline{AC}|$ bzw. $\frac{a}{b} = \frac{a+b}{a}$

Konstruktion:

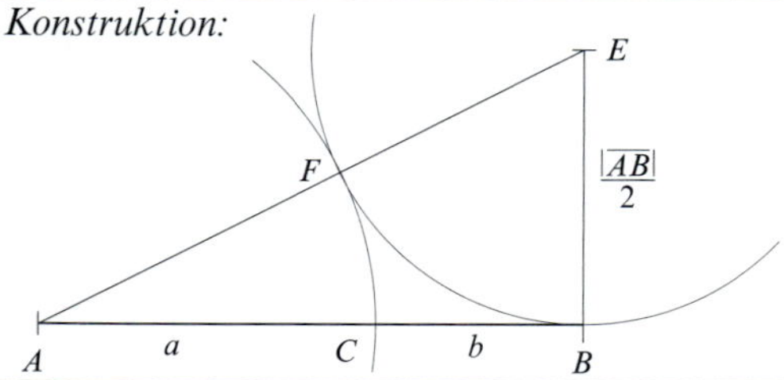

Darstellende Geometrie (Konstruktionsschritte)

Schrägbild bei Quader und quadratischer Pyramide ($\alpha = 45°$; $q = 0{,}5$)

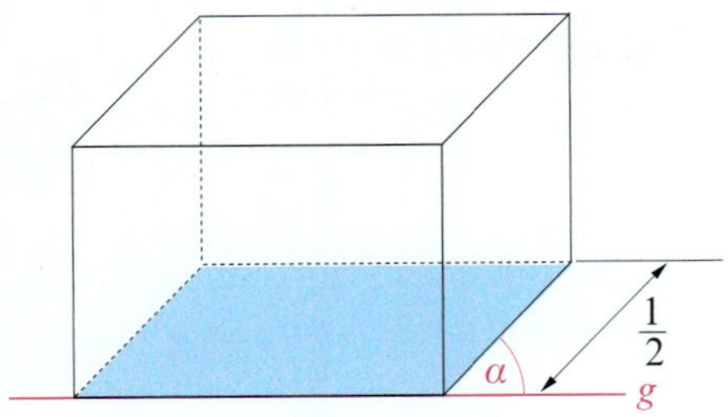

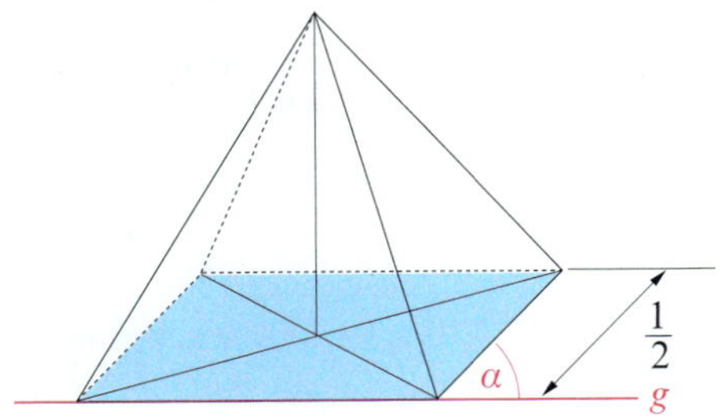

① Die Strecken, die parallel zur Zeichenebene verlaufen, werden in wahrer Länge gezeichnet. Parallele Strecken bleiben parallel.
② In die Tiefe gehende Strecken werden im Winkel von $\alpha = 45°$ an die Horizontale g angetragen und auf die Hälfte verkürzt.
③ Punkte werden verbunden, nicht sichtbare Strecken werden gestrichelt gezeichnet.

Schrägbild (andere Verzerrungen)

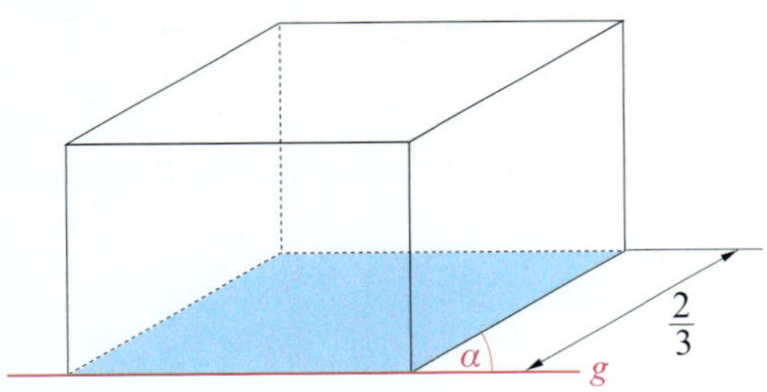

Verzerrungswinkel $\alpha = 30°$
Verkürzungsfaktor $q = \frac{2}{3}$

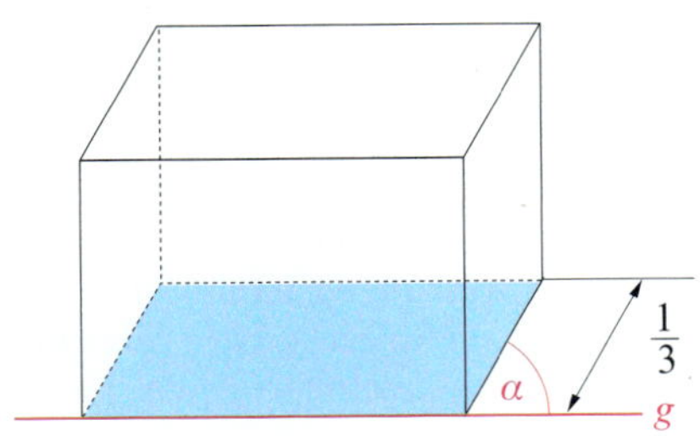

Verzerrungswinkel $\alpha = 60°$
Verkürzungsfaktor $q = \frac{1}{3}$

Senkrechte Dreitafelprojektion – Ansichten

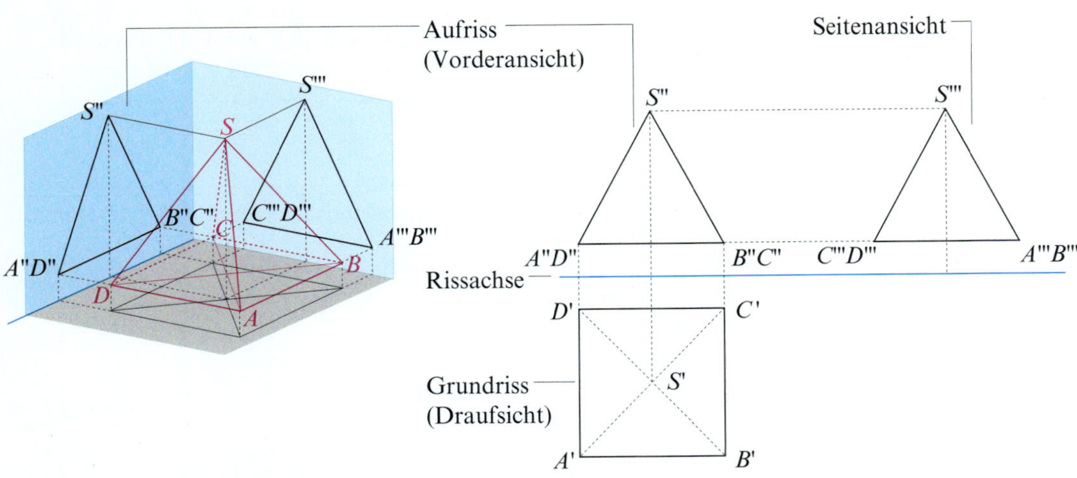

Kongruenz

Definition	Zwei Figuren heißen zueinander kongruent oder deckungsgleich, wenn man sie durch eine Verschiebung, Spiegelung oder Drehung zur Deckung bringen kann.
Eigenschaften	Einander entsprechende Strecken sind gleich lang (Längenerhaltung). Einander entsprechende Winkel sind gleich groß (Winkelerhaltung).

Parallelverschiebung

Konstruktion	Eine Parallelverschiebung wird durch die Länge und die Richtung eines Verschiebungspfeils $\overrightarrow{AB}$ angegeben. 1. Durch den gegebenen Punkt P wird eine Gerade g parallel zu $\overrightarrow{AB}$ gezeichnet. 2. Die Länge von $\overrightarrow{AB}$ wird von P aus auf der Gerade g abgetragen. Dabei muss die Richtung des Pfeils beachtet werden. 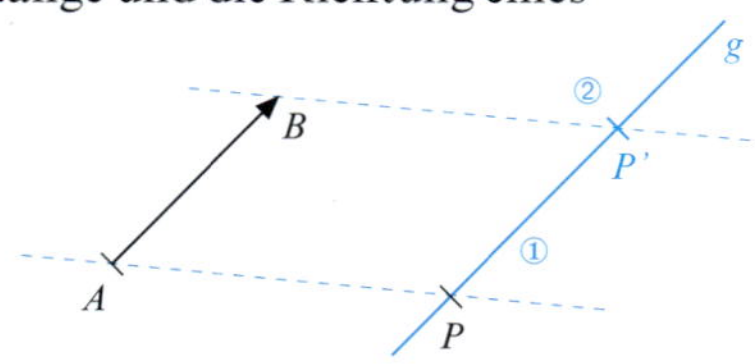
Eigenschaften	Es gilt Längen- und Winkelerhaltung (siehe Eigenschaften der Kongruenz). Die Bilder zueinander paralleler bzw. senkrechter Geraden sind wieder zueinander parallele bzw. senkrechte Geraden (Erhaltung der Lagebeziehungen).

Spiegelung

Konstruktion einer Achsenspiegelung	Eine Achsenspiegelung kann durch eine Spiegelachse g oder durch ein Punktepaar $(P; P')$ angegeben werden. 1. Durch den Punkt P wird die Senkrechte zur Spiegelachse g gezeichnet. Diese Senkrechte schneidet g im Punkt S. 2. Die Länge der Strecke $\overline{SP}$ wird von S aus in entgegengesetzter Richtung auf der Senkrechten abgetragen. 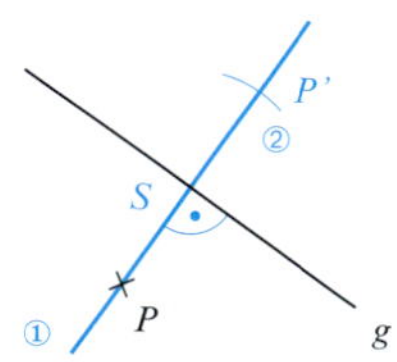
Konstruktion einer Punktspiegelung	Eine Punktspiegelung wird durch ein Zentrum Z vorgegeben. 1. Durch Z und P wird eine Gerade gezeichnet. 2. Die Länge der Strecke $\overline{ZP}$ wird von Z aus in entgegengesetzter Richtung abgetragen. 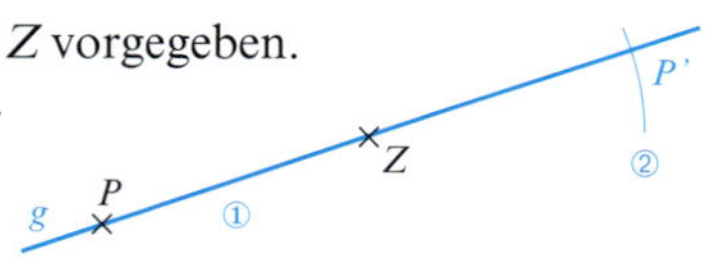
Eigenschaften von Spiegelungen	Längen, Winkel und Lagebeziehungen bleiben erhalten. Der Umlaufsinn von Figuren ändert sich bei einer Achsenspiegelung. Liegt P auf g, so ist $P = P'$.

Drehung

Konstruktion	Eine Drehung wird durch ein Drehzentrum Z und einen Drehwinkel α bestimmt. 1. Ein Strahl durch P und beginnend in Z wird gezeichnet. 2. Der Winkel α wird in Z an den Strahl angetragen. Dabei muss die Drehrichtung des Winkels α beachtet werden. 3. Die Länge der Strecke $\overline{ZP}$ wird auf dem zweiten Schenkel abgetragen. 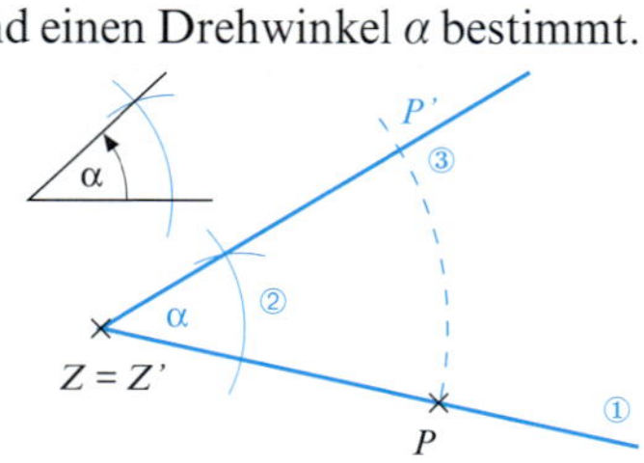
Eigenschaften	Längen, Winkel und Lagebeziehungen bleiben erhalten.

Koordinatensysteme

Kartesische Koordinatensysteme

Koordinaten eines Punktes in einer Ebene

$P(x_P; y_P)$
$Q(x_Q; y_Q)$

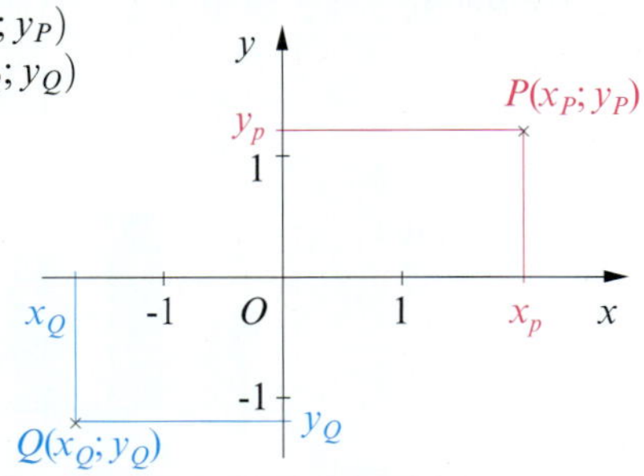

Koordinaten eines Punktes im Raum

$P(x_P; y_P; z_P)$

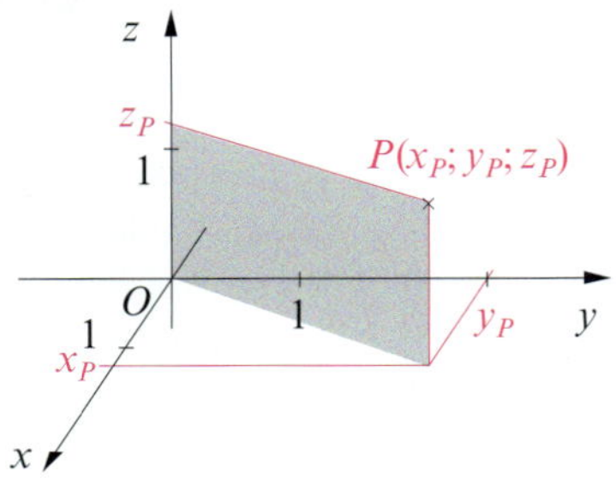

Polarkoordinaten

Koordinaten eines Punktes in einer Ebene

$P(r; \varphi)$ mit $0 < r < \infty$ und $0 \leq \varphi < 360°$

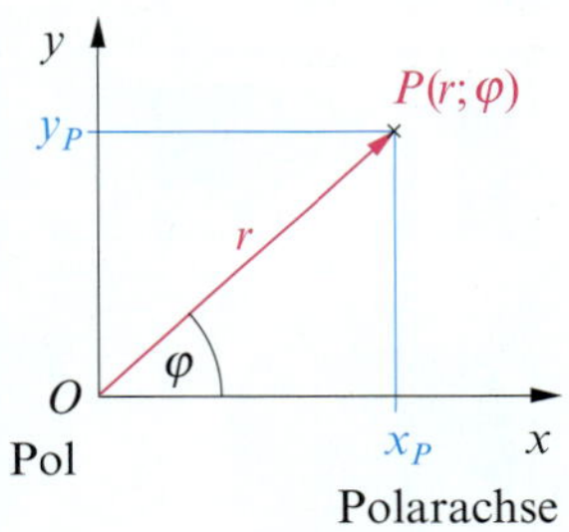

Zur Umrechnung von kartesischen Koordinaten in Polarkoordinaten gilt:

$x = r \cdot \cos \varphi$

$y = r \cdot \sin \varphi$ $\qquad r = \sqrt{x^2 + y^2}$

Koordinaten eines Punktes im Raum

$P(r; \lambda; \varphi)$ mit $0 < r < \infty$; $-180° \leq \lambda < 180°$; $-90° < \varphi < 90°$

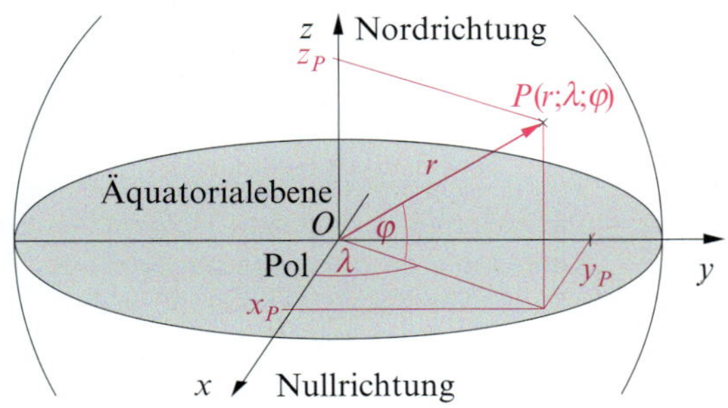

Zur Umrechnung von kartesischen Koordinaten in Polarkoordinaten gilt:

$x = r \cdot \cos \varphi \cos \lambda$

$y = r \cdot \sin \lambda \cos \varphi$ $\qquad r = \sqrt{x^2 + y^2 + z^2}$

$z = r \cdot \sin \varphi$

Transformation eines kartesischen Koordinatensystems in der Ebene

Wenn x, y die Koordinaten eines Punktes P im x, y-Koordinatensystem mit dem Ursprung O sind und x', y' die Koordinaten von P in Bezug auf das x', y'-Koordinatensystem mit dem Ursprung O', so gilt:

im Falle einer **Translation** mit $\overrightarrow{OO'}$ und $O'(c; d)$ bezüglich des ersten Systems:

$x = x' + c$ $\qquad$ bzw. $\qquad x' = x - c$

$y = y' + d$ $\qquad\qquad\quad y' = y - d$

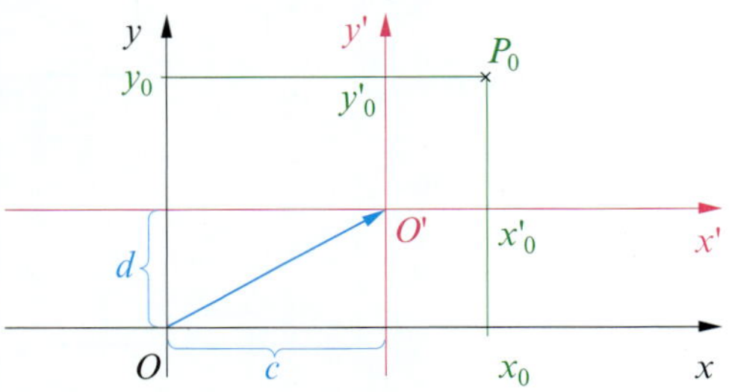

im Falle einer **Rotation** mit $O = O'$ und dem Drehwinkel $\sphericalangle(x, x') = \alpha$:

$x = x' \cdot \cos \alpha - y' \cdot \sin \alpha$ $\qquad$ bzw. $\qquad x' = x \cdot \cos \alpha + y \cdot \sin \alpha$

$y = x' \cdot \sin \alpha + y' \cdot \cos \alpha$ $\qquad\qquad\quad y' = (-x) \cdot \sin \alpha + y \cdot \cos \alpha$

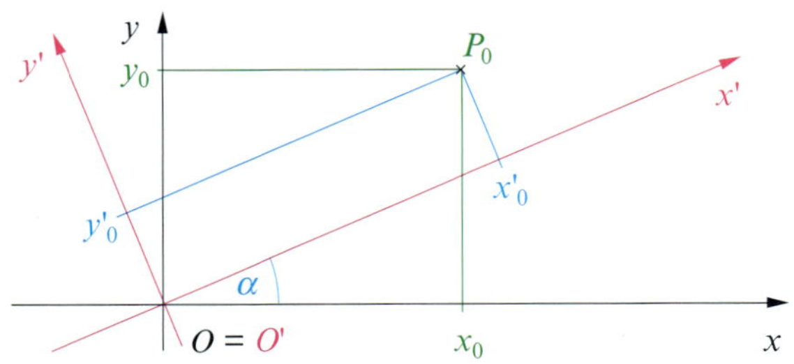

Stochastik

Diagramme

Piktogramme	Visualisierung absoluter Häufigkeiten (↗ S. 36) und Größen. Jedem Symbol entspricht eine bestimmte Anzahl bzw. Größe.	
Balkendiagramme (Säulendiagramme)	Meist Veranschaulichung der zeitlichen Entwicklung absoluter oder relativer Häufigkeiten (↗ S. 36). Die y-Achse sollte so skaliert werden, dass keine falschen Eindrücke entstehen können (bei Null beginnend; Kennzeichnung von Lücken).	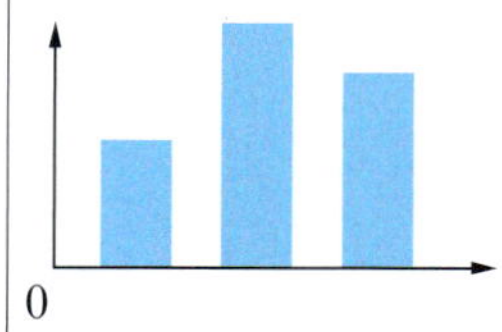
Strichdiagramme (Streckendiagramme)	Strichdiagramme können prinzipiell wie Balkendiagramme eingesetzt werden. Die Wahl der Achsen kann von Balkendiagrammen abweichen (s. Bild).	
Streifendiagramme	Darstellung von Anteilen an einem Ganzen (meist in %). Anteile sind proportional zu den Längen der zugehörigen Teilstreifen.	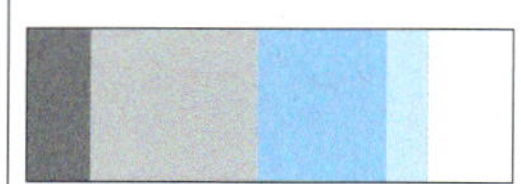
Kreisdiagramme	Darstellung von Anteilen an einem Ganzen (meist in %). Anteile sind proportional zur Größe des Winkels des zugehörigen Kreissektors (z. B. 100 % = 360°, 1 % = 3,6°).	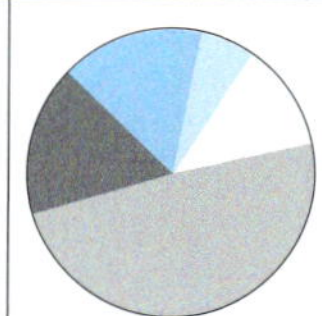
Liniendiagramme	Darstellung von proportionalen und linearen Zusammenhängen. Besonders aussagekräftig sind Liniendiagramme, wenn verschiedene Datenreihen gruppiert werden können (s. Bild). Bei der Skalierung der Achsen ist darauf zu achten, dass keine irreführenden Eindrücke entstehen.	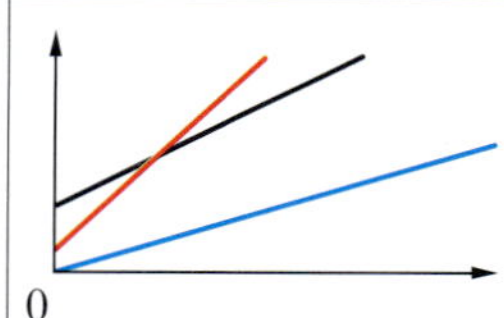
Histogramme	Häufig werden Datenreihen durch eine Klasseneinteilung geordnet. Die Klassenhäufigkeiten werden in Histogrammen wie bei Balkendiagrammen dargestellt, allerdings bleibt zwischen den Balken i. d. R. kein Zwischenraum.	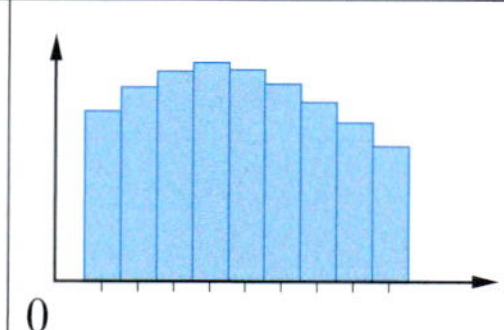
Boxplots	Mithilfe von Boxplots können Datenreihen mit ihren Streubereichen so dargestellt werden, dass sie gut vergleichbar sind. Die Daten werden der Größe nach geordnet, die 5 folgenden Werte ergeben die Lage des Boxplots: Minimalwert, Viertelwert, Median, Dreiviertelwert, Maximalwert. Die „Box“ markiert den Bereich, in dem 50 % der Werte liegen.	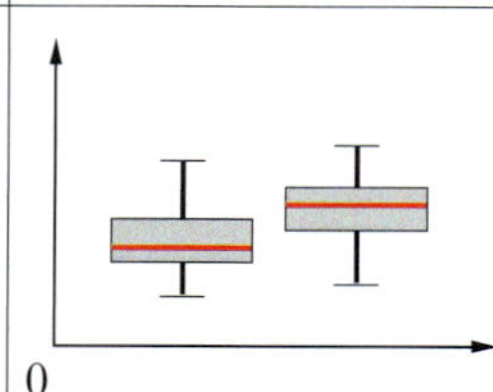
Streudiagramme	Für Zusammenhänge zwischen zwei Größen können Messwerte als „Punktwolke“ dargestellt werden (siehe auch S. 37: Regressionsgerade, Korrelationskoeffizient).	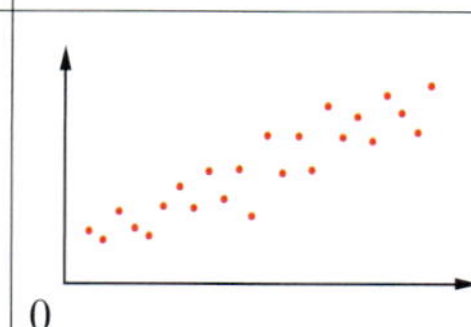

Kombinatorik

Potenzen von Binomen	Wenn $a, b \in \mathbb{R}$ und $n \in \mathbb{N}$, so gilt: — Pascal'sches Dreieck $(a \pm b)^0 = 1$ .... 1 $(a \pm b)^1 = a \pm b$ .... 1 1 $(a \pm b)^2 = a^2 \pm 2ab + b^2$ .... 1 2 1 $(a \pm b)^3 = a^3 \pm 3a^2b + 3ab^2 \pm b^3$ .... 1 3 3 1 $(a \pm b)^4 = a^4 \pm 4a^3b + 6a^2b^2 \pm 4ab^3 + b^4$ .... 1 4 6 4 1 $(a \pm b)^5 = a^5 \pm 5a^4b + 10a^3b^2 \pm 10a^2b^3 + 5ab^4 \pm b^5$ 1 5 10 10 5 1
Binomial-koeffizienten	$\binom{n}{k} = \frac{n(n-1)\ldots[n-(k-1)]}{k!} = \frac{n!}{k!(n-k)!}$ $(n, k \in \mathbb{N}; 0 < k \leq n)$; $\binom{n}{0} = 1$ $\binom{n}{k} = \binom{n}{n-k}$; $\binom{n}{k} + \binom{n}{k+1} = \binom{n+1}{k+1}$
Binomischer Satz	$(a+b)^n = \binom{n}{0}a^n + \binom{n}{1}a^{n-1}b + \binom{n}{2}a^{n-2}b^2 + \ldots + \binom{n}{n-1}ab^{n-1} + \binom{n}{n}b^n = \sum_{k=0}^{n}\binom{n}{k}a^{n-k}b^k$
Fakultät	$a! = 1 \cdot 2 \cdot 3 \cdot 4 \cdot \ldots \cdot (a-1) \cdot a$ $(a \in \mathbb{N}, a \geq 2)$; $0! = 1$; $1! = 1$; $(a+1)! = a!\,(a+1)$
Permutationen	Ist eine Menge mit n Elementen gegeben, so bezeichnet man die möglichen Anordungen aller dieser n Elemente als Permutationen. Anzahl der Permutationen, wenn die n Elemente untereinander verschieden sind: $n!$ Anzahl der Permutationen, wenn es unter den n Elementen $r, s, \ldots, t$ gleiche Elemente gibt: $\frac{n!}{r! \cdot s! \cdot \ldots \cdot t!}$
Variationen	Ist eine Menge mit n verschiedenen Elementen gegeben, so bezeichnet man die möglichen Anordnungen aus je k Elementen dieser Menge in jeder möglichen Reihenfolge als Variationen (Variationen von n Elementen zur k-ten Klasse). Anzahl der Variationen aus je k Elementen, wenn jedes Element in einer Variation jeweils nur einmal vorkommen kann (Anzahl der Variationen ohne Zurücklegen der Elemente): $\frac{n!}{(n-k)!}$ Anzahl der Variationen aus je k Elementen, wenn jedes Element in einer Variation beliebig oft vorkommen kann (Anzahl der Variationen mit Zurücklegen der Elemente): n^k
Kombinationen	Ist eine Menge mit n verschiedenen Elementen gegeben, so bezeichnet man die möglichen Anordnungen aus je k Elementen dieser Menge ohne Berücksichtigung ihrer Reihenfolge als Kombinationen. Variationen sind also Kombinationen mit Berücksichtigung der Reihenfolge der Elemente. (Kombinationen von n Elementen zur k-ten Klasse) Anzahl der Kombinationen aus je k Elementen, wenn jedes Element in einer Kombination jeweils nur einmal vorkommen kann: $\binom{n}{k}$ bzw. $\frac{n!}{k!(n-k)!}$ Anzahl der Kombinationen aus je k Elementen, wenn jedes Element in einer Variation beliebig oft vorkommen kann: $\binom{n+k-1}{k}$

Grundbegriffe der Stochastik

Ergebnisse/ Ereignisse	Ein **Vorgang mit zufälligem Ergebnis** (ein Zufallsversuch) hat mehrere mögliche Ergebnisse, von denen nicht vorausgesagt werden kann, welches eintritt. Die Menge aller möglichen Ergebnisse ist die **Ergebnismenge Ω.** Jede Teilmenge A von Ω heißt ein zu diesem Zufallsversuch gehörendes **Ereignis** ($A \subseteq \Omega$). Das Ereignis A tritt ein, wenn bei dem Zufallsversuch ein Ergebnis aus A eintritt. Das **Gegenereignis** $\bar{A}$ zu einem Ereignis A ist die Menge aller Ergebnisse, die nicht zu A gehören. **Sicheres Ereignis:** Alle möglichen Ergebnisse sind günstig für das Ereignis. **Unmögliches Ereignis:** Keines der möglichen Ergebnisse ist günstig für das Ereignis.	
Absolute Häufigkeit	Anzahl des Auftretens des Ergebnisses x_i bei n Beobachtungen des Zufallsversuches bzw. bei der Überprüfung einer Stichprobe vom Umfang n:	$H_n(x_i)$
Relative Häufigkeit	Relative Häufigkeit des Ergebnisses x_i bei n Beobachtungen eines Zufallsversuches (bei einer Stichprobe vom Umfang n): Relative Häufigkeit des Ereignisses A bei n Beobachtungen eines Zufallsversuches (bei einer Stichprobe vom Umfang n), wobei insgesamt k-mal für das Ereignis A günstige Ergebnisse aufgetreten sind:	$h_n(x_i) = \frac{H_n(x_i)}{n}$ $h_n(A) = \frac{k}{n}$
	Die relative Häufigkeit des Ereignisses A ist gleich der Summe der relativen Häufigkeiten der Ergebnisse, die für das Ereignis A günstig sind. Für $A = \{x_1, x_2, \ldots, x_r\}$ gilt: $h_n(A) = h_n(x_1) + h_n(x_2) + \ldots + h_n(x_r)$	
Wahrscheinlichkeit	Die beobachtete relative Häufigkeit $h_n(A)$ des Eintretens von A nähert sich mit wachsender Beobachtungszahl n dem stabilen Wert $P(A)$, der **Wahrscheinlichkeit des Ereignisses.** *Grundeigenschaften:* Es gilt $0 \leq P(A) \leq 1$ und ferner ist: $P(A) = P(x_1) + P(x_2) + \ldots + P(x_r)$, falls $A = \{x_1, x_2, \ldots, x_r\}$ $P(\Omega) = 1$ Wahrscheinlichkeit des sicheren Ereignisses Ω (Axiomensystem von Kolmogorow) $P(\emptyset) = 0$ Wahrscheinlichkeit des unmöglichen Ereignisses $\emptyset$ $P(\bar{A}) = 1 - P(A)$ Wahrscheinlichkeit des zu A entgegengesetzten Ereignisses $\bar{A}$ **Laplace-Wahrscheinlichkeit (klassiche Wahrscheinlichkeit):** Sind alle Ergebnisse bei einem Vorgang mit zufälligem Ergebnis gleich wahrscheinlich, so gilt: $P(A) = \frac{\text{Anzahl der für } A \text{ günstigen Ergebnisse}}{\text{Anzahl der möglichen Ergebnisse}}$	

Kenngrößen der Häufigkeitsverteilung einer Datenreihe

Arithmetisches Mittel $\bar{x}$ (↗ Seite 8)	Berechnung von $\bar{x}$ aus der Summe aller Ergebnisse $x_1, x_2, \ldots, x_n$: Treten bei den n Ergebnissen r verschiedene Ergebnisse auf, so berechnet man $\bar{x}$ unter Hinzuziehung • der absoluten Häufigkeiten der Ergebnisse: • der relativen Häufigkeiten der Ergebnisse:	$\bar{x} = \frac{x_1 + x_2 + \ldots + x_n}{n}$ $\bar{x} = \frac{x_1 \cdot H_n(x_1) + x_2 \cdot H_n(x_2) + \ldots + x_r \cdot H_n(x_r)}{n}$ $\bar{x} = x_1 \cdot h_n(x_1) + x_2 \cdot h_n(x_2) + \ldots + x_r \cdot h_n(x_r)$
Zentralwert $\tilde{x}$ (Median)	$\tilde{x}$ halbiert die der Größe nach geordnete Datenreihe. Für $2n+1$ Daten ist es der $(n+1)$-te Wert, für $2n$ Daten ist es das arithmetische Mittel aus n-tem und $(n+1)$-tem Wert.	
Modalwert m	m ist der am häufigsten beobachtete Wert. (Eine Datenreihe kann mehrere Modalwerte haben.)	

Kenngrößen zur Charakterisierung der Streuung

Spannweite d	d ist die Differenz zwischen dem größten und dem kleinsten Wert einer Datenreihe:	$d = x_{\max} - x_{\min}$
Halbweite H	H ist die Differenz zwischen dem oberen Viertelwert $x_{3/4}$ und dem unteren Viertelwert $x_{1/4}$ einer Datenreihe: (Der Viertelwert $x_{1/4}$ halbiert die untere Hälfte der Datenreihe, $x_{3/4}$ halbiert die obere Hälfte der Datenreihe.)	$H = x_{3/4} - x_{1/4}$
Mittlere quadratische Abweichung (empirische Varianz) s^2	s^2 ist ein Maß für die Streuung der Beobachtungswerte um den Mittelwert $\bar{x}$. Berechnung der mittleren quadratischen Abweichung der Beobachtungswerte vom Mittelwert $\bar{x}$ der Beobachtungswerte • unter Hinzuziehung der absoluten Häufigkeiten $H_n(x_1), H_n(x_2), \ldots, H_n(x_r)$: $s^2 = \frac{(x_1-\bar{x})^2 \cdot H_n(x_1) + (x_2-\bar{x})^2 \cdot H_n(x_2) + \ldots + (x_r-\bar{x})^2 \cdot H_n(x_r)}{n}$ • unter Hinzuziehung der relativen Häufigkeiten $h_n(x_1), h_n(x_2), \ldots, h_n(x_r)$: $s^2 = (x_1-\bar{x})^2 \cdot h_n(x_1) + (x_2-\bar{x})^2 \cdot h_n(x_2) + \ldots + (x_r-\bar{x})^2 \cdot h_n(x_r) = \sum_{i=1}^{r}(x_i-\bar{x})^2 \cdot h_n(x_i)$	
Standard-abweichung s	Ein weiteres Maß für die Streuung um den Mittelwert $\bar{x}$ ist die Standardabweichung s: $s = \sqrt{s^2} = \sqrt{(x_1-\bar{x})^2 \cdot h_n(x_1) + (x_2-\bar{x})^2 \cdot h_n(x_2) + \ldots + (x_r-\bar{x})^2 \cdot h_n(x_r)}$	
Regressions-gerade (Ausgleichs-gerade)	$y = \frac{s_{xy}}{s_x^2}(x-\bar{x}) + \bar{y}$ (Ausgleichsgerade für die Messpunkte $(x_1; y_1), (x_2; y_2), \ldots, (x_n; y_n)$) Dabei gelten: $s_{xy} = \frac{1}{n} \cdot [(y_1-\bar{y})(x_1-\bar{x}) + (y_2-\bar{y})(x_2-\bar{x}) + \ldots + (y_n-\bar{y})(x_n-\bar{x})]$ und $s_x^2 = \frac{1}{n} \cdot \left[(x_1-\bar{x})^2 + (x_2-\bar{x})^2 + \ldots + (x_n-\bar{x})^2\right]$. 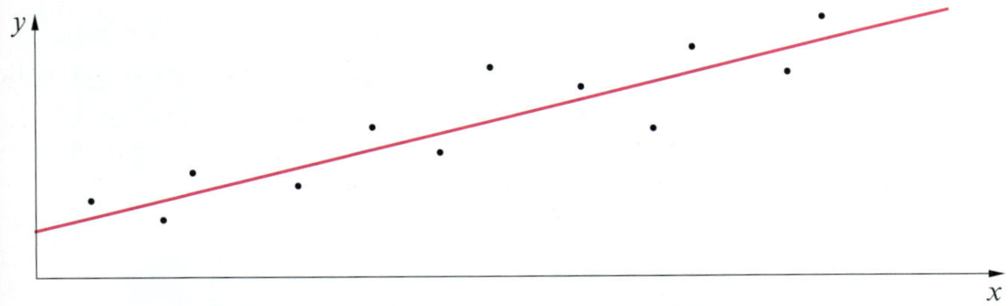	
Korrelations-koeffizient r_{xy}	$r_{xy} := \frac{s_{xy}}{s_x s_y} = \frac{(x_1-\bar{x})(y_1-\bar{y}) + (x_2-\bar{x})(y_2-\bar{y}) + \ldots + (x_n-\bar{x})(y_n-\bar{y})}{\sqrt{(x_1-\bar{x})^2 + (x_2-\bar{x})^2 + \ldots + (x_n-\bar{x})^2} \cdot \sqrt{(y_1-\bar{y})^2 + (y_2-\bar{y})^2 + \ldots + (y_n-\bar{y})^2}}$	

Mehrstufige Zufallsversuche

1. Pfadregel	**Produktregel:** Die Wahrscheinlichkeit eines Ergebnisses ist gleich dem Produkt der Wahrscheinlichkeiten entlang des jeweiligen Pfades im Baumdiagramm. (Im Bild gilt: $P(AD) = p_1 \cdot p_4$)	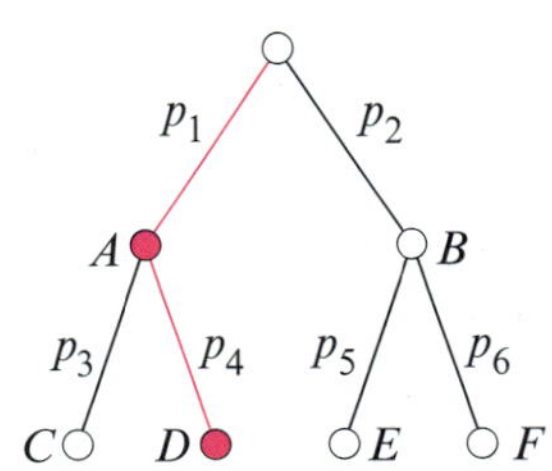
2. Pfadregel	**Summenregel:** Die Wahrscheinlichkeit eines Ereignisses ist gleich der Summe der Wahrscheinlichkeiten aller der Pfade, die für dieses Ereignis günstig sind.	

Rechnen mit Wahrscheinlichkeiten

Additionssatz

Für die Wahrscheinlichkeit des Eintretens des Ereignisses A oder des Ereignisses B gilt:
$P(A \cup B) = P(A) + P(B) - P(A \cap B)$

Falls A und B unvereinbar sind, gilt:
$P(A \cup B) = P(A) + P(B)$

Bedingte Wahrscheinlichkeit

Für die Wahrscheinlichkeit des Eintretens von A unter der Bedingung, dass das Ereignis B eingetreten ist, gilt:

$$P(A \mid B) = \frac{P(A \cap B)}{P(B)}$$

Diese Wahrscheinlichkeiten kann man übersichtlich in einer Vier-Felder-Tafel darstellen:

	A	$\bar{A}$	Summen
B	$P(A \cap B)$	$P(\bar{A} \cap B)$	$P(B)$
$\bar{B}$	$P(A \cap \bar{B})$	$P(\bar{A} \cap \bar{B})$	$P(\bar{B})$
Summen	$P(A)$	$P(\bar{A})$	$P(\Omega) = 1$

Multiplikationssatz

Für die Wahrscheinlichkeit des Eintretens sowohl des Ereignisses A als auch des Ereignisses B gilt:
$P(A \cap B) = P(A) \cdot P(B \mid A) = P(B) \cdot P(A \mid B)$

Allgemein gilt für die Ereignisse $A_1, A_2, \ldots, A_n$:
$P(A_1 \cap A_2 \cap \ldots \cap A_n) = P(A_1) \cdot P(A_2 \mid A_1) \cdot P(A_3 \mid A_1 \cap A_2) \cdot \ldots \cdot P(A_n \mid A_1 \cap A_2 \cap \ldots \cap A_{n-1})$

Unabhängigkeit

A und B heißen voneinander **unabhängig** genau dann, wenn gilt:
$P(A \cap B) = P(A) \cdot P(B)$

Für voneinander unabhängige Ereignisse $A_1, A_2, \ldots, A_n$ gilt:
$P(A_1 \cap A_2 \cap \ldots \cap A_n) = P(A_1) \cdot P(A_2) \cdot \ldots \cdot P(A_n)$

Formel für die totale Wahrscheinlichkeit

Bilden die Ereignisse B_1 und B_2 eine Zerlegung, d. h. gilt $B_1 \cup B_2 = \Omega$ und $B_1 \cap B_2 = \emptyset$, so gilt für jedes Ereignis A die Formel $P(A) = P(A \mid B_1) \cdot P(B_1) + P(A \mid B_2) \cdot P(B_2)$.

Allgemein gilt für jedes Ereignis A im Falle einer Zerlegung von Ω in die Ereignisse $B_1, B_2, \ldots, B_n$, also mit $B_1 \cup B_2 \cup \ldots \cup B_n = \Omega$ und $B_i \cap B_j = \emptyset$ für $i \neq j$, die Formel $P(A) = P(A \mid B_1) \cdot P(B_1) + P(A \mid B_2) \cdot P(B_2) + \ldots + P(A \mid B_n) \cdot P(B_n)$.

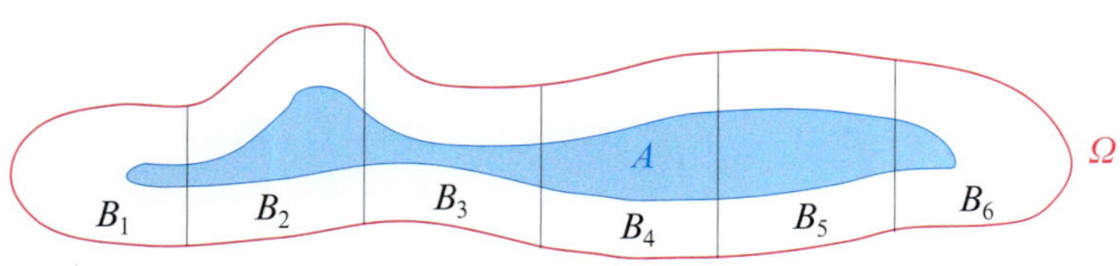

Bayes'sche Formel

Bilden die Ereignisse B_1 und B_2 eine Zerlegung, gilt also $B_1 \cup B_2 = \Omega$ und $B_1 \cap B_2 = \emptyset$, und ist A ein Ereignis mit $P(A) > 0$, so gilt

$$P(B_1 \mid A) = \frac{P(A \mid B_1) \cdot P(B_1)}{P(A \mid B_1) \cdot P(B_1) + P(A \mid B_2) \cdot P(B_2)} \quad \text{und}$$

$$P(B_2 \mid A) = \frac{P(A \mid B_2) \cdot P(B_2)}{P(A \mid B_1) \cdot P(B_1) + P(A \mid B_2) \cdot P(B_2)}.$$

Allgemein gilt für jedes Ereignis A mit $P(A) > 0$ im Falle einer Zerlegung von Ω in die Ereignisse $B_1, B_2, \ldots, B_n$, also mit $B_1 \cup B_2 \cup \ldots \cup B_n = \Omega$ und $B_i \cap B_j = \emptyset$ für $i \neq j$ und alle $k = 1, 2, \ldots, n$ die Formel

$$P(B_k \mid A) = \frac{P(A \mid B_k) \cdot P(B_k)}{P(A \mid B_1) \cdot P(B_1) + P(A \mid B_2) \cdot P(B_2) + \ldots + P(A \mid B_n) \cdot P(B_n)}.$$

Zufallsgrößen und ihre Wahrscheinlichkeitsverteilung

Wahrscheinlichkeitsverteilung einer diskreten Zufallsgröße X	Es seien x_i $(i = 1, 2, 3, \ldots, k)$ die Werte, die eine diskrete Zufallsgröße X annehmen kann und p_i die zugeordneten Wahrscheinlichkeiten für das Eintreten der x_i. Es ist $E(X) = \sum_{i=1}^{k} x_i \cdot p_i = \mu$ der **Erwartungswert** (Mittelwert) der Zufallsgröße X. $V(X) = \sum_{i=1}^{k} (x_i - \mu)^2 \cdot p_i$ die **Varianz** der Zufallsgröße X und $\sigma(X) = \sqrt{V(X)}$ die **Standardabweichung** von X.
Bernoulli-Versuch	Ein **Bernoulli-Versuch** ist ein Zufallsversuch, bei dem man sich nur dafür interessiert, ob ein bestimmtes Ereignis eintritt oder nicht. Eine **Bernoulli-Kette** ist eine Serie unabhängiger Bernoulli-Versuche. Wenn p die Wahrscheinlichkeit für das Eintreten eines bestimmten Ereignisses (Treffer) ist und der Zufallsversuch n-mal wiederholt wird, dann gilt: • Die Wahrscheinlichkeit für genau k Treffer ist: $P(X = k) = \binom{n}{k} p^k \cdot (1-p)^{n-k}$ • Die Wahrscheinlichkeit für mindestens einen Treffer ist: $P(X \geq 1) = 1 - (1-p)^n$ • Soll die Wahrscheinlichkeit für mindestens einen Treffer größer oder gleich a $(0 < a < 1)$ sein, so gilt für die Länge n der Kette: $n \geq \frac{\ln(1-a)}{\ln(1-p)}$
Binomialverteilung	Eine Zufallsgröße heißt **binomialverteilt** mit den Parametern n und p, wenn für alle k $(k = 0, 1, \ldots, n)$ gilt: $P(X = k) = \binom{n}{k} p^k \cdot (1-p)^{n-k}$ Erwartungswert $E(X) = n \cdot p$ Varianz $V(X) = n \cdot p \cdot (1-p)$ Standardabweichung $\sigma(X) = \sqrt{n \cdot p \cdot (1-p)}$
Gestalt der Binomial-Verteilung in Abhängigkeit von den Parametern n und p (P_k steht für $P(X = k)$)	n fest, p ändert sich: $p_1 < p_2 < p_3$ | p fest, n ändert sich: $n_1 < n_2 < n_3$ 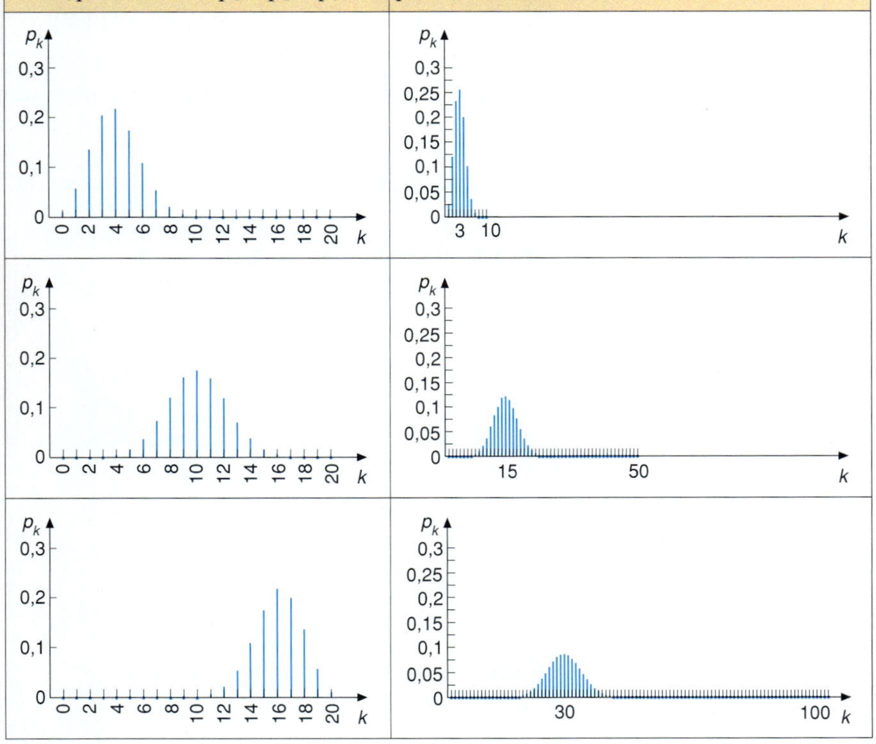

Poisson-verteilung	Für sehr große n und sehr kleine p gilt für die Binomialverteilung die **Näherungsformel von Poisson:** $P(X=k)=\binom{n}{k}p^k\cdot(1-p)^{n-k}\approx\frac{\mu^k}{k!}\cdot e^{-\mu}$, $e\approx 2{,}7183$; $\mu=n\cdot p$
Gleich-verteilung	Eine diskrete Zufallsgröße ist **gleichverteilt**, wenn gilt: $P(X=x_i)=\frac{1}{r}$ $(i=1,2,3,\ldots,r)$ In diesem Fall gilt: $E(X)=\frac{1}{r}\cdot\sum_{i=1}^{r}x_i$ und $V(X)=E(X^2)-E(X)^2=\frac{1}{r}\cdot\left(\sum_{i=1}^{r}x_i^2-r\cdot E(X)^2\right)$.
Hyper-geometrische Verteilung	$P(X=k)=\frac{\binom{M}{k}\binom{N-M}{n-k}}{\binom{N}{n}}$ $(k\le n\le N;\ k\le M\le N)$ Die Problemstellung kann durch eine Stichprobe vom Umfang n aus einer Gesamtheit von N Elementen charakterisiert werden, in der M Elemente mit abweichender Gestalt enthalten sind; es interessiert die Frage, mit welcher Wahrscheinlichkeit k Elemente der Art M in der Stichprobe n enthalten sind.
Tscheby-schew'sche Ungleichung	Mithilfe folgender Ungleichung lässt sich im Falle einer Binomialverteilung für große n, für die auf den Seiten 42 ff. keine Tabelle zu finden ist, eine Abschätzung der Wahrscheinlichkeit für das Abweichen der Zufallsgröße X vom Erwartungswert $E(X)$ um mindestens ε ermitteln: $P(\|X-E(X)\|\ge\varepsilon)\le\frac{V(X)}{\varepsilon^2}$ für alle $\varepsilon>0$
Stetige Zufallsgrößen	Eine stetige Zufallsgröße kann in einem Intervall $[a,b]$ von $\mathbb{R}$, mitunter sogar in $\mathbb{R}$ selbst, alle Werte annehmen. In diesem Fall gibt es eine Funktion f **(Dichtefunktion von X)** derart, dass gilt: $P(a<X\le b)=\int_a^b f(x)\,dx$ $(a,b\in\mathbb{R})$ Falls das Integral $\int_{-\infty}^{\infty}x\cdot f(x)\,dx$ existiert, gilt für stetige Zufallsgrößen: $E(X)=\int_{-\infty}^{\infty}x\cdot f(x)\,dx$, $V(X)=E((X-E(X))^2)$, $\sigma=\sqrt{V(X)}$
Normal-verteilung	Eine stetige Zufallsgröße X heißt normalverteilt mit den Parametern μ und σ^2, wenn für ihre Dichte f gilt: $f(x)=\frac{1}{\sqrt{2\pi}\cdot\sigma}\,e^{-\frac{(x-\mu)^2}{2\cdot\sigma^2}}$, $x\in\mathbb{R}$, $E(X)=\mu$, $V(X)=\sigma^2$. Man schreibt: $X\sim N(\mu;\sigma^2)$.
Standard-normal-verteilung	Die Standardnormalverteilung $N(0;1)$ ist eine Normalverteilung mit $E(X)=0$ und $V(X)=1$: $f(x)=\frac{1}{\sqrt{2\pi}}\,e^{-\frac{x^2}{2}}$ (Verteilungsfunktion Φ mit $\Phi(x)=\frac{1}{\sqrt{2\pi}}\int_{-\infty}^{x}e^{-0{,}5t^2}dt$) 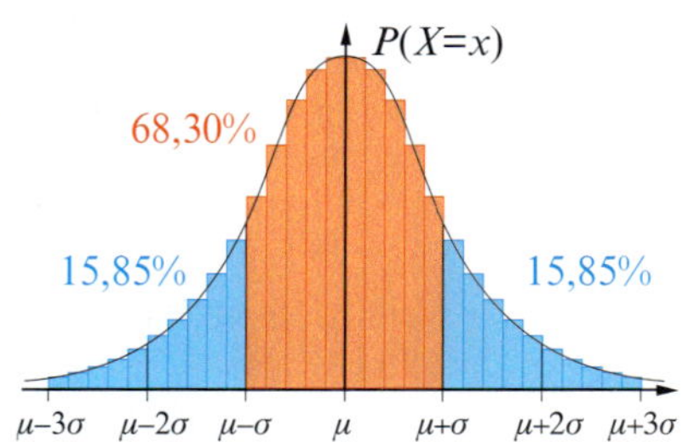
Näherungs-formel von Moivre und Laplace	Für eine binomialverteilte Zufallsgröße X mit Standardabweichung $\sigma>3$ gilt: Die Wahrscheinlichkeit für genau k Erfolge lässt sich näherungsweise berechnen durch: $P(X=k)\approx\frac{1}{\sigma\sqrt{2\pi}}e^{-\frac{(k-\mu)^2}{2\cdot\sigma^2}}$. Die Wahrscheinlichkeit für höchstens k Erfolge lässt sich näherungsweise berechnen durch: $P(X\le k)\approx\Phi\left(\frac{k+0{,}5-\mu}{\sigma}\right)$.

Intervallwahrscheinlichkeiten normalverteilter Zufallsgrößen	Intervallwahrscheinlichkeiten für eine normalverteilte Zufallsgröße $X \sim N(\mu;\, \sigma^2)$ mit der Dichtefunktion f (↗ S. 40) lassen sich mithilfe der Standardnormalverteilung berechnen. Es gilt: $P(a \leq X \leq b) = P\left(\frac{a-\mu}{\sigma} \leq \frac{X-\mu}{\sigma} \leq \frac{b-\mu}{\sigma}\right) = \Phi\left(\frac{b-\mu}{\sigma}\right) - \Phi\left(\frac{a-\mu}{\sigma}\right)$.
$k\,\sigma$-Intervalle normalverteilter Zufallsgrößen	Wenn $X \sim N(\mu;\, \sigma^2)$, so gilt: $P(\mu - 1 \cdot \sigma \leq X \leq \mu + 1 \cdot \sigma) = 0{,}683$ $P(\mu - 2 \cdot \sigma \leq X \leq \mu + 2 \cdot \sigma) = 0{,}954$ $P(\mu - 3 \cdot \sigma \leq X \leq \mu + 3 \cdot \sigma) = 0{,}997$ weitere Werte für $P(\mu - k \cdot \sigma \leq X \leq \mu + k \cdot \sigma)$: (siehe Tabelle unten)

k	0,8	1,2	1,4	1,6	1,64	1,8
P	0,576	0,770	0,838	0,890	0,900	0,928
k	1,96	2,2	2,4	2,58	2,6	2,8
P	0,950	0,972	0,984	0,990	0,991	0,995

$k\,\sigma$-Intervalle binomialverteilter Zufallsgrößen	Eine binomialverteile Zufallsgröße X mit den Parametern n und p kann durch eine Normalverteilung angenährt werden, falls $n \cdot p \cdot (1-p) > 9$ (Näherungsformel von Moivre und Laplace, ↗ S. 40). Dann gilt: $P(\mu - 1 \cdot \sigma \leq X \leq \mu + 1 \cdot \sigma) \approx 0{,}683$ $P(\mu - 2 \cdot \sigma \leq X \leq \mu + 2 \cdot \sigma) \approx 0{,}954$ $P(\mu - 3 \cdot \sigma \leq X \leq \mu + 3 \cdot \sigma) \approx 0{,}997$

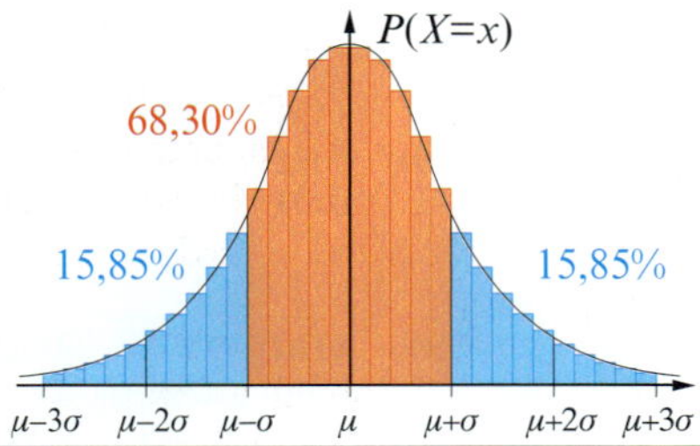

Stichproben als Bernoulli-Versuche	• Stichprobenumfang n (Elemente durchnummeriert bis n) – Anzahl der Stufen n • absolute Häufigkeit H_n eines Merkmals in der Stichprobe – Anzahl der Erfolge k • relative Häufigkeit h_n eines Merkmals in der Stichprobe – Erfolgswahrscheinlichkeit p • Standardabweichung σ_n in der Stichprobe – Standardabweichung σ
Konfidenzintervalle	*Schließen von der Grundgesamtheit auf die Stichprobe* Erfolgswahrscheinlichkeit p in der Grundgesamtheit ist bekannt. Die relative Häufigkeit h_n des Merkmals in der Stichprobe liegt mit der Wahrscheinlichkeit P (siehe Tabelle oben) im Intervall $\left[p - k\,\frac{\sigma}{n};\, p + k\,\frac{\sigma}{n}\right]$. Die absolute Häufigkeit H_n des Merkmals in der Stichprobe liegt mit der Wahrscheinlichkeit P (siehe Tabelle oben) im Intervall $[n \cdot p - k\,\sigma;\, n \cdot p + k\,\sigma]$. *Schließen von der Stichprobe auf die Grundgesamtheit* Erfolgswahrscheinlichkeit p in der Grundgesamtheit ist unbekannt, wird durch h_n geschätzt. $P\left(h_n - k\,\frac{1}{2\sqrt{n}} \leq p \leq h_n + k\,\frac{1}{2\sqrt{n}}\right) \geq P$ (siehe Tabelle oben). • Irrtumswahrscheinlichkeit α; Sicherheit $1 - \alpha$ • Genauigkeit ε der Schätzgröße h_n: $P(h_n - \varepsilon \leq p \leq h_n + \varepsilon) \geq 1 - \alpha$ • Konfidenzintervall (Vertrauensintervall) für p zum Vertrauensniveau $1 - \alpha$: $[h_n - \varepsilon;\, h_n + \varepsilon]$ • Stichprobenumfang: Soll $1 - \alpha \approx P$ sein, ist $n > \left(\frac{k}{2\,\varepsilon}\right)^2$ oder $n \geq \frac{1}{4\,\alpha\,\varepsilon^2}$ zu wählen.
Testen von Hypothesen	**Nullhypothese** H_0: Hypothese, die man durch einen Test mit geringer Irrtumswahrscheinlichkeit α (Signifikanzniveau) verwerfen möchte. **Gegenhypothese** H_1: alternative Hypothese zur Nullhypothese H_0. **Entscheidungsregel:** Festlegung des Ablehnungsbereiches A. Liegt die absolute Häufigkeit des Merkmals in der Stichprobe im Ablehnungsbereich, wird die Hypothese verworfen. **Signifikanztest:** Es muss entschieden werden, ob die Nullhypothese H_0 verworfen werden kann (einseitig: H_0: $p \geq p_0$; H_1: $p < p_0$; zweiseitig: H_0: $p = p_0$; H_1: $p < p_0$ oder $p > p_0$).

Fehler beim Testen von Hypothesen

	H_0 wahr	H_0 falsch
H_0 verworfen	**Fehler 1. Art**	richtige Entscheidung
H_0 angenommen	richtige Entscheidung	**Fehler 2. Art**

Wertetafel zur Binomialverteilung ($n = 2; \ldots; 10$)

$$P(X=k) = \binom{n}{k} p^k \cdot (1-p)^{n-k}$$

n	k	p: 0,02	0,03	0,04	0,05	0,10	1/6	0,20	0,30	1/3	0,40	0,50	k	n
2	0	0,9604	9409	9216	9025	8100	6944	6400	4900	4444	3600	2500	2	2
	1	0392	0582	0768	0950	1800	2778	3200	4200	4444	4800	5000	1	
	2	0004	0009	0016	0025	0100	0278	0400	0900	1111	1600	2500	0	
3	0	0,9412	9127	8847	8574	7290	5787	5120	3430	2963	2160	1250	3	3
	1	0576	0847	1106	1354	2430	3472	3840	4410	4444	4320	3750	2	
	2	0012	0026	0046	0071	0270	0694	0960	1890	2222	2880	3750	1	
	3			0001	0001	0010	0046	0080	0270	0370	0640	1250	0	
4	0	0,9224	8853	8493	8145	6561	4823	4096	2401	1975	1296	0625	4	4
	1	0753	1095	1416	1715	2916	3858	4096	4116	3951	3456	2500	3	
	2	0023	0051	0088	0135	0486	1157	1536	2646	2963	3456	3750	2	
	3		0001	0002	0005	0036	0154	0256	0756	0988	1536	2500	1	
	4					0001	0008	0016	0081	0123	0256	0625	0	
5	0	0,9039	8587	8154	7738	5905	4019	3277	1681	1317	0778	0313	5	5
	1	0922	1328	1699	2036	3281	4019	4096	3602	3292	2592	1563	4	
	2	0038	0082	0142	0214	0729	1608	2048	3087	3292	3456	3125	3	
	3	0001	0003	0006	0011	0081	0322	0512	1323	1646	2304	3125	2	
	4					0005	0032	0064	0284	0412	0768	1563	1	
	5						0001	0003	0024	0041	0102	0313	0	
6	0	0,8858	8330	7828	7351	5314	3349	2621	1176	0878	0467	0156	6	6
	1	1085	1546	1957	2321	3543	4019	3932	3025	2634	1866	0938	5	
	2	0055	0120	0204	0305	0984	2009	2458	3241	3292	3110	2344	4	
	3	0002	0005	0011	0021	0146	0536	0819	1852	2195	2765	3125	3	
	4				0001	0012	0080	0154	0595	0823	1382	2344	2	
	5					0001	0006	0015	0102	0165	0369	0938	1	
	6							0001	0007	0014	0041	0156	0	
7	0	0,8681	8080	7514	6983	4783	2791	2097	0824	0585	0280	0078	7	7
	1	1240	1749	2192	2573	3720	3907	3670	2471	2048	1306	0547	6	
	2	0076	0162	0274	0406	1240	2344	2753	3177	3073	2613	1641	5	
	3	0003	0008	0019	0036	0230	0781	1147	2269	2561	2903	2734	4	
	4			0001	0002	0026	0156	0287	0972	1280	1935	2734	3	
	5					0002	0019	0043	0250	0384	0774	1641	2	
	6						0001	0004	0036	0064	0172	0547	1	
	7								0002	0005	0016	0078	0	
8	0	0,8508	7837	7214	6634	4305	2326	1678	0576	0390	0168	0039	8	8
	1	1389	1939	2405	2793	3826	3721	3355	1977	1561	0896	0313	7	
	2	0099	0210	0351	0515	1488	2605	2936	2965	2731	2090	1094	6	
	3	0004	0013	0029	0054	0331	1042	1468	2541	2731	2787	2188	5	
	4		0001	0002	0004	0046	0260	0459	1361	1707	2322	2734	4	
	5					0004	0042	0092	0467	0683	1239	2188	3	
	6						0004	0011	0100	0171	0413	1094	2	
	7							0001	0012	0024	0079	0313	1	
	8								0001	0002	0007	0039	0	
9	0	0,8337	7602	6925	6302	3874	1938	1342	0404	0260	0101	0020	9	9
	1	1531	2116	2597	2985	3874	3489	3020	1556	1171	0605	0176	8	
	2	0125	0262	0433	0629	1722	2791	3020	2668	2341	1612	0703	7	
	3	0006	0019	0042	0077	0446	1302	1762	2668	2731	2508	1641	6	
	4		0001	0003	0006	0074	0391	0661	1715	2048	2508	2461	5	
	5					0008	0078	0165	0735	1024	1672	2461	4	
	6					0001	0010	0028	0210	0341	0743	1641	3	
	7						0001	0003	0039	0073	0212	0703	2	
	8								0004	0009	0035	0176	1	
	9									0001	0003	0020	0	
10	0	0,8171	7374	6648	5987	3487	1615	1074	0282	0173	0060	0010	10	10
	1	1667	2281	2770	3151	3874	3230	2684	1211	0867	0403	0098	9	
	2	0153	0317	0519	0746	1937	2907	3020	2335	1951	1209	0439	8	
	3	0008	0026	0058	0105	0574	1550	2013	2668	2601	2150	1172	7	
	4		0001	0004	0010	0112	0543	0881	2001	2276	2508	2051	6	
	5				0001	0015	0130	0264	1029	1366	2007	2461	5	
	6					0001	0022	0055	0368	0569	1115	2051	4	
	7						0002	0008	0090	0163	0425	1172	3	
	8							0001	0014	0030	0106	0439	2	
	9								0001	0003	0016	0098	1	
	10										0001	0010	0	
n	k	p: 0,98	0,97	0,96	0,95	0,90	5/6	0,80	0,70	2/3	0,60	0,50	k	n

Summierte Binomialverteilung ($n = 2; \ldots; 10$)

$$P(X \le k) = \sum_{i=0}^{k} \binom{n}{i} p^i \cdot (1-p)^{n-i}$$

n	k	p 0,02	0,03	0,04	0,05	0,10	1/6	0,20	0,30	1/3	0,40	0,50	k	n
2	0	0,9604	9409	9216	9025	8100	6944	6400	4900	4444	3600	2500	1	2
	1	9996	9991	9984	9975	9900	9722	9600	9100	8889	8400	7500	0	
3	0	0,9412	9127	8847	8574	7290	5787	5120	3430	2963	2160	1250	2	3
	1	9988	9974	9953	9928	9720	9259	8960	7840	7407	6480	5000	1	
	2			9999	9999	9990	9954	9920	9730	9630	9360	8750	0	
4	0	0,9224	8853	8493	8145	6561	4823	4096	2401	1975	1296	0625	3	4
	1	9977	9948	9909	9860	9477	8681	8192	6517	5926	4762	3125	2	
	2		9999	9998	9995	9963	9838	9728	9163	8889	8208	6875	1	
	3					9999	9992	9984	9919	9877	9744	9375	0	
5	0	0,9039	8587	8154	7738	5905	4019	3277	1681	1317	0778	0313	4	5
	1	9962	9915	9852	9774	9185	8038	7373	5282	4609	3370	1875	3	
	2	9999	9997	9994	9988	9914	9645	9421	8369	7901	6826	5000	2	
	3					9995	9967	9933	9692	9547	9130	8125	1	
	4						9999	9997	9976	9959	9898	9688	0	
6	0	0,8858	8330	7828	7351	5314	3349	2621	1176	0878	0467	0156	5	6
	1	9943	9875	9784	9672	8857	7368	6554	4202	3512	2333	1094	4	
	2	9998	9995	9988	9978	9842	9377	9011	7443	6804	5443	3438	3	
	3				9999	9987	9913	9830	9295	8999	8208	6563	2	
	4					9999	9993	9984	9891	9822	9590	8906	1	
	5							9999	9993	9986	9959	9844	0	
7	0	0,8681	8080	7514	6983	4783	2791	2097	0824	0585	0280	0078	6	7
	1	9921	9829	9706	9556	8503	6698	5767	3294	2634	1586	0625	5	
	2	9997	9991	9980	9962	9743	9042	8520	6471	5706	4199	2266	4	
	3			9999	9998	9973	9824	9667	8740	8267	7102	5000	3	
	4					9998	9980	9953	9712	9547	9037	7734	2	
	5						9999	9996	9962	9931	9812	9375	1	
	6								9998	9995	9984	9922	0	
8	0	0,8508	7837	7214	6634	4305	2326	1678	0576	0390	0168	0039	7	8
	1	9897	9777	9619	9428	8131	6047	5033	2553	1951	1064	0352	6	
	2	9996	9987	9969	9942	9619	8652	7969	5518	4682	3154	1445	5	
	3		9999	9998	9996	9950	9693	9437	8059	7414	5941	3633	4	
	4					9996	9954	9896	9420	9121	8263	6367	3	
	5						9996	9988	9887	9803	9502	8555	2	
	6							9999	9987	9974	9915	9648	1	
	7								9999	9998	9993	9961	0	
9	0	0,8337	7602	6925	6302	3874	1938	1342	0404	0260	0101	0020	8	9
	1	9869	9718	9222	9288	7748	5427	4362	1960	1431	0705	0195	7	
	2	9994	9980	9955	9916	9470	8217	7382	4628	3772	2318	0898	6	
	3		9999	9997	9994	9917	9520	9144	7297	6503	4826	2539	5	
	4					9991	9911	9804	9012	8552	7334	5000	4	
	5					9999	9989	9969	9747	9576	9006	7461	3	
	6						9999	9997	9957	9917	9750	9102	2	
	7								9996	9990	9962	9805	1	
	8									9999	9997	9980	0	
10	0	0,8171	7374	6648	5987	3487	1615	1074	0282	0173	0060	0010	9	10
	1	9838	9655	9418	9139	7361	4845	3758	1493	1040	0464	0107	8	
	2	9991	9972	9938	9885	9298	7752	6778	3828	2991	1673	0547	7	
	3		9999	9996	9990	9872	9303	8791	6496	5593	3823	1719	6	
	4				9999	9984	9845	9672	8497	7869	6331	3770	5	
	5					9999	9976	9936	9527	9234	8338	6230	4	
	6						9997	9991	9894	9803	9452	8281	3	
	7							9999	9984	9966	9877	9453	2	
	8								9999	9996	9983	9893	1	
	9										9999	9990	0	
n	k	p 0,98	0,97	0,96	0,95	0,90	5/6	0,80	0,70	2/3	0,60	0,50	k	n

Alle freien Plätze dieser Seite würden durch das Runden auf 4 Dezimalen den Wert 1,0000 enthalten.

Beachte! Wenn Werte über den zweiten, gelb unterlegten Eingang der Tabelle abgelesen werden sollen, d. h. $p \ge 0{,}5$, muss die Differenz 1 – (abgelesener Wert) ermittelt werden.

Beispiel: $n = 8; k = 3, p = 0{,}6; P(X \le 3) = 1{,}0000 - 0{,}8263 = 0{,}1737$

Wertetafel zur Binomialverteilung (n = 12, 14, 16, 18)

$$P(X=k)=\binom{n}{k}p^k\cdot(1-p)^{n-k}$$

n	k	p 0,02	0,03	0,04	0,05	0,10	1/6	0,20	0,30	1/3	0,40	0,50	k	n
12	0	0,7847	6938	6127	5404	2824	1122	0687	0138	0077	0022	0002	12	12
	1	1922	2575	3064	3413	3766	2692	2062	0712	0462	0174	0029	11	
	2	0216	0438	0702	0988	2301	2961	2835	1678	1272	0639	0161	10	
	3	0015	0045	0098	0173	0852	1974	2362	2397	2120	1419	0537	9	
	4	0001	0003	0009	0021	0213	0888	1329	2311	2384	2128	1209	8	
	5	0000	0000	0001	0002	0038	0284	0532	1585	1908	2270	1934	7	
	6			0000	0000	0005	0066	0155	0792	1113	1766	2256	6	
	7					0000	0011	0033	0291	0477	1009	1934	5	
	8						0001	0005	0078	0149	0420	1209	4	
	9						0000	0001	0015	0033	0125	0537	3	
	10							0000	0002	0005	0025	0161	2	
	11								0000	0000	0003	0029	1	
	12										0000	0002	0	
14	0	0,7536	6528	5647	4877	2288	0779	0440	0068	0034	0008	0001	14	14
	1	2153	2827	3294	3593	3559	2181	1539	0407	0240	0073	0009	13	
	2	0286	0568	0892	1229	2570	2835	2501	1134	0779	0317	0056	12	
	3	0023	0070	0149	0259	1142	2268	2501	1943	1559	0845	0222	11	
	4	0001	0006	0017	0037	0349	1247	1720	2290	2143	1549	0611	10	
	5	0000	0000	0001	0004	0078	0499	0860	1963	2143	2066	1222	9	
	6			0000	0000	0013	0150	0322	1262	1607	2066	1833	8	
	7					0002	0034	0092	0618	0918	1574	2095	7	
	8					0000	0006	0020	0232	0402	0918	1833	6	
	9						0001	0003	0066	0134	0408	1222	5	
	10						0000	0000	0014	0033	0136	0611	4	
	11								0002	0006	0033	0222	3	
	12								0000	0001	0005	0056	2	
	13									0000	0001	0009	1	
	14										0000	0001	0	
16	0	0,7238	6143	5204	4401	1853	0541	0281	0033	0015	0003	0000	16	16
	1	2363	3040	3469	3706	3294	1731	1126	0228	0122	0030	0002	15	
	2	0362	0705	1084	1463	2745	2596	2111	0732	0457	0150	0018	14	
	3	0034	0102	0211	0359	1423	2423	2463	1465	1066	0468	0085	13	
	4	0002	0010	0029	0061	0514	1575	2001	2040	1732	1014	0278	12	
	5	0000	0001	0003	0008	0137	0756	1201	2099	2078	1623	0667	11	
	6		0000	0000	0001	0028	0277	0550	1649	1905	1983	1222	10	
	7				0000	0004	0079	0197	1010	1361	1889	1746	9	
	8					0001	0018	0055	0487	0765	1417	1964	8	
	9					0000	0003	0012	0185	0340	0840	1746	7	
	10						0000	0002	0056	0119	0392	1222	6	
	11							0000	0013	0032	0142	0667	5	
	12								0002	0007	0040	0278	4	
	13								0000	0001	0008	0085	3	
	14									0000	0001	0018	2	
	15										0000	0002	1	
	16											0000	0	
18	0	0,6951	5780	4796	3972	1501	0376	0180	0016	0007	0001	0000	18	18
	1	2554	3217	3597	3763	3002	1352	0811	0126	0061	0012	0001	17	
	2	0443	0846	1274	1683	2835	2299	1723	0458	0259	0069	0006	16	
	3	0048	0140	0283	0473	1680	2452	2297	1046	0690	0246	0031	15	
	4	0004	0016	0044	0093	0700	1839	2153	1681	1294	0614	0117	14	
	5	0000	0001	0005	0014	0218	1030	1507	2017	1812	1146	0327	13	
	6		0000	0000	0002	0052	0446	0816	1873	1963	1655	0708	12	
	7				0000	0010	0153	0350	1376	1682	1892	1214	11	
	8					0002	0042	0120	0811	1157	1734	1669	10	
	9					0000	0009	0033	0386	0643	1284	1855	9	
	10						0002	0008	0149	0289	0771	1669	8	
	11						0000	0001	0046	0105	0374	1214	7	
	12							0000	0012	0031	0145	0708	6	
	13								0002	0007	0045	0327	5	
	14								0000	0001	0011	0117	4	
	15									0000	0002	0031	3	
	16										0000	0006	2	
	17											0000	1	
n	k	p 0,98	0,97	0,96	0,95	0,90	5/6	0,80	0,70	2/3	0,60	0,50	k	n

Summierte Binomialverteilung (*n* = 12, 14, 16, 18)

$$P(X \leq k) = \sum_{i=0}^{k} \binom{n}{i} p^i \cdot (1-p)^{n-i}$$

n	k	p 0,02	0,03	0,04	0,05	0,10	1/6	0,20	0,30	1/3	0,40	0,50	k	n
12	0	0,7847	6938	6127	5404	2824	1122	0687	0138	0077	0022	0002	11	12
	1	9769	9514	9191	8816	6590	3813	2749	0850	0540	0196	0032	10	
	2	9985	9952	9893	9804	8891	6774	5583	2528	1811	0834	0193	9	
	3	9999	9997	9990	9978	9744	8748	7946	4925	3931	2253	0730	8	
	4			9999	9998	9957	9637	9274	7237	6315	4382	1938	7	
	5					9995	9921	9806	8822	8223	6652	3872	6	
	6					9999	9987	9961	9614	9336	8418	6128	5	
	7						9998	9994	9905	9812	9427	8062	4	
	8							9999	9983	9961	9847	9270	3	
	9								9998	9995	9972	9807	2	
	10										9997	9968	1	
	11											9998	0	
14	0	0,7536	6528	5647	4877	2288	0779	0440	0068	0034	0008	0001	13	14
	1	9690	9355	8941	8470	5846	2960	1979	0475	0274	0081	0009	12	
	2	9975	9923	9833	9699	8416	5795	4481	1608	1053	0398	0065	11	
	3	9999	9994	9981	9958	9559	8063	6982	3552	2612	1243	0287	10	
	4			9998	9996	9908	9310	8702	5842	4755	2793	0898	9	
	5					9985	9809	9561	7805	6898	4859	2120	8	
	6					9998	9959	9884	9067	8505	6925	3953	7	
	7						9993	9976	9685	9424	8499	6047	6	
	8						9999	9996	9917	9826	9417	7880	5	
	9								9983	9960	9825	9102	4	
	10								9998	9993	9961	9713	3	
	11									9999	9994	9935	2	
	12										9999	9991	1	
	13											9999	0	
16	0	0,7238	6143	5204	4401	1853	0541	0281	0033	0015	0003	0000	15	16
	1	9601	9182	8673	8108	5147	2272	1407	0261	0137	0033	0003	14	
	2	9963	9887	9758	9571	7892	4868	3518	0994	0594	0183	0021	13	
	3	9998	9989	9968	9930	9316	7291	5981	2459	1659	0651	0106	12	
	4		9999	9997	9991	9830	8866	7982	4499	3391	1666	0384	11	
	5				9999	9967	9622	9183	6598	5469	3288	1051	10	
	6					9995	9899	9733	8247	7374	5272	2272	9	
	7					9999	9979	9930	9256	8735	7161	4018	8	
	8						9996	9985	9743	9500	8577	5982	7	
	9							9998	9929	9841	9417	7728	6	
	10								9984	9960	9809	8949	5	
	11								9997	9992	9951	9616	4	
	12									9999	9991	9894	3	
	13										9999	9979	2	
	14											9997	1	
	15												0	
18	0	0,6951	5780	4796	3972	1501	0376	0180	0016	0007	0001	0000	17	18
	1	9505	8997	8393	7735	4503	1728	0991	0142	0068	0013	0001	16	
	2	9948	9843	9667	9419	7338	4027	2713	0600	0326	0082	0007	15	
	3	9996	9982	9950	9891	9018	6479	5010	1646	1017	0328	0038	14	
	4		9998	9994	9985	9718	8318	7164	3327	2311	0942	0154	13	
	5			9999	9998	9936	9347	8671	5344	4122	2088	0481	12	
	6					9988	9794	9487	7217	6085	3743	1189	11	
	7					9998	9947	9837	8593	7767	5634	2403	10	
	8						9989	9957	9404	8924	368	4073	9	
	9						9998	9991	9790	9567	8653	5927	8	
	10							9998	9939	9856	9424	7597	7	
	11								9986	9961	9797	8811	6	
	12								9997	9991	9943	9519	5	
	13									9999	9987	9846	4	
	14										9998	9962	3	
	15											9993	2	
	16											9999	1	
n	k	p 0,98	0,97	0,96	0,95	0,90	5/6	0,80	0,70	2/3	0,60	0,50	k	n

Alle freien Plätze dieser Seite würden durch das Runden auf 4 Dezimalen den Wert 1,0000 enthalten.

Beachte! Wenn Werte über den zweiten, gelb unterlegten Eingang der Tabelle abgelesen werden sollen, d.h. $p \geq 0{,}5$, muss die Differenz 1 – (abgelesener Wert) ermittelt werden.
Beispiel: $n = 12$; $k = 9$; $p = 0{,}95$: $P(X \leq 9) = 1{,}0000 - 0{,}9804 = 0{,}0196$

Wertetafel zur Binomialverteilung ($n = 25, 50$)

$$P(X=k)=\binom{n}{k}p^k\cdot(1-p)^{n-k}$$

n	k	p 0,02	0,03	0,04	0,05	0,10	1/6	0,20	0,30	1/3	0,40	0,50	k	n
	0	0,6034	4670	3604	2774	0718	0105	0038	0001	0000			25	
	1	3079	3611	3754	3650	1994	0524	0236	0014	0005	0000		24	
	2	0754	1340	1877	2305	2659	1258	0708	0074	0030	0004	0000	23	
	3	0118	0318	0600	0930	2265	1929	1358	0243	0114	0019	0001	22	
	4	0013	0054	0137	0269	1384	2122	1867	0572	0313	0071	0004	21	
	5	0001	0007	0024	0060	0646	1782	1960	1030	0658	0199	0016	20	
	6	0000	0001	0003	0010	0239	1188	1633	1472	1096	0442	0053	19	
	7		0000	0000	0001	0072	0645	1108	1712	1487	0800	0143	18	
	8				0000	0018	0290	0623	1651	1673	1200	0322	17	
	9					0004	0110	0294	1336	1580	1511	0609	16	
	10					0001	0035	0118	0916	1264	1612	0974	15	
25	11					0000	0010	0040	0536	0862	1465	1328	14	25
	12						0002	0012	0268	0503	1140	1550	13	
	13						0000	0003	0115	0251	0760	1550	12	
	14							0001	0042	0108	0434	1328	11	
	15							0000	0013	0040	0212	0974	10	
	16								0004	0012	0088	0609	9	
	17								0001	0003	0031	0322	8	
	18								0000	0001	0009	0143	7	
	19									0000	0002	0053	6	
	20										0000	0016	5	
	21											0004	4	
	22											0001	3	
	23											0000	2	
	0	0,3642	2181	1299	0769	0052	0001	0000					50	
	1	3716	3372	2706	2025	0286	0011	0002					49	
	2	1858	2555	2762	2611	0779	0054	0011					48	
	3	0607	1264	1842	2199	1386	0172	0044	0000				47	
	4	0145	0459	0902	1360	1809	0405	0128	0001	0000			46	
	5	0027	0131	0346	0658	1849	0745	0295	0006	0001			45	
	6	0004	0030	0108	0260	1541	1118	0554	0018	0004			44	
	7	0001	0006	0028	0086	1076	1405	0870	0048	0012	0000		43	
	8	0000	0001	0006	0024	0643	1510	1169	0110	0033	0002		42	
	9		0000	0001	0006	0333	1410	1364	0220	0077	0005		41	
	10			0000	0001	0152	1156	1398	0386	0157	0014		40	
	11				0000	0061	0841	1271	0602	0286	0035	0000	39	
	12					0022	0546	1033	0838	0465	0076	0001	38	
	13					0007	0319	0755	1050	0679	0147	0003	37	
	14					0002	0169	0499	1189	0898	0260	0008	36	
	15					0001	0081	0299	1223	1077	0415	0020	35	
	16					0000	0035	0164	1147	1178	0606	0044	34	
50	17						0014	0082	0983	1178	0808	0087	33	
	18						0005	0037	0772	1080	0987	0160	32	
	19						0002	0016	0558	0910	1109	0270	31	50
	20						0001	0006	0370	0705	1146	0419	30	
	21						0000	0002	0227	0503	1091	0598	29	
	22							0001	0128	0332	0959	0788	28	
	23							0000	0067	0202	0778	0960	27	
	24								0032	0114	0584	1080	26	
	25								0014	0059	0405	1123	25	
	26								0006	0028	0259	1080	24	
	27								0002	0013	0154	0960	23	
	28								0001	0005	0084	0788	22	
	29								0000	0002	0043	0598	21	
	30									0001	0020	0419	20	
	31									0000	0009	0270	19	
	32										0003	0160	18	
	33										0001	0087	17	
	34										0000	0044	16	
	35											0020	15	
	36											0008	14	
	37											0003	13	
	38											0001	12	
	39											0000	11	
n	k	p 0,98	0,97	0,96	0,95	0,90	5/6	0,80	0,70	2/3	0,60	0,50	k	n

Summierte Binomialverteilung ($n = 25, 50$)

$$P(X \leq k) = \sum_{i=0}^{k} \binom{n}{i} p^i \cdot (1-p)^{n-i}$$

n	k	p 0,02	0,03	0,04	0,05	0,10	1/6	0,20	0,30	1/3	0,40	0,50	k	n
	0	0,6034	4670	3604	2774	0718	0105	0038	0001	0000	0000		24	
	1	9114	8280	7358	6424	2712	0629	0274	0016	0005	0001		23	
	2	9868	9620	9235	8729	5371	1887	0982	0090	0035	0004	0000	22	
	3	9986	9938	9835	9659	7636	3816	2340	0332	0149	0024	0001	21	
	4	9999	9992	9972	9928	9020	5937	4207	0905	0462	0095	0005	20	
	5		9999	9996	9988	9666	7720	6167	1935	1120	0294	0020	19	
	6				9998	9905	8908	7800	3407	2215	0736	0073	18	
	7					9977	9553	8909	5118	3703	1536	0216	17	
	8					9995	9843	9532	6769	5376	2735	0539	16	
	9					9999	9953	9827	8106	6956	4246	1148	15	
	10						9988	9944	9022	8220	5858	2122	14	
25	11						9997	9985	9558	9082	7323	3450	13	25
	12						9999	9996	9825	9585	8462	5000	12	
	13							9999	9940	9836	9222	6550	11	
	14								9982	9944	9656	7878	10	
	15								9995	9984	9868	8852	9	
	16								9999	9996	9957	9461	8	
	17									9999	9988	9784	7	
	18										9997	9927	6	
	19										9999	9980	5	
	20											9995	4	
	21											9999	3	
	0	0,3642	2181	1299	0769	0052	0001	0000					49	
	1	7358	5553	4005	2794	0338	0012	0002					48	
	2	9216	8108	6767	5405	1117	0066	0013					47	
	3	9822	9372	8609	7604	2503	0238	0057	0000				46	
	4	9968	9832	9510	8964	4312	0643	0185	0002	0000			45	
	5	9995	9963	9856	9622	6161	1388	0480	0007	0001			44	
	6	9999	9993	9964	9882	7702	2506	1034	0025	0005			43	
	7		9999	9992	9968	8779	3911	1904	0073	0017	0000		42	
	8			9999	9992	9421	5421	3073	0183	0050	0002		41	
	9				9998	9755	6830	4437	0402	0127	0008		40	
	10					9906	7986	5836	0789	0284	0022		39	
	11					9968	8827	7107	1390	0570	0057	0000	38	
	12					9990	9373	8139	2229	1035	0133	0002	37	
	13					9997	9693	8894	3279	1715	0280	0005	36	
	14					9999	9862	9393	4468	2612	0540	0013	35	
	15						9943	9692	5692	3690	0955	0033	34	
	16						9978	9856	6839	4868	1561	0077	33	
	17						9992	9937	7822	6046	2369	0164	32	
	18						9998	9975	8594	7126	3356	0325	31	
50	19						9999	9991	9152	8036	4465	0595	30	50
	20							9997	9522	8741	5610	1013	29	
	21							9999	9749	9244	6701	1611	28	
	22								9877	9576	7660	2399	27	
	23								9944	9778	8438	3359	26	
	24								9976	9892	9022	4439	25	
	25								9991	9951	9427	5561	24	
	26								9997	9979	9686	6641	23	
	27								9999	9992	9840	7601	22	
	28									9997	9924	8389	21	
	29									9999	9966	8987	20	
	30										9986	9405	19	
	31										9995	9675	18	
	32										9998	9836	17	
	33										9999	9923	16	
	34											9967	15	
	35											9987	14	
	36											9995	13	
	37											9998	12	
n	k	p 0,98	0,97	0,96	0,95	0,90	5/6	0,80	0,70	2/3	0,60	0,50	k	n

Alle freien Plätze dieser Seite, die unterhalb der Zahlenkolonnen liegen, würden durch das Runden auf 4 Dezimalen den Wert 1,0000 enthalten.

Beachte! Wenn Werte über den zweiten, gelb unterlegten Eingang der Tabelle abgelesen werden sollen, d. h. $p \geq 0{,}5$, muss die Differenz 1 – (abgelesener Wert) ermittelt werden.
Beispiel: $n = 50$; $k = 44$; $p = 0{,}97$: $P(X \leq 44) = 1{,}0000 - 0{,}9963 = 0{,}0037$

Standardnormalverteilung

Die Binomialverteilung kann für große n durch die **Normalverteilung** angenähert werden. Wählt man dabei für die Parameter μ und σ^2 die Werte 0 bzw. 1, so nimmt die Dichtefunktion (↗ S. 40) folgende Gestalt an:

$$\varphi(x) = \frac{1}{\sqrt{2\pi}} \mathrm{e}^{-0{,}5x^2} \quad \text{mit} \quad x \in \mathbb{R} \quad \text{und} \quad \mathrm{e} \approx 2{,}7183$$

Zur Berechnung von Intervallwahrscheinlichkeiten wird das jeweilige Integral in den Grenzen des betrachteten Intervalls gebildet:

$$\Phi(x) = \frac{1}{\sqrt{2\pi}} \int_{-\infty}^{x} \mathrm{e}^{-0{,}5t^2}\,\mathrm{d}t$$

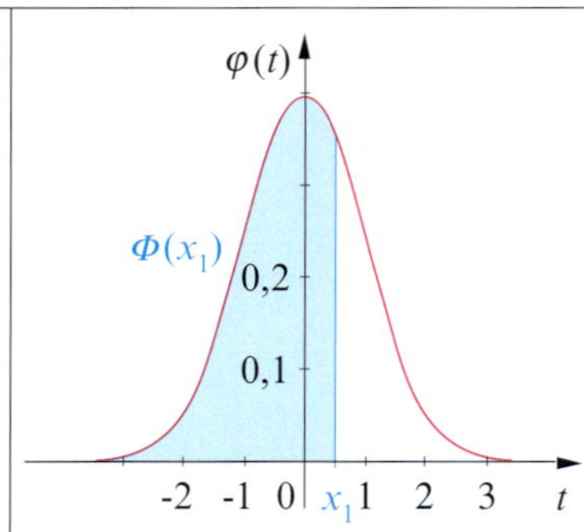

x	0	1	2	3	4	5	6	7	8	9
0,0	0,5000	5040	5080	5120	5160	5199	5239	5279	5319	5359
0,1	0,5398	5438	5478	5517	5557	5596	5636	5675	5714	5753
0,2	5793	5832	5871	5910	5948	5987	6026	6064	6103	6141
0,3	6179	6217	6255	6293	6331	6368	6406	6443	6480	6517
0,4	0,6554	6591	6628	6664	6700	6736	6772	6808	6844	6879
0,5	6915	6950	6985	7019	7054	7088	7123	7157	7190	7224
0,6	7257	7291	7324	7357	7389	7422	7454	7486	7517	7549
0,7	0,7580	7611	7642	7673	7703	7734	7764	7794	7823	7852
0,8	7881	7910	7939	7967	7995	8023	8051	8078	8106	8133
0,9	8159	8186	8212	8238	8264	8289	8315	8340	8365	8389
1,0	0,8413	8438	8461	8485	8508	8531	8554	8577	8599	8621
1,1	0,8643	8665	8686	8708	8729	8749	8770	8790	8810	8830
1,2	8849	8869	8888	8907	8925	8944	8962	8980	8997	9015
1,3	9032	9049	9066	9082	9099	9115	9131	9147	9162	9177
1,4	0,9192	9207	9222	9236	9251	9265	9279	9292	9306	9319
1,5	9332	9345	9357	9370	9382	9394	9406	9418	9429	9441
1,6	9452	9463	9474	9484	9495	9505	9515	9525	9535	9545
1,7	0,9554	9564	9573	9582	9591	9599	9608	9616	9625	9633
1,8	9641	9649	9656	9664	9671	9678	9686	9693	9699	9706
1,9	9713	9719	9726	9732	9738	9744	9750	9756	9761	9767
2,0	0,9772	9778	9783	9788	9793	9798	9803	9808	9812	9817
2,1	0,9821	9826	9830	9834	9838	9842	9846	9850	9854	9857
2,2	9861	9864	9868	9871	9875	9878	9881	9884	9887	9890
2,3	9893	9896	9898	9901	9904	9906	9909	9911	9913	9916
2,4	0,9918	9920	9922	9925	9927	9929	9931	9932	9934	9936
2,5	9938	9940	9941	9943	9945	9946	9948	9949	9951	9952
2,6	9953	9955	9956	9957	9959	9960	9961	9962	9963	9964
2,7	0,9965	9966	9967	9968	9969	9970	9971	9972	9973	9974
2,8	9974	9975	9976	9977	9977	9978	9979	9979	9980	9981
2,9	9981	9982	9982	9983	9984	9984	9985	9985	9986	9986
3,0	0,9987	9987	9987	9988	9988	9989	9989	9989	9990	9990
3,1	0,9990	9991	9991	9991	9992	9992	9992	9992	9993	9993
3,2	9993	9993	9994	9994	9994	9994	9994	9995	9995	9995
3,3	9995	9995	9996	9996	9996	9996	9996	9996	9996	9997
3,4	9997	9997	9997	9997	9997	9997	9997	9997	9997	9998

Beachte! $\Phi(-x) = 1 - \Phi(x)$

Beispiel: $\Phi(0{,}45) = 0{,}6736 \qquad \Phi(-0{,}45) = 1 - 0{,}6736 = 0{,}3264$

Zufallsziffern

Zeile	Spalte 1	6	11	16	21	26	31	36	41	46
1	40653	82715	29835	27852	32191	08941	50090	61628	65483	68626
	20388	02169	45693	90569	04706	17889	05236	26044	69228	97623
	57375	04758	13200	06366	26794	80210	12428	97669	38347	14644
	29285	35386	06306	17756	01889	46567	63690	63322	01017	61988
	83962	35849	08903	05793	96942	95658	46987	27525	65613	52743
6	66069	77855	15735	32548	10974	45251	05650	48448	07123	91208
	88181	96842	04303	54328	24074	47946	86171	07035	01102	13039
	95048	96876	80669	11018	41785	59413	13462	77991	67173	67110
	54896	29949	98441	20674	21872	37943	19470	94930	49602	60368
	67330	86909	12329	30622	48336	40615	89047	01519	28522	10795
11	46523	20927	02553	56011	73696	58072	52382	93454	68062	04286
	02349	65756	96906	12472	63225	76378	70719	86979	79069	87335
	41171	30721	67419	01523	62544	90206	01661	40897	04276	12350
	47476	71046	59731	53044	38860	51080	25567	28590	42538	24039
	80949	37558	59607	86281	78195	34547	64538	55686	17243	14952
16	42544	61262	61917	67009	02129	53738	78084	39678	11714	75672
	78525	59155	17681	27377	53521	87219	21689	38698	36575	38855
	85123	05896	67580	83757	16462	97117	80214	35832	22654	97535
	55625	54556	34184	37696	49685	52220	12043	43907	34623	09100
	32886	56880	00664	92270	95370	68380	40080	88305	32970	27418
21	90245	78149	75928	56698	30673	17850	90999	83915	83790	51120
	95852	27875	23509	08221	78018	33343	78167	44176	43353	20759
	58523	59268	46692	65717	46108	43848	44345	02564	98770	04382
	02091	44328	69638	24757	07074	53044	55039	29285	06272	65713
	45386	46823	39271	56819	57679	82300	44452	38678	08782	40501
26	63403	45072	53838	64968	38927	58665	82977	45721	47508	16489
	91764	22041	14681	13412	90484	32597	61926	62937	70314	09562
	84775	96110	74931	78038	45171	77311	39051	50771	24411	05340
	00684	72931	20561	98505	85582	88178	13299	85881	93058	82880
	74419	83717	02176	91077	22202	26631	62100	41765	24536	24967
31	61317	29832	55744	31002	94051	95486	38471	01157	24471	78669
	41977	67597	56282	17431	57695	67395	68436	90916	09096	93813
	10214	70778	62085	37554	69699	89270	67972	60884	69308	57300
	59174	66491	35653	17796	86621	07090	80557	82156	68647	67575
	40972	92317	37287	92170	45520	85312	15886	00166	91310	20742
36	50859	98860	73847	93671	75457	84486	17553	24646	70496	92346
	80182	46662	49420	21032	31032	95462	29379	28618	60379	87240
	44530	85870	07606	76299	65612	23594	28940	64327	34674	12644
	13869	49069	45952	88431	20573	38782	45150	18252	50247	54242
	30038	56122	13554	03554	22104	47212	21491	45984	44902	53207
41	90616	89917	71773	64981	85522	23626	55851	57164	69873	23091
	41820	68749	22163	40313	09859	23212	06345	07204	57710	53547
	59653	83841	82064	76753	22364	96886	17853	00664	99338	92784
	70559	89219	44858	66573	97933	08784	49282	97784	31554	96917
	12222	04150	30928	08237	16014	68122	98054	95004	94713	41249
46	00862	80639	03290	48441	74768	40968	33732	59771	63843	69580
	28361	92650	64922	29306	59084	73676	64468	49862	91288	13219
	61043	46009	56209	12845	47235	75884	75720	57387	60512	35296
	11048	25187	58211	89139	05366	10889	47076	54450	77124	78444
	98629	82125	41154	99335	77586	16905	34048	38516	40653	30500

Analysis

Folgen und Reihen

Definition Folge	Eine reelle **Zahlenfolge** (a_n) besteht aus unendlich vielen reellen Zahlen $a_1, a_2, a_3, \ldots$, die in einer festen Reihenfolge angeordnet sind. Die Zahl a_1 steht an erster, die Zahl a_n an n-ter Stelle in der Reihenfolge der Folgenglieder.	
Partialsummen-folge	Werden aus den Gliedern einer Zahlenfolge (a_n) die Summen $s_1 = a_1$, $s_2 = a_1 + a_2$, $\ldots$ $s_n = a_1 + a_2 + \ldots + a_n = \sum_{k=1}^{n} a_k$ usw. gebildet, so entsteht eine neue Folge (s_n), die **Partialsummenfolge**.	
Definition Reihe	Die Partialsummenfolge (s_n) zu einer gegebenen Folge (a_n) heißt die zu (a_n) gehörende (unendliche) **Reihe**.	
Monotone Zahlenfolgen (a_n)	• monoton steigend (wachsend): Für alle $n \in \mathbb{N}$ $(n > 0)$ gilt $a_{n+1} \geq a_n$. • monoton fallend (abnehmend): Für alle $n \in \mathbb{N}$ $(n > 0)$ gilt $a_{n+1} \leq a_n$. • streng monoton steigend: Für alle $n \in \mathbb{N}$ $(n > 0)$ gilt $a_{n+1} > a_n$. • streng monoton fallend: Für alle $n \in \mathbb{N}$ $(n > 0)$ gilt $a_{n+1} < a_n$.	
Arithmetische Folge $(k = 1, 2, 3, \ldots)$	$(a_k) = (a_1; a_1 + d; \ldots; a_1 + (k-1)\,d, \ldots)$ $a_k = a_1 + (k-1)\,d;\; a_{k+1} = a_k + d$	$s_n = \sum_{k=1}^{n} a_k = \frac{n}{2}(a_1 + a_n) = n \cdot a_1 + \frac{(n-1) \cdot n}{2} \cdot d$
Geometrische Folge $(k = 1, 2, 3, \ldots)$	$(a_k) = (a_1; a_1 q; a_1 q^2; \ldots; a_1 q^{k-1}; \ldots)$ $(a_1 \neq 0; q \neq 0)$ $a_k = a_1 \cdot q^{k-1};\; a_{k+1} = a_k \cdot q$ Spezialfall $a_1 = 1$ $(q \neq 0)$: $(a_k) = (1; q; q^2; \ldots, q^{k-1}, \ldots)$ $a_k = q^{k-1};\; a_{k+1} = a_k \cdot q$	$s_n = \sum_{k=1}^{n} a_k = a_1 \frac{q^n - 1}{q-1} = \frac{a_n q - a_1}{q-1}$ (falls $q \neq 1$) $s_n = a_1 n$ (falls $q = 1$) $s_n = \sum_{k=1}^{n} a_k = \frac{q^n - 1}{q-1} = \frac{a_n q - 1}{q-1}$ (falls $q \neq 1$) $s_n = n$ (falls $q = 1$)
Unendliche geometrische Reihe	$s = \sum_{i=1}^{\infty} a_1 q^{i-1} = a_1 + a_1 q + \ldots + a_1 q^{n-1} + \ldots = \frac{a_1}{1-q}$ $(a_1 \neq 0; q \neq 0; \lvert q \rvert < 1)$ Spezialfall $a_1 = 1$ $(q \neq 0; \lvert q \rvert < 1)$ $s = \sum_{i=1}^{\infty} q^{i-1} = 1 + q + q^2 + q^3 + \ldots = \frac{1}{1-q}$	
Spezielle Partialsummen	Summen der ersten n Glieder der Folge der • natürlichen Zahlen $1 + 2 + 3 + \ldots + n = \sum_{i=1}^{n} i = \frac{n}{2}(n+1)$ • geraden Zahlen $2 + 4 + 6 + \ldots + 2n = \sum_{i=1}^{n} 2i = n\,(n+1)$ • ungeraden Zahlen $1 + 3 + 5 + \ldots + (2n-1) = \sum_{i=1}^{n} (2i-1) = n^2$ } arith-metische Reihen • Quadratzahlen $1^2 + 2^2 + 3^2 + \ldots + n^2 = \sum_{i=1}^{n} i^2 = \frac{n\,(n+1)(2n+1)}{6}$ • Kubikzahlen $1^3 + 2^3 + 3^3 + \ldots + n^3 = \sum_{i=1}^{n} i^3 = \left[\frac{n\,(n+1)}{2}\right]^2$ } Potenz-summen-formeln	

Grenzwerte

Grenzwerte ε-Umgebung	Die Menge aller reellen Zahlen x, für die $\lvert x-a \rvert < \varepsilon$ gilt, wobei ε eine positive reelle Zahl ist, heißt ε-Umgebung der Zahl a. Andere Schreibweise: $a-\varepsilon < x < a+\varepsilon$
Grenzwert einer Zahlenfolge	Die Zahl g heißt Grenzwert der Folge (a_n) genau dann, wenn es für jedes $\varepsilon > 0$ eine natürliche Zahl n_0 gibt, sodass für alle $n \geq n_0$ gilt: $\lvert a_n - g \rvert < \varepsilon$ Man schreibt: $\lim\limits_{n \to \infty} a_n = g$ 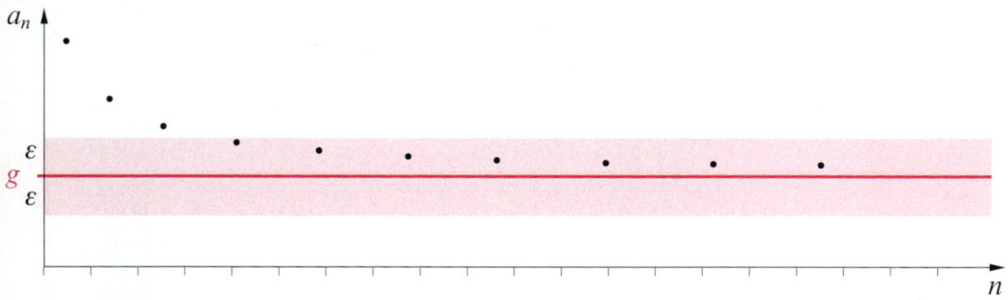
Grenzwert-sätze für unendliche konvergente Zahlenfolgen	Falls die Grenzwerte $\lim\limits_{n \to \infty} a_n = a$ und $\lim\limits_{n \to \infty} b_n = b$ existieren, gilt: • $\lim\limits_{n \to \infty} (a_n \pm b_n) = \lim\limits_{n \to \infty} a_n \pm \lim\limits_{n \to \infty} b_n = a \pm b$ • $\lim\limits_{n \to \infty} (a_n \cdot b_n) = \lim\limits_{n \to \infty} a_n \cdot \lim\limits_{n \to \infty} b_n = a \cdot b$ • $\lim\limits_{n \to \infty} \frac{a_n}{b_n} = \frac{\lim\limits_{n \to \infty} a_n}{\lim\limits_{n \to \infty} b_n} = \frac{a}{b}$, falls $b_n \neq 0$ für alle n und $\lim\limits_{n \to \infty} b_n \neq 0$
Einige wichtige Grenzwerte	**Nullfolgen:** $\lim\limits_{n \to \infty} \frac{1}{n} = 0$ $\quad \lim\limits_{n \to \infty} a^n = 0$ für $\lvert a \rvert < 1$ $\quad \lim\limits_{n \to \infty} \frac{a^n}{n!} = 0$ $\lim\limits_{n \to \infty} a^n = 1$ für $a = 1$ $\quad \lim\limits_{n \to \infty} \sqrt[n]{a} = 1$ für $a > 0$ $\quad \lim\limits_{x \to 0} \frac{\sin x}{x} = 1$ $\lim\limits_{n \to \infty} \left(1 + \frac{1}{n}\right)^n = \mathrm{e} \approx 2{,}718\,281\,828\,4\ldots$
Grenzwert einer Funktion	Eine Funktion f hat an der Stelle x_0 den **Grenzwert** g genau dann, wenn für jede Folge (x_n) mit $x_n \neq x_0$, die gegen x_0 konvergiert, die Folge $(f(x_n))$ der zugehörigen Funktionswerte gegen g konvergiert.
Stetigkeit von Funktionen an einer Stelle $x_0 \in D_f$	Die Funktion f ist an der Stelle x_0 **stetig** genau dann, wenn (1) $\lim\limits_{x \to x_0} f(x)$ existiert und (2) $\lim\limits_{x \to x_0} f(x) = f(x_0)$. Faustregel: Eine Funktion ist stetig, wenn man ihren Graphen in einem Zug zeichnen kann. 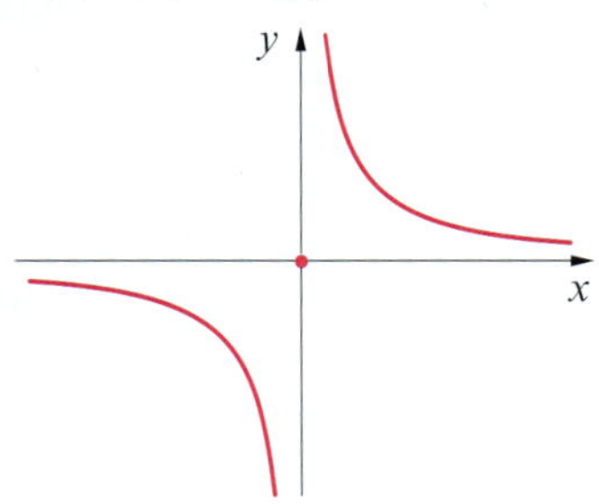 Die Funktion $f(x) = \begin{cases} \frac{1}{x} & \text{für } x \neq 0 \\ 0 & \text{für } x = 0 \end{cases}$ ist an der Stelle $x_0 = 0$ nicht stetig.
Grenzwertsätze für Funktionen	Falls $\lim\limits_{x \to x_0} f_1(x) = g_1$ und $\lim\limits_{x \to x_0} f_2(x) = g_2$ ist, gilt: $\lim\limits_{x \to x_0} [f_1(x) \pm f_2(x)] = g_1 \pm g_2$ $\lim\limits_{x \to x_0} [f_1(x) \cdot f_2(x)] = g_1 \cdot g_2$ $\lim\limits_{x \to x_0} \frac{f_1(x)}{f_2(x)} = \frac{g_1}{g_2}$ falls $g_2 \neq 0$

Differenzialrechnung

Differenzen- quotient	Sei f eine Funktion, die in einer Umgebung U von x_0 definiert ist. Dann nennt man $\frac{f(x_0+h)-f(x_0)}{h}$ mit $h \in \mathbb{R}$; $h \neq 0$ und $x_0+h \in D(f)$ den zu h gehörigen Differenzenquotient der Funktion f an der Stelle x_0.
Differenzial- quotient	Der Differenzialquotient (oder die **Ableitung**) der Funktion f an der Stelle x_0 ist der Grenzwert $\lim\limits_{h \to 0} \frac{f(x_0+h)-f(x_0)}{h}$, falls er existiert. Man schreibt auch: $f'(x_0)$ oder $\left.\frac{\mathrm{d}y}{\mathrm{d}x}\right\|_{x=x_0}$ 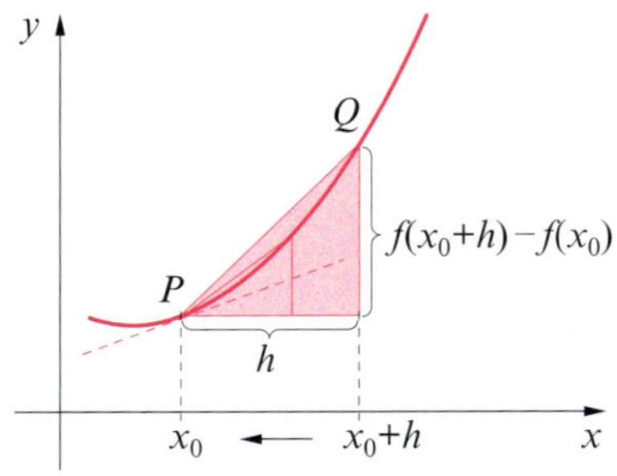
Differenzier- barkeit	Die Funktion f ist an der Stelle $x = x_0$ differenzierbar, wenn (1) $f(x)$ in einer Umgebung von x_0 definiert ist und (2) der Grenzwert $\lim\limits_{h \to 0} \frac{f(x_0+h)-f(x_0)}{h}$ existiert.
Differen- ziationsregeln	Falls die Funktionen u und v differenzierbar sind, so gilt für • eine konstante Funktion (c eineKonstante): $y = c$, $y' = 0$ • einen konstanten Faktor: $y = c \cdot v$, $y' = c \cdot v'$ • eine Potenzfunktion: $y = x^n$, $y' = n \cdot x^{n-1}$ **(Potenzregel)**, $y'' = n \cdot (n-1) \cdot x^{n-2}$, ... $y^{(k)} = \begin{cases} \frac{n!}{(n-k)!} \cdot x^{n-k} & (\text{für } k \leq n) \\ 0 & (\text{für } k > n) \end{cases}$ • eine Summe/Differenz: $y = u \pm v$, $y' = u' \pm v'$ **(Summenregel)** • ein Produkt: $y = u\,v$, $y' = u'\,v + u\,v'$ **(Produktregel)** • einen Quotienten: $y = \frac{u}{v}$ $(v \neq 0)$, $y' = \frac{u'v - uv'}{v^2}$ **(Quotientenregel)** **Kettenregel:** Sind u und v differenzierbare Funktionen, dann ist die Funktion $f(x) = u(v(x))$ differenzierbar. $f'(x) = u'(v(x)) \cdot v'(x)$ oder mit $y = u(z)$ und $z = v(x)$: $\frac{\mathrm{d}y}{\mathrm{d}x} = \frac{\mathrm{d}y}{\mathrm{d}z} \cdot \frac{\mathrm{d}z}{\mathrm{d}x}$ Differenziation einer Umkehrfunktion $\bar{f}$: Ist f eine eineindeutige Funktion, die in einer Umgebung der Stelle x_0 differenzierbar ist, und gilt $f'(x_0) \neq 0$, so ist die zu f inverse Funktion $\bar{f}$ an der Stelle $y_0 = f(x_0)$ differenzierbar und es gilt: $\bar{f}\,'(y_0) = \frac{1}{f'(x_0)}$

Ableitung spezieller Funktionen	Funktion	1. Ableitung	2. (und k-te) Ableitung
	$y = e^x$	$y' = e^x$	$y'' = e^x;\; y^{(k)} = e^x$
	$y = a^x\ (a > 0, a \neq 1)$	$y' = a^x \cdot \ln a = \frac{a^x}{\log_a e}$	$y'' = a^x \cdot \ln a \cdot \ln a$
	$y = \ln x\ (x > 0)$	$y' = \frac{1}{x}$	$y'' = -\frac{1}{x^2}$
	$y = \log_a x$ $(a > 0, a \neq 1; x > 0)$	$y' = \frac{1}{x \cdot \ln a}$	$y'' = -\frac{1}{x^2 \cdot \ln a}$
	$y = \sin x$	$y' = \cos x$	$y'' = -\sin x$
	$y = \cos x$	$y' = -\sin x$	$y'' = -\cos x$
	$y = \tan x$	$y' = \frac{1}{\cos^2 x} = 1 + \tan^2 x$	$y'' = 2 \cdot \tan x(1 + \tan^2 x)$
	$y = \arcsin x$	$y' = \frac{1}{\sqrt{1 - x^2}}$	$y'' = \frac{x}{(1 - x^2) \cdot \sqrt{1 - x^2}}$
	$y = \arccos x$	$y' = \frac{-1}{\sqrt{1 - x^2}}$	$y'' = \frac{-x}{(1 - x^2) \cdot \sqrt{1 - x^2}}$
	$y = \arctan x$	$y' = \frac{1}{1 + x^2}$	$y'' = \frac{-2x}{(1 + x^2)^2}$

Mittelwertsatz der Differenzialrechnung

Wenn eine Funktion f im Intervall $[a, b]$ stetig und in (a, b) differenzierbar ist, so gibt es eine Zahl ξ mit $a < \xi < b$ und

$$\frac{f(b) - f(a)}{b - a} = f'(\xi).$$

Faustregel:
Im Intervall $(a; b)$ gibt es eine Stelle ξ mit der Eigenschaft: Die Tangente an f im Punkt $P(\xi; f(\xi))$ hat die gleiche Steigung wie die Sekante durch $P_1(a; f(a))$ und $P_2(b; f(b))$.

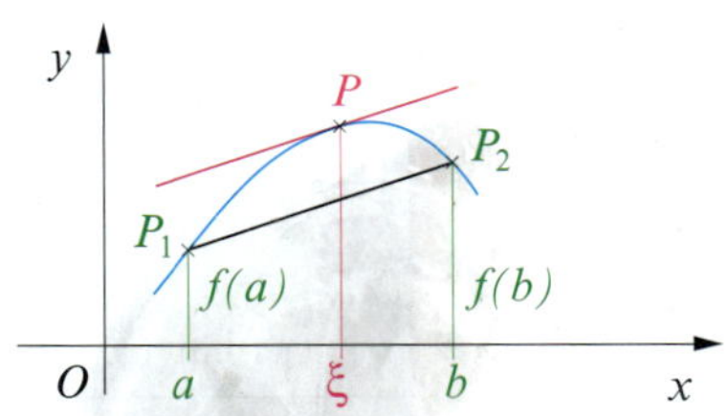

Näherungsverfahren zur Berechnung von Nullstellen

Newton'sches Näherungsverfahren
Falls x_n eine erste Näherung für x_0 ist, so gilt:

$$x_{n+1} = x_n - \frac{f(x_n)}{f'(x_n)} \qquad f'(x_n) \neq 0$$

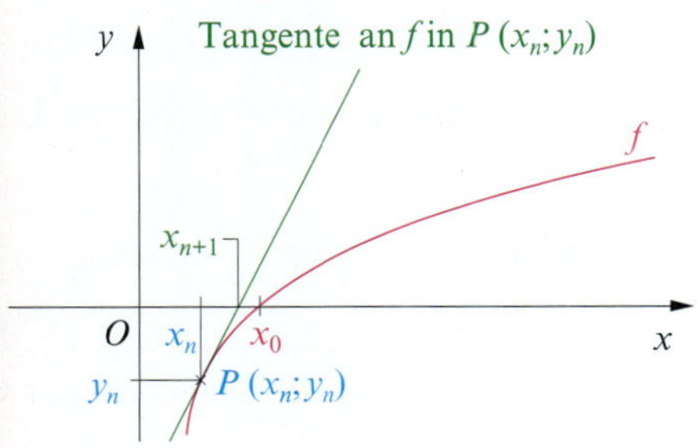

Regula falsi
Falls a und b Näherungswerte für x_0 sind, wobei $f(a) < 0$ und $f(b) > 0$ sind, so erhält man eine bessere Näherung mit

$$x_s = a - \frac{f(a) \cdot (b - a)}{f(b) - f(a)}$$

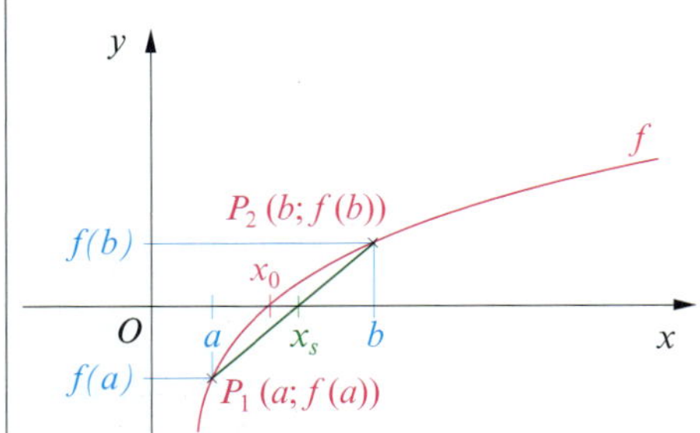

Schrittfolge einer Kurvendiskussion

Symmetrien	Gilt für alle x aus dem Definitionsbereich • $f(-x) = f(x)$, so ist der Graph von f achsensymmetrisch bzgl. der y-Achse; • $f(-x) = -f(x)$, so ist der Graph von f punktsymmetrisch bzgl. des Ursprungs (0; 0).
Schnittpunkte des Graphen mit der x-Achse (Nullstellen)	Im Falle ganzrationaler Funktionen $y = f(x)$ setzt man $f(x) = 0$ und löst die Gleichung. Handelt es sich um Gleichungen dritten oder höheren Grades, wird die erste Nullstelle x_{01} durch Probieren oder mithilfe von Näherungsverfahren (↗ S. 53) ermittelt und die Gleichung schrittweise unter Nutzung von $f(x)$: $(x - x_{01}) = f_1(x)$ reduziert. Im Falle gebrochenrationaler Funktionen $y = \frac{u(x)}{v(x)}$ setzt man $u(x) = 0$, ermittelt die Lösungen $x_{01}, x_{02}, \ldots$ und prüft dann für jede Lösung, ob $v(x_0) \neq 0$ ist.
Schnittpunkt mit der y-Achse	$x = 0$ setzen und $f(0)$ berechnen.
Definitionslücken von gebrochenrationalen Funktionen	$f(x) = \frac{u(x)}{v(x)}$ daraufhin untersuchen, ob es x_i gibt, für die $v(x_i) = 0$ und $u(x_i) \neq 0$. Diese Stellen müssen aus dem Definitionsbereich ausgeschlossen werden. Wächst $\lvert f(x) \rvert$ an einer Definitionslücke über alle Grenzen, so liegt dort eine **Polstelle** vor. Es gibt Polstellen mit Vorzeichenwechsel (rechts- und linksseitiger Grenzwert sind verschieden) und ohne Vorzeichenwechsel (rechts- und linksseitiger Grenzwert sind gleich). Hat eine rationale Funktion in Zähler und Nenner eine Nullstelle gleicher Ordnung, so liegt an dieser Stelle eine **stetig hebbare Definitionslücke** vor.
Lokale Extrema	Notwendige Bedingung $f'(x_E) = 0$ nach x_E auflösen. Lösungen mithilfe der hinreichenden Bedingung (I oder II) überprüfen: I: • $f'(x_E) = 0$ und $f''(x_E) < 0$, so hat $f(x)$ an der Stelle $x = x_E$ ein lokales Maximum. • $f'(x_E) = 0$ und $f''(x_E) > 0$, so hat $f(x)$ an der Stelle $x = x_E$ ein lokales Minimum. II: • $f'(x_E) = 0$ und f' wechselt sein Vorzeichen bei x_E „von + nach −“, so hat $f(x)$ an der Stelle $x = x_E$ ein lokales Maximum. • $f'(x_E) = 0$ und f' wechselt sein Vorzeichen bei x_E „von − nach +“, so hat $f(x)$ an der Stelle $x = x_E$ ein lokales Minimum.
Monotonie von Funktionen	Definitionsbereich mithilfe der Extremstellen in Intervalle einteilen. Gilt $f'(x) > 0$ für alle $x \in I$, so ist f in I streng monoton wachsend. Gilt $f'(x) < 0$ für alle $x \in I$, so ist f in I streng monoton fallend.
Wendepunkte, Wendetangente	Notwendige Bedingung $f''(x_W) = 0$ nach x_W auflösen. Lösungen mithilfe der hinreichenden Bedingung (I oder II) überprüfen: I: • $f''(x_W) = 0$ und $f'''(x_W) < 0$, dann ist $(x_W;\, f(x_W))$ L-R-Wendepunkt. • $f''(x_W) = 0$ und $f'''(x_W) > 0$, dann ist $(x_W;\, f(x_W))$ R-L-Wendepunkt. II: • $f''(x_W) = 0$ und f'' wechselt sein Vorzeichen bei x_E „von + nach −“, dann ist $(x_W; f(x_W))$ L-R-Wendepunkt. • $f''(x_W) = 0$ und f'' wechselt sein Vorzeichen bei x_E „von − nach +“, dann ist $(x_W;\, f(x_W))$ R-L-Wendepunkt. Die Gleichung der zugehörigen Wendetangente lautet: $y - y_W = f'(x_W) \cdot (x - x_W)$. *Sonderfall:* $(x_S;\, f(x_S))$ Sattelpunkt (Wendepunkt mit waagerechter Tangente): $f'(x_S) = 0$ und $f''(x_S) = 0$ und $f'''(x_S) \neq 0$.
Verhalten im Unendlichen	$\lim\limits_{x \to +\infty} f(x)$ und $\lim\limits_{x \to -\infty} f(x)$ berechnen und Asymptoten bestimmen.
Graph zeichnen	Die Ergebnisse der Kurvendiskussion werden für die Zeichnung der Graphen in einem geeigneten Koordinatensystem genutzt.

Horner-Schema; Polynomdivision

Ganzrationale Funktionen

Ein Ausdruck $f(x) = a_n x^n + a_{n-1} x^{n-1} + \ldots + a_1 x + a_0$ mit $a_i \in \mathbb{R}$ und $n \in \mathbb{N}$ heißt ganzrationale Funktion mit einer Variablen x.
Der Ausdruck $a_n x^n + a_{n-1} x^{n-1} + \ldots + a_1 x + a_0$ heißt Polynom n-ten Grades.
Jede ganzrationale Funktion kann in der Form
$f(x) = ((\ldots((a_n x + a_{n-1})\, x + a_{n-2})\, x + \ldots + a_2)\, x + a_1)\, x + a_0$ geschrieben werden.

Horner-Schema

Das Horner-Schema ist eine Schreibweise und Rechenvorschrift, mit deren Hilfe
- für ganzrationale Funktionen Funktionswerte zu einem Argument x_0 berechnet werden können,
- Linearfaktoren $(x - x_0)$ aus einem Polynom abgespaltet werden können,
- für ganzrationale Funktionen n-te Ableitungen zu einem Argument x_0 berechnet werden können.

Allgemeines Horner-Schema für
$f(x) = a_n x^n + a_{n-1} x^{n-1} + \ldots + a_1 x + a_0$

a_n	a_{n-1}	a_{n-2}	$\ldots\ a_1$	a_0
	$\nearrow a_n x_0 \downarrow$	$\nearrow (a_{n-1} + a_n x_0) \cdot x_0 \downarrow$		
a_n	$\underbrace{a_{n-1} + a_n \cdot x_0}_{b_1}$	$\underbrace{a_{n-2} + (a_{n-1} + a_n x_0) \cdot x_0}_{b_2}$	$\ldots$	b_n

Aus den Werten b_i der 3. Zeile ergibt sich folgende Schreibweise für $f(x)$:
$f(x) = a_n x^n + a_{n-1} x^{n-1} + \ldots a_1 x + a_0$
$= (a_n x^{n-1} + b_1 x^{n-2} + \ldots + b_{n-2} x + b_{n-1}) \cdot (x - x_0) + b_n.$
Für $x = x_0$ ergibt sich $f(x_0) = b_n$.

Die Zahlen der dritten Zeile des Schemas sind die Koeffizienten eines Polynoms $p(x)$ mit
$p(x) \cdot (x - x_0) = f(x) - f(x_0)$.

Es gilt $p(x) = f'(x_0)$.
Durch fortgesetzte Anwendung des Horner-Schemas können auch die Werte höherer Ableitungen von f an der Stelle x_0 berechnet werden.

Beispiel:
$f(x) = x^4 + 4x^3 + x + 4$ und $x_0 = 2$

1	4	0	1	4
	2	12	24	50
1	6	12	25	54

$f(x) = x^4 + 4x^3 + x + 4$
$= (x^3 + 6x^2 + 12x + 25) \cdot (x - 2) + 54$
$f(2) = 54$

$f(x) - f(2) = p(x) \cdot (x - 2)$
mit $p(x) = x^3 + 6x^2 + 12x + 25$

Es gilt:
$p(2) = f'(2) = 81$

Polynomdivision

Wird ein Polynom $f(x)$ vom Grad n durch ein Polynom $g(x)$ vom Grad m (mit $n \geq m$) geteilt, so entsteht ein neues Polynom $p(x)$ und evtl. ein Restpolynom $r(x)$:
$f(x) = p(x) \cdot g(x) + r(x)$.
$r(x)$ ist entweder das Nullpolynom oder ein Polynom, dessen Grad kleiner als der Grad von $p(x)$ ist.
Ist $r(x) = 0$, so kann man aus $g(x_0) = 0$ eine Nullstelle der ganzrationalen Funktion f ermitteln.

Der Divisionsalgorithmus entspricht dem der schriftlichen Division natürlicher Zahlen.

Beispiel:
$f(x) = x^4 - 3x^3 - 10x^2 + x + 2;\ g(x) = x + 2$

$$
\begin{array}{l}
(x^4 - 3x^3 - 10x^2 + x + 2) : (x + 2) = x^3 - 5x^2 + 1 \\
\underline{-(x^4 + 2x^3)} \\
\quad 0 - 5x^3 - 10x^2 \\
\quad \underline{-(-5x^3 - 10x^2)} \\
\qquad\qquad 0 + x \\
\qquad\qquad \underline{-(x + 2)} \\
\qquad\qquad\quad \underline{-2 + 2} \\
\qquad\qquad\qquad \underline{\underline{0 = r(x)}}
\end{array}
$$

$p(x) = x^3 - 5x^2 + 1$, also
$f(x) = (x^3 - 5x^2 + 1) \cdot (x + 2)$

Da $r(x) = 0$ ist, folgt aus $g(x_0) = x_0 + 2 = 0$, dass $x_0 = -2$ eine Nullstelle des Polynoms $f(x)$ ist: $f(-2) = 0$.

Integralrechnung

<table>
<tr><td>Stammfunktion</td><td colspan="2">Eine Funktion F heißt Stammfunktion von f genau dann, wenn F und f in einem Intervall I definiert sind, wenn F in I differenzierbar ist und wenn $F'(x) = f(x)$ für alle $x \in I$.</td></tr>
<tr><td>Unbestimmtes Integral</td><td colspan="2">Das unbestimmte Integral der Funktion f ist die Menge aller Stammfunktionen von $f(x)$.
Es gilt $\int f(x)\,dx = F(x) + c \quad (c \in \mathbb{R})$.</td></tr>
<tr><td>Bestimmtes Integral</td><td colspan="2">Das bestimmte Integral der Funktion f auf dem abgeschlossenen Intervall $[a; b]$ ist die reelle Zahl $\int_a^b f(x)\,dx$.</td></tr>
<tr><td>Hauptsatz der Differenzial- und Integralrechnung</td><td colspan="2">Ist f eine im Intervall $[a; b]$ stetige Funktion und F irgendeine Stammfunktion von f, so ist
$\int_a^b f(x)\,dx = F(b) - F(a)$.</td></tr>
<tr><td>Eigenschaften</td><td colspan="2">(1) $\int_a^a f(x)\,dx = 0$ (falls f in a definiert ist)
(2) $\int_b^a f(x)\,dx = -\int_a^b f(x)\,dx$
(3) $\int_a^b f(x)\,dx = \int_a^c f(x)\,dx + \int_c^b f(x)\,dx$ (falls f in $[a; b]$ stetig und $a \le c \le b$)</td></tr>
<tr><td>Integrationsregeln</td><td colspan="2">• Für einen konstanten Faktor gilt: $\int k \cdot f(x)\,dx = k \cdot \int f(x)\,dx$
• Für eine Summe/Differenz gilt: $\int [f(x) \pm g(x)]\,dx = \int f(x)\,dx \pm \int g(x)\,dx$
• Substitutionsregel: $\int f[\varphi(t)] \cdot \varphi'(t)\,dt = \int f(x)\,dx$ mit $x = \varphi(t)$ und $dx = \varphi'(t)\,dt$
• Partielle Integration (Produktintegration): $\int u v'\,dx = uv - \int v u'\,dx$</td></tr>
<tr><td rowspan="3">Näherungsweise Berechnung von Integralen</td><td>**Trapezverfahren**
Mit $d = \frac{b-a}{n} = \frac{x_n - x_0}{n}$ erhält man für den Flächeninhalt A folgende Näherung:
$A \approx \sum_{k=1}^{n} \frac{1}{2}(f(x_{k-1}) + f(x_k)) \cdot d$
$A = \int_a^b f(x)\,dx \approx \left(\frac{f(x_0) + f(x_n)}{2} + \sum_{k=1}^{n-1} f(x_k)\right) \cdot d$</td><td>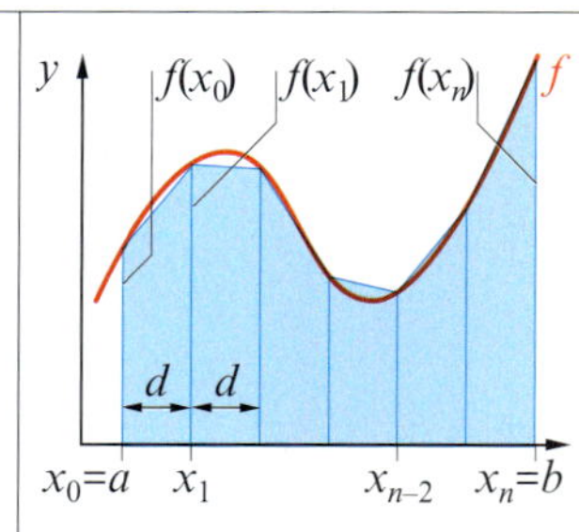</td></tr>
<tr><td>**Simpson'sche Regel**
Die Genauigkeit ist bei gleicher Anzahl der Stützpunkte i. Allg. größer als bei dem Trapezverfahren.
Mit $d = \frac{x_n - x_0}{n}$, n gerade gilt:
$A \approx \frac{d}{3} \cdot [f(x_0) + f(x_n) + 2 \cdot (f(x_2) + f(x_4) + \ldots + f(x_{n-2})) + 4 \cdot (f(x_1) + f(x_3) + \ldots + f(x_{n-1}))]$</td><td>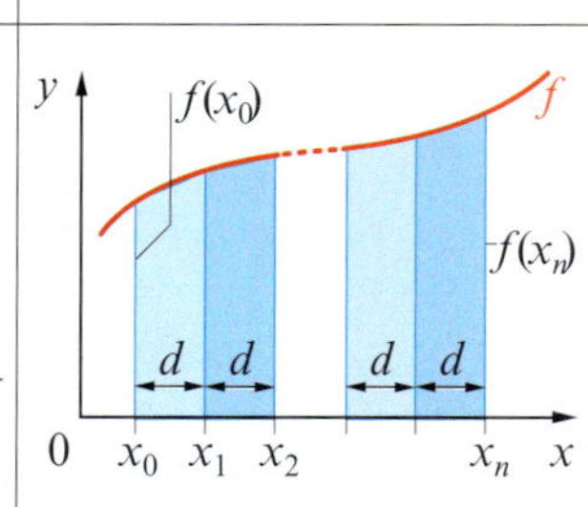</td></tr>
<tr><td>**Kepler'sche (Fass-)Regel**
Die Kepler'sche Regel ist der Spezialfall der Simpson'schen Regel für $n = 2$.
Mit $d = \frac{x_2 - x_0}{2}$, n gerade, gilt:
$A \approx \frac{d}{3} \cdot (f(x_0) + 4f(x_1) + f(x_2))$</td><td>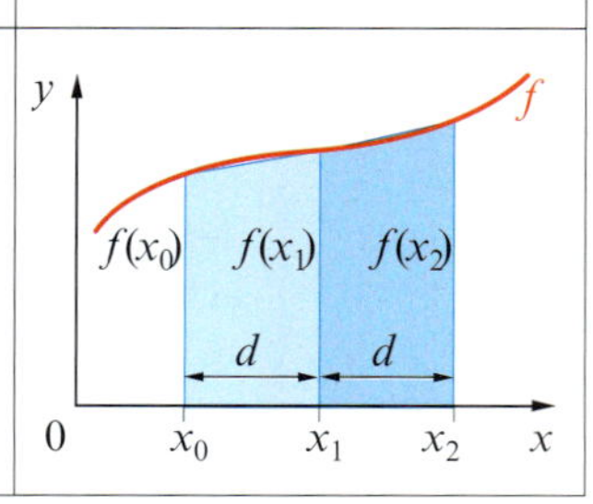</td></tr>
</table>

Grundintegrale und weitere spezielle Integrale	$\int a\cdot \mathrm{d}x = ax + c \quad (a\in\mathbb{R})$ $\int x\,\mathrm{d}x = 0{,}5\cdot x^2 + c$ $\int x^n\,\mathrm{d}x = \frac{x^{n+1}}{n+1}+c$ mit $n\in\mathbb{Z}, n\neq -1$ und $\begin{cases} x\in\mathbb{R}, & \text{falls } n\geq 0\\ x\in\mathbb{R},\ x\neq 0 & \text{falls } n<0\end{cases}$ $\int x^{-1}\,\mathrm{d}x = \int\frac{\mathrm{d}x}{x} = \ln\lvert x\rvert+c = \begin{cases}\ln x + c, & \text{falls } x>0\\ \ln(-x)+c, & \text{falls } x<0\end{cases}$ $\int x^r\,\mathrm{d}x = \frac{x^{r+1}}{r+1}+c$ mit $r\in\mathbb{Q}, r\neq-1, x\in\mathbb{R}$ und $x>0$ $\int a^x\,\mathrm{d}x = \frac{1}{\ln a}a^x + c = a^x\cdot\log_a \mathrm{e} + c$ mit $a\in\mathbb{R}, a>0, a\neq 1$ und $x\in\mathbb{R}$ $\int \mathrm{e}^x\,\mathrm{d}x = \mathrm{e}^x + c \quad (x\in\mathbb{R})$ $\int \ln x\,\mathrm{d}x = x\cdot\ln\lvert x\rvert - x + c \quad (x\neq 0)$ $\int x\cdot\ln x\,\mathrm{d}x = x^2\left(\frac{\ln x}{2}-\frac{1}{4}\right)+c \quad (x\neq 0)$ $\int\frac{\mathrm{d}x}{a^2+x^2} = \frac{1}{a}\arctan\frac{x}{a}+c \quad (a\neq 0)$ $\int\frac{\mathrm{d}x}{ax+b} = \frac{1}{a}\ln\lvert ax+b\rvert + c$ $\int\sin x\,\mathrm{d}x = -\cos x + c \quad (x\in\mathbb{R})$ $\int\cos x\,\mathrm{d}x = \sin x + c \quad (x\in\mathbb{R})$ $\int\frac{\mathrm{d}x}{\cos^2 x} = \tan x + c$ mit $x\neq(2k+1)\frac{\pi}{2},\ k\in\mathbb{Z}$ $\int\tan x\,\mathrm{d}x = -\ln\lvert\cos x\rvert + c$ mit $x\neq(2k+1)\cdot\frac{\pi}{2}$, wobei $k\in\mathbb{Z}$ $\int\cot x\,\mathrm{d}x = \ln\lvert\sin x\rvert + c$ mit $x\neq k\cdot\pi$, wobei $k\in\mathbb{Z}$ $\int\frac{\mathrm{d}x}{\sqrt{a^2-x^2}} = \arcsin\frac{x}{a}+c$, wenn $\lvert x\rvert<\lvert a\rvert;\ a\neq 0$ $\int(ax+b)^n\,\mathrm{d}x = \frac{(ax+b)^{n+1}}{a(n+1)}+c\ (n\neq -1)$
Mittelwertsatz der Integralrechnung	Wenn eine Funktion $f(x)$ im Intervall $[a, b]$ stetig ist, so gibt es wenigstens eine Zahl ξ mit $a\leq\xi\leq b$, für die gilt: $\frac{\int_a^b f(x)\,\mathrm{d}x}{b-a} = f(\xi)$ bzw. $\int_a^b f(x)\,\mathrm{d}x = f(\xi)\cdot(b-a)$ 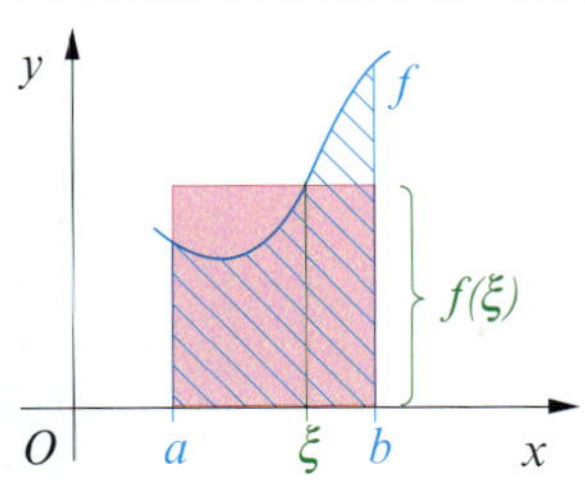 Faustregel: Im Intervall $(a; b)$ gibt es eine Stelle ξ, sodass das Rechteck mit den Seitenlängen $f(\xi)$ und $(b-a)$ den gleichen Flächeninhalt besitzt wie die Fläche unter dem Graphen von f in den Grenzen a und b.

Flächeninhaltsberechnung durch Integration

Fläche oberhalb bzw. unterhalb der x-Achse	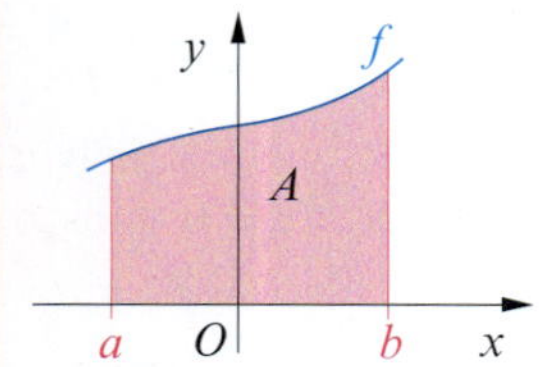	$A=\int_a^b f(x)\,\mathrm{d}x$ 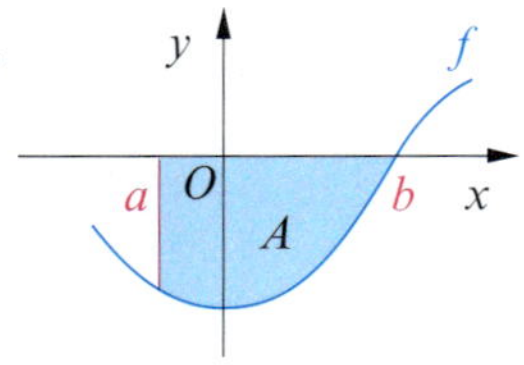 $A=\left\lvert\int_a^b f(x)\,\mathrm{d}x\right\rvert$
Fläche oberhalb und unterhalb der x-Achse	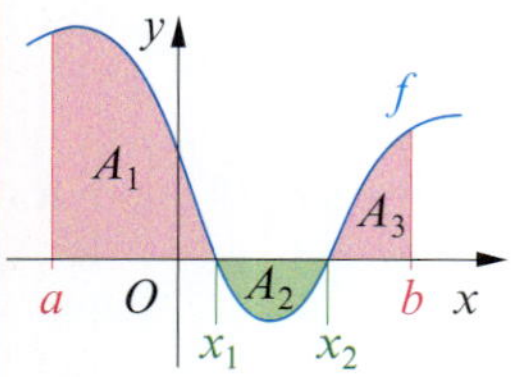	Achtung: zuerst Nullstellen bestimmen. $A=A_1+A_2+A_3$ $A=\int_a^{x_1} f(x)\,\mathrm{d}x+\left\lvert\int_{x_1}^{x_2} f(x)\,\mathrm{d}x\right\rvert+\int_{x_2}^{b} f(x)\,\mathrm{d}x$
Fläche zwischen zwei Graphen	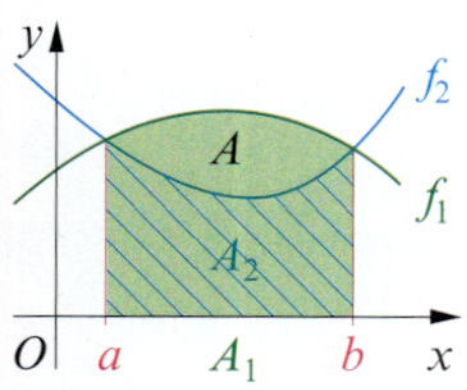	$A=A_1-A_2$ $A=\int_a^b [f_1(x)-f_2(x)]\,\mathrm{d}x$
von zwei sich schneidenden Graphen eingeschlossene Fläche	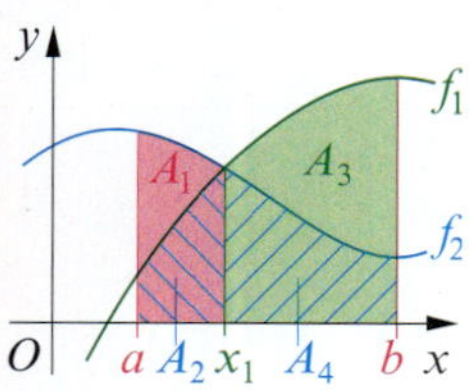	$A=A_1-A_2+A_3-A_4$ $A=\int_a^{x_1} [f_2(x)-f_1(x)]\,\mathrm{d}x+\int_{x_1}^{b} [f_1(x)-f_2(x)]\,\mathrm{d}x$

Volumenberechnung durch Integration

Rotation	Lässt man den Graphen einer Funktion f um die x-Achse bzw. um die y-Achse rotieren, so entsteht ein Rotationskörper. **Rotation um die x-Achse** $V_x=\pi\int_{x_1}^{x_2}[f(x)]^2\,\mathrm{d}x$ (falls $x_1<x_2$) 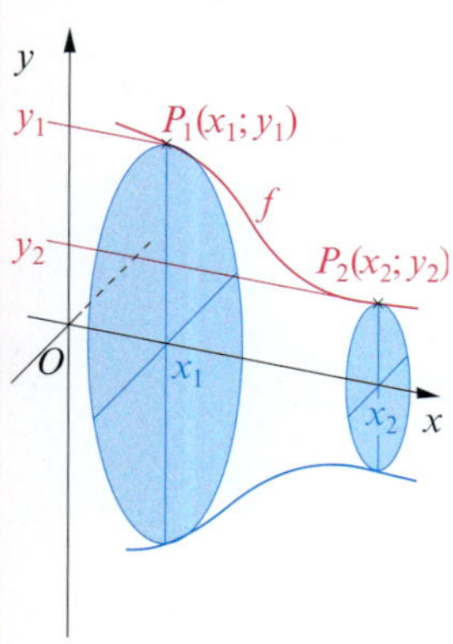 **Rotation um die y-Achse** $V_y=\pi\int_{y_1}^{y_2}[g(y)]^2\,\mathrm{d}y$ (falls $y_1<y_2$) Dabei ist g die Umkehrfunktion von f. 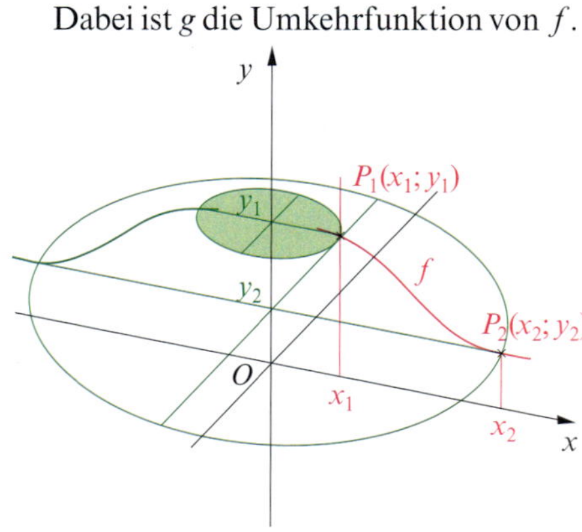

Wachstumsprozesse, Wachstumsfunktionen; Differenzialgleichungen

Lineares Wachstum	Die wachsende Größe erhöht (vermindert) sich in gleichen Zeitspannen jeweils um den gleichen Wachstumssummanden k. Absoluter Zuwachs bzw. absolute Abnahme sind unabhängig vom Zeitpunkt t. *Rekursionsformel*: $N_{t+1} = N_t + k$ (Anfangswert N_0)	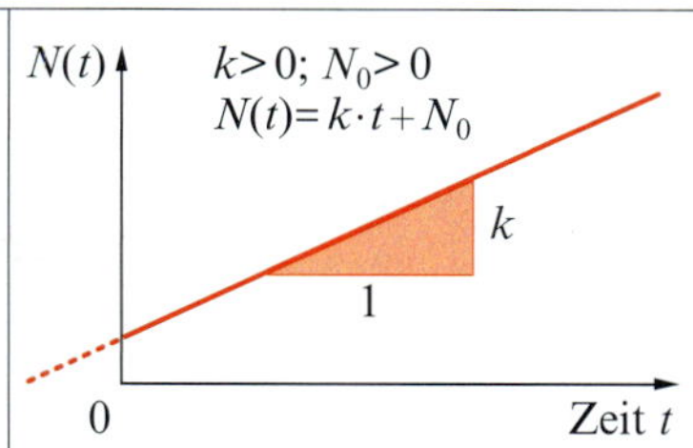
Exponentielles Wachstum (natürliches Wachstum)	Die wachsende Größe erhöht (vermindert) sich in gleichen Zeitspannen jeweils mit dem gleichen Wachstumsfaktor k. Die Veränderung ist zu jedem Zeitpunkt proportional zum vorhandenen Bestand. Absoluter Zuwachs bzw. absolute Abnahme hängen von der vorhandenen Menge N_t ab. *Rekursionsformel*: $N_{t+1} = N_t \cdot k$ (Anfangswert N_0)	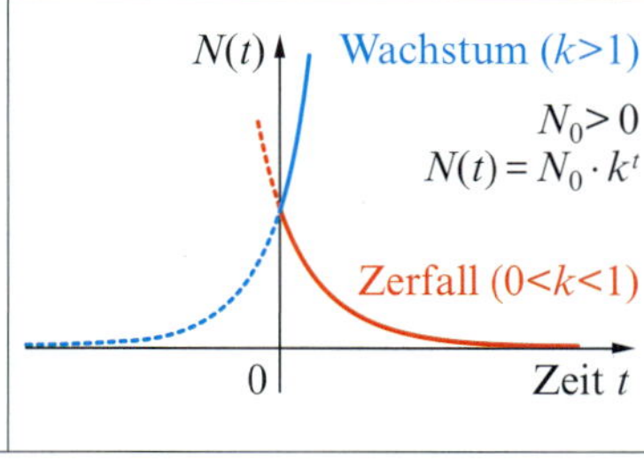
	Exponentielles Wachstum wird auch als **prozentuales Wachstum** bezeichnet. Ist c die Bestandszunahme (in %) in gleichen Zeitspannen, so gilt mit N_0 als Anfangswert $N_{t+1} = N_t \cdot \left(1 + \frac{c}{100}\right)$; $N_t = N_0 \cdot \left(1 + \frac{c}{100}\right)^t$ $\left(\text{Wachstumsfaktor } k = 1 + \frac{c}{100}\right)$	
	Beschreibung mit Differenzialgleichungen: Die Änderungsrate $f'(x)$ der Wachstumsfunktion f ist zu $f(x)$ proportional (unabhängig von x).	$f'(x) \sim f(x)$, d. h. $f'(x) = \lambda \cdot f(x)$; $\lambda \neq 0$ Lösung zur Anfangsbedingung $f(0) = a$: $f(x) = a \cdot e^{\lambda x}$ für $\lambda > 0$: exp. Wachstum für $\lambda < 0$: exp. Zerfall
Logistisches Wachstum	Bei zahlreichen Wachstumsprozessen ist unbegrenztes Wachstum nicht möglich, z. B. bei Populationsentwicklungen. Es gibt dann eine obere Schranke P für die Wachstumsfolge N_0; N_1; N_2 …. Wenn die Differenz $(P - N_t)$ klein wird, so wird auch der absolute Zuwachs klein. Er ist zu der vorhandenen Menge N_t und zu $(P - N_t)$ proportional. *Rekursionsformel:* $N_{t+1} = N_t + \lambda \cdot N_t \cdot (P - N_t)$. (Die angegebene Funktionsgleichung ergibt sich als Lösung der diesem Ansatz entsprechenden Differenzialgleichung $N'(t) = \lambda \cdot N(t) \cdot (P - N(t))$.)	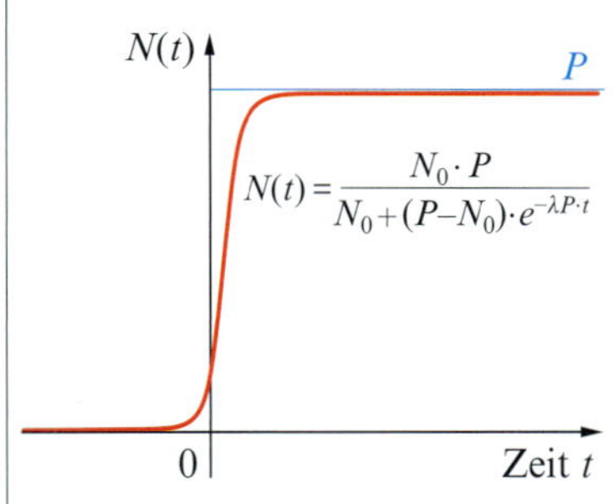
	Beschreibung mit Differenzialgleichungen: Die Änderungsrate $f'(x)$ ist sowohl zu $f(x)$ als auch zur Differenz $P - f(x)$ proportional.	$f'(x) = \lambda \cdot f(x) \cdot (P - f(x))$; $\lambda > 0$ Lösung zur Anfangsbedingung $f(0) = a < P$: $f(x) = \frac{a \cdot P}{a + (P - a) \cdot e^{-\lambda P x}}$.
Lösen spezieller Typen von Differenzialgleichungen	$y' + p(x) \cdot y + q(x) = 0$; allg. Lösung: $y = e^{-\int p(x)\,\mathrm{d}x}\left[C - \int q(x) \cdot e^{\int p(x)\,\mathrm{d}x}\,\mathrm{d}x\right]$ $y' = h(y) \cdot g(x)$; Lösung ergibt sich aus: $\int \frac{\mathrm{d}y}{h(y)} = \int g(x)\,\mathrm{d}x$, falls $h(x) \neq 0$ $y' = f(ax + by + c)$; Lösung ergibt sich aus: $\int \frac{\mathrm{d}u}{a + bf(u)} = x + C$ mit $u := ax + by + c$ $y' = f\left(\frac{y}{x}\right)$; Lösung ergibt sich aus: $x(u) = C \cdot e^{\int \frac{\mathrm{d}u}{f(u) - u}}$ mit $u := \frac{y}{x}$ In den meisten Fällen kann man eine Lösung nur durch ein Iterationsverfahren finden.	

Vektorrechnung und analytische Geometrie

Vektoren

<table>
<tr>
<td>Definition eines Vektors</td>
<td colspan="2">Eine Klasse paralleler Pfeile mit gleicher Länge und gleichem Richtungssinn heißt Vektor. Die Länge eines Repräsentanten des Vektors $\vec{a}$ bezeichnet man als Betrag des Vektors und schreibt: $|\vec{a}|$.
Als Nullvektor $\vec{o}$ bezeichnet man einen Vektor mit dem Betrag 0: $\vec{o} = \overrightarrow{AA} = \overrightarrow{BB} \ldots$
Zwei Vektoren $\vec{a} \neq 0$ und $\vec{b} \neq 0$ sind gleich genau dann, wenn gilt:
$\vec{a} \parallel \vec{b}$ (Parallelität),
$\vec{a} \uparrow\uparrow \vec{b}$ (gleiche Orientierung) und
$|\vec{a}| = |\vec{b}|$ (gleiche Länge).</td>
</tr>
<tr>
<td>Beschreibung von Vektoren durch Koordinaten</td>
<td>Koordinaten eines Vektors in einer Ebene
$\vec{a} = \overrightarrow{PQ}$ mit $P(x_P; y_P)$ und $Q(x_Q; y_Q)$:
$\vec{a} = \overrightarrow{PQ} = \begin{pmatrix} x_Q - x_P \\ y_Q - y_P \end{pmatrix}$
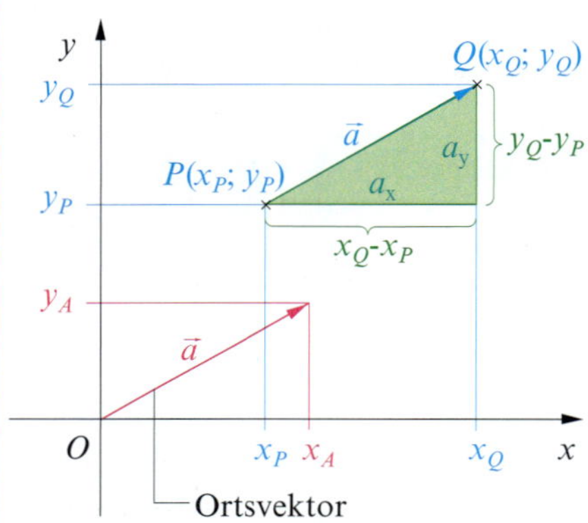
</td>
<td>Koordinaten eines Vektors im Raum
$\vec{a} = \overrightarrow{PQ}$ mit $P(x_P; y_P; z_P)$ und $Q(x_Q; y_Q; z_Q)$:
$\vec{a} = \overrightarrow{PQ} = \begin{pmatrix} x_Q - x_P \\ y_Q - y_P \\ z_Q - z_P \end{pmatrix}$
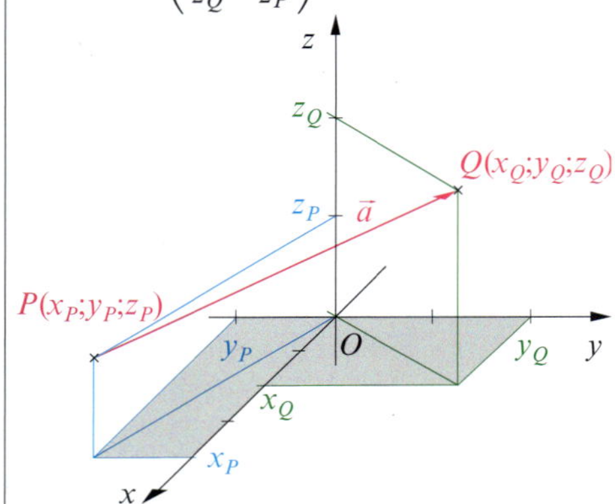
</td>
</tr>
<tr>
<td>Vektoren in Komponenten-darstellung</td>
<td colspan="2">$\vec{i} = \overrightarrow{OE_1}, \vec{j} = \overrightarrow{OE_2}$ bzw. $\vec{i} = \overrightarrow{OE_1}, \vec{j} = \overrightarrow{OE_2}, \vec{k} = \overrightarrow{OE_3}$ sind die in einem Koordinatensystem paarweise senkrecht aufeinander stehenden Einheitsvektoren der Länge 1.</td>
</tr>
<tr>
<td></td>
<td>Komponentendarstellung in einer Ebene
• Ortsvektor $\vec{p}$ eines Punktes $P(x_P; y_P)$:
$\overrightarrow{OP} = \vec{p} = x_P\vec{i} + y_P\vec{j}$
• Vektor $\vec{a} = \overrightarrow{P_1P_2}$
mit $P_1(x_1; y_1)$ und $P_2(x_2; y_2)$:
$\overrightarrow{P_1P_2} = (x_2 - x_1)\vec{i} + (y_2 - y_1)\vec{j}$ oder
$\overrightarrow{P_1P_2} = \vec{a} = a_x\vec{i} + a_y\vec{j}$
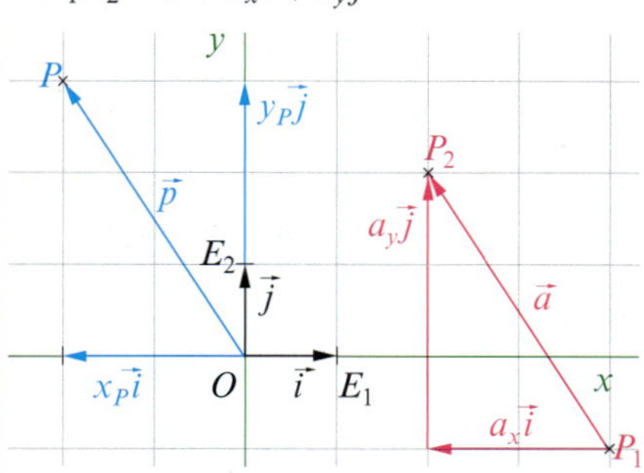
</td>
<td>Komponentendarstellung im Raum
• Ortsvektor $\vec{p}$ eines Punktes $P(x_P; y_P; z_P)$:
$\overrightarrow{OP} = x_P\vec{i} + y_P\vec{j} + z_P\vec{k}$
• Vektor $\vec{a} = \overrightarrow{P_1P_2}$
mit $P_1(x_1; y_1; z_1)$ und $P_2(x_2; y_2; z_2)$:
$\overrightarrow{P_1P_2} = (x_2 - x_1)\vec{i} + (y_2 - y_1)\vec{j} + (z_2 - z_1)\vec{k}$
gegebenenfalls auch
$\overrightarrow{P_1P_2} = \vec{a} = a_x\vec{i} + a_y\vec{j} + a_z\vec{k}$
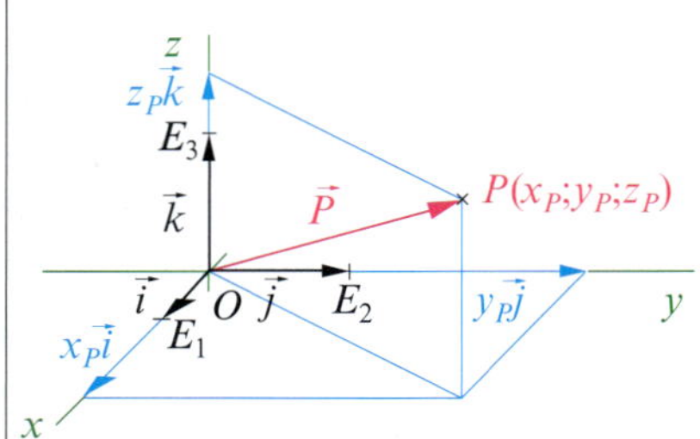
</td>
</tr>
</table>

Länge eines Vektors; Betrag eines Vektors	**in einer Ebene** • Länge des Vektors $\vec{a}$ mit $\vec{a}=\begin{pmatrix}a_x\\a_y\end{pmatrix}$: $\lvert\vec{a}\rvert=\sqrt{a_x^2+a_y^2}$ • Länge des Vektors $\overrightarrow{PQ}$: $\lvert\overrightarrow{PQ}\rvert=\sqrt{(x_Q-x_P)^2+(y_Q-y_P)^2}$	**im Raum** • Länge des Vektors $\vec{a}$ mit $\vec{a}=\begin{pmatrix}a_x\\a_y\\a_z\end{pmatrix}$: $\lvert\vec{a}\rvert=\sqrt{a_x^2+a_y^2+a_z^2}$ • Länge des Vektors $\overrightarrow{PQ}$: $\lvert\overrightarrow{PQ}\rvert=\sqrt{(x_Q-x_P)^2+(y_Q-y_P)^2+(z_Q-z_P)^2}$

Einfache Operationen mit Vektoren

Addition und Subtraktion von Vektoren	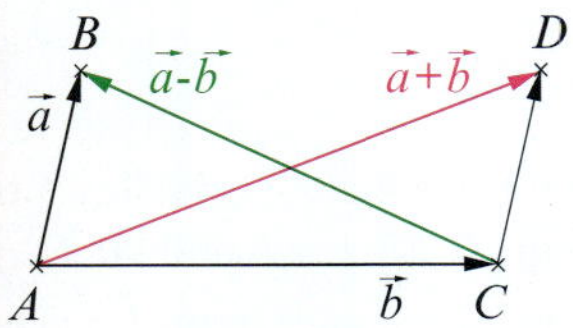	$\vec{a}\pm\vec{o}=\vec{a},\ \vec{o}-\vec{a}=-\vec{a},\ \vec{a}+(-\vec{a})=\vec{o}$ $\vec{a}+\vec{b}=\vec{b}+\vec{a}$ $(\vec{a}+\vec{b})+\vec{c}=\vec{a}+(\vec{b}+\vec{c})$ $-(\vec{a}+\vec{b})=-\vec{a}-\vec{b}$ Wenn $\vec{a}=\begin{pmatrix}a_x\\a_y\\a_z\end{pmatrix}$ und $\vec{b}=\begin{pmatrix}b_x\\b_y\\b_z\end{pmatrix}$, so $\vec{a}\pm\vec{b}=\begin{pmatrix}a_x\pm b_x\\a_y\pm b_y\\a_z\pm b_z\end{pmatrix}$.
Multiplikation eines Vektors mit einer reellen Zahl	$\vec{b}=r\vec{a}\quad \vec{b}\uparrow\uparrow r\vec{a}$, falls $r>0$; $\vec{b}\uparrow\downarrow r\vec{a}$, falls $r<0$ $1\vec{a}=\vec{a};\ 0\cdot\vec{a}=\vec{o};\ r\vec{o}=\vec{o};\ \lvert r\vec{a}\rvert=\lvert r\rvert\lvert\vec{a}\rvert$ $r(s\vec{a})=(rs)\,\vec{a};\ (r+s)\,\vec{a}=r\vec{a}+s\vec{a};\ r(\vec{a}+\vec{b})=r\vec{a}+r\vec{b}$ Wenn $\vec{a}=\begin{pmatrix}a_x\\a_y\\a_z\end{pmatrix}$ und $r\in\mathbb{R}$, so gilt $r\vec{a}=\begin{pmatrix}ra_x\\ra_y\\ra_z\end{pmatrix}$.	

Basis von Vektoren/Vektorraum

Linearkombination	Jeder Vektor $\vec{b}$, der sich als Summe $\vec{b}=r_1\vec{a}_1+r_2\vec{a}_2+r_3\vec{a}_3+\ldots+r_n\vec{a}_n$ mit $r_i\in\mathbb{R}$ darstellen lässt, heißt Linearkombination der Vektoren $\vec{a}_1,\vec{a}_2,\vec{a}_3,\ldots,\vec{a}_n$.
Lineare Unabhängigkeit	Die Vektoren $\vec{a}_1,\vec{a}_2,\vec{a}_3,\ldots,\vec{a}_n$ heißen genau dann linear unabhängig, wenn die Gleichung $r_1\vec{a}_1+r_2\vec{a}_2+r_3\vec{a}_3+\ldots+r_n\vec{a}_n=\vec{o}$ nur für $r_1=r_2=r_3=\ldots=r_n=0$ erfüllt ist. Beispiele: Zwei senkrecht aufeinander stehende Vektoren sind linear unabhängig. Zueinander parallele Vektoren sind linear abhängig.
Basis $\{\vec{a}_1,\vec{a}_2\}$ bzw. $\{\vec{a}_1,\vec{a}_2,\vec{a}_3\}$	Jedes Paar linear unabhängiger Vektoren $\vec{a}_1,\vec{a}_2$ einer Ebene nennt man eine Basis der Menge der Vektoren dieser Ebene, jedes Tripel linear unabhängiger Vektoren $\vec{a}_1,\vec{a}_2,\vec{a}_3$ des Raumes entsprechend Basis der Vektoren des Raumes.
Vektorraum	Eine Menge V heißt Vektorraum über den reellen Zahlen, wenn für ihre Elemente – die Vektoren – eine Addition und eine Multiplikation mit reellen Zahlen definiert ist und wenn für beliebige $\vec{a},\vec{b},\vec{c}\in V$ sowie für beliebige $r,s\in\mathbb{R}$ gilt: *Bedingungen der Addition:* $\vec{a}+\vec{b}=\vec{b}+\vec{a}$ (Kommutativität) $(\vec{a}+\vec{b})+\vec{c}=\vec{a}+(\vec{b}+\vec{c})$ (Assoziativität) Es gibt ein $\vec{o}\in V$, für das bei jedem $\vec{a}$ gilt: $\vec{a}+\vec{o}=\vec{a}$ (Neutrales Element bzgl. +) Zu jedem $\vec{a}$ existiert in V ein $-\vec{a}$ (Gegenvektor von $\vec{a}$), sodass gilt: $\vec{a}+(-\vec{a})=\vec{o}$. *Bedingungen der Multiplikation:* $1\cdot\vec{a}=\vec{a}$ (Neutrales Element bzgl. ·) $r(s\vec{a})=(rs)\,\vec{a}$ (Assoziativität) $\left.\begin{matrix}(r+s)\,\vec{a}=r\vec{a}+s\vec{a}\\ r(\vec{a}+\vec{b})=r\vec{a}+r\vec{b}\end{matrix}\right\}$ (Distributivität)

Multiplikation von Vektoren

Skalarprodukt von Vektoren	$\vec{a}\cdot\vec{b} = a_1 b_1 + a_2 b_2 + a_3 b_3$ für $\vec{a} = \begin{pmatrix} a_1 \\ a_2 \\ a_3 \end{pmatrix}$ und $\vec{b} = \begin{pmatrix} b_1 \\ b_2 \\ b_3 \end{pmatrix}$. $\vec{a}\cdot\vec{b}$ ist eine reelle Zahl. Eigenschaften: $\vec{a}^2 = \vec{a}\cdot\vec{a} = \lvert\vec{a}\rvert^2 > 0$; $\lvert\vec{a}\rvert = \sqrt{\vec{a}\cdot\vec{a}}$; $\vec{a}\cdot\vec{b} = \vec{b}\cdot\vec{a}$ $(\vec{a}+\vec{b})\cdot\vec{c} = \vec{a}\cdot\vec{c} + \vec{b}\cdot\vec{c}$; $r(\vec{a}\cdot\vec{b}) = (r\vec{a})\cdot\vec{b} = \vec{a}(r\vec{b})$. Winkel zwischen zwei Vektoren: Schließen die Vektoren $\vec{a} \neq \vec{o}$ und $\vec{b} \neq \vec{o}$ den Winkel $\varphi = \sphericalangle(\vec{a}, \vec{b})$ ein, so gilt: $\vec{a}\cdot\vec{b} = \lvert\vec{a}\rvert\lvert\vec{b}\rvert\cdot\cos\varphi$ oder $\cos\varphi = \frac{\vec{a}\cdot\vec{b}}{\lvert\vec{a}\rvert\lvert\vec{b}\rvert}$ Es gilt: $\vec{a}\cdot\vec{b} > 0$ genau dann, wenn $\vec{a} \neq \vec{o}; \vec{b} \neq \vec{o}$ und $0 \leq \sphericalangle(\vec{a}, \vec{b}) < 90°$, $\vec{a}\cdot\vec{b} < 0$ genau dann, wenn $\vec{a} \neq \vec{o}; \vec{b} \neq \vec{o}$ und $90° < \sphericalangle(\vec{a}, \vec{b}) \leq 180°$, $\vec{a}\cdot\vec{b} = 0$ genau dann, wenn $\vec{a} = \vec{o}$ **oder wenn** $\vec{b} = \vec{o}$ **oder wenn** $\vec{a} \neq \vec{o}; \vec{b} \neq \vec{o}$ und $\varphi = 90°$ (d. h. $\vec{a} \perp \vec{b}$).
Vektorprodukt	$\vec{a}\times\vec{b} = \begin{pmatrix} a_2 b_3 - a_3 b_2 \\ a_3 b_1 - a_1 b_3 \\ a_1 b_2 - a_2 b_1 \end{pmatrix}$ für $\vec{a} = \begin{pmatrix} a_1 \\ a_2 \\ a_3 \end{pmatrix}$ und $\vec{b} = \begin{pmatrix} b_1 \\ b_2 \\ b_3 \end{pmatrix}$. $\vec{a}\times\vec{b}$ ist ein Vektor. Eigenschaften: $\vec{a}\times\vec{a} = \vec{o}$; $\vec{a}\times\vec{o} = \vec{o}\times\vec{a} = \vec{o}$; $(r\vec{a})\times\vec{b} = \vec{a}\times(r\vec{b}) = r(\vec{a}\times\vec{b})$; $\vec{a}\times\vec{b} = -\vec{b}\times\vec{a}$; $\vec{a}\times(\vec{b}+\vec{c}) = (\vec{a}\times\vec{b}) + (\vec{a}\times\vec{c})$; $(\vec{a}+\vec{b})\times\vec{c} = (\vec{a}\times\vec{c}) + (\vec{b}\times\vec{c})$ Winkel zwischen Vektoren, Flächeninhalte: Schließen die Vektoren $\vec{a} \neq \vec{o}$ und $\vec{b} \neq \vec{o}$ den Winkel $\varphi = \sphericalangle(\vec{a}; \vec{b})$ ein, so gilt: $\lvert\vec{a}\times\vec{b}\rvert = \lvert\vec{a}\rvert\lvert\vec{b}\rvert\sin\varphi$. Der Vektor $\vec{a}\times\vec{b}$ ist zu $\vec{a}$ und zu $\vec{b}$ orthogonal. $\vec{a}, \vec{b}, \vec{a}\times\vec{b}$ bilden in der angegebenen Reihenfolge ein Rechtssystem. $\lvert\vec{a}\times\vec{b}\rvert$ ist der Flächeninhalt des von $\vec{a}$ und $\vec{b}$ aufgespannten Parallelogramms. Der Flächeninhalt des von $\vec{a}$ und $\vec{b}$ aufgespannten Dreiecks ist $\frac{1}{2}\lvert\vec{a}\times\vec{b}\rvert$. 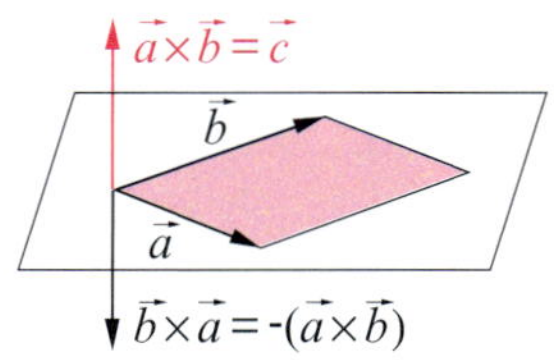 Für $\vec{a} \neq \vec{o}$ und $\vec{b} \neq \vec{o}$ gilt $\vec{a}\times\vec{b} = \vec{o}$, falls $\vec{a} \parallel \vec{b}$.
Spatprodukt von Vektoren (gemischtes Produkt)	$\vec{a}\times\vec{b}\cdot\vec{c} = \begin{pmatrix} a_2 b_3 - a_3 b_2 \\ a_3 b_1 - a_1 b_3 \\ a_1 b_2 - a_2 b_1 \end{pmatrix}\cdot\begin{pmatrix} c_1 \\ c_2 \\ c_3 \end{pmatrix} = a_2 b_3 c_1 + a_3 b_1 c_2 + a_1 b_2 c_3 - a_3 b_2 c_1 - a_1 b_3 c_2 - a_2 b_1 c_3$ $\vec{a}\times\vec{b}\cdot\vec{c}$ ist eine reelle Zahl. Das Spatprodukt $(\vec{a}\times\vec{b})\cdot\vec{c}$ ist dem Betrag nach das Volumen des von $\vec{a}, \vec{b}$ und $\vec{c}$ aufgespannten Spats: $\lvert(\vec{a}\times\vec{b})\cdot\vec{c}\rvert = \lvert\vec{a}\times\vec{b}\rvert\cdot\lvert\vec{c}\rvert\cdot\cos\sphericalangle(\vec{a}\times\vec{b}; \vec{c})$ 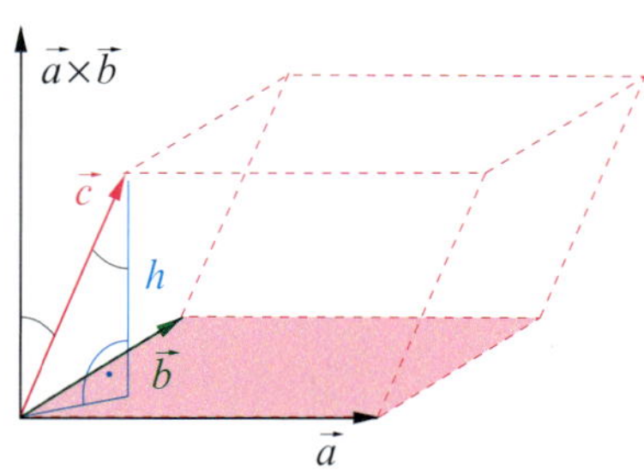

Geradendarstellungen

Punktrichtungsgleichung	$\vec{x} = \vec{p} + t \cdot \vec{a}$ mit $t \in \mathbb{R}$; $\vec{a} \neq \vec{o}$ Sind die Koordinaten eines **Ortsvektors** $\vec{p} = \overrightarrow{OP}$ und eines **Richtungsvektors** $\vec{a}$ gegeben, so gilt: **in einer Ebene** $\begin{pmatrix} x \\ y \end{pmatrix} = \begin{pmatrix} p_1 \\ p_2 \end{pmatrix} + t \cdot \begin{pmatrix} a_1 \\ a_2 \end{pmatrix}$ für $P(p_1; p_2)$; $\vec{a} = \begin{pmatrix} a_1 \\ a_2 \end{pmatrix}$; $t \in \mathbb{R}$ **im Raum** $\begin{pmatrix} x \\ y \\ z \end{pmatrix} = \begin{pmatrix} p_1 \\ p_2 \\ p_3 \end{pmatrix} + t \cdot \begin{pmatrix} a_1 \\ a_2 \\ a_3 \end{pmatrix}$ für $P(p_1; p_2; p_3)$; $\vec{a} = \begin{pmatrix} a_1 \\ a_2 \\ a_3 \end{pmatrix}$; $t \in \mathbb{R}$ 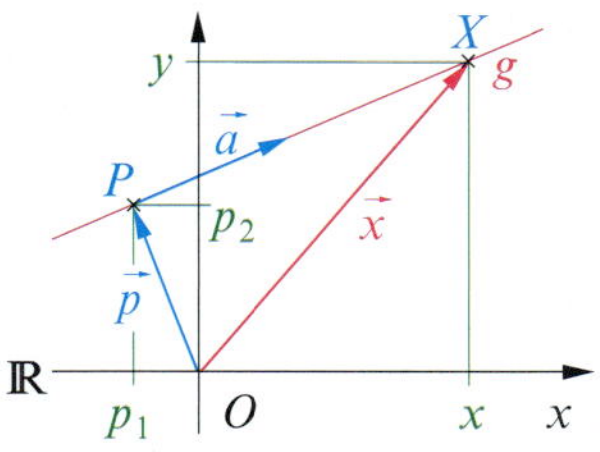
Zweipunktegleichung	Sind die Koordinaten von $\vec{p} = \overrightarrow{OP}$ und $\vec{q} = \overrightarrow{OQ}$ gegeben, so gilt: **in einer Ebene** $\begin{pmatrix} x \\ y \end{pmatrix} = \begin{pmatrix} p_1 \\ p_2 \end{pmatrix} + t \cdot \begin{pmatrix} q_1 - p_1 \\ q_2 - p_2 \end{pmatrix}$ für $P(p_1; p_2)$ und $Q(q_1; q_2)$; $t \in \mathbb{R}$ **im Raum** $\begin{pmatrix} x \\ y \\ z \end{pmatrix} = \begin{pmatrix} p_1 \\ p_2 \\ p_3 \end{pmatrix} + t \cdot \begin{pmatrix} q_1 - p_1 \\ q_2 - p_2 \\ q_3 - p_3 \end{pmatrix}$ für $P(p_1; p_2; p_3)$ und $Q(q_1; q_2; q_3)$; $t \in \mathbb{R}$ 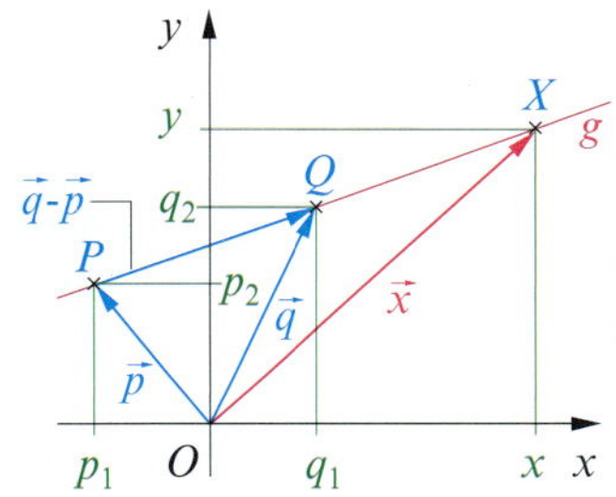
Normalform, Allgemeine Form (in der Ebene)	$y = mx + n$ für $m, n \in \mathbb{R}$; $m \neq O$ (↗ S. 16) Sind die Koordinaten von $\vec{p} = \overrightarrow{OP_0}$ und $\vec{a}$ gegeben, so gilt: $m = \tan \alpha = \frac{a_2}{a_1}$ und $m = \frac{y - y_0}{x - x_0}$ oder $y - y_0 = m \cdot (x - x_0)$ für $P_0(x_0; y_0)$; $\vec{a} = \begin{pmatrix} a_1 \\ a_2 \end{pmatrix}$; $a_1 \neq 0$ **Allgemeine Form der Geradengleichung** (in einer Ebene) $ax + by = c\,(a, b, c \in \mathbb{R}; a^2 + b^2 \neq 0)$ 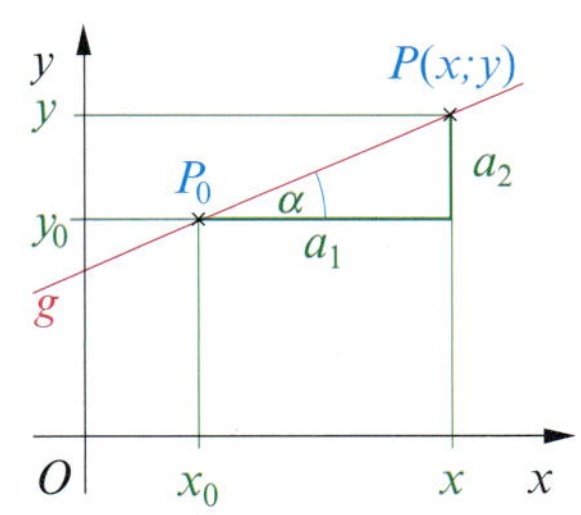
Gerade durch zwei Punkte (in der Ebene)	Sind die Koordinaten der Punkte $P_0(x_0; y_0)$ und $P_1(x_1; y_1)$ bekannt, so gilt für die Gerade durch P_0 und P_1 $\frac{y - y_0}{x - x_0} = \frac{y_1 - y_0}{x_1 - x_0}$ oder $(y - y_0)(x_1 - x_0) = (x - x_0)(y_1 - y_0)$ 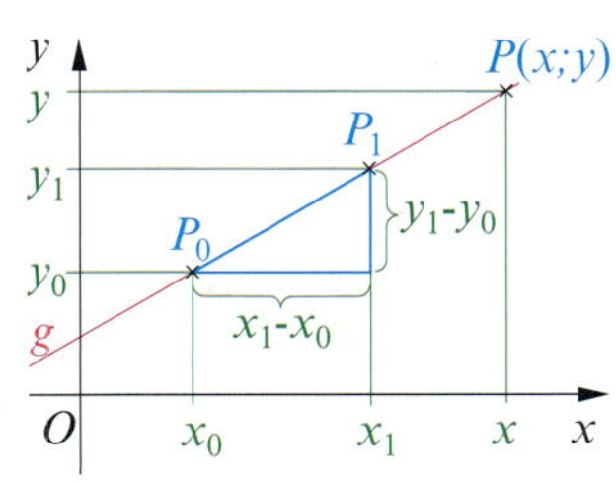
Achsenabschnittsform	Schneidet die Gerade g die x-Achse in $P_1(a; O)$ und die y-Achse in $P_2(O; b)$, so gilt: $\frac{x}{a} + \frac{y}{b} = 1$ für $a \neq 0; b \neq 0$ 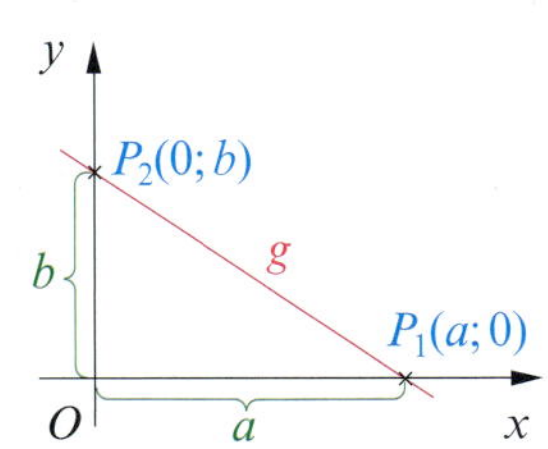

Ebenendarstellungen

Punktrichtungsgleichung	$\vec{x}=\vec{p}+r\vec{a}+s\vec{b};\quad r\in\mathbb{R}, s\in\mathbb{R}$ r und s sind Parameter; P ist ein Punkt mit dem Ortsvektor $\vec{p}$; $\vec{a}$, $\vec{b}$ sind zwei linear unabhängige Vektoren.
Dreipunktegleichung	$\vec{x}=\vec{p}+r(\vec{q}-\vec{p})+s(\vec{r}-\vec{p});\quad r\in\mathbb{R}, s\in\mathbb{R}$ r und s sind Parameter; P, Q, R sind drei nicht kollineare Punkte mit den Ortsvektoren $\vec{p}$, $\vec{q}$, $\vec{r}$.
Allgemeine Form	$ax+by+cz=d$ Es gilt: $a^2+b^2+c^2\neq 0;\quad a,b,c,d\in\mathbb{R}$.
Normalenform	**Vektorielle Darstellung in einer Ebene und im Raum** $(\vec{v}-\vec{v}_0)\cdot\vec{n}=0$ Dabei gehört $\vec{v}$ zu einem beliebigen Punkt auf der Geraden bzw. Ebene, $\vec{v}_0$ zu einem bekannten, festen Punkt auf der Geraden bzw. Ebene und $\vec{n}$ ist ein Vektor, der auf der Geraden bzw. Ebene senkrecht steht. Die Koeffizienten der allgemeinen Form der Geradengleichung $ax+by=c$ bzw. die Koeffizienten der Ebenengleichung $ax+by+cz=d$ liefern die Koordinaten eines Normalenvektors $\vec{n}$ für eine Gerade in der Ebene: $\vec{n}=\begin{pmatrix}a\\b\end{pmatrix}$, für eine Ebene: $\vec{n}=\begin{pmatrix}a\\b\\c\end{pmatrix}$ 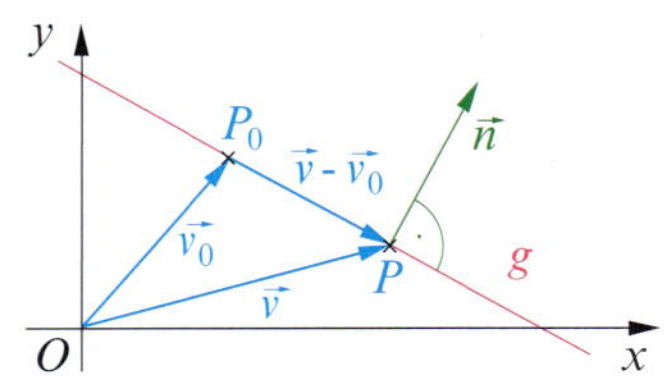 **Hesse'sche Normalenform** $(\vec{v}-\vec{v}_0)\cdot\vec{n}_0=0$ $\vec{n}_0$ ist der **Normaleneinheitsvektor** zu $\vec{n}$ mit $\vec{n}_0=\frac{\vec{n}}{\lvert\vec{n}\rvert};\quad \lvert\vec{n}_0\rvert=1$ **Vektorfreie Darstellung einer Gerade in einer Ebene** $x\cdot\cos\varphi+y\cdot\sin\varphi-p=0$ Dabei ist p der Abschnitt $\overline{OQ}$ des Lotes von O auf g und φ der Winkel zwischen dem positiven Teil der x-Achse und dem Lot. 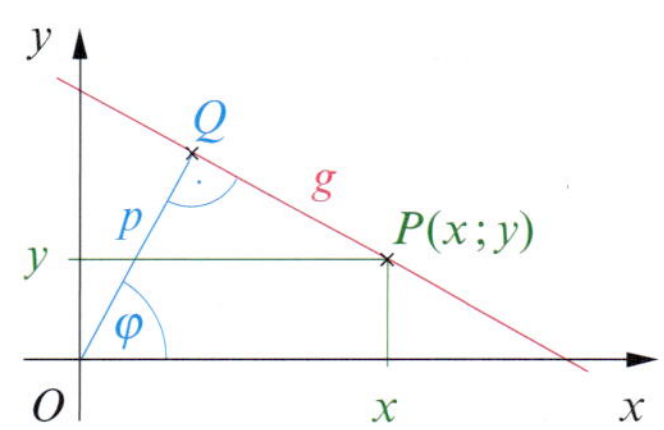

Schnittwinkel

Winkel zwischen zwei Geraden	$\cos\alpha=\frac{\vec{a}\cdot\vec{b}}{\lvert\vec{a}\rvert\cdot\lvert\vec{b}\rvert}=\frac{a_x b_x+a_y b_y+a_z b_z}{\sqrt{a_x^2+a_y^2+a_z^2}\cdot\sqrt{b_x^2+b_y^2+b_z^2}}$	Dabei ist $\vec{a}$ ein Richtungsvektor der ersten und $\vec{b}$ ein Richtungsvektor der zweiten Geraden (↗ S. 63).
Winkel zwischen Gerade und Ebene	$\sin\alpha=\frac{\lvert\vec{n}\cdot\vec{a}\rvert}{\lvert\vec{n}\rvert\cdot\lvert\vec{a}\rvert}$	Dabei ist $\vec{a}$ ein Richtungsvektor der Geraden und $\vec{n}$ der Normalenvektor der Ebene.
Winkel zwischen zwei Ebenen	$\cos\alpha=\frac{\lvert\vec{n}_1\cdot\vec{n}_2\rvert}{\lvert\vec{n}_1\rvert\cdot\lvert\vec{n}_2\rvert}$	Dabei ist $\vec{n}_1$ der Normalenvektor der ersten Ebene und $\vec{n}_2$ der Normalenvektor der zweiten Ebene.

Lagebeziehungen

Zwei Geraden in einer Ebene	**Geraden in Normalform** Für g: $y = m_1 x + n_1$ und h: $y = m_2 x + n_2$ gilt: $g \parallel h$ genau dann, wenn $m_1 = m_2$, $g = h$ genau dann, wenn $m_1 = m_2$ und $n_1 = n_2$, $g \perp h$ genau dann, wenn $m_1 = -\frac{1}{m_2}$ mit $m_2 \neq 0$. Schnittpunkt $S(x_S; y_S)$, falls $g \nparallel h$: $x_S = \frac{n_1 - n_2}{m_2 - m_1}$; $y_S = \frac{m_2 n_1 - m_1 n_2}{m_2 - m_1}$ Schnittwinkel φ ($\varphi \neq 90°$): $\tan \varphi = \frac{m_2 - m_1}{1 + m_1 m_2}$ mit $m_1 m_2 \neq -1$ 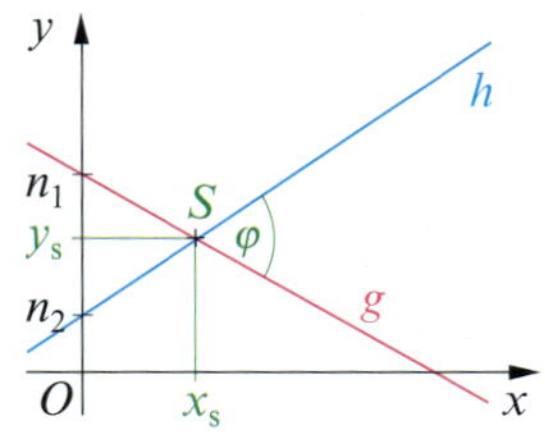 **Geraden mit Punktrichtungsgleichungen** Für g: $\vec{x} = \vec{p} + r\vec{a}$ ($r \in \mathbb{R}$; $\vec{a} \neq \vec{o}$) und h: $\vec{x} = \vec{q} + s\vec{b}$ ($s \in \mathbb{R}$; $\vec{b} \neq \vec{o}$) gilt: $g \parallel h$ genau dann, wenn $\vec{b} = r\vec{a}$ ($r \neq 0$), $g = h$ genau dann, wenn $\vec{b} = r \cdot \vec{a}$ ($r \neq 0$) und es ein $s \in \mathbb{R}$ gibt, sodass $\vec{p} = \vec{q} + s\vec{b}$, $g \perp h$ genau dann, wenn $\vec{a} \cdot \vec{b} = 0$. Schnittpunkt S mit $\vec{s} = \begin{pmatrix} p_1 \\ p_2 \end{pmatrix} + r\begin{pmatrix} a_x \\ a_y \end{pmatrix} = \begin{pmatrix} q_1 \\ q_2 \end{pmatrix} + s\begin{pmatrix} b_x \\ b_y \end{pmatrix}$, falls $g \nparallel h$. 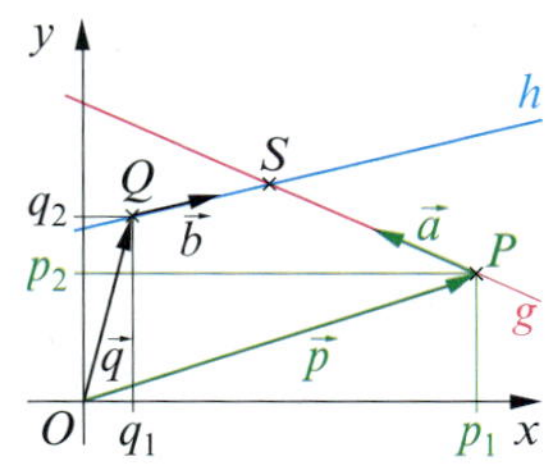
Zwei Geraden im Raum	Für g: $\vec{x} = \vec{p} + r\vec{a}$ ($r \in \mathbb{R}$; $\vec{a} \neq \vec{o}$) und h: $\vec{x} = \vec{q} + s\vec{b}$ ($s \in \mathbb{R}$; $\vec{b} \neq \vec{o}$) gilt: $g \parallel h$, $g = h$ genau dann, wenn $\vec{b} = r\vec{a}$ ($r \neq 0$) und $\vec{p} = \vec{q} + s\vec{b}$ für ein $s \in \mathbb{R}$ ist. $g \parallel h$, $g \neq h$ genau dann, wenn $\vec{b} = r\vec{a}$ ($r \neq 0$) und wenn es kein $s \in \mathbb{R}$ gibt, sodass $\vec{p} = \vec{q} + s\vec{b}$ ist. Die Geraden schneiden einander, wenn es reelle Zahlen r, s gibt, sodass $\vec{p} + r\vec{a} = \vec{q} + s\vec{b}$. Für den Schnittpunkt S gilt: $\vec{s} = \begin{pmatrix} p_1 \\ p_2 \\ p_3 \end{pmatrix} + r\begin{pmatrix} a_x \\ a_y \\ a_z \end{pmatrix} = \begin{pmatrix} q_1 \\ q_2 \\ q_3 \end{pmatrix} + s\begin{pmatrix} b_x \\ b_y \\ b_z \end{pmatrix}$ Trifft keiner dieser drei Fälle zu, so sind die Geraden windschief. 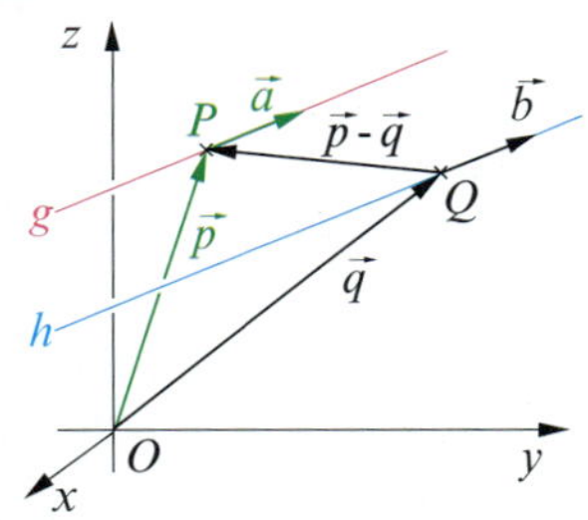

Abstände

Koordinatenursprung und Gerade (in der Ebene) bzw. Ebene (im Raum)	$p = \lvert \vec{v}_0 \cdot \vec{n}_0 \rvert$	Dabei ist $\vec{v}_0$ der Ortsvektor eines festen Punktes auf der Gerade bzw. Ebene und $\vec{n}_0$ der Normaleneinheitsvektor der Gerade bzw. Ebene.
Punkt R und Gerade (in der Ebene) bzw. Ebene (im Raum)	$d = \lvert (\vec{v}_R - \vec{v}_0) \cdot \vec{n}_0 \rvert$	Dabei ist $\vec{v}_R$ der Ortsvektor des Punktes R, $\vec{v}_0$ der Ortsvektor eines festen Punktes auf der Gerade bzw. Ebene und $\vec{n}_0$ der Normaleneinheitsvektor der Gerade bzw. Ebene.
Zwei windschiefe Geraden	$d(g,h) = \lvert (\vec{q}_0 - \vec{p}_0) \cdot \vec{n}_0 \rvert$ mit $\vec{n}_0 = \frac{\vec{a} \times \vec{b}}{\lvert \vec{a} \times \vec{b} \rvert}$	Dabei ist $\vec{q}_0$ der Ortsvektor eines festen Punktes auf der ersten Geraden und $\vec{p}_0$ der Ortsvektor eines festen Punktes auf der zweiten Geraden, $\vec{n}_0$ ist der Normaleneinheitsvektor der beiden Geraden mit den Richtungsvektoren $\vec{a}$ und $\vec{b}$.

Kreis und Kugel

	Kreis	Kugel
Vektorielle Gleichung	$(\overrightarrow{OP_0} - \overrightarrow{OM})^2 = r^2$ mit $\overrightarrow{OP_0}$ Ortsvektor eines Punktes P_0 des Kreises, $\overrightarrow{OM}$ Ortsvektor des Mittelpunktes M und r Radius des Kreises Spezialfall $M(O; O)$: $\overrightarrow{OP_0} \cdot \overrightarrow{OP_0} = r^2$ 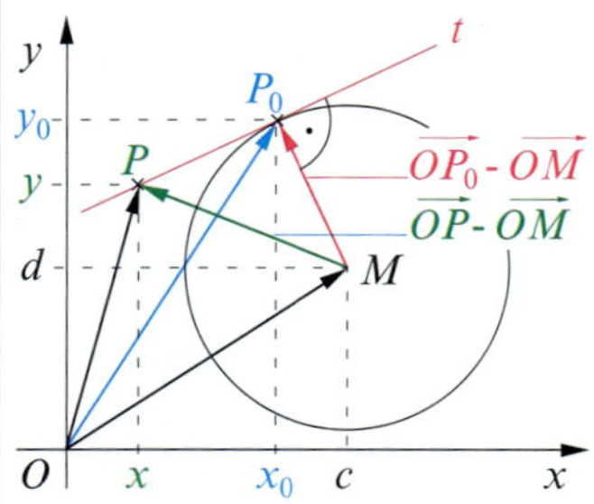 	$(\overrightarrow{OP_0} - \overrightarrow{OM})^2 = r^2$ mit $\overrightarrow{OP_0}$ Ortsvektor eines Punktes P_0 auf der Kugel, $\overrightarrow{OM}$ Ortsvektor des Mittelpunktes M und r Radius der Kugel Spezialfall $M(O; O; O)$: $\overrightarrow{OP_0} \cdot \overrightarrow{OP_0} = r^2$ 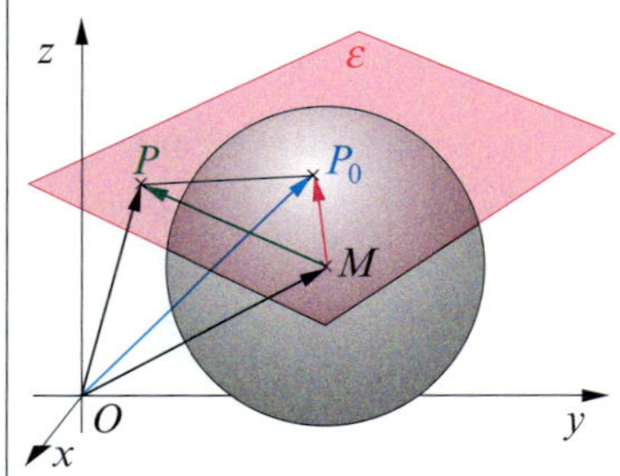
Koordinatengleichung	$(x-c)^2 + (y-d)^2 = r^2$ mit $M(c; d)$ und $P(x; y)$ Spezialfall $M(O; O)$: $x^2 + y^2 = r^2$	$(x-c)^2 + (y-d)^2 + (z-e)^2 = r^2$ mit $M(c; d; e)$ und $P(x; y; z)$ Spezialfall $M(O; O; O)$: $x^2 + y^2 + z^2 = r^2$
Parametergleichung (Polarkoordinaten)	$\vec{x} = \overrightarrow{OM} + r\begin{pmatrix} \cos\varphi \\ \sin\varphi \end{pmatrix}$ mit $-180° < \varphi \leq 180°$ (r, φ) nennt man Polarkoordinaten (↗ S. 33).	$\vec{x} = \overrightarrow{OM} + r\begin{pmatrix} \cos\lambda\cos\varphi \\ \sin\lambda\cos\varphi \\ \sin\varphi \end{pmatrix}$ mit $-180° < \lambda \leq 180°; -90 \leq \varphi < 90°$ (r, λ, φ) nennt man Kugelkoordinaten.
Gleichung einer Tangente bzw. Tangentialebene	im Punkt $P_0(x_0; y_0)$ $\overrightarrow{MP_0} \cdot \overrightarrow{MP} = r^2$ oder $(x - x_m)(x_0 - x_m) + (y - y_m)(y_0 - y_m) = r^2$ Spezialfall $M(O; O)$: $\overrightarrow{OP_0} \cdot \overrightarrow{OP} = r^2$ oder $x x_0 + y y_0 = r^2$	im Punkt $P_0(x_0; y_0; z_0)$ $\overrightarrow{MP_0} \cdot \overrightarrow{MP} = r^2$ oder $(x - x_m)(x_0 - x_m) + (y - y_m)(y_0 - y_m)$ $+ (z - z_m)(z_0 - z_m) = r^2$ Spezialfall $M(O; O; O)$: $\overrightarrow{OP_0} \cdot \overrightarrow{OP} = r^2$ oder $x x_0 + y y_0 + z z_0 = r^2$
Lagebeziehung zweier Kreise bzw. Kugeln	• kein Schnittpunkt für $\lvert\overline{M_1M_2}\rvert > r_1 + r_2$ oder $\lvert\overline{M_1M_2}\rvert < \lvert r_1 - r_2\rvert$ • genau ein Schnittpunkt für $\lvert\overline{M_1M_2}\rvert = r_1 + r_2$ oder $\lvert\overline{M_1M_2}\rvert = \lvert r_1 - r_2\rvert$ • genau zwei Schnittpunkte für $\lvert r_1 - r_2\rvert < \lvert\overline{M_1M_2}\rvert < r_1 + r_2$ • identisch für $\lvert\overline{M_1M_2}\rvert = 0$ und $r_1 = r_2$ 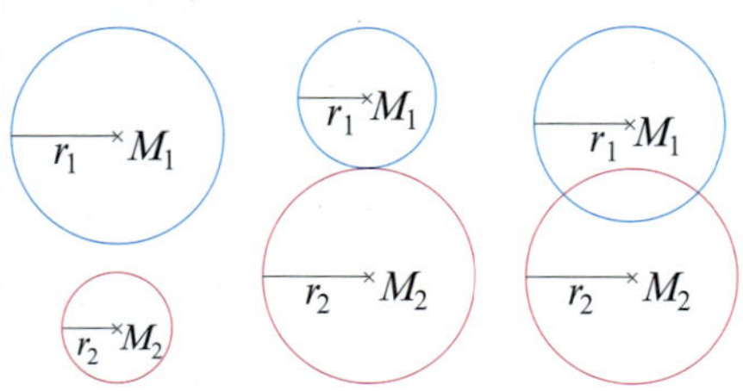 	• kein Schnittpunkt für $\lvert\overline{M_1M_2}\rvert > r_1 + r_2$ oder $\lvert\overline{M_1M_2}\rvert < \lvert r_1 - r_2\rvert$ • genau ein Schnittpunkt für $\lvert\overline{M_1M_2}\rvert = r_1 + r_2$ oder $\lvert\overline{M_1M_2}\rvert = \lvert r_1 - r_2\rvert$ • Schnittkreis für $\lvert r_1 - r_2\rvert < \lvert\overline{M_1M_2}\rvert < r_1 + r_2$ • identisch für $\lvert\overline{M_1M_2}\rvert = 0$ und $r_1 = r_2$ 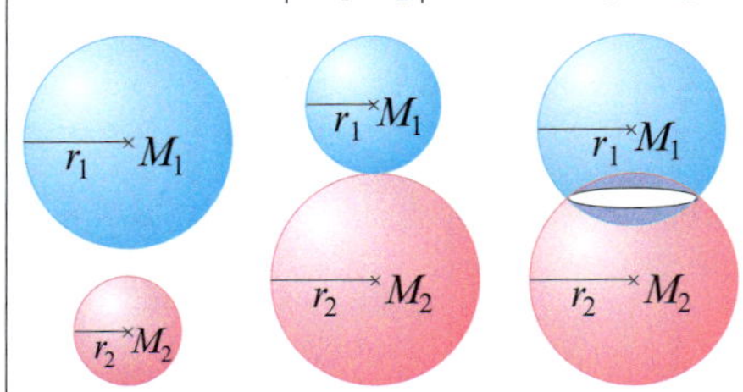

Kegelschnitte

	Ellipse	Hyperbel	Parabel
Mittel- bzw. Scheitel-punktslage: $M(0;0)$ bzw. $S(0;0)$	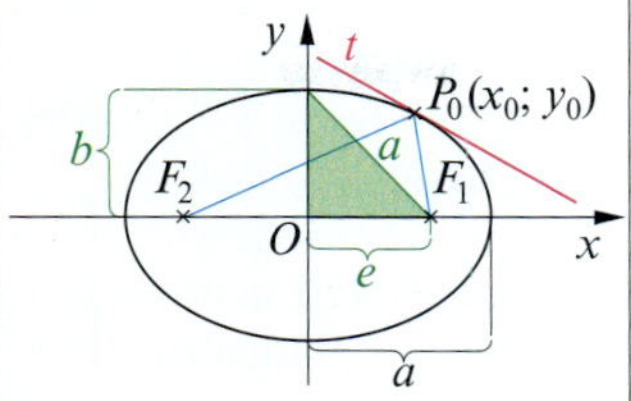 $\frac{x^2}{a^2}+\frac{y^2}{b^2}=1$	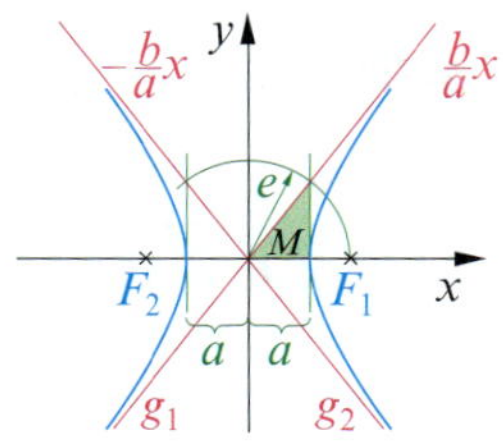 $\frac{x^2}{a^2}-\frac{y^2}{b^2}=1$	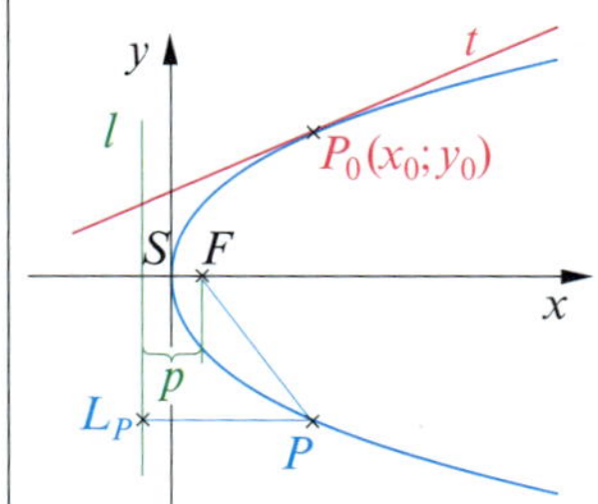 $y_2=2px$
Achsen-parallele Lage: $M(c;d)$ bzw. $S(c;d)$	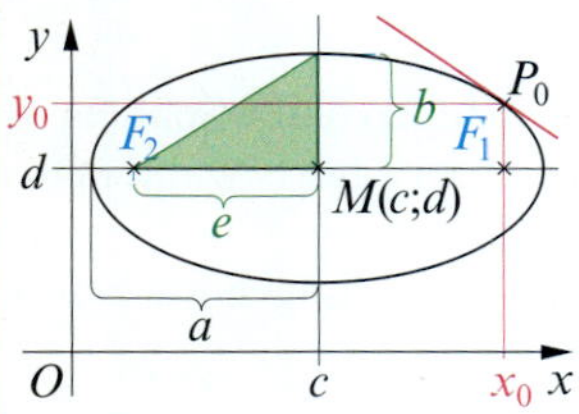 $\frac{(x-c)^2}{a^2}+\frac{(y-d)^2}{b^2}=1$	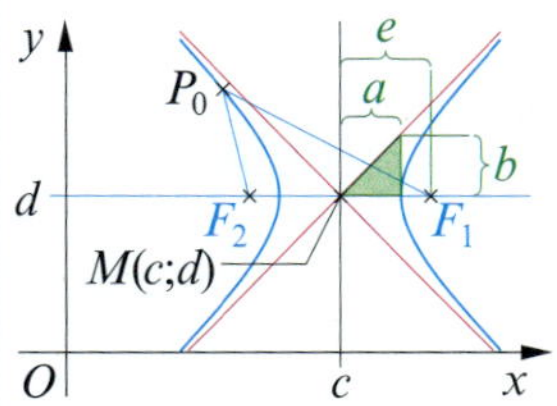 $\frac{(x-c)^2}{a^2}-\frac{(y-d)^2}{b^2}=1$	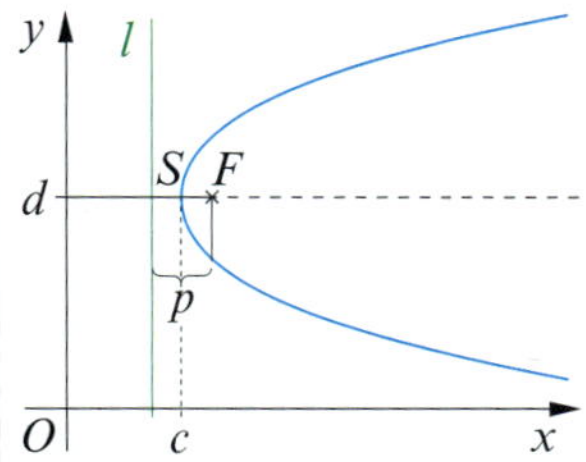 $(y-d)^2=2p(x-c)$
Bezeichnungen	F_1, F_2 Brennpunkte $2a$ Hauptachse $2b$ Nebenachse e Lineare Exzentrizität	F_1, F_2 Brennpunkte $2a$ Hauptachse $2b$ Nebenachse e Lineare Exzentrizität	F Brennpunkt l Leitlinie $2p$ Parameter S Scheitelpunkt
Ortsdefinition	$\lvert\overline{F_1P}\rvert+\lvert\overline{F_2P}\rvert=2a>\lvert\overline{F_1F_2}\rvert$	$\lvert\overline{F_1P}\rvert-\lvert\overline{F_2P}\rvert=2a<\lvert\overline{F_1F_2}\rvert$	$\lvert\overline{PF}\rvert=d(P,l)$
Lineare Exzentrizität	$e^2=a^2-b^2$	$e^2=a^2+b^2$	/
Tangente im Punkt $P_0(x_0;y_0)$	bei Mittelpunktslage: $\frac{xx_0}{a^2}+\frac{yy_0}{b^2}=1$ bei achsenparalleler Lage: $\frac{(x-c)(x_0-c)}{a^2}+\frac{(y-d)(y_0-d)}{b^2}=1$	bei Mittelpunktslage: $\frac{xx_0}{a^2}-\frac{yy_0}{b^2}=1$ bei achsenparalleler Lage: $\frac{(x-c)(x_0-c)}{a^2}-\frac{(y-d)(y_0-d)}{b^2}=1$	bei Scheitelpunktslage: $yy_0=p(x+x_0)$ bei achsenparalleler Lage: $(y-d)(y_0-d)=p((x-c)+(x_0-c))$
Gemeinsame Scheitel-gleichung	Mit $2p$ (Länge der Sehne senkrecht zur Hauptachse durch einen Brennpunkt) und $\varepsilon=\frac{e}{a}$ (numerische Exzentrizität) gilt für Kegelschnitte in Mittel- bzw. Scheitelpunktslage die Gleichung: $y^2=2px-(1-\varepsilon^2)x^2$ ($0<\varepsilon<1$ für eine Ellipse, $\varepsilon=1$ für eine Parabel, $\varepsilon>1$ für eine Hyperbel)		
Allgemeine Form der Kegel-schnittgleichung	$Ax^2+2Bxy+Cy^2+2Dx+2Ey+F=0$ ($AC-B^2>0$ für eine Ellipse, $AC-B^2=0$ für eine Parabel, $AC-B^2<0$ für eine Hyperbel)		

Lineare Algebra

Matrizen

n-Tupel	Spalten (Zeilen) mit n Zahlen ($n = 2$: Paar; $n = 3$: Tripel; $n = 4$: Quadrupel) Beispiel: Der Vektor (3; 7; – 2; 1; 8; 9) ist ein 6-Tupel.	
Matrix (m, n)-Matrix	Eine Matrix ist ein System von $m \cdot n$ Zahlen, die in einem rechteckigen Schema von m Zeilen und n Spalten angeordnet wurden. Matrizen finden zum Beispiel Verwendung als Koeffizientenschema für ein System von m linearen Gleichungen mit n Variablen x_i. $\begin{array}{l} a_{11}x_1 + a_{12}x_2 + a_{13}x_3 + \ldots + a_{1n}x_n = b_1 \\ a_{21}x_1 + a_{22}x_2 + a_{23}x_3 + \ldots + a_{2n}x_n = b_2 \\ \ldots \quad \ldots \quad \ldots \quad \ldots \quad \ldots \\ a_{m1}x_1 + a_{m2}x_2 + a_{m3}x_3 + \ldots + a_{mn}x_n = b_m \end{array}$ $\quad A_{(m,n)} = \begin{pmatrix} a_{11} & a_{12} & a_{13} & \ldots & a_{1n} \\ a_{21} & a_{22} & a_{23} & \ldots & a_{2n} \\ \ldots & \ldots & \ldots & \ldots & \ldots \\ a_{m1} & a_{m2} & a_{m3} & \ldots & a_{mn} \end{pmatrix}$ Das Paar (m, n) gibt den Typ der Matrix an: m Zeilen und n Spalten. Für die Bezeichnung des allgemeinen Elements der Matrix wählt man oft: a_{ik} mit $i = 1, 2, \ldots, m$ und $k = 1, 2, \ldots, n$. Matrizen können auch verwendet werden, um Abbildungen wie beispielsweise Drehungen und Spiegelungen darzustellen. (↗ S. 74)	
Vektoren	Eine Matrix $\boldsymbol{A}_{(m,n)}$ kann als Zusammenschluss von m Zeilenvektoren $\boldsymbol{a}_{(i)}$ oder aber von n Spaltenvektoren $\boldsymbol{a}_{(k)}$ angesehen werden. Ein **Spaltenvektor** ist danach eine einspaltige Matrix vom Typ $(m, 1)$ ein **Zeilenvektor** ist eine einzeilige Matrix vom Typ $(1, n)$.	
Quadratische Matrix	In einer quadratischen Matrix ist die Anzahl der Zeilen gleich der Anzahl der Spalten: $m = n$ Die Elemente $a_{11}, a_{22}, a_{33}, \ldots, a_{nn}$ bilden die Hauptdiagonale; die Elemente $a_{1n}, a_{2n-1}, a_{3n-2}, \ldots, a_{n1}$ die Nebendiagonale.	$\boldsymbol{A}_{(n,n)} = \begin{pmatrix} a_{11} & a_{12} & a_{13} & \ldots & a_{1n} \\ a_{21} & a_{22} & a_{23} & \ldots & a_{2n} \\ \ldots & \ldots & \ldots & \ldots & \ldots \\ a_{n1} & a_{n2} & a_{n3} & \ldots & a_{nn} \end{pmatrix}$
Diagonalmatrix Einheitsmatrix	Diagonalmatrix $\boldsymbol{D} = \begin{pmatrix} d_{11} & 0 & \ldots & 0 \\ 0 & d_{22} & \ldots & 0 \\ \ldots & \ldots & \ldots & \ldots \\ 0 & 0 & \ldots & d_{nn} \end{pmatrix}$ Eine Diagonalmatrix ist eine besondere quadratische Matrix. Alle Elemente außerhalb der Hauptdiagonalen sind gleich null.	Einheitsmatrix $\boldsymbol{E} = \begin{pmatrix} 1 & 0 & \ldots & 0 \\ 0 & 1 & \ldots & 0 \\ \ldots & \ldots & \ldots & \ldots \\ 0 & 0 & \ldots & 1 \end{pmatrix}$ Eine Einheitsmatrix ist eine besondere Diagonalmatrix. Alle Elemente in der Hauptdiagonalen sind gleich 1.
Dreiecksmatrix	obere Dreiecksmatrix $\begin{pmatrix} a_{11} & a_{12} & \ldots & a_{1n} \\ 0 & a_{22} & \ldots & a_{2n} \\ \ldots & \ldots & \ldots & \ldots \\ 0 & 0 & \ldots & a_{nn} \end{pmatrix}$ Alle Elemente unterhalb der Hauptdiagonalen einer quadratischen Matrix sind gleich null.	untere Dreiecksmatrix $\begin{pmatrix} a_{11} & 0 & \ldots & 0 \\ a_{21} & a_{22} & \ldots & 0 \\ \ldots & \ldots & \ldots & \ldots \\ a_{n1} & a_{n2} & \ldots & a_{nn} \end{pmatrix}$ Alle Elemente oberhalb der Hauptdiagonalen einer quadratischen Matrix sind gleich null.

Rechnen mit Matrizen

Gleichheit von Matrizen	Zwei Matrizen $\boldsymbol{A}_{(m,n)}$ und $\boldsymbol{B}_{(m,n)}$ sind dann und nur dann gleich, wenn sie im Typ übereinstimmen und wenn alle entsprechenden Elemente gleich sind, d. h. $a_{ij} = b_{ij}$ für $i = 1, \ldots, m$ und $j = 1, \ldots, n$.
Addition/ Subtraktion	Für (m, n)-Matrizen $\boldsymbol{A}$ und $\boldsymbol{B}$ vom gleichen Typ gilt: $\boldsymbol{A} \pm \boldsymbol{B} = \begin{pmatrix} a_{11} \pm b_{11} & a_{12} \pm b_{12} & \ldots & a_{1n} \pm b_{1n} \\ a_{21} \pm b_{21} & a_{22} \pm b_{22} & \ldots & a_{2n} \pm b_{2n} \\ \ldots & \ldots & & \ldots \\ a_{m1} \pm b_{m1} & a_{m2} \pm b_{m2} & \ldots & a_{mn} \pm b_{mn} \end{pmatrix}$ Rechenregeln: $\boldsymbol{A} + \boldsymbol{B} = \boldsymbol{B} + \boldsymbol{A}$ $(\boldsymbol{A} + \boldsymbol{B}) + \boldsymbol{C} = \boldsymbol{A} + (\boldsymbol{B} + \boldsymbol{C})$ $\boldsymbol{A} + 0 = \boldsymbol{A}$ $\boldsymbol{A} - \boldsymbol{A} = 0$
Multiplikation einer Matrix $\boldsymbol{A}_{(m,n)}$ mit einer reellen Zahl r	$r\boldsymbol{A} = \begin{pmatrix} ra_{11} & ra_{12} & \ldots & ra_{1n} \\ ra_{21} & ra_{22} & \ldots & ra_{2n} \\ \ldots & \ldots & \ldots & \ldots \\ ra_{m1} & ra_{m2} & \ldots & ra_{mn} \end{pmatrix}$ Rechenregeln: $(r+s)\,\boldsymbol{A} = r\boldsymbol{A} + s\boldsymbol{A}$ $r(\boldsymbol{A} + \boldsymbol{B}) = r\boldsymbol{A} + r\boldsymbol{B}$ $r(s\boldsymbol{A}) = (rs)\,\boldsymbol{A}$ $1 \cdot \boldsymbol{A} = \boldsymbol{A}$ $0 \cdot \boldsymbol{A} = 0$
Multiplikation von Matrizen	Die Multiplikation zweier Matrizen $\boldsymbol{A}$ und $\boldsymbol{B}$ ist möglich, wenn die Anzahl der Spalten von $\boldsymbol{A}$ gleich der Anzahl der Zeilen von $\boldsymbol{B}$ ist, wenn also $\boldsymbol{A}_{(m,n)}$ und $\boldsymbol{B}_{(n,q)}$ gilt. Die Ergebnismatrix $\boldsymbol{C}$ hat die Zeilenzahl von $\boldsymbol{A}$ und die Spaltenzahl von $\boldsymbol{B}$. Ihre Elemente c_{ik} werden durch das Skalarprodukt der i-ten Zeile von $\boldsymbol{A}$ mit der k-ten Spalte von $\boldsymbol{B}$ bestimmt: $\boldsymbol{A}_{(m,n)} \cdot \boldsymbol{B}_{(n,q)} = \boldsymbol{C}_{(m,q)}$ mit $c_{ik} = \sum_{j=1}^{n} a_{ij} b_{jk}$ und $i = 1, 2, \ldots, m;\quad k = 1, 2, \ldots, q$ verkettbar ***m* Zeilen, *n* Spalten** · ***n* Zeilen, *q* Spalten** = ***m* Zeilen, *q* Spalten** $\begin{pmatrix} a_{11} & a_{12} & \ldots & a_{1n} \\ \ldots & \ldots & \ldots & \ldots \\ a_{m1} & a_{m2} & \ldots & a_{mn} \end{pmatrix} \cdot \begin{pmatrix} b_{11} & b_{12} & \ldots & b_{1q} \\ \ldots & \ldots & \ldots & \ldots \\ b_{n1} & b_{n2} & \ldots & b_{nq} \end{pmatrix} = \begin{pmatrix} \sum_{j=1}^{n} a_{1j} b_{j1} & \sum_{j=1}^{n} a_{1j} b_{j2} & \ldots & \sum_{j=1}^{n} a_{1j} b_{jq} \\ \ldots & \ldots & \ldots & \ldots \\ \sum_{j=1}^{n} a_{mj} b_{j1} & \sum_{j=1}^{n} a_{mj} b_{j2} & \ldots & \sum_{j=1}^{n} a_{mj} b_{jq} \end{pmatrix}$ Rechenregeln: $(\boldsymbol{A} + \boldsymbol{B}) \cdot \boldsymbol{C} = \boldsymbol{A} \cdot \boldsymbol{C} + \boldsymbol{B} \cdot \boldsymbol{C}$ $r(\boldsymbol{A} \cdot \boldsymbol{B}) = (r \cdot \boldsymbol{A}) \cdot \boldsymbol{B}$ Achtung: $\boldsymbol{A} \cdot \boldsymbol{B} \neq \boldsymbol{B} \cdot \boldsymbol{A}$ (nicht kommutativ)
Berechnungs-schema für Matrizen-multiplikation (Falk'sches Schema)	Für die Berechnung der Elemente der Ergebnismatrix $\boldsymbol{C}$ bei der Multiplikation der Matrizen $\boldsymbol{A}$ und $\boldsymbol{B}$ hat sich folgendes Schema bewährt: $\boldsymbol{A}_{(m,n)}$ *m* Zeilen *n* Spalten; $\boldsymbol{B}_{(n,q)}$ *n* Zeilen *q* Spalten $\begin{matrix} b_{11} & b_{12} & \ldots & b_{1k} & \ldots & b_{1q} \\ \ldots & \ldots & \ldots & \ldots & \ldots & \ldots \\ b_{n1} & b_{n2} & \ldots & b_{nk} & \ldots & b_{nq} \end{matrix}$ $\begin{matrix} a_{11} & a_{12} & \ldots & a_{1n} \\ \ldots & \ldots & \ldots & \ldots \\ a_{i1} & a_{i2} & \ldots & a_{in} \\ \ldots & \ldots & \ldots & \ldots \\ a_{m1} & a_{m2} & \ldots & a_{mn} \end{matrix}$ $\begin{matrix} c_{11} & c_{12} & \ldots & c_{1k} & \ldots & c_{1q} \\ \ldots & \ldots & \ldots & \ldots & \ldots & \ldots \\ c_{i1} & c_{i2} & \ldots & c_{ik} = \sum_{j=1}^{n} a_{ij} b_{jk} & \ldots & c_{iq} \\ \ldots & \ldots & \ldots & \ldots & \ldots & \ldots \\ c_{m1} & c_{m2} & \ldots & c_{mk} & \ldots & c_{mq} \end{matrix}$ $\boldsymbol{A}_{(m,n)} \cdot \boldsymbol{B}_{(n,q)}$

Besondere Matrizen und Eigenschaften

Transponierte Matrix	Wenn in einer (m, n)-Matrix $\boldsymbol{A}$ die Zeilen mit den entsprechenden Spalten vertauscht werden, so entsteht eine Matrix $\boldsymbol{A}^{\mathrm{T}}$ vom Typ (n, m); die **transponierte Matrix**. $\boldsymbol{A}_{(m,n)} = \begin{pmatrix} a_{11} & a_{12} & a_{13} & \ldots & a_{1n} \\ a_{21} & a_{22} & a_{23} & \ldots & a_{2n} \\ a_{31} & a_{32} & a_{33} & \ldots & a_{3n} \\ \ldots & \ldots & \ldots & \ldots & \ldots \\ a_{m1} & a_{m2} & a_{m3} & \ldots & a_{mn} \end{pmatrix}$ $\quad \boldsymbol{A}^{\mathrm{T}}_{(m,n)} = \begin{pmatrix} a_{11} & a_{21} & a_{31} & \ldots & a_{m1} \\ a_{12} & a_{22} & a_{32} & \ldots & a_{m2} \\ a_{13} & a_{23} & a_{33} & \ldots & a_{m3} \\ \ldots & \ldots & \ldots & \ldots & \ldots \\ a_{1n} & a_{2n} & a_{3n} & \ldots & a_{mn} \end{pmatrix}$ Rechenregeln: $(\boldsymbol{A}^{\mathrm{T}})^{\mathrm{T}} = \boldsymbol{A}$ $(r\boldsymbol{A})^{\mathrm{T}} = r\boldsymbol{A}^{\mathrm{T}}$ $(\boldsymbol{A} + \boldsymbol{B})^{\mathrm{T}} = \boldsymbol{A}^{\mathrm{T}} + \boldsymbol{B}^{\mathrm{T}}$
Symmetrische Matrix; schief-symmetrische Matrix	Für quadratische Matrizen $\boldsymbol{A}_{(n,n)}$ gilt: Die transponierte Matrix $\boldsymbol{A}^{\mathrm{T}}$ entsteht durch Spiegelung der Elemente an der Hauptdiagonalen der Matrix $\boldsymbol{A}$. Eine quadratische Matrix $\boldsymbol{A}_{(n,n)}$ heißt symmetrisch, wenn $\boldsymbol{A} = \boldsymbol{A}^{\mathrm{T}}$ gilt: $\boldsymbol{A} = \begin{pmatrix} a & b & d & g \\ b & c & e & h \\ d & e & f & i \\ g & h & i & j \end{pmatrix}$ Für ihre Elemente gilt: $a_{ik} = a_{ki}$ mit $i = 1, 2, 3, \ldots, n$ und $k = 1, 2, \ldots, n$. Eine quadratische Matrix $\boldsymbol{A}_{(n,n)}$ heißt schiefsymmetrisch, wenn $\boldsymbol{A} = -\boldsymbol{A}^{\mathrm{T}}$ gilt: $\boldsymbol{A} = \begin{pmatrix} 0 & a & b & -d \\ -a & 0 & -c & e \\ -b & c & 0 & -f \\ d & -e & f & 0 \end{pmatrix}$ Die Elemente der Hauptdiagonalen sind sämtlich null, also: $a_{ii} = 0$ für $i = 1, 2, \ldots, n$. Ferner gilt $a_{ik} = -a_{ki}$ mit $i = 1, 2, 3, \ldots, n$ und $k = 1, 2, \ldots, n$.
Untermatrix zum Element a_{ij}	Wird aus einer Matrix $\boldsymbol{A}_{(m,n)}$ die i-te Zeile sowie die j-te Spalte gestrichen, so entsteht die zu dem Element a_{ij} gehörende Untermatrix. Untermatrizen treten bei der Berechnung von Determinanten auf (↗ S. 71). $\begin{pmatrix} a_{11} & \ldots & a_{1,j-1} & a_{1j} & a_{1,j+1} & \ldots & a_{1n} \\ \ldots & & & & & & \ldots \\ a_{i-1,1} & \ldots & a_{i-1,j-1} & a_{i-1,j} & a_{i-1,j+1} & \ldots & a_{i-1,n} \\ a_{i1} & \ldots & a_{i,j-1} & a_{ij} & a_{i,j+1} & \ldots & a_{in} \\ a_{i+1,1} & \ldots & a_{i+1,j-1} & a_{i+1,j} & a_{i+1,j+1} & \ldots & a_{i+1,n} \\ \ldots & & & & & & \\ a_{m1} & \ldots & a_{m,j-1} & a_{mj} & a_{m,j+1} & \ldots & a_{mn} \end{pmatrix} = \begin{pmatrix} a_{11} & \ldots & a_{1,j-1} & a_{1,j+1} & \ldots & a_{1n} \\ \ldots & & & & & \\ a_{i-1,1} & \ldots & a_{i-1,j-1} & a_{i-1,j+1} & \ldots & a_{i-1,n} \\ a_{i+1,1} & \ldots & a_{i+1,j-1} & a_{i+1,j+1} & \ldots & a_{i+1,n} \\ \ldots & & & & & \\ a_{m1} & \ldots & a_{m,j-1} & a_{m,j+1} & \ldots & a_{mn} \end{pmatrix}$
Inverse Matrix	Die Matrix $\boldsymbol{A}^{-1}$ ist inverse Matrix der quadratischen Matrix $\boldsymbol{A}_{(n,n)}$, wenn gilt: $\boldsymbol{A} \cdot \boldsymbol{A}^{-1} = \boldsymbol{A}^{-1} \cdot \boldsymbol{A} = \boldsymbol{E}$. Eine inverse Matrix von $\boldsymbol{A}_{(n,n)}$ existiert, wenn det $\boldsymbol{A}_{(n,n)} \neq 0$ (↗ S. 71). In diesem Fall besitzt das dazugehörige lineare Gleichungssystem eine eindeutige Lösung (↗ S. 73). Für $\boldsymbol{A}_{(2,2)} = \begin{pmatrix} a_1 & b_1 \\ a_2 & b_2 \end{pmatrix}$ ist $\boldsymbol{A}^{-1} = \frac{1}{a_1 b_2 - a_2 b_1} \begin{pmatrix} b_2 & -b_1 \\ -a_2 & a_1 \end{pmatrix}$.
Rang einer Matrix	Der Rang einer Matrix ist die maximale Anzahl linear unabhängiger Zeilen- bzw. Spaltenvektoren. Beide maximalen Zahlen stimmen überein. Der Rang einer Matrix $\boldsymbol{A}_{(n,n)}$ ist kleiner oder gleich n. Für die Koeffizientenmatrix $\boldsymbol{A}$ eines linearen Gleichungssystems gilt: Ist der Rang von $\boldsymbol{A}$ kleiner als n, so gibt es unendlich viele oder gar keine Lösungen. Ist der Rang von $\boldsymbol{A}$ gleich n, so gibt es genau eine Lösung (↗ S. 73).

Determinanten

Begriff der Determinante

Eine Determinante ist eine spezielle Funktion, die jeder quadratischen Matrix $A = A_{(n,n)}$ mit reellen Zahlen als Elemente eindeutig eine reelle Zahl zuordnet.

$$\det A = \begin{vmatrix} a_{11} & a_{12} & \dots & a_{1n} \\ a_{21} & a_{22} & \dots & a_{2n} \\ \dots & \dots & \dots & \dots \\ a_{n1} & a_{n2} & \dots & a_{nn} \end{vmatrix}$$

Dabei wird durch n die Ordnung der Determinante angezeigt, indem man auch schreibt: $\boldsymbol{D}^{(n)} = \det \boldsymbol{A}$

Beachte: Eine Determinante ändert ihr Vorzeichen, wenn zwei Zeilen oder zwei Spalten miteinander vertauscht werden.

Determinanten nutzt man beispielsweise bei der Lösung von linearen Gleichungssystemen mithilfe der Cramer'schen Regel (↗ S. 72) oder auch zur Bestimmung des Ranges einer Matrix (↗ S. 70).

Adjunkte des Elementes a_{ij}

Die **Adjunkte** A_{ij} des Elementes a_{ij} entsteht aus der Determinante der Untermatrix zum Element a_{ij} der Matrix $A_{(n,n)}$ (entstanden durch Streichen der i-ten Zeile und der j-ten Spalte) durch Multiplikation mit dem Faktor $(-1)^{i+j}$.

Für $\begin{vmatrix} a_{11} & a_{12} & a_{13} \\ a_{21} & a_{22} & a_{23} \\ a_{31} & a_{32} & a_{33} \end{vmatrix}$ ist $A_{12} = -\begin{vmatrix} a_{21} & a_{23} \\ a_{31} & a_{33} \end{vmatrix}$.

Determinanten zweiter Ordnung

$$\boldsymbol{D}^{(2)} \begin{vmatrix} a_{11} & a_{12} \\ a_{21} & a_{22} \end{vmatrix} = a_{11} \cdot a_{22} - a_{12} \cdot a_{21}$$

Produkt der Elemente der Hauptdiagonale minus Produkt der Elemente der Nebendiagonale

Determinanten dritter Ordnung

$$\boldsymbol{D}^{(3)} = \begin{vmatrix} a_{11} & a_{12} & a_{13} \\ a_{21} & a_{22} & a_{23} \\ a_{31} & a_{32} & a_{33} \end{vmatrix} = a_{11}a_{22}a_{33} + a_{12}a_{23}a_{31} + a_{13}a_{21}a_{32} - a_{13}a_{22}a_{31} - a_{11}a_{23}a_{32} - a_{12}a_{21}a_{33}$$

Für dreireihige (und nur für dreireihige) Determinanten können die Summanden mithilfe der **Regel von Sarrus** ermittelt werden:

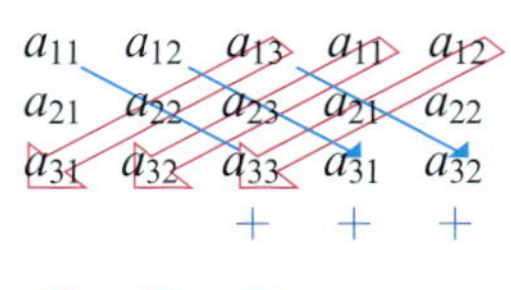

Berechnung mithilfe von Unterdeterminanten:

$$\begin{vmatrix} a_{11} & a_{12} & a_{13} \\ a_{21} & a_{22} & a_{23} \\ a_{31} & a_{32} & a_{33} \end{vmatrix} = a_{11}\begin{vmatrix} a_{22} & a_{23} \\ a_{32} & a_{33} \end{vmatrix} - a_{12}\begin{vmatrix} a_{21} & a_{23} \\ a_{31} & a_{33} \end{vmatrix} + a_{13}\begin{vmatrix} a_{21} & a_{22} \\ a_{31} & a_{32} \end{vmatrix}$$

weiter mit Determinanten zweiter Ordnung

Man schreibt in diesem Fall unter Verwendung von **Adjunkten** auch

$\boldsymbol{D}^{(3)} = \det \boldsymbol{A}_{(3,3)} = a_{11}A_{11} + a_{12}A_{12} + a_{13}A_{13}$

Determinanten vierter Ordnung

$$\begin{vmatrix} a_{11} & a_{12} & a_{13} & a_{14} \\ a_{21} & a_{22} & a_{23} & a_{24} \\ a_{31} & a_{32} & a_{33} & a_{34} \\ a_{41} & a_{42} & a_{43} & a_{44} \end{vmatrix} = a_{11}A_{11} + a_{12}A_{12} + a_{13}A_{13} + a_{14}A_{14}$$

Die Einführung der Unterdeterminanten führt dann auf:

$$a_{11}\begin{vmatrix} a_{22} & a_{23} & a_{24} \\ a_{32} & a_{33} & a_{34} \\ a_{42} & a_{43} & a_{44} \end{vmatrix} - a_{12}\begin{vmatrix} a_{21} & a_{23} & a_{24} \\ a_{31} & a_{33} & a_{34} \\ a_{41} & a_{43} & a_{44} \end{vmatrix} + a_{13}\begin{vmatrix} a_{21} & a_{22} & a_{24} \\ a_{31} & a_{32} & a_{34} \\ a_{41} & a_{42} & a_{44} \end{vmatrix} - a_{14}\begin{vmatrix} a_{21} & a_{22} & a_{23} \\ a_{31} & a_{32} & a_{33} \\ a_{41} & a_{42} & a_{43} \end{vmatrix}$$

Auf die so entstandenen dreireihigen Determinanten kann dann die Regel von Sarrus angewendet werden.

Lösen linearer Gleichungssysteme mit der Cramer'schen Regel

Darstellung linearer Gleichungssysteme als Matrizen

Ein lineares Gleichungssystem mit m Gleichungen und n Variablen x_i besitzt die Koeffizientenmatrix $\boldsymbol{A}_{(m,n)}$.

$$\begin{aligned} a_{11}x_1 + a_{12}x_2 + a_{13}x_3 + \ldots + a_{1n}x_n &= b_1 \\ a_{21}x_1 + a_{22}x_2 + a_{23}x_3 + \ldots + a_{2n}x_n &= b_2 \\ a_{31}x_1 + a_{32}x_2 + a_{33}x_3 + \ldots + a_{3n}x_n &= b_3 \\ \ldots \qquad\qquad\qquad\qquad & \ldots \\ a_{m1}x_1 + a_{m2}x_2 + a_{m3}x_3 + \ldots + a_{mn}x_n &= b_m \end{aligned}$$

$$\boldsymbol{A}_{(m,n)} = \begin{pmatrix} a_{11} & a_{12} & a_{13} & \ldots & a_{1n} \\ a_{21} & a_{22} & a_{23} & \ldots & a_{2n} \\ \ldots & \ldots & \ldots & \ldots & \\ a_{m1} & a_{m2} & a_{m3} & \ldots & a_{mn} \end{pmatrix}$$

Die erweiterte Matrix des linearen Gleichungssystems lautet:

$$\boldsymbol{B}_{(m,n+1)} = \left(\begin{array}{cccc|c} a_{11} & a_{12} & \ldots & a_{1n} & b_1 \\ a_{21} & a_{22} & \ldots & a_{2n} & b_2 \\ \ldots & \ldots & \ldots & \ldots & \ldots \\ a_{m1} & a_{m2} & \ldots & a_{mn} & b_m \end{array}\right)$$

Cramer'sche Regel

$$x_i = \frac{\boldsymbol{D}_i}{\boldsymbol{D}^{(n)}}$$

$\boldsymbol{D}^{(n)}$ ist Koeffizientendeterminante, $\boldsymbol{D}^{(n)}$ darf nicht null sein.
$\boldsymbol{D}_i$ ist Zählerdeterminante.

Die Zählerdeterminante $\boldsymbol{D}_i$ entsteht, indem man in der Koeffizientendeterminante die i-te Spalte durch die Spalte $(b_1; b_2; \ldots; b_n)$ ersetzt.

Systeme aus zwei linearen Gleichungen mit zwei Variablen

$$\begin{aligned} a_{11}x_1 + a_{12}x_2 &= b_1 \\ a_{21}x_1 + a_{22}x_2 &= b_2 \end{aligned}$$

$$\boldsymbol{D}^{(n)} = \begin{vmatrix} a_{11} & a_{12} \\ a_{21} & a_{22} \end{vmatrix} = a_{11}a_{22} - a_{12}a_{21}; \quad \boldsymbol{D}_1 = \begin{vmatrix} b_1 & a_{12} \\ b_2 & a_{22} \end{vmatrix} = b_1 a_{22} - a_{12} b_2;$$

$$\boldsymbol{D}_2 = \begin{vmatrix} a_{11} & b_1 \\ a_{21} & b_2 \end{vmatrix} = a_{11} b_2 - b_1 a_{21}$$

Daraus folgt:

$$x_1 = \frac{\boldsymbol{D}_1}{\boldsymbol{D}^{(n)}} = \frac{b_1 a_{22} - a_{12} b_2}{a_{11}a_{22} - a_{12}a_{21}}; \quad x_2 = \frac{\boldsymbol{D}_2}{\boldsymbol{D}^{(n)}} = \frac{a_{11} b_2 - b_1 a_{21}}{a_{11}a_{22} - a_{12}a_{21}}, \quad \text{falls } \boldsymbol{D}^{(n)} \neq 0$$

Systeme aus drei linearen Gleichungen mit drei Variablen

$$\begin{aligned} a_{11}x_1 + a_{12}x_2 + a_{13}x_3 &= b_1 \\ a_{21}x_1 + a_{22}x_2 + a_{23}x_3 &= b_2 \\ a_{31}x_1 + a_{32}x_2 + a_{33}x_3 &= b_3 \end{aligned}$$

Die Koeffizientendeterminante $\boldsymbol{D}^{(n)}$ wie auch die Zählerdeterminante $\boldsymbol{D}_i$ lassen sich als dreireihige Determinanten mithilfe der Regel von Sarrus berechnen (↗ Seite 71).

$$\boldsymbol{D}^{(n)} = \begin{vmatrix} a_{11} & a_{12} & a_{13} \\ a_{21} & a_{22} & a_{23} \\ a_{31} & a_{32} & a_{33} \end{vmatrix} = a_{11}a_{22}a_{33} + a_{12}a_{23}a_{31} + a_{13}a_{21}a_{32} - a_{13}a_{22}a_{31} - a_{11}a_{23}a_{32} - a_{12}a_{21}a_{33}$$

$$\boldsymbol{D}_1 = \begin{vmatrix} b_1 & a_{12} & a_{13} \\ b_2 & a_{22} & a_{23} \\ b_3 & a_{32} & a_{33} \end{vmatrix} \qquad \boldsymbol{D}_2 = \begin{vmatrix} a_{11} & b_1 & a_{13} \\ a_{21} & b_2 & a_{23} \\ a_{31} & b_3 & a_{33} \end{vmatrix} \qquad \boldsymbol{D}_3 = \begin{vmatrix} a_{11} & a_{12} & b_1 \\ a_{21} & a_{22} & b_2 \\ a_{31} & a_{32} & b_3 \end{vmatrix}$$

Aus der Cramer'schen Regel folgt für $\boldsymbol{D}^{(n)} \neq 0$: $\quad x_1 = \frac{\boldsymbol{D}_1}{\boldsymbol{D}^{(n)}}; \quad x_2 = \frac{\boldsymbol{D}_2}{\boldsymbol{D}^{(n)}}; \quad x_3 = \frac{\boldsymbol{D}_3}{\boldsymbol{D}^{(n)}}$

Hinweis: Die Cramer'sche Regel wird im Allgemeinen nicht auf Systeme mit vier und mehr Gleichungen angewendet, weil die Berechnungen der Determinaten sehr aufwändig werden.

Lösen linearer Gleichungssysteme mit dem Gauß'schen Eliminationsverfahren

Gauß'sches Eliminationsverfahren	*Ziel:* Das Gleichungssystem wird auf **Dreiecksform** gebracht. Dann ermittelt man von unten nach oben die gesamte Lösungsmenge des Systems. $\begin{array}{l} a_{11}x_1+a_{12}x_2+a_{13}x_3+\ldots+a_{1n}x_n=b_1 \\ a_{21}x_1+a_{22}x_2+a_{23}x_3+\ldots+a_{2n}x_n=b_2 \\ a_{31}x_1+a_{32}x_2+a_{33}x_3+\ldots+a_{3n}x_n=b_3 \\ \ldots \qquad\qquad\qquad\qquad \ldots \\ a_{n1}x_1+a_{n2}x_2+a_{n3}x_3+\ldots+a_{nn}x_n=b_n \end{array}$ $\begin{array}{r} a_{11}x_1+a_{12}x_2+a_{13}x_3+\ldots+a_{1n}x_n=b_1 \\ a'_{22}x_2+a'_{23}x_3+\ldots+a'_{2n}x_n=b'_2 \\ a'_{33}x_3+\ldots+a'_{3n}x_n=b'_3 \\ \ldots \\ a'_{nn}x_n=b'_n \end{array}$
Beispiel	Im Fall eines linearen Gleichungssystems mit drei Gleichungen und drei Variablen kann man die Dreiecksform beispielsweise folgendermaßen erreichen: Im **ersten Schritt** wird eine Variable (z. B. x_1) in allen drei Gleichungen freigelegt, indem man durch den jeweiligen Koeffizienten von x_1 dividiert. (1) $2x_1+3x_2+3x_3=3$ (1a) $x_1+\frac{3}{2}x_2+\frac{3}{2}x_3=\frac{3}{2}$ (2) $3x_1-2x_2-9x_3=4$ (2a) $x_1-\frac{2}{3}x_2-3x_3=\frac{4}{3}$ (3) $5x_1-x_2-18x_3=-1$ (3a) $x_1-\frac{1}{5}x_2-\frac{18}{5}x_3=-\frac{1}{5}$ Im **zweiten Schritt** wird durch die Subtraktion von (2 a) – (1 a) wie auch von (3 a) – (1 a) die Variable x_1 aus den Gleichungen (2 a) und (3 a) eliminiert. (1 a) $x_1+\frac{3}{2}x_2+\frac{3}{2}x_3=\frac{3}{2}$ (2 b) $-\frac{13}{6}x_2-\frac{9}{2}x_3=-\frac{1}{6}$ (3 b) $-\frac{17}{10}x_2-\frac{51}{10}x_3=-\frac{17}{10}$ Im **dritten Schritt** wird in gleicher Weise fortgefahren: man dividiert (2 b) und (3 b) durch den jeweiligen Koeffizienten von x_2 und eliminiert aus der Gleichung (3 c) die Variable x_2. Aus der Gleichung (3 d) lässt sich danach der Wert von x_3 ermitteln und über (2 c) und (1 a) erhält man dann auch die Werte von x_2 und x_1. (1 a) $x_1+\frac{3}{2}x_2+\frac{3}{2}x_3=\frac{3}{2}$ (1 a) $x_1+\frac{3}{2}x_2+\frac{3}{2}x_3=\frac{3}{2}$ (2 c) $x_2+\frac{27}{13}x_3=\frac{1}{13}$ (2 c) $x_2+\frac{27}{13}x_3=\frac{1}{13}$ Dreiecksform (3 c) $x_2+3x_3=1$ (3 d) $\frac{12}{13}x_3=\frac{12}{13}$ Aus (3 d) folgt, dass $x_3=1$. Eingesetzt in (2 c) ergibt sich $x_2+\frac{27}{13}=\frac{1}{13}$, also $x_2=-2$. Beides in (1 a) eingesetzt, führt zu $x_1-3+\frac{3}{2}=\frac{3}{2}$, also $x_1=3$. Man erhält in diesem Fall also genau eine Lösung: (3; –2; 1).
mögliche Lösungen	Führt das Verfahren auf einen Widerspruch, z. B. 7 = 3, besitzt das Gleichungssystem **keine Lösung**. Führt das Verfahren zu einer Dreiecksform, so besitzt das Gleichungssystem **genau eine Lösung**. In diesem Fall ergibt sich ein Lösungsvektor (siehe Beispiel). Führt das Verfahren auf eine Trapezform bzw. sind mindestens zwei Gleichungen identisch, so hat das Gleichungssystem **unendlich viele Lösungen**. Die Lösungsmenge wird dann mithilfe eines oder mehrerer Parameter dargestellt.

Lineare Abbildungen

Definition	Eine Abbildung $f\colon \mathbb{R}^2 \to \mathbb{R}^2$ heißt genau dann linear, wenn – für alle $\vec{a}, \vec{b} \in \mathbb{R}^2$ gilt: $f(\vec{a}+\vec{b}) = f(\vec{a}) + f(\vec{b})$ (Additivität) und – für alle $\vec{a} \in \mathbb{R}^2$ und $r \in \mathbb{R}$ gilt: $f(r \cdot \vec{a}) = r \cdot f(\vec{a})$ (Homogenität).
Abbildungsgleichung/ Abbildungsmatrix	Jede lineare Abbildung $f\colon \mathbb{R}^2 \to \mathbb{R}^2$ lässt sich durch eine Abbildungsmatrix beschreiben: $f(\vec{x}) = \vec{x}' = \begin{pmatrix} a_{11} & a_{12} \\ a_{21} & a_{22} \end{pmatrix} \cdot \vec{x}$ bzw. $f\begin{pmatrix} x_1 \\ x_2 \end{pmatrix} = \begin{pmatrix} x_1' \\ x_2' \end{pmatrix} = \begin{pmatrix} a_{11} & a_{12} \\ a_{21} & a_{22} \end{pmatrix} \cdot \begin{pmatrix} x_1 \\ x_2 \end{pmatrix}$ also: $x_1' = a_{11} \cdot x_1 + a_{12} \cdot x_2$ und $x_2' = a_{21} \cdot x_1 + a_{22} \cdot x_2$ Dabei gilt: $\begin{pmatrix} a_{11} \\ a_{21} \end{pmatrix} = f\begin{pmatrix} 1 \\ 0 \end{pmatrix}$ und $\begin{pmatrix} a_{12} \\ a_{22} \end{pmatrix} = f\begin{pmatrix} 0 \\ 1 \end{pmatrix}$
Eigenschaften	Für jede lineare Abbildung $f\colon \mathbb{R}^2 \to \mathbb{R}^2$ gilt: – $f(\vec{0}) = \vec{0}$ (Nullvektor wird auf Nullvektor abgebildet.) – $f(-\vec{x}) = -f(\vec{x})$ für alle $\vec{x} \in \mathbb{R}^2$ Die zu einer Abbildungsmatrix F gehörende lineare Abbildung f ist umkehrbar, wenn die Spaltenvektoren von F linear unabhängig sind.
Beispiele	– Spiegelung an einer Geraden durch den Koordinatenursprung – Punktspiegelung am Koordinatenursprung – Zentrische Streckung mit dem Koordinatenursprung als Streckungszentrum
Beispiel für eine Abbildungsgleichung	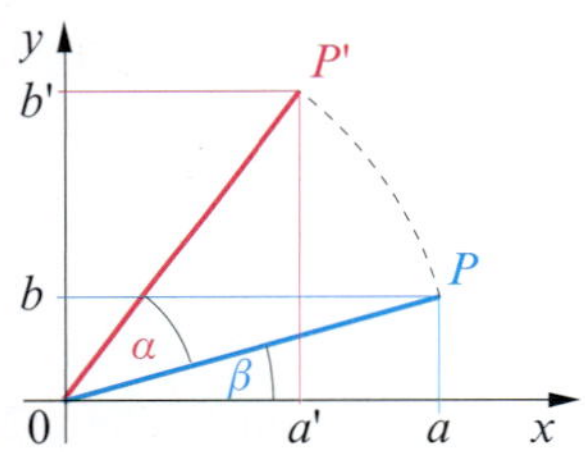 Drehung um den Koordinatenursprung $\begin{pmatrix} a' \\ b' \end{pmatrix} = \begin{pmatrix} \cos\alpha & -\sin\alpha \\ \sin\alpha & \cos\alpha \end{pmatrix} \cdot \begin{pmatrix} a \\ b \end{pmatrix}$ $= \begin{pmatrix} a \cdot \cos\alpha - b \cdot \sin\alpha \\ a \cdot \sin\alpha + b \cdot \cos\alpha \end{pmatrix}$

Affine Abbildungen

Definition	Eine affine Abbildung setzt sich zusammen aus einer linearen Abbildung und einer Verschiebung.
Abbildungsgleichung	Jede affine Abbildung $f\colon \mathbb{R}^2 \to \mathbb{R}^2$ lässt sich durch eine Abbildungsmatrix und einen Verschiebungsvektor beschreiben: $f(\vec{x}) = \vec{x}' = \begin{pmatrix} a_{11} & a_{12} \\ a_{21} & a_{22} \end{pmatrix} \cdot \vec{x} + \vec{c}$ bzw. $f\begin{pmatrix} x_1 \\ x_2 \end{pmatrix} = \begin{pmatrix} x_1' \\ x_2' \end{pmatrix} = \begin{pmatrix} a_{11} & a_{12} \\ a_{21} & a_{22} \end{pmatrix} \cdot \begin{pmatrix} x_1 \\ x_2 \end{pmatrix} + \begin{pmatrix} c_1 \\ c_2 \end{pmatrix}$ also: $x_1' = a_{11} \cdot x_1 + a_{12} \cdot x_2 + c_1$ und $x_2' = a_{21} \cdot x_1 + a_{22} \cdot x_2 + c_2$
Eigenschaften	Für jede affine Abbildung $f\colon \mathbb{R}^2 \to \mathbb{R}^2$ gilt: – Geraden werden auf Geraden abgebildet. Parallelität bleibt erhalten. – Das Teilverhältnis dreier kollinearer Punkte bleibt erhalten. Die zu einer Abbildungsmatrix F und einem Vektor $\vec{c}$ gehörende affine Abbildung f ist genau dann umkehrbar, wenn die Spaltenvektoren von F linear unabhängig sind.
Beispiele	– Zentrische Streckung mit dem Streckungszentrum Z und dem Streckungsfaktor k – Verknüpfung von Drehungen, Spiegelungen, Streckungen, Verschiebungen und Projektionen, z. B. Schubspiegelung, Drehspiegelung, Drehstreckung

Informatik

Datendarstellung

Einheiten

Bit	Das Bit ist die Einheit für die Datendarstellung im Computer. Zustand: 0 oder 1 (in der Technik: 0 – kein Strom = Low [L]; 1 – Strom = High [H])
Byte	Ein Byte ist die Zusammenfassung von 8 Bit zur Darstellung eines Zeichens im Computer. Aus den 8-Bitstellen ergeben sich 256 Kombinationsmöglichkeiten der Zeichendarstellung. weitere Einheiten: 1 KByte = 2^{10} Byte = 1 024 Byte (1 024 Computerzeichen) 1 MByte = 2^{20} Byte = 1 048 576 Byte (1 048 576 Computerzeichen) 1 GByte = 2^{30} Byte = 1 073 741 824 Byte (1 073 741 824 Computerzeichen)
Baud	Ein Baud ist die Einheit der Signalrate, mit der Daten übertragen werden. Sie gibt die Anzahl der Pegelwechsel pro Zeiteinheit an. 1 Baud = Modulationsrate/Sekunde; 1 Bd = s^{-1}
bps	bps ist die Einheit für die Übertragungsgeschwindigkeit von Daten. Sie wird in Bit pro Zeiteinheit gemessen. Einheit: Bit/s (Bit pro Sekunde) oder Byte/s (Byte pro Sekunde)

Datentypen (Auswahl)

Datentyp	Beschreibung	Wertebereich (Visual-BASIC 6.0)
Boolean (Logik)	speichert logische Werte	true or false (wahr oder falsch)
Char (Zeichen)	speichert einzelne Zeichen (Ziffern, Buchstaben, ...)	Zeichen des ASCII- oder Ansi-Codes
Currency (Währung)	speichert Festkommazahlen mit hoher Rundungsgenauigkeit (15 Vorkommastellen und 4 Nachkommastellen)	– 922 337 203 685 477, 5808 bis 922 337 203 685 477, 5807
Date (Datum, Zeit)	speichert eine Kombination von Datums- und Zeitinformationen als Fließkommazahl	Datum: 01.01.100 bis 31.12.9999 Zeit: 00 : 00 : 00 bis 23 : 59 : 59
Double (doppelt)	speichert eine Zahl mit Fließkomma und doppelter Genauigkeit	für negative Werte: $-1{,}8 \cdot 10^{308}$ bis $-4{,}9 \cdot 10^{-324}$ für positive Werte: $4{,}9 \cdot 10^{-324}$ bis $1{,}8 \cdot 10^{308}$
Integer (ganz)	speichert ganze Zahlen	ganze Zahlen von –32 768 bis 32 767
String (Zeichenfolge)	speichert eine endliche Aneinanderreihung von Zeichen (Zeichenfolge)	0 bis 2 Milliarden Zeichen

Zahlensysteme (Dezimalzahlen, Dualzahlen, Hexadezimalzahlen) ↗ S. 10

Algorithmik

Algorithmusbegriff

Ein Algorithmus ist ein eindeutiges Verfahren zur Lösung von gleichen Problemen einer Klasse. Er wird durch einen aus elementaren Anweisungen bestehenden Text beschrieben.

Eigenschaft	Erläuterung
Allgemeingültigkeit	Die Anweisungen besitzen Gültigkeit für die Lösung einer ganzen Problemklasse, nicht nur für ein Einzelproblem.
Ausführbarkeit	Die Anweisungen müssen verständlich formuliert und ausführbar sein.
Endlichkeit	Die Beschreibung der Anweisungsfolge muss in einem endlichen Text möglich sein.
Eindeutigkeit	An jeder Stelle muss der Ablauf der Anweisungen eindeutig sein.
Terminiertheit	Nach endlich vielen Schritten liefert die Anweisungsfolge eine Lösung des Problems.

Strukturelemente der Algorithmierung in verschiedenen Darstellungsformen

Name	Verbal formuliert	Grafisch (Strukturprogramm)	Programmiersprache (PASCAL)
Sequenz (Verbundanweisung)			
Folge	Anweisung 1 Anweisung 2 ... Anweisung n	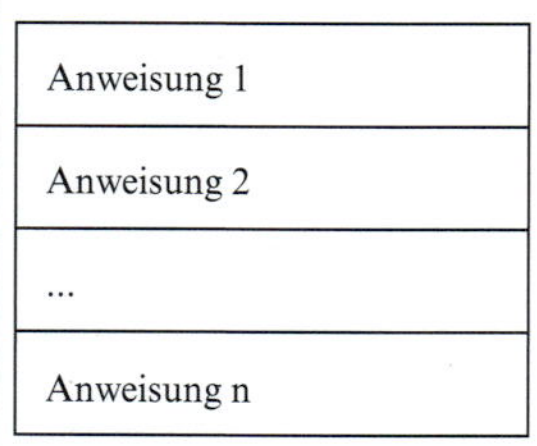	BEGIN Anweisung 1; Anweisung 2; ... Anweisung n; END. } Verbund
Selektion (Alternativen)			
Einseitige Auswahl	WENN Bedingung DANN Anweisung	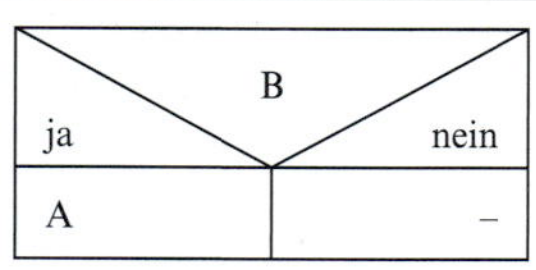	IF Bedingung THEN Anweisung;
Zweiseitige Auswahl	WENN Bedingung DANN Anweisung 1 SONST Anweisung 2	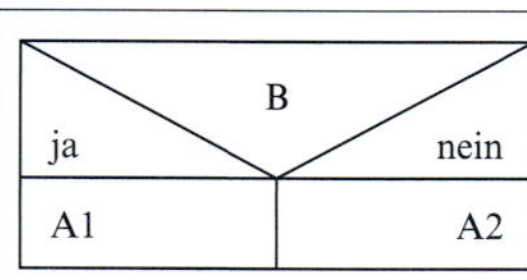	IF Bedingung THEN Anweisung 1 ELSE Anweisung 2;

A = Anweisung; B = Bedingung; I = Variable; aw = Anfangswert; ew = Endwert; s = Schrittweise

Name	Verbal formuliert	Grafisch (Strukturprogramm)	Programmiersprache (PASCAL)
Repetition (Schleifen)			
Wiederholschleife (mit nachgestellter Bedingung)	WIEDERHOLE Anweisung 1 ... Anweisung n BIS Bedingung	Wiederhole | A bis B	REPEAT Anweisung 1; ... Anweisung n; UNTIL Bedingung;
Solangeschleife (mit vorangestellter Bedingung)	SOLANGE Bedingung TUE Anweisung	Solange B tue | A	WHILE Bedingung DO Anweisung oder Verbund;
Zählschleife (gezählte Wiederholungen in Abhängigkeit einer Schrittweite)	FÜR I = aw BIS ew SCHRITT s TUE Anweisung	Für I = aw bis ew Schritt s tue | A	FOR I: = Anfangswert TO Endwert STEP s DO Anweisung oder Verbund;
Unteralgorithmus (Prozedur)			
Vereinbarung	(UNTERALGO Name) (DEKLARATIONEN) BEGINN Anweisungen ENDE	(UA Name) (Vereinbarungen) Beginn Anweisungen Ende	PROCEDURE Bezeichner Deklarationsteil; BEGIN Anweisungen END.
Aufruf	RUFE	Rufe UA Name	Prozedurbezeichner

Programmiermethodik (-technik)

Strukturiertes Programmieren	Modulares Programmieren	Objektorientiertes Programmieren
Blockkonzept, mit dessen Hilfe eine Hierarchie von Algorithmen (Prozeduren oder Funktionen) aufgebaut wird. Jeder Teilalgorithmus enthält wiederum eigene Hilfsalgorithmen, bei denen alle Kontrollstrukturen (Sequenz, Alternativen, ...) nur mit einem Eingang und einem Ausgang versehen werden. Auf dieser Basis ergibt sich eine strukturierte Programmiertechnik, die keine unübersichtlichen Programmverzweigungen, durch zusätzliche Sprünge, enthält.	Zerlegungskonzept, mit dessen Hilfe große (Programmier-)Projekte in sinnvolle Teile (Module oder units) zerlegt werden, die dann unabhängig voneinander programmiert und getestet werden können.	Modellierungskonzept, mit dessen Hilfe die reale Welt über Objekte beschrieben wird. Auf der programmtechnischen Ebene umfassen Objekte einen Zustand (Daten) und eine Menge von Operationen (Methoden). Der Zustand eines Objektes wird durch eine Datenstruktur beschrieben, die gekapselt ist und durch die Ausführung einer Methode verändert werden kann. Die Kapselung bezeichnet die Zusammenfassung von Daten und Unterprogrammen.

Programmiersprachen (nach Programmierparadigmen)

Paradigma (lat.-gr. Denkmuster oder Herangehensweise)	Programmiersprache (Beispiel)	Jahr
prozedural (auch imperativ, algorithmisch)		
Die Abläufe zur Problemlösung werden mit Unteralgorithmen (Prozeduren) beschrieben, die vom Hauptprogramm aufgerufen werden. Es entsteht damit ein Algorithmus, der das WIE der Problemlösung formuliert.	Algol (ALGOrithmic Language) Basic (Beginners all-purpose Symbolic Instraction Code) Fortran Pascal C	1960 1962 1966 1971 1974
objektorientiert		
Ein Programm wird als Sammlung von Objekten angesehen, die miteinander in Verbindung stehen. Ein Objekt besitzt Eigenschaften und Methoden. Die Kommunikation zwischen Objekten erfolgt über Botschaften, die beim Empfänger die Ausführung einer Methode (Ereignis, engl. event) auslösen. Gleichartige Objekte (in Struktur und Semantik) werden zu Klassen zusammengefasst. Ein weiteres Merkmal objektorientierter Paradigmen ist die Vererbung von Klassen und Objekten.	Smalltalk C++ (Weiterentwicklung von C) Visual Basic (nur bedingt, da keine Vererbung) Java Delphi (Weiterentwicklung von Turbo-Pascal)	1979 1986 1992 1995 1996
deklarativ (auch deduktiv)		
Das deklarative Paradigma stellt das WAS und nicht wie bei dem prozeduralen das WIE in den Vordergrund. Es werden nicht die Abläufe zur Problemlösung beschrieben, sondern nur die Eigenschaften des Problems.	Eine rein deklarative Programmiersprache gibt es nicht. Für funktionale und logische Programmiersprachen wird oft deklarativ als Oberbegriff genutzt.	
funktional (auch applikativ)		
Probleme werden wie mathematische Funktionen beschrieben. Das gesamte Programm wird dann als komplexe Funktion definiert.	Lisp (List Processing Language) Logo	1960 1968
logisch (auch regelbasiert bzw. prädikativ)		
Die Programmierung wird als Beweisen in einem System von Tatsachen und Schlussfolgerungen aufgefasst. Über Regeln lassen sich dann auch Aktionen veranlassen. Die Grundform einer Regel lautet: Wenn A dann B. A steht für eine wahre Aussage. B ist entweder auch eine wahre Aussage, die aus A gefolgert wird, oder eine Aktion, die durch A initiiert wird.	Prolog 1 und 2 (Programming logic)	1972/ 1980

Web-Seitengestaltung

HTML-Befehle (Auswahl)

Tag	Beschreibung
Grundlagen	
<html>...</html>	Jedes HTML-Dokument beginnt mit dem tag <html> und schließt mit dem tag </html>. Es gliedert sich in die Teile head und body.
<head>...</head>	Enthält Informationen über die Seite und deren Verwaltung, die aber nicht auf der Seite ausgedruckt werden.
<title>*Text*</title>	Können innerhalb von head benutzt werden. *Text* gibt den Titel der Seite an, dieser erscheint in der Fensterleiste.
<body>...</body>	Der sichtbare Inhalt einer HTML-Seite (Text und Bilder) wird zwischen <body> und </body> eingegeben.
Textgestaltung	
 	Einfügen eines Zeilenumbruchs.
<hr size="n">	Erzeugen einer horizontalen Linie. Mit size „n“ kann die Höhe der Linie in Pixel eingestellt werden.
<h1>*Text*</h1> bis <h6>*Text*</h6>	Der *Text* wird als Überschrift dargestellt. Die Größe ist zwischen 1 und 6 wählbar.
<b>*Text*</b>	Der *Text* wird halbfett dargestellt.
<p>*Text*</p>	Der *Text* gehört zu einem Absatz.
Tabellen	
<table>*Tabelle*</table>	Definieren Anfang und Ende einer Tabelle.
<tr>*Zeile der Tabelle*</tr>	Es wird eine Tabellenzeile erzeugt.
<td>*Zelleninhalt*</td>	Damit werden innerhalb einer Tabellenzeile die Daten aufgeführt.
<th>*Überschrift*</th>	Damit wird eine Kopfzeile in die Tabelle eingefügt.
<table border=n>*Tabelle*</table>	Es wird ein Rahmen um die *Tabelle* mit der Linienstärke n gezogen.
Links	
<a href="Ziel">*Text*</a>	*Text* wird andersfarbig oder unterstrichen dargestellt, das Ziel ist die Sprungadresse.
Grafiken	
<img src="Dateiname">	Das Bild *„Dateiname“* wird eingefügt.

HTML (engl. Hypertext Markup Language)

Cascading Style Sheet (CSS)

Allgemeine Syntax: Selektor {Eigenschaft : Wert;} Beispiel: h1 {color : red;}

Selektoren kennzeichnen die jeweilige Anweisung. Sie können als *HTML*-Selektor (z. B. h1), als *Klassenselektor* (.Klassenname) oder als *ID-Selektor* (#IDName) angegeben werden.
Eigenschaften geben an was definiert werden soll. Werte werden den Eigenschaften zugewiesen.
Eigenschaften und Werte werden zusammen als **Deklaration** bezeichnet. Diese wird in "{...}" gesetzt und durch ein " ; " abgeschlossen.

Einbindung von CSS-Anweisungen		

Extern	Formate können in einer seperaten Textdatei (formate.css) definiert werden, diese gelten dann für alle HTML-Dateien, die auf diese CSS-Datei verweisen. Änderungen in der CSS-Datei wirken sich auf alle eingebundenen HTML-Dateien aus.	`<html>`
		`<head><title>...</title>`
		`<link rel="stylesheet" type="text/css" href="formate.css">`
		`</head>`
		`<body>`
		`</body>`
		`</html>`

Head	Formate werden im Abschnitt head definiert. Diese Formate sind nur für diese eine HTML-Datei gültig.	`<html>`
		`<head><title>...</title>`
		`<style> h1 {font-size: 12 pt; color: blue; font-family: arial;}`
		`</style>`
		`</head>`
		`<body>`
		`</body>`
		`</html>`

Inline	Format wird nur für ein einzelnes HTML-tag definiert. Es gilt damit für das betreffende tag an dieser Position.	`<h1 style="text-indent: 12pt;"`

CSS-Referenzen (Auswahl)

	Eigenschaft	Wert (Beispiel)	Beschreibung
Schrift/Text	font-family font-style font-size text-align	Arial italic 44pt right	Legt die Schriftart fest. Legt den Schriftstil fest. Legt die Schriftgröße fest. Legt die Ausrichtung des Textes fest.
Farben	color background-color	red blue	Legt die Vordergrundfarbe fest. Legt die Hintergrundfarbe fest.
Abstand/ Rand	margin margin-left margin-top	12pt 10pt 20pt	Legt Abstand für alle Seiten eines Elements fest. Legt Abstand nach links fest. Legt Abstand nach oben fest.
Rahmen	border border-style	thin outset	Legt Aussehen eines Rahmens fest. Legt den Rahmenstyp fest.
Sound	cue play-during voice-family	url(audio.wav) url(audio.wav) child	Legt Sound vor und nach einem Element fest. Legt Hintergrund-Sound fest. Legt Sprachausgabe (female, male und child) fest.

Wirtschaft

Betriebswirtschaftslehre mit Rechnungswesen

Kosten

(x: Ausbringungsmenge in ME)

Funktion der Gesamtkosten K	$K(x) = K_v(x) + K_f(x)$
Funktion der variablen Gesamtkosten K_v	$K_v(x)$
Funktion der fixen Gesamtkosten K_f	$K_f(x)$

ertragsgesetzlicher Verlauf (s-förmiger Verlauf)

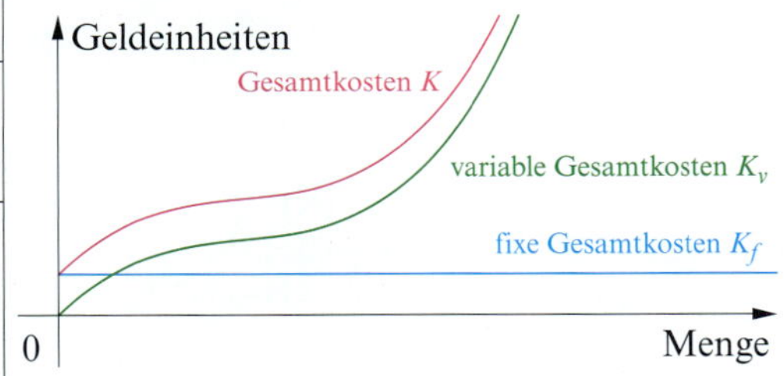

linearer Verlauf

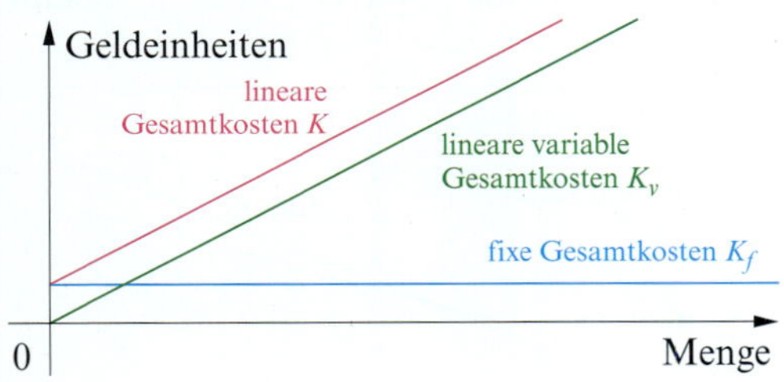

progressiver Verlauf

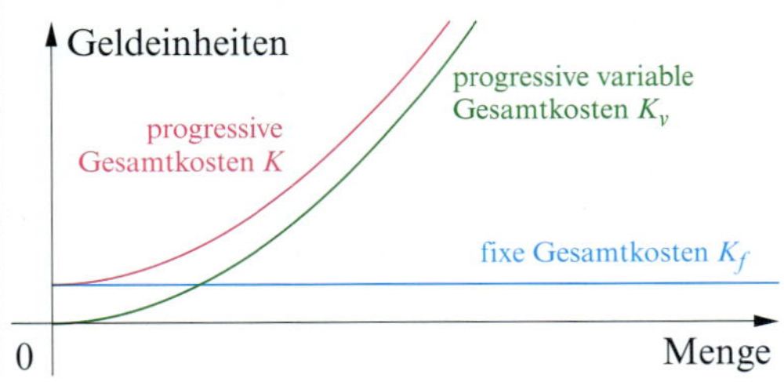

degressiver Verlauf

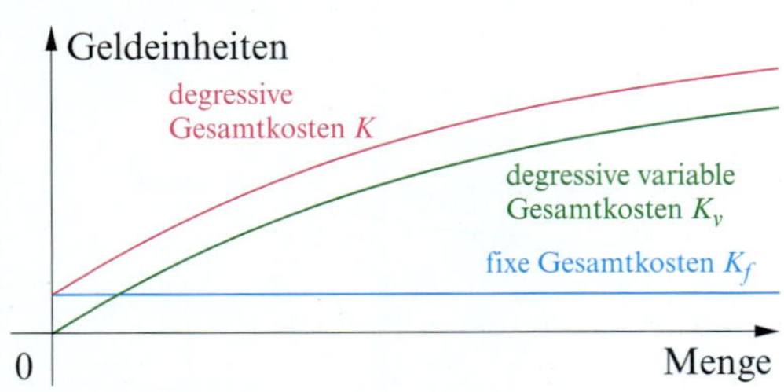

abschnittsweise definierter Verlauf

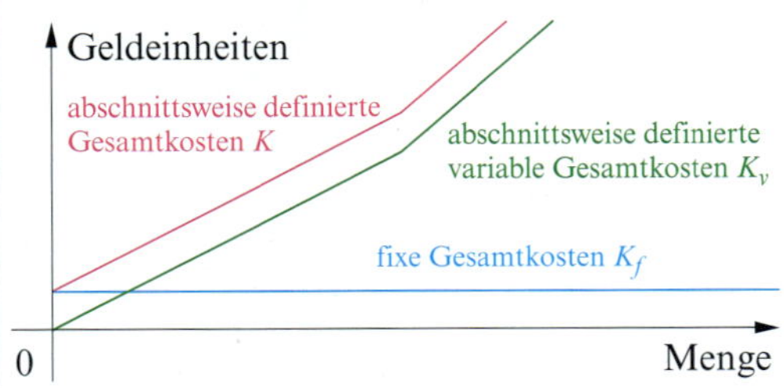

Funktion der gesamten Stückkosten k (Durchschnittskosten)	$k(x) = \frac{K(x)}{x} = k_v(x) + k_f(x)$
Funktion der variablen Stückkosten k_v	$k_v(x)$
Funktion der fixen Stückkosten k_f	$k_f(x)$

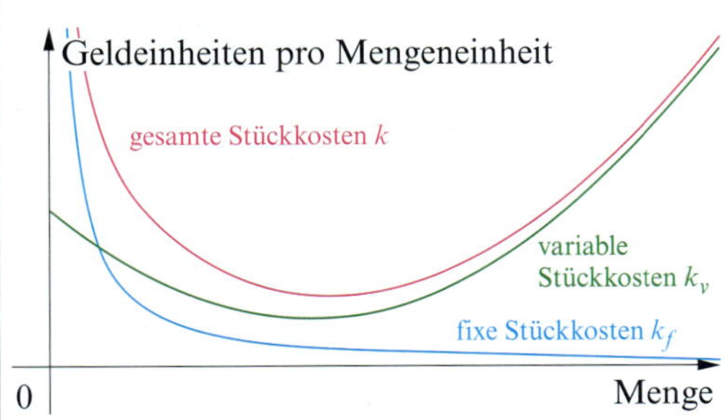

Grenzkostenfunktion K'	$K'(x)$
Grenzstückkostenfunktion k' (Änderung der gesamten Stückkosten pro zusätzlicher Einheit)	$k'(x)$
Betriebsoptimum (BO) – Tiefstelle von k (Menge, bei der die gesamten Stückkosten minimal sind)	x_{BO}
Betriebsminimum (BM) – Tiefstelle von k_v (Menge, bei der die variablen Stückkosten minimal sind)	x_{BM}
Langfristige Preisuntergrenze (LPU) – Funktionswert an der Tiefstelle von k (Preis = minimale gesamte Stückkosten)	$k(x_{BO})$
Kurzfristige Preisuntergrenze (KPU) – Funktionswert an der Tiefstelle von k_v (Preis = minimale variable Stückkosten)	$k_v(x_{BM})$

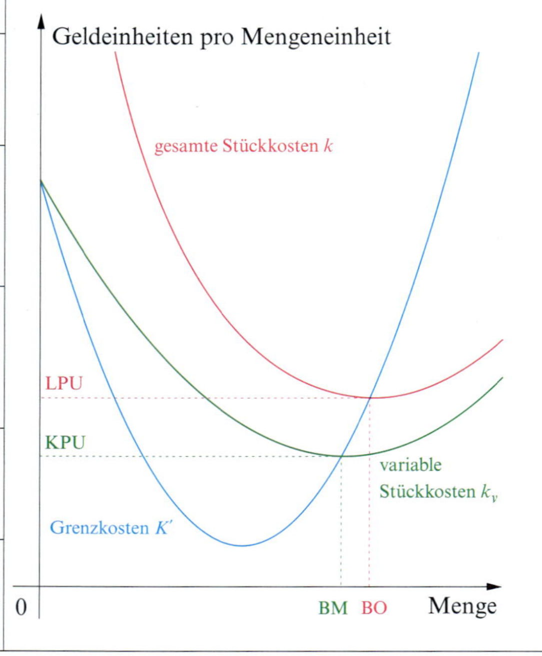

Erlöse und Gewinne

Erlösfunktion E (in Abhängigkeit der Menge x)	$E(x) = x \cdot p(x)$ mit der Preisabsatzfunktion p, die den Preis in Abhängigkeit der abgesetzten Menge x angibt
Grenzerlösfunktion E'	$E'(x)$
Gewinnfunktion G	$G(x) = E(x) - K(x)$
Grenzgewinnfunktion G'	$G'(x)$
Gewinnschwelle/ Break-even-Punkt (Erlös = Gesamtkosten)	x_S 1. Nullstelle der Gewinnfunktion
Gewinngrenze	x_G 2. Nullstelle der Gewinnfunktion
Gewinnmaximale Menge – Hochstelle von G	$x_{\max}$
Gewinnmaximum	$G(x_{\max})$
Cournot'scher Punkt (Monopol) – Punkt auf dem Graphen der Preisabsatzfunktion p, der an der Stelle der gewinnmaximalen Menge liegt (gewinnmaximale Menge und zugehöriger Preis beim Monopol)	$C(x_{\max}; p(x_{\max}))$

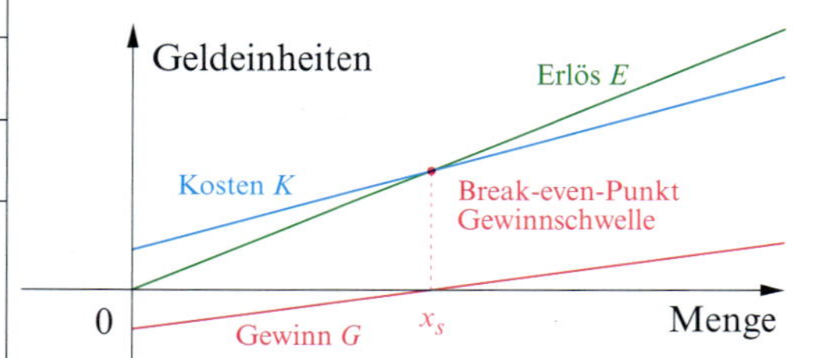

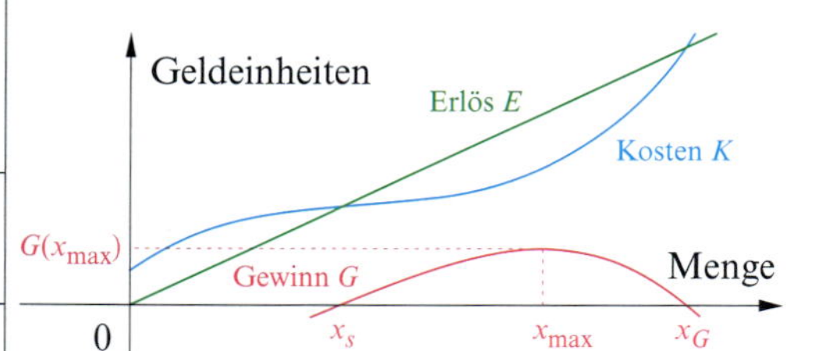

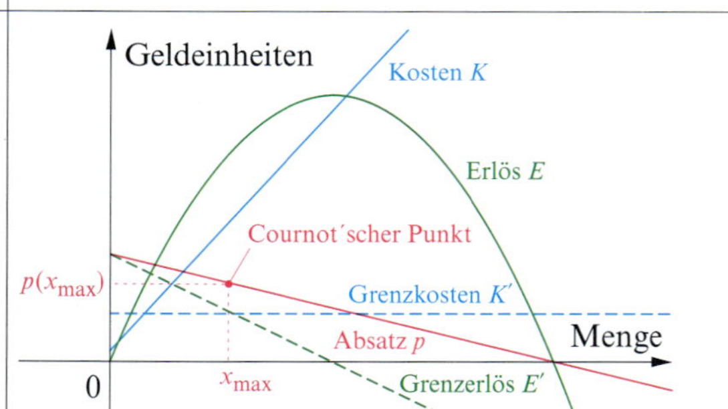

Beschaffungsprozesse

ABC – Analyse (Ein-Faktor-Methode)				
Erfassung:				
Warenart, Warenbezeichnung (Warennummer)		N1	N2	N3
Bedarf je Ware in Stück	m			
Anteil am Gesamtbedarf in %	$\frac{m \cdot 100}{\text{Gesamtverbrauch}}$			
Einstandspreis je Stück	p			
Gesamter Warenwert je Ware in €	$m \cdot p = WW$			
Anteil am gesamten Bedarfswert in %	$\frac{WW \cdot 100}{\text{Gesamtwert}}$			
Rang nach Bedarfswert				
Beispielhaft wird hier der **Preis als Faktor** verwendet. Andere Faktoren, wie z. B. die Lieferfristen, sind denkbar.				
Auswertung:				
Rang nach Bedarfswert		**1**	**2**	**3**
Warenart, Warenbezeichnung (Warennummer) **geordnet nach Rang**				
Bedarf je Ware in Stück	m			
Anteil am Gesamtbedarf in %	$\frac{m \cdot 100}{\text{Gesamtverbrauch}}$			
Anteil am Gesamtbedarf in % (kumuliert)				
Einstandspreis je Stück	p			
Gesamter Warenwert je Ware in €	$m \cdot p = WW$			
Anteil am gesamten Bedarfswert in %	$\frac{WW \cdot 100}{\text{Gesamtwert}}$			
Anteil am gesamten Bedarfswert in % (kumuliert)				
ABC-Klasse				

ABC-Einteilung:

Kategorie	Anteil am gesamten Bedarfswert	Anteil am Gesamtbedarf
A-Güter	70 % bis 80 %	gering
B-Güter	15 % bis 20 %	30 % bis 50 %
C-Güter	5 % bis 10 %	40 % bis 50 %

Hinweis: Die angegebenen Bereiche sind nur Anhaltspunkte. Die genauen Prozentangaben werden betriebsintern festgelegt.

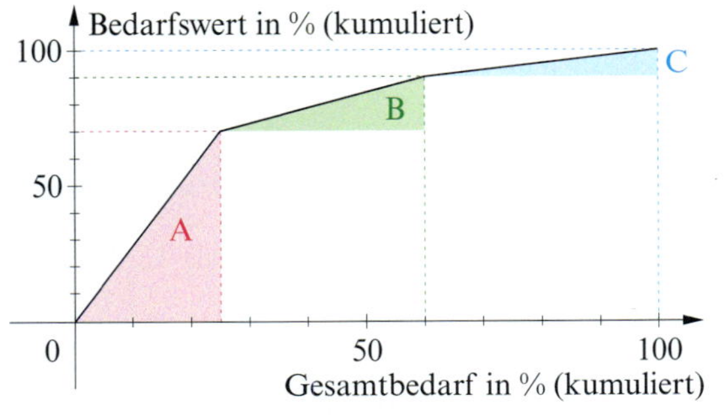

Optimale Bestellmenge

Andler'sche Formel	$\sqrt{\frac{200 \cdot \text{Materialbedarf} \cdot \text{Kosten je Bestellung}}{\text{Einstandspreis} \cdot \text{Lagerkostensatz in \%}}}$ Der Lagerkostensatz errechnet sich mithilfe folgender Formel: $\text{Lagerkostensatz in \%} = \frac{\text{gesamte Lagerkosten} \cdot 100}{\text{durchschnittlich im Lager gebundenes Kapital}}$

Tabellarische Lösung

Bestellmenge	m			
Anzahl der Bestellungen	a			
Bestellkosten je Bestellung in €	k			
gesamte Bestellkosten in €	$a \cdot k$			
durchschnittlicher Lagerbestand in Stück	$\frac{m}{2}$			
Lagerhaltungskosten in €	$\frac{m \cdot \text{Lagerkostensatz}}{2}$			
Gesamtkosten				

Grafische Lösung

Die optimale Bestellmenge entspricht der Tiefstelle der Gesamtkostenfunktion. Diese ist gleich der Schnittstelle der Bestellkostenfunktion und der Lagerhaltungskostenfunktion.

Modellannahmen:
- linearer Verlauf der gesamten Lagerhaltungskosten
- degressiv fallender Verlauf der gesamten Bestellkosten
- Bestellung und Lieferung sind jederzeit möglich
- gleichmäßiger (kontinuierlicher) Lagerabbau
- Materialbedarf steht im Planungszeitraum fest und ist bekannt
- kein Mindestbestand
- Preise bleiben im Planungszeitraum konstant

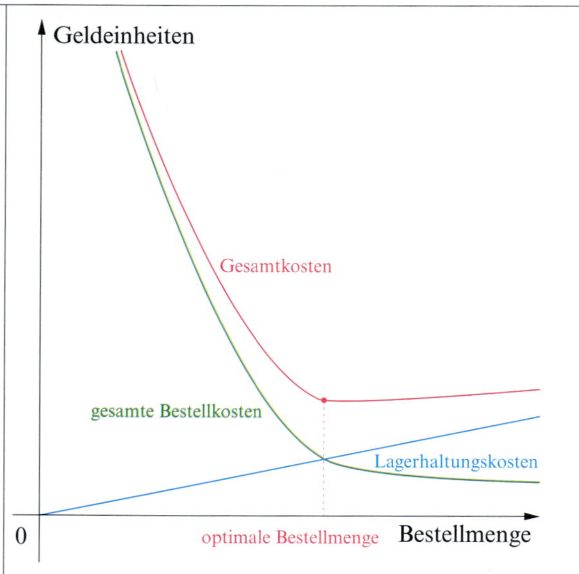

Meldebestand (Bestand, bei dem bestellt werden muss)

ohne Mindestbestand („Eiserner Bestand", Sicherungsbestand)	Tagesverbrauch · Lieferzeit in Tagen
mit Mindestbestand	Tagesverbrauch · Lieferzeit in Tagen + Eiserner Bestand

Lagerkennziffern	
durchschnittlicher Lagerbestand	1. Alternative: $\frac{\text{Jahresanfangsbestand} + \text{Jahresendbestand}}{2}$ 2. Alternative: $\frac{\text{Lageranfangsbestand} + \text{12 Monatsbestände}}{13}$
Lagerumschlagshäufigkeit	$\frac{\text{Lagerabgänge (bzw. Verbrauch) je Periode}}{\text{durchschnittlicher Lagerbestand}}$
Lagerzinssatz	$\frac{\text{durchschnittliche Lagerdauer} \cdot \text{Jahreszinssatz}}{360}$
durchschnittliche Lagerdauer	$\frac{360}{\text{Lagerumschlagshäufigkeit}}$
Lagerzinsfuß	$\frac{\text{Jahreszinsfuß} \cdot \text{durchschnittliche Lagerdauer}}{360}$
Lagercontrolling	
Beanstandungsquote in %	$\frac{\text{erhaltene Gutschriften des Lieferers in €} \cdot 100}{\text{Gesamtumsatz des Lieferers in €}}$
Beschaffungskosten je Lieferung	$\frac{\text{gesamte Beschaffungskosten in €}}{\text{Anzahl Beschaffungsvorgänge}}$
Fehllieferquote in %	$\frac{\text{Anzahl fehlerhafter Lieferungen} \cdot 100}{\text{Gesamtanzahl der Lieferungen}}$

Ermittlung des Einstandspreises / Bezugspreises

Listeneinkaufspreis (netto)
– Liefererrabatt
= Zieleinkaufspreis
– Liefererskonto
= Bareinkaufspreis
+ Bezugskosten (Transportkosten, Verpackungskosten, Zustellgebühren o. ä.)
= Einstandspreis / Bezugspreis (netto)

Absatzprozesse

Marktanalyse/Marktforschung	
absoluter Marktanteil in %	$\frac{\text{eigenes Absatzvolumen} \cdot 100}{\text{Volumen Gesamtmarkt}}$ Absatz- und Marktvolumen können dabei sowohl wert- als auch mengenmäßig bestimmt werden.
relativer Marktanteil in %	$\frac{\text{eigener Marktanteil} \cdot 100}{\text{Marktanteil des größten Konkurrenten}}$
Marktsättigung in %	$\frac{\text{Marktvolumen} \cdot 100}{\text{Marktpotenzial}}$

Werbung	
Werbeintensität in %	$\frac{\text{Werbeaufwand} \cdot 100}{\text{Umsatzerlöse}}$
Tausenderkontaktpreis in %	$\frac{\text{Kosten für Werbeträger} \cdot 100}{\text{Anzahl erreichter Personen}}$
Produkt- und Sortimentspolitik	
Produktlebenszyklus	

Der Produktlebenszyklus stellt **idealtypisch** dar, wie sich der Umsatz und Gewinn eines Produktes im Laufe der Zeit entwickelt.

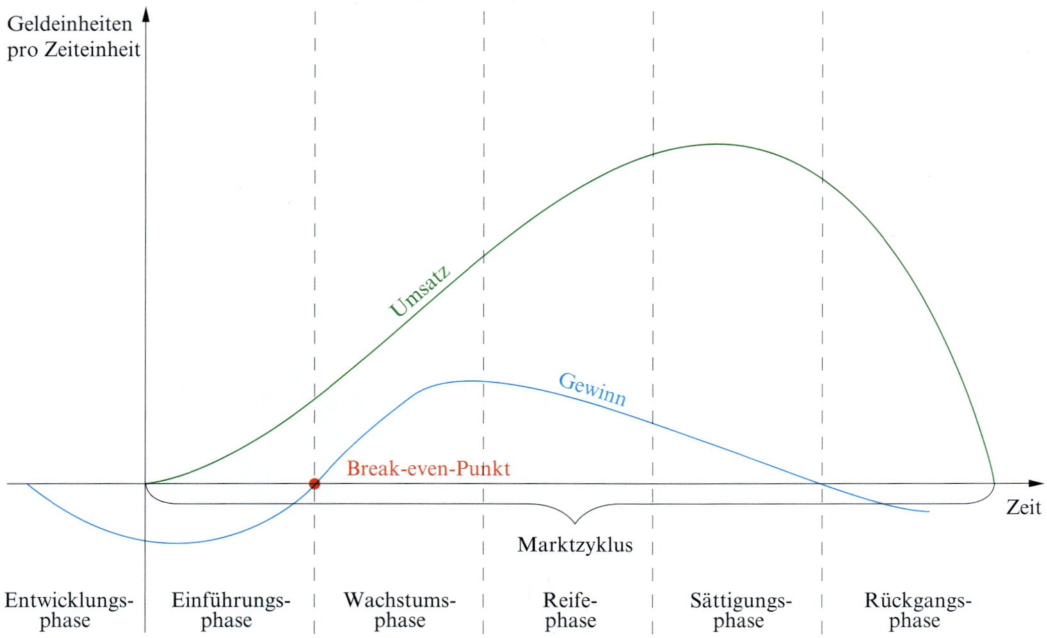

Entwicklungsphase	Mit zunehmendem Entwicklungsstand steigen die Kosten. Umsatz wird noch nicht erzielt.
Einführungsphase:	Das Produkt ist noch relativ unbekannt und die Kunden verhalten sich abwartend. Die Umsätze steigen nur langsam. Aufgrund der geringen Absatzmengen und hohen Werbekosten wird noch kein Gewinn erzielt. Die Phase ist beendet, wenn der Break-even-Punkt erreicht ist.
Wachstumsphase:	Der Bekanntheitsgrad nimmt zu, die abgesetzten Mengen steigen. Der Gewinn steigt. Gegen Ende der Phase wird der höchste Gewinn erzielt. Erste Konkurrenten treten auf.
Reifephase:	Die Konkurrenz nimmt zu und das Kundeninteresse ab. Der Umsatz steigt nur noch langsam. Der Gewinn geht zurück.
Sättigungsphase:	Der Markt ist gesättigt. Die Marktanteile werden hart umkämpft. Das Umsatzmaximum wird erreicht. Die Gewinne sind rückläufig.
Rückgangsphase:	Der Umsatz geht unaufhaltsam zurück. Der Gewinn ist weiterhin rückläufig und geht in die Verlustzone über. Das Produkt wird schließlich vom Markt genommen.

Portfolio-Analyse (Vier-Felder-Matrix)

Die Grafik zeigt die Beziehung zwischen dem relativen Marktanteil (gemessen am Marktanteil des größten Konkurrenten) eines Produktes bzw. eines strategischen Geschäftsfeldes und dem in diesem Zusammenhang zukünftig zu erwartenden Marktwachstum.
Sie bietet somit die Möglichkeit, Chancen und Risiken eines Produktes abzuschätzen.

Zusammenhang zwischen Produktlebenszyklus und Portfolio-Analyse

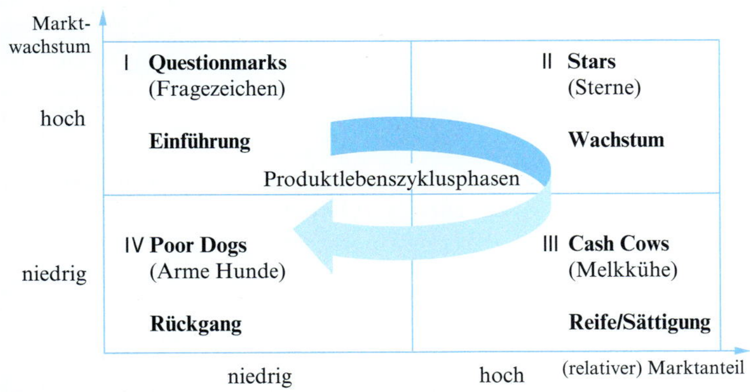

Absatzcontrolling

Berührungserfolg in % (Anteil der Personen der Zielgruppe, die auf die Werbung aufmerksam geworden sind)	$\frac{\text{Anzahl der Werbeberührten} \cdot 100}{\text{Anzahl der Umworbenen}}$
Beeindruckungs-/Erinnerungserfolg in % (Anteil der Umworbenen, bei denen sich durch die Werbung die Einstellung zum umworbenen Produkt verändert hat)	$\frac{\text{Anzahl der durch die Werbung Angesprochenen} \cdot 100}{\text{Anzahl der Umworbenen}}$
Erfüllungs-/Verkaufserfolg in % (Anteil der Umworbenen, die aufgrund der Werbung das Produkt tatsächlich kaufen)	$\frac{\text{Anzahl der tatsächlichen Käufer} \cdot 100}{\text{Anzahl der Umworbenen}}$
Preisnachlassquote in %	$\frac{\text{gesamte Preisnachlässe} \cdot 100}{\text{Umsatzerlöse}}$
Preisnachlassstruktur in %	$\frac{\text{Preisnachlass für ein Produkt} \cdot 100}{\text{gesamte Preisnachlässe}}$
Werberendite in %	$\frac{\text{Umsatzzuwachs} \cdot 100}{\text{Werbekosten}}$

Produktion und Produktionsmöglichkeiten

Produktionsfunktion P Ertragsfunktion (mehrdimensional)	$P(x_1; x_2; \ldots; x_n) = (y_1; y_2; \ldots; y_m)$ $x_1, x_2, \ldots, x_n$ Einsatzmengen der Produktionsfaktoren (= Inputs) $y_1, y_2, \ldots, y_m$ Produktionsmengen (= Outputs)

Für die folgende Veranschaulichung wird eine Produktionsfunktion mit zwei Produktionsfaktoren x und y (Inputs) und einem Erzeugnis (Output) zu Grunde gelegt.

Schneidet man den Graphen der Produktionsfunktion parallel zur xy-Ebene, erhält man eine Linie gleichen Outputs.

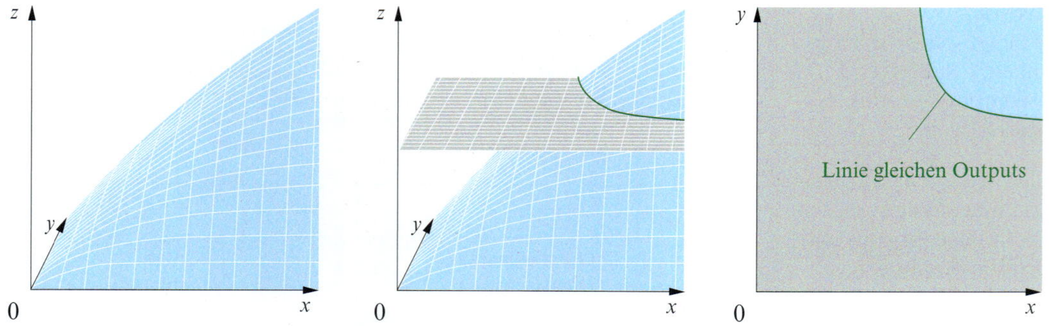

Isoquante	geometrischer Ort aller Mengenkombinationen der Produktionsfaktoren, die zu demselben Output führen
Isoquantenfunktion I_P (Funktion gleichen Outputs/Ertrags)	$I_P(x) = y$ Produktion $P(x; y)$ konstant
Isokostenfunktion/ Isokostengerade I_K	$I_K(x) = -\frac{p_x}{p_y}\,x + \frac{K}{p_y}$ Kosten $K(x; y) = p_x \cdot x + p_y \cdot y$ konstant p_x Preis für eine Einheit des Faktors x p_y Preis für eine Einheit des Faktors y
Minimalkosten-kombination (MKK)	Faktormengenkombination mit den geringsten Kosten bei bestimmter Produktion (Tangentialpunkt von Isoquante und Isokostengerade)

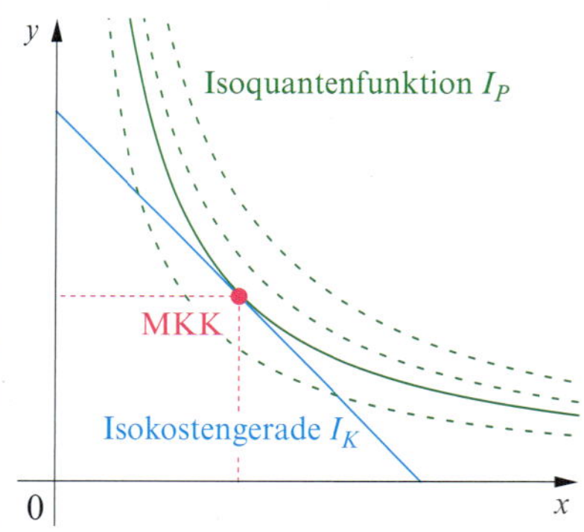

Hinweis: Die y-Achse gibt bezüglich der Isoquantenfunktion eine Menge und bezüglich der Isokostenfunktion Geldeinheiten an.

optimale Losgröße in ME
Tiefstelle der Summe K aus Rüst- und Lagerkosten: $K(x) = K_{\text{Lager}}(x) + K_{\text{Rüst}}(x)$

Formel: $$\sqrt{\frac{200 \cdot \text{auflagenfixe Kosten (Rüstkosten)} \cdot \text{Jahresproduktionsmenge}}{\text{Herstellkosten je Stück} \cdot \text{Lagerkostensatz in \%}}}$$

Der Lagerkostensatz errechnet sich mithilfe folgender Formel:

$$\text{Lagerkostensatz in \%} = \frac{\text{gesamte Lagerkosten} \cdot 100}{\text{durchschnittlich im Lager gebundenes Kapital}}$$

Kosten- und Leistungsrechnung

Betriebsabrechnungsbogen (einstufiger BAB)

Kostenarten \ Kostenstellen	KS1	KS2	…	KSn
KA1				
KA2				
…				
KAm				

Kalkulation im Handel und in der Industrie

Kalkulation im Handel:

Listeneinkaufspreis
− Liefererrabatt
= Zieleinkaufspreis
− Liefererskonto
= Bareinkaufspreis
+ Bezugskosten
= Einstandspreis/Bezugspreis
+ Handlungskosten
= Selbstkostenpreis
+ Gewinnzuschlag
= Barverkaufspreis
+ Kundenskonto (im 100)
= Zielverkaufspreis
+ Kundenrabatt (im 100)
= Listenverkaufspreis

Kalkulation in der Industrie:

Materialeinzelkosten
+ Materialgemeinkosten
= Materialkosten

Fertigungslöhne
+ Fertigungsgemeinkosten
= Fertigungskosten

Materialkosten
+ Fertigungskosten
= Herstellkosten
+ Verwaltungsgemeinkosten
+ Vertriebsgemeinkosten
= Selbstkosten
+ Gewinnzuschlag
= Barverkaufspreis
+ Skonto (im 100)
= Zielverkaufspreis
+ Rabatt (im 100)
= Listenverkaufspreis

Kalkulationszuschlagssatz in %	$\frac{\text{Listenverkaufspreis} - \text{Einstandspreis}}{\text{Einstandspreis}} \cdot 100$ $\Rightarrow \text{Listenverkaufspreis} = \text{Einstandspreis} \cdot \frac{100 + \text{Kalkulationszuschlagssatz (in \%)}}{100}$
Kalkulationsfaktor	$\frac{100 + \text{Kalkulationszuschlagssatz (in \%)}}{100}$ $\Rightarrow \text{Listenverkaufspreis} = \text{Einstandspreis} \cdot \text{Kalkulationsfaktor}$
Handelsspanne in %	$\frac{\text{Listenverkaufspreis} - \text{Einstandspreis}}{\text{Listenverkaufspreis}} \cdot 100$ $\Rightarrow \text{Einstandspreis} = \text{Listenverkaufspreis} \cdot \frac{100 - \text{Handelsspanne (in \%)}}{100}$ Es gilt der Zusammenhang: $\text{Handelsspanne (in \%)} = \frac{\text{Kalkulationszuschlagssatz (in \%)}}{\text{Kalkulationsfaktor}}$.

Abschreibung	
lineare Abschreibung	$\text{jährliche Abschreibung} = \dfrac{\text{Anschaffungskosten}}{\text{Nutzungsdauer in Jahren}}$
geometrisch-degressive Abschreibung	$\text{Abschreibung im Jahr } n = \text{Anschaffungskosten} \cdot \left(\dfrac{p}{100}\right)^n$ $\text{Zeitwert nach } n \text{ Jahren} = \text{Anschaffungskosten} \cdot \left(1 - \dfrac{p}{100}\right)^n$ p Abschreibungssatz in %
Abschreibung nach Leistungseinheiten	$\text{jährliche Abschreibung} = \text{Anschaffungskosten} \cdot \dfrac{\text{verbrauchte Einheiten}}{\text{gesamtverfügbare Einheiten}}$

optimales Produktionsprogramm (↗ Lineare Optimierung; S. 15)

Ausgangssituation:
- Maximierung eines Zielfunktionswertes z (z. B. Gewinn) unter Beachtung von Restriktionen (z. B. Maschinenbelegungszeiten, Rohstoffbegrenzungen, Kapazitätsbeschränkungen)
- Restriktionen bestimmen den Zulässigkeitsbereich

Beispiel:
Zielfunktion z:
$z(x;y) = \frac{2}{3}x + y$

Restriktionen/Nebenbedingungen:
R I: $y \leq -0{,}5x + 100$
R II: $y \leq -1{,}5x + 150$
R III: $y \leq 80$

Nichtnegativitätsbedingungen:
$x \geq 0$; $y \geq 0$

$g_0(x) = -\frac{2}{3}x$
$g^* \parallel g_0$

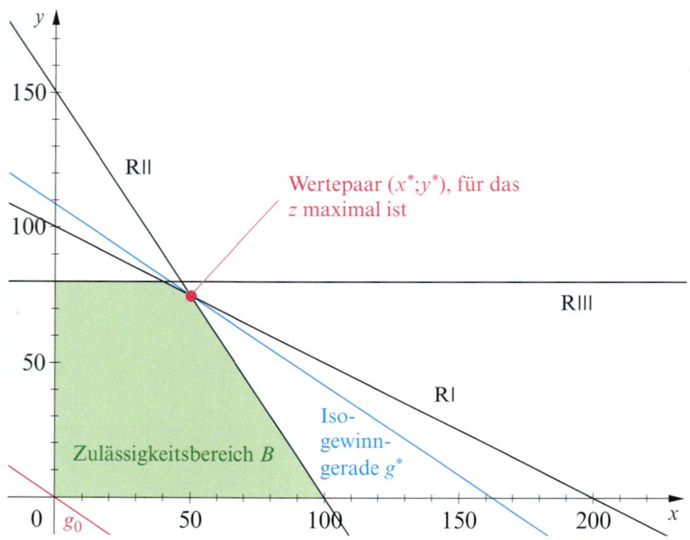

Jahresabschluss – Kennzahlen der Bilanzanalyse

Kennzahlen der Vermögensstruktur	
Anlagenintensität in %	$\dfrac{\text{Anlagevermögen} \cdot 100}{\text{Gesamtvermögen}}$
Intensität des Umlaufvermögens in %	$\dfrac{\text{Umlaufvermögen} \cdot 100}{\text{Gesamtvermögen}}$
Vorratsquote in %	$\dfrac{\text{Vorräte} \cdot 100}{\text{Gesamtvermögen}}$
Forderungsquote in %	$\dfrac{\text{Forderungen} \cdot 100}{\text{Gesamtvermögen}}$

Kennzahlen der Kapitalstruktur	
Kapitalstruktur in %	$\frac{\text{Eigenkapital} \cdot 100}{\text{Fremdkapital}}$
Eigenkapitalquote in %	$\frac{\text{Eigenkapital} \cdot 100}{\text{Gesamtkapital}}$
Verschuldungsgrad in %	$\frac{\text{Fremdkapital} \cdot 100}{\text{Eigenkapital}}$
Fremdkapitalquote in %	$\frac{\text{Fremdkapital} \cdot 100}{\text{Gesamtkapital}}$
Anteil des langfristigen Fremdkapitals in %	$\frac{\text{langfristiges Fremdkapital} \cdot 100}{\text{Gesamtkapital}}$
Anteil des kurzfristigen Fremdkapitals in %	$\frac{\text{kurzfristiges Fremdkapital} \cdot 100}{\text{Gesamtkapital}}$
Grad der Selbstfinanzierung in %	$\frac{\text{Gewinnrücklagen} \cdot 100}{\text{Gesamtkapital}}$

Vertikale Finanzierungsregeln (Kapitalstrukturregeln)		
Sie setzen Maßstäbe für die Höhe des Verschuldungsgrades, d. h. für das Verhältnis von Fremd- zu Eigenkapital einer Unternehmung. Die Aussagekraft dieser Regeln ist isoliert betrachtet sehr beschränkt. Es sind immer Branchen-, Unternehmens- oder sonstige Vergleichszahlen erforderlich, um zu einer gesicherten Aussage zu kommen.		
1 : 1-Regel	2 : 1-Regel	3 : 1-Regel
$\frac{\text{Fremdkapital}}{\text{Eigenkapital}} \leq 1$	$\frac{\text{Fremdkapital}}{\text{Eigenkapital}} \leq 2$	$\frac{\text{Fremdkapital}}{\text{Eigenkapital}} \leq 3$

Kennzahlen der Finanzstruktur/Anlagendeckung	
Deckungsgrad I in %	$\frac{\text{Eigenkapital} \cdot 100}{\text{Anlagevermögen}}$
Deckungsgrad II in %	$\frac{(\text{Eigenkapital} + \text{langfristiges Fremdkapital}) \cdot 100}{\text{Anlagevermögen}}$
Deckungsgrad III in %	$\frac{(\text{Eigenkapital} + \text{langfristiges Fremdkapital}) \cdot 100}{\text{Anlagevermögen} + \text{langfristiges Umlaufvermögen}}$

Horizontale Finanzierungsregeln
Sie formulieren Grundsätze, wie das Vermögen zu finanzieren ist.
Goldene Finanzierungsregel/Goldene Bankregel
Kapitalüberlassungs- und Kapitalbindungsdauer müssen übereinstimmen (Fristenkongruenz). Langfristig gebundenes Vermögen ist mit langfristig zur Verfügung stehendem Kapital, kurzfristig gebundenes Vermögen mit kurzfristig zur Verfügung stehendem Kapital zu finanzieren. $\frac{\text{kurzfristiges Vermögen}}{\text{kurzfristiges Kapital}} \geq 1$ und $\frac{\text{langfristiges Vermögen}}{\text{langfristiges Kapital}} \leq 1$

Goldene Bilanzregel	
1. Variante:	Anlagevermögen ist durch Eigenkapital zu finanzieren. $\frac{\text{Anlagevermögen}}{\text{Eigenkapital}} \leq 1$
2. Variante:	Anlagevermögen ist durch Eigenkapital und langfristiges Fremdkapital zu finanzieren. $\frac{\text{Anlagevermögen}}{\text{Eigenkapital} + \text{langfristiges Fremdkapital}} \leq 1$
3. Variante:	Anlagevermögen und langfristig gebundenes Umlaufvermögen ist durch Eigenkapital und langfristiges Fremdkapital zu finanzieren. $\frac{\text{Anlagevermögen} + \text{langfristig gebundenes Umlaufvermögen}}{\text{Eigenkapital} + \text{langfristiges Fremdkapital}} \leq 1$

Kennzahlen der Liquidität	
Liquide Mittel (auch Barliquidität) sind die Barmittel eines Unternehmens (z. B. der Kassenbestand) und die jederzeit bar zur Verfügung stehenden Mittel (z. B. das Bankguthaben).	
Liquidität I. Grades (Barliquidität) in %	$\frac{\text{liquide Mittel} \cdot 100}{\text{kurzfristiges Fremdkapital}}$
Liquidität II. Grades in %	$\frac{(\text{kurzfristige Forderungen} + \text{liquide Mittel}) \cdot 100}{\text{kurzfristiges Fremdkapital}}$
Liquidität III. Grades in %	$\frac{\text{Umlaufvermögen} \cdot 100}{\text{kurzfristiges Fremdkapital}}$

Jahresabschluss – Analyse der Gewinn- und Verlustrechnung

Rentabilitätsanalyse	
Rentabilität in %	
$\frac{\text{Gewinn} \cdot 100}{\text{durchschnittlich eingesetztes Kapital}}$ Das durchschnittlich eingesetzte Kapital berechnet sich mithilfe folgender Formel: $\text{durchschnittlich eingesetztes Kapital} = \frac{\text{Kapital am Anfang der Periode} + \text{Kapital am Ende der Periode}}{2}$	
Eigenkapitalrentabilität in % (Return on Equity (ROE) in %)	$\frac{\text{Gewinn} \cdot 100}{\text{durchschnittlich eingesetztes Eigenkapital}}$
Gesamtkapitalrentabilität in %	$\frac{(\text{Gewinn} + \text{Fremdkapitalzinsen}) \cdot 100}{\text{durchschnittlich eingesetztes Gesamtkapital}}$
Umsatzrentabilität in %	$\frac{\text{Gewinn} \cdot 100}{\text{Umsatzerlöse}}$
Betriebsrentabilität in %	$\frac{\text{Betriebsergebnis} \cdot 100}{\text{betriebsnotwendiges Vermögen}}$

Umschlagshäufigkeit des Eigenkapitals	Umschlagshäufigkeit des Gesamtkapitals
$\frac{\text{Umsatzerlöse}}{\text{Eigenkapital}}$	$\frac{\text{Umsatzerlöse}}{\text{Gesamtkapital}}$
Return on Investment (ROI) in %	
Umsatzrentabilität in % · Umschlagshäufigkeit des investierten Kapitals $= \frac{\text{Gewinn} \cdot 100}{\text{Umsatzerlöse}} \cdot \frac{\text{Umsatzerlöse}}{\text{investiertes Kapital}}$	
Ertrags- und Aufwandsstruktur	
Ertragsstruktur	$\frac{\text{Betriebsergebnis}}{\text{Gewinn}}$
Kennzahlen der Kostenintensität	
Personalkostenintensität in %	$\frac{\text{Personalkosten} \cdot 100}{\text{Gesamtkosten}}$
Materialkostenintensität in %	$\frac{\text{Materialkosten} \cdot 100}{\text{Gesamtkosten}}$
Abschreibungsintensität in %	$\frac{\text{kalkulatorische Abschreibungen} \cdot 100}{\text{Gesamtkosten}}$
Aufwandsquoten	
Personalaufwandsquote in %	$\frac{\text{Personalaufwand} \cdot 100}{\text{Umsatzerlöse}}$
Materialaufwandsquote in %	$\frac{\text{Materialaufwand} \cdot 100}{\text{Umsatzerlöse}}$
Abschreibungsaufwandsquote in %	$\frac{\text{bilanzielle Abschreibungen} \cdot 100}{\text{Umsatzerlöse}}$
EBIT und EBITDA	
EBIT: „**e**arnings **b**efore **i**nterest and **t**axes" (Gewinn vor Zinsen und Steuern) **EBITDA:** „**e**arnings **b**efore **i**nterest, **t**axes, **d**epreciation and **a**mortization" (Gewinn vor Zinsen, Steuern und Abschreibung)	
1. Variante	*2. Variante*
Jahresüberschuss +/− außerordentliches Ergebnis + Steueraufwand − Steuererträge +/− Finanzergebnis **= EBIT** + Abschreibungen auf Anlagevermögen* **= EBITDA**	Umsatzerlöse + sonstiger betrieblicher Ertrag − Materialaufwand − Personalaufwand − Abschreibungen auf Anlagevermögen − sonstiger betrieblicher Aufwand + Erträge aus Finanzanlagen **= EBIT** + Abschreibungen auf Anlagevermögen* **= EBITDA**

* Abschreibungen bereinigt um periodenfremde/außergewöhnliche Bestandteile

Return on Capital Employed (ROCE) in %

$$\frac{\text{EBIT} \cdot 100}{\text{Bilanzsumme Aktivseite} - \text{kurzfristige Verbindlichkeiten}}$$

oder:

$$\frac{\text{EBIT} \cdot 100}{\text{Nettoanlagevermögen} + \text{working capital}}$$

(working capital = Umlaufvermögen – kurzfristiges Fremdkapital)

Cashflow

Der Cashflow gibt Auskunft über die Selbstfinanzierungskraft eines Unternehmens. Er beziffert jenen Betrag, der einem Unternehmen zur Verfügung steht, um Investitionen selbst (innen) zu finanzieren, Verbindlichkeiten zurückzuzahlen oder in Form von Gewinn auszuschütten.

	Bilanzgewinn/-verlust (Jahresüberschuss)
+/–	Verlustvortrag/Gewinnvortrag aus dem Vorjahr
+	Erhöhung langfristiger Rücklagen
–	Auflösung langfristiger Rücklagen
+	Abschreibungen auf das Anlagevermögen
=	**Cashflow I**
+/–	Zuführung zu/Auflösung von langfristigen Rückstellungen
=	**Cashflow II**
+	außerordentlicher betriebsfremder Aufwand
–	außerordentlicher betriebs-/periodenfremder Ertrag
=	**Cashflow III**
–	Dividende
=	**Cashflow IV**

Cashflow-Umsatzverdienstrate in %	$\frac{\text{Cashflow} \cdot 100}{\text{Umsatzerlöse}}$

Wirtschaftlichkeit

Wirtschaftlichkeit als Kosten-Leistungs-Relation	$\frac{\text{Ertrag}}{\text{Aufwand}}$ bzw. $\frac{\text{Leistung}}{\text{Kosten}}$
Wirtschaftlichkeit als Soll-Ist-Relation	$\frac{\text{Istkosten}}{\text{Sollkosten}}$

Produktivität

Produktivität	$\frac{\text{Ausbringungsmenge}}{\text{Einsatzmenge}}$	*Hinweis:* Anstelle der Ausbringungsmenge (Stückzahl) kann auch eine wertmäßige Betrachtung erfolgen.
Arbeitsproduktivität	$\frac{\text{Ausbringungsmenge}}{\text{geleistete Arbeitsstunden}}$	
Materialproduktivität	$\frac{\text{Ausbringungsmenge}}{\text{Materialeinsatzmenge}}$	
Betriebsmittelproduktivität	$\frac{\text{Ausbringungsmenge}}{\text{Maschinenstunden}}$	

Finanzierung

Eigenfinanzierung	
Bilanzkurs	$\dfrac{\text{bilanziertes Eigenkapital} \cdot 100}{\text{gezeichnetes Kapital}}$
bilanziertes Eigenkapital	gezeichnetes Kapital + Kapitalrücklage + Gewinnrücklagen + Gewinnvortrag − Verlustvortrag **= bilanziertes Eigenkapital**
korrigierter Bilanzkurs	$\dfrac{(\text{bilanziertes Eigenkapital} + \text{stille Reserven}) \cdot 100}{\text{gezeichnetes Kapital}}$
Ertragswertkurs	$\dfrac{\text{Ertragswert} \cdot 100}{\text{gezeichnetes Kapital}}$

Ertragswert EW:

- bei gleich bleibenden jährlichen Gewinnen und unbegrenzter Lebensdauer („ewige Rente"):

$$\text{EW} = \frac{G}{q-1} = \frac{G}{i}$$

- bei gleich bleibenden jährlichen Gewinnen und begrenzter Lebensdauer:

$$\text{EW} = G \cdot \frac{q^n - 1}{q^n \cdot (q-1)} = G \cdot \frac{(1+i)^n - 1}{i \cdot (1+i)^n}$$

$\dfrac{q^n - 1}{q^n \cdot (q-1)}$ Barwertfaktor (↗ S. 99)

- bei unterschiedlichen jährlichen Gewinnen und begrenzter Lebensdauer:

$$\text{EW} = \sum_{t=1}^{n} G_t \cdot \frac{1}{q^t} = \sum_{t=1}^{n} G_t \cdot \frac{1}{(1+i)^t}$$

$\dfrac{1}{q^t}$ Abzinsungsfaktor (↗ S. 99)

G Gewinn pro Jahr

i Kalkulationszinssatz $i = \frac{p}{100}$ (Prozentsatz $p\,\%$)

q Kalkulationszinsfaktor $q = 1 + i$ (↗ S. 99)

n Anzahl der Jahre

G_t Gewinn im Jahr t ($t = 1, 2, \ldots, n$)

Aktienkurs nach Kapitalerhöhung	$\dfrac{\text{Kurswert alte Aktien} + \text{Kurswert neue Aktien}}{\text{Anzahl alte Aktien} + \text{Anzahl neue Aktien}}$
Bezugsrecht	$\dfrac{K_a - K_n}{\frac{a}{n} + 1} \cdot 100$ K_a (Börsen-)Kurs der alten Aktien K_n (Bezugs-)Kurs der neuen Aktien (Ausgabekurs) a Anzahl der alten Aktien n Anzahl der neuen Aktien $\frac{a}{n}$ Bezugsverhältnis
Kurs-Gewinn-Verhältnis (KGV) (Price-Earning-Ratio)	$\dfrac{\text{aktueller Kurs einer Aktie}}{\text{Gewinn einer Aktie}}$

Fremdfinanzierung

Eine Kreditsumme K_0, die zu einem Zinssatz von $p\,\%$ je Zinsperiode aufgenommen wurde, wird in der Regel durch eine oder mehrere Rückzahlungen (**Annuitäten**) jeweils am Ende einer Zinsperiode getilgt.

Eine *Annuität* A besteht aus dem Zinsanteil Z und dem Tilgungsanteil T: $A = Z + T$.

- *Zinsanteil:* am Ende der Zinsperiode entstandene und fällige Zinsen bezogen auf die zu Beginn der Zinsperiode vorhandene Restschuld
- *Tilgungsanteil:* Zahlungsanteil, der zur Minderung der jeweiligen Restschuld beiträgt

Nach vollständiger Tilgung der Schuld ist die Summe der Tilgungsanteile aller Annuitäten gleich der aufgenommenen Kreditsumme K_0.

Tilgungsarten

• *gesamtfällige Schuld mit vollständiger Zinsansammlung:* K_0 wird am Ende der Laufzeit von n Zinsperioden zusammen mit den angefallenen Zinsen mit einer Annuität A zurückgezahlt.	$A = K_0 \cdot \left(1 + \frac{p}{100}\right)^n$
• *gesamtfällige Schuld ohne Zinsansammlung (Fälligkeitsdarlehen):* K_0 wird am Ende der Laufzeit von n Zinsperioden mit einer Zahlung A getilgt, die Zinsen Z_i werden je Zinsperiode gezahlt.	$A_i = Z_i = K_0 \cdot \frac{p}{100}$, für $i = 1, \ldots, n-1$ $A = K_0 \cdot \left(1 + \frac{p}{100}\right)$
• *Ratentilgung (Abzahlungsdarlehen):* Alle Annuitäten haben denselben Tilgungsanteil T, bei insgesamt n Raten gilt: $T = K_0/n$. Die am Ende der i-ten Zinsperiode fälligen Zinsen werden bezogen auf die zu Beginn dieser Zinsperiode bestehende Restschuld K_{i-1} berechnet. Für die i-te Annuität gilt:	$A_i = \frac{K_0}{n} + K_{i-1} \cdot \frac{p}{100}$ $= \frac{K_0}{n}\left(1 + (n - i + 1) \cdot \frac{p}{100}\right)$
• *Annuitätentilgung (Annuitätendarlehen):* Alle Annuitäten sind gleich hoch; soll die Schuld K_0 in n Zinsperioden durch regelmäßige Zahlungen gleichbleibender Annuitäten A abgetragen werden, so gilt:	$A = K_0 \cdot q^n \cdot \frac{q-1}{q^n - 1}$ mit $q = 1 + \frac{p}{100}$

Effektivverzinsung bei Darlehen

Effektivzinsberechnung bei Annuitätentilgung:

Sind n Annuitäten A zur Tilgung einer tatsächlich ausgezahlten Kreditsumme K_a erforderlich, ergibt sich der Effektivzinssatz p_{eff} wie folgt:

1. Gleichung $0 = K_a \cdot q^n - A\,\frac{q^n - 1}{q - 1}$ näherungsweise nach q auflösen
2. Effektivzinssatz p_{eff} (in %) aus $q = 1 + \frac{p_{\text{eff}}}{100}$ berechnen

Faustformeln:

Tilgung am Ende der Laufzeit	Tilgung in jährlich gleichen Raten	Tilgung nach tilgungsfreien Jahren in jährlich gleichen Raten
$p_{\text{eff}} = \dfrac{Z + \frac{D}{n}}{K} \cdot 100$	$p_{\text{eff}} = \dfrac{Z + \dfrac{D}{\frac{n+1}{2}}}{K} \cdot 100$	$p_{\text{eff}} = \dfrac{Z + \dfrac{D}{n_f + \frac{n - n_f + 1}{2}}}{K} \cdot 100$
p_{eff} Effektivzinssatz in % Z Nominalzinssatz in %	D Disagio (Abgeld) in % K Auszahlungskurs	n gesamte Kreditlaufzeit in Jahren n_f Anzahl tilgungsfreier Jahre

Innenfinanzierung	
Finanzierung aus Abschreibungsgegenwerten (Lohmann-Ruchti-Effekt)	Kapazitätsmultiplikator: $\frac{2}{1+\frac{1}{n}}$ bzw. Kapazitätserweiterungsfaktor (KEF): $\frac{2n}{n+1}$ n Nutzungsdauer des Investitionsgutes
Finanzierung aus zurückbehaltenen Gewinnen (offene Selbstfinanzierung)	Nettobetrag der Selbstfinanzierung: Gewinn vor Steuern – Gewerbeertragsteuer **= körperschaftsteuerpflichtiger Gewinn** – Körperschaftsteuer **= Selbstfinanzierungsnettobetrag** Gewerbeertragsteuer (GE): $\frac{m \cdot h}{1+m \cdot h} \cdot E$ E Gewerbeertrag vor Abzug der Gewerbesteuer m Steuermesszahl h Hebesatz

Gewinnverteilung (gesetzliche Regelung)

Gewinnverteilung bei der offenen Handelsgesellschaft (OHG)

Die Kapitaleinlage wird mit 4% verzinst. Der Restgewinn wird gleichmäßig nach Köpfen verteilt.

Beispiel: Jahresgewinn 36 000,00 €; Angaben in €

Gesellschafter	**Kapitaleinlage**	**4% der Kapitaleinlage**	**Restgewinn**	**Gewinnanteil gesamt**
A	100 000	4 000	4 000	8 000
B	200 000	8 000	4 000	12 000
C	300 000	12 000	4 000	16 000
Summen:	600 000	24 000	12 000	36 000

Gewinnverteilung bei der Kommanditgesellschaft (KG)

Die Kapitaleinlage wird mit 4% verzinst. Der Restgewinn wird im angemessenen Verhältnis zur Kapitaleinlage verteilt.

Beispiel: Jahresgewinn 36 000,00 €; Verteilung des Restgewinns im Verhältnis zur Höhe der Kapitaleinlage; Angaben in €

$$\text{Restgewinn eines Gesellschafters} = \frac{\text{Kapitaleinlage des Gesellschafters}}{\text{Gesamtkapitaleinlage}} \cdot \text{gesamter Restgewinn}$$

Gesellschafter	**Kapitaleinlage**	**4% der Kapitaleinlage**	**Restgewinn**	**Gewinnanteil gesamt**
A	100 000	4 000	2 000	6 000
B	200 000	8 000	4 000	12 000
C	300 000	12 000	6 000	18 000
Summen:	600 000	24 000	12 000	36 000

Investitionsrechnung – statische Verfahren

Kostenvergleichsrechnung	
Abschreibungen	$\frac{\text{Anschaffungskosten} - \text{Restwert}}{\text{Nutzungsdauer in Jahren}}$
Zinsen	$\frac{\text{Anschaffungskosten} + \text{Restwert}}{2} \cdot i$ i Kalkulationszinssatz $i = \frac{p}{100}$
Gewinnvergleichsrechnung	
Gewinn $G = \text{Erlös} - \text{Kosten}$ (↗ S. 82)	
Absolute Vorteilhaftigkeit	$G \geq 0$ Vorteilhaft ist die Investition, wenn der Gewinn größer oder gleich Null ist.
Relative Vorteilhaftigkeit	$G_1 > G_2$ Vorzuziehen ist im Vergleich das Objekt mit dem größeren Gewinn.
Ersatzproblem	$G_{neu} \geq G_{alt}$ Es ist vorteilhaft eine Anlage zu ersetzen, wenn der durch eine neue Anlage bewirkte Gewinn größer oder gleich dem durch die alle Anlage bewirkten Gewinn ist.
Rentabilitätsvergleichsrechnung	
Rentabilität $R = \frac{\text{Gewinn} \cdot 100}{\text{durchschnittlich eingesetztes Kapital}}$ (↗ S. 92)	
Absolute Vorteilhaftigkeit Vorteilhaftigkeitskriterium	$R \geq R_{min}$ Vorteilhaft ist die Investition, wenn sie die Mindestrentabilitätserwartung R_{min} des Investors erreicht oder übersteigt.
Relative Vorteilhaftigkeit	$R_1 > R_2$ Vorzuziehen ist im Vergleich das Objekt mit der höheren Rentabilität.
Ersatzproblem	$R_{neu} \geq R_{alt}$ Es ist vorteilhaft eine Anlage zu ersetzen, wenn die Rentabilität einer neuen Anlage gleich oder größer der Rentabilität der alten Anlage ist.
Amortisationsvergleichsrechnung	
Amortisationszeit t_w in Jahren $= \frac{\text{Anschaffungskosten} - \text{Restwert}}{\text{durchschnittlicher Jahresgewinn} + \text{jährliche Abschreibungen}}$	
Absolute Vorteilhaftigkeit	$t_w \leq t_{w\,max}$ Vorteilhaft ist die Investition, wenn sie die Höchstamortisationsdauer $t_{w\,max}$ des Investors nicht übersteigt.
Relative Vorteilhaftigkeit	$t_1 < t_2$ Vorzuziehen ist im Vergleich das Objekt mit der geringeren Amortisationszeit.
Ersatzproblem	$t_{w\,neu} = \frac{\text{Kapitalbedarf für neue Investition}}{\text{eK} + \text{AfA}_+ + \text{Zinsen}_+}$ eK durch die Neuinvestition ersparte Kosten AfA_+ durch die Neuinvestition hinzugekommene Abschreibungen Zinsen_+ über die tatsächlich gezahlten Zinsen hinaus entstandene kalkulatorische Zinsen

Investitionsrechnung – dynamische Verfahren

Rentenrechnung

	Zahlungsweise vorschüssig: Am Jahresanfang wird jeweils eine Rate R eingezahlt und am Jahresende wird das Gesamtkapital mit $p\,\%$ verzinst.	*Zahlungsweise nachschüssig:* Am Jahresende wird jeweils eine Rate R eingezahlt und anschließend wird das Gesamtkapital mit $p\,\%$ verzinst.
Kapital nach n Jahren ohne Ausgangskapital	$K_n = R \cdot q \cdot \frac{q^n - 1}{q - 1}$ mit $q = 1 + \frac{p}{100}$	$K_n = R \cdot \frac{q^n - 1}{q - 1}$ mit $q = 1 + \frac{p}{100}$
Kapital nach n Jahren mit Ausgangskapital K_0	$K_n = K_0 \cdot q^n + R \cdot q \cdot \frac{q^n - 1}{q - 1}$ mit $q = 1 + \frac{p}{100}$	$K_n = K_0 \cdot q^n + R \cdot \frac{q^n - 1}{q - 1}$ mit $q = 1 + \frac{p}{100}$
Äquivalenz von Zahlungen	Die beiden Zahlungen K_0 (fällig zum Zeitpunkt $t = 0$) und K_n (fällig zum Zeitpunkt $t = n$; d. h. n Zinsperioden nach dem Zeitpunkt $t = 0$) heißen bei Verwendung von Zinseszinsen äquivalent, wenn folgende Beziehung gilt:	$K_n = K_0 \cdot \left(1 + \frac{p}{100}\right)^n$

Kapitalwertmethode

Kalkulationszinssatz	$i = \frac{p}{100}$	Kalkulationszinsfaktor	$q = 1 + i$
Aufzinsungsfaktor	q^n	Abzinsungsfaktor	$\frac{1}{q^n}$
Kapitalwiedergewinnungsfaktor	$\frac{q^n \cdot (q-1)}{q^n - 1}$	Barwertfaktor	$\frac{q^n - 1}{q^n \cdot (q-1)}$
Restwertverteilungsfaktor	$\frac{q - 1}{q^n - 1}$	Endwertfaktor	$\frac{q^n - 1}{q - 1}$

Ermittlung des Barwerts K_0 (Kapital zu Beginn der Zahlungsreihe)	Ermittlung des Endwerts K_n (Kapital am Ende des n-ten Jahres)
bei einmaliger Zahlung: $K_0 = K_n \cdot$ Abzinsungsfaktor	*bei einmaliger Zahlung:* $K_n = K_0 \cdot$ Aufzinsungsfaktor
bei mehrmaliger Zahlung: $K_0 = e \cdot$ Barwertfaktor e Einzahlungen pro Jahr	*bei mehrmaliger Zahlung:* $K_n = e \cdot$ Endwertfaktor

Kapitalwert C_0	$C_0 = C_e - C_a$ C_e abgezinste Einzahlungen (einschließlich evtl. Restwert) C_a abgezinste Auszahlungen (einschließlich Anschaffungswert)
Kapitalwertkriterium	$C_0 \geq 1$

Interne Zinsfuß-Methode

Interner Zinsfuß r (Zinsfuß, der für eine Investition zu einem Kapitalwert von Null führt)	$r = p_1 - C_{01} \frac{p_2 - p_1}{C_{02} - C_{01}}$ (Näherungsmethode) p_1 bzw. p_2 Versuchszinssatz 1 bzw. 2 C_{01} bzw. C_{02} Kapitalwert bei p_1 bzw. p_2

Volkswirtschaftslehre

Matrizen in den Wirtschaftswissenschaften (↗ Matrizen; S. 68)

Materialverflechtung

Gozinto-Graph/Verflechtungsdiagramm

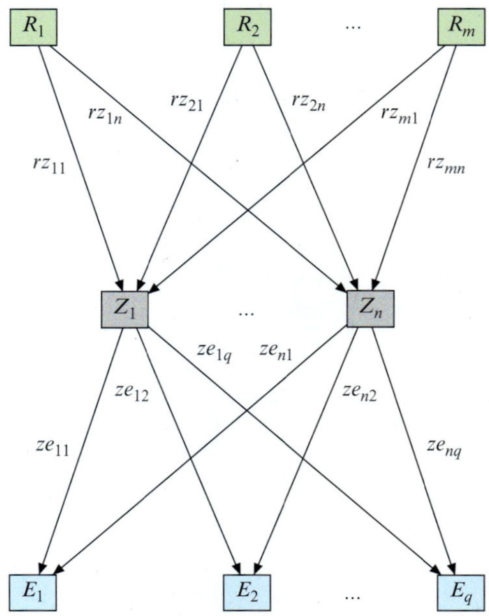

Input-Output-Tabellen

Materialfluss Rohstoff-Zwischenprodukt

	Z_1	Z_2	…	Z_n
R_1	rz_{11}	rz_{12}		rz_{1n}
R_2	rz_{21}	rz_{22}		rz_{2n}
…				
…				
R_m	rz_{m1}	rz_{m2}		rz_{mn}

Materialfluss Zwischenprodukt-Endprodukt

	E_1	E_2	…	E_q
Z_1	ze_{11}	ze_{12}		ze_{1q}
Z_2	ze_{21}	ze_{22}		ze_{2q}
…				
…				
Z_n	ze_{n1}	ze_{n2}		ze_{nq}

rz_{mn} Bedarf an Rohstoffmengeneinheiten des Rohstoffs R_m zur Herstellung einer Mengeneinheit des Zwischenprodukts Z_n

ze_{nq} Bedarf an Zwischenproduktmengeneinheiten des Zwischenprodukts Z_n zur Herstellung einer Mengeneinheit des Endprodukts E_q

Produktionsmatrizen/Verflechtungsmatrizen

Rohstoff-Zwischenprodukt-Matrix

$$\boldsymbol{M_{RZ}} = \begin{pmatrix} rz_{11} & \dots & rz_{1n} \\ \vdots & \ddots & \vdots \\ rz_{m1} & \cdots & rz_{mn} \end{pmatrix} \text{ mit } rz_{ij} \in \mathbb{R}_{\geq 0}$$

Zwischenprodukt-Endprodukt-Matrix

$$\boldsymbol{M_{ZE}} = \begin{pmatrix} ze_{11} & \dots & ze_{1q} \\ \vdots & \ddots & \vdots \\ ze_{n1} & \cdots & ze_{nq} \end{pmatrix} \text{ mit } ze_{ij} \in \mathbb{R}_{\geq 0}$$

Rohstoff-Endprodukt-Matrix

$$\boldsymbol{M_{RE}} = \begin{pmatrix} re_{11} & \dots & re_{1q} \\ \vdots & \ddots & \vdots \\ re_{m1} & \cdots & re_{mq} \end{pmatrix} \text{ mit } re_{ij} \in \mathbb{R}_{\geq 0}$$

Gesamtproduktionsmatrix

$$\boldsymbol{M_{RZ}} \cdot \boldsymbol{M_{ZE}} = \boldsymbol{M_{RE}}$$

(↗ Multiplikation von Matrizen; S. 69)

re_{mq} Bedarf an Rohstoffmengeneinheiten des Rohstoffs R_m zur Herstellung einer Mengeneinheit des Endprodukts E_q

Mengenvektoren	
Rohstoff-Verbrauchsvektor	$\vec{r}=\begin{pmatrix} r_1 \\ \vdots \\ r_m \end{pmatrix}$; r_i benötigte Menge des Rohstoffs R_i; $r_i \in \mathbb{R}_{\geq 0}$
Zwischenprodukt-Produktionsvektor	$\vec{z}=\begin{pmatrix} z_1 \\ \vdots \\ z_n \end{pmatrix}$; z_i produzierte Menge des Zwischenprodukts Z_i; $z_i \in \mathbb{R}_{\geq 0}$
Endprodukt-Produktionsvektor	$\vec{p}=\begin{pmatrix} p_1 \\ \vdots \\ p_q \end{pmatrix}$; p_i produzierte Menge des Endprodukts E_i; $p_i \in \mathbb{R}_{\geq 0}$
Es gilt: $\boldsymbol{M_{RZ}} \cdot \vec{z} = \vec{r}$, $\boldsymbol{M_{ZE}} \cdot \vec{p} = \vec{z}$, $\boldsymbol{M_{RE}} \cdot \vec{p} = \vec{r}$.	
Kostenvektoren	
Rohstoffkostenvektor (Materialkosten)	$\vec{k}_R = (k_{R_1};\ \ldots;\ k_{R_m});\ k_{R_i} \in \mathbb{R}_{\geq 0}$ k_{R_i} Kosten für eine Mengeneinheit des Rohstoffs R_i
Zwischenprodukt-Fertigungskostenvektor	$\vec{k}_Z = (k_{Z_1};\ \ldots;\ k_{Z_n});\ k_{Z_i} \in \mathbb{R}_{\geq 0}$ k_{Z_i} Kosten für die Fertigung einer Mengeneinheit des Zwischenprodukts Z_i
Endprodukt-Fertigungskostenvektor	$\vec{k}_E = (k_{E_1};\ \ldots;\ k_{E_q});\ k_{E_i} \in \mathbb{R}_{\geq 0}$ k_{E_i} Kosten für die Fertigung einer Mengeneinheit des Endprodukts E_i
Kosten	
Rohstoffkosten	$K_R = \vec{k}_R \cdot \vec{r}$ bzw. $K_R = \vec{k}_R \cdot \boldsymbol{M_{RE}} \cdot \vec{p}$
Fertigungskosten der Zwischenprodukte	$K_Z = \vec{k}_Z \cdot \vec{z}$ bzw. $K_Z = \vec{k}_Z \cdot \boldsymbol{M_{ZE}} \cdot \vec{p}$
Fertigungskosten der Endprodukte	$K_E = \vec{k}_E \cdot \vec{p}$
gesamte variable Kosten	$K_v = K_R + K_Z + K_E$ bzw. $K_v = (\vec{k}_R \cdot \boldsymbol{M_{RE}} + \vec{k}_Z \cdot \boldsymbol{M_{ZE}} + \vec{k}_E) \cdot \vec{p}$ ($\vec{k}_v = \vec{k}_R \cdot \boldsymbol{M_{RE}} + \vec{k}_Z \cdot \boldsymbol{M_{ZE}} + \vec{k}_E$ Vektor der variablen Kosten)
Gesamtkosten	$K = K_v + K_f$ (K_f Fixkosten)
Verkaufspreisvektor und Erlös	
Verkaufspreisvektor	$\vec{v} = (v_{E_1};\ \ldots;\ v_{E_q});\ v_{E_i} \in \mathbb{R}_{\geq 0}$ v_{E_1} Preis für eine Mengeneinheit des Endprodukts E_i
Erlös	$E = \vec{v} \cdot \vec{p}$
Deckungsbeitrag	
Deckungsbeitragsvektor	$\vec{d} = \vec{v} - \vec{k}_v$
Deckungsbeitrag	$D = \vec{d} \cdot \vec{p}$

Leontief-Modell

Verflechtungsdiagramm und Input-Output-Tabelle

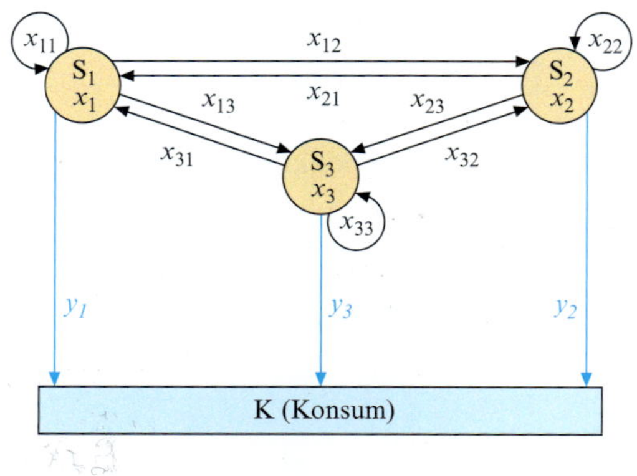

S_1, S_2 und S_3: Sektoren der Volkswirtschaft (z. B. Landwirtschaft, Industrie, Dienstleistung)

an / von	S_1	S_2	S_3	K	Produktion
S_1	x_{11}	x_{12}	x_{13}	y_1	x_1
S_2	x_{21}	x_{22}	x_{23}	y_2	x_2
S_3	x_{31}	x_{32}	x_{33}	y_3	x_3

Die Summe aller Lieferungen eines Sektors ergibt die Gesamtproduktion dieses Sektors: $x_{i1} + x_{i2} + x_{i3} + y_i = x_i$.

Inputmatrix/ Produktionsmatrix/ Technologiematrix (Input je Produktionseinheit)	$\boldsymbol{A} = \begin{pmatrix} \frac{x_{11}}{x_1} & \frac{x_{12}}{x_2} & \frac{x_{13}}{x_3} \\ \frac{x_{21}}{x_1} & \frac{x_{22}}{x_2} & \frac{x_{23}}{x_3} \\ \frac{x_{31}}{x_1} & \frac{x_{32}}{x_2} & \frac{x_{33}}{x_3} \end{pmatrix}$; $a_{ij} \in \mathbb{R}_{\geq 0}$ Input-Koeffizienten
Produktionsvektor	$\vec{x}$
Konsumvektor	$\vec{y}$
Beziehung	$\boldsymbol{A} \cdot \vec{x} + \vec{y} = \vec{x}$
Leontief-Inverse	$(\boldsymbol{E} - \boldsymbol{A})^{-1}$ Es gilt: $\vec{x} = (\boldsymbol{E} - \boldsymbol{A})^{-1} \cdot \vec{y}$.

Nutzen

Nutzenfunktion N (mehrdimensional)	$N(x_1; x_2; \ldots; x_n)$ $x_1, x_2, \ldots, x_n$ Gütereinsatz
Grenznutzenfunktion N'	1. Ableitung der Nutzenfunktion N
Indifferenzkurve/ Isonutzenkurve	geometrischer Ort aller Mengenkombinationen zweier Güter x und y, bei denen der Nutzen gleich ist (↗ Isoquante; S. 88)
Isonutzenfunktion I_N (Funktion gleichen Nutzens)	$I_N(x) = y$ Nutzen $N(x; y)$ konstant
Bilanzgerade/ Budgetgerade I_B	$I_B(x) = -\frac{p_x}{p_y}x + \frac{B}{p_y}$ Budget $B(x; y) = p_x \cdot x + p_y \cdot y$ konstant p_x Preis für eine Einheit des Gutes x p_y Preis für eine Einheit des Gutes y
Haushaltsoptimum (HHO)/ Haushaltsgleichgewicht	Gütermengenkombination mit dem höchsten Nutzen bei einem bestimmten Konsum (Tangentialpunkt von Isonutzenkurve und Bilanzgerade)

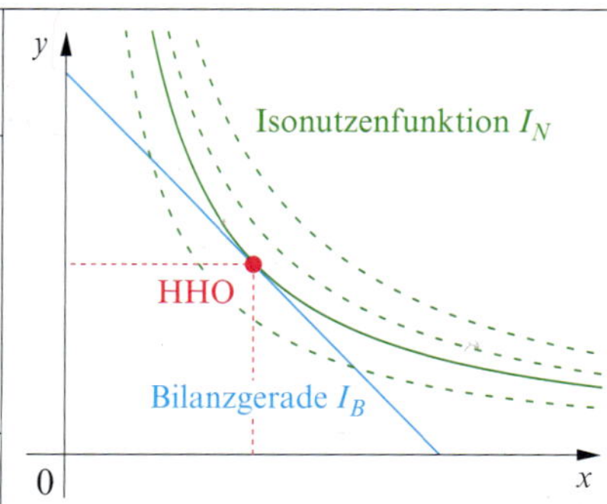

Hinweis: Die y-Achse gibt bezüglich der Isonutzenfunktion eine Menge und bezüglich der Bilanzgeraden Geldeinheiten an.

Angebot und Nachfrage

Nachfragefunktion p_N	$p_N(x)$ Preis in Abhängigkeit von der nachgefragten Menge x	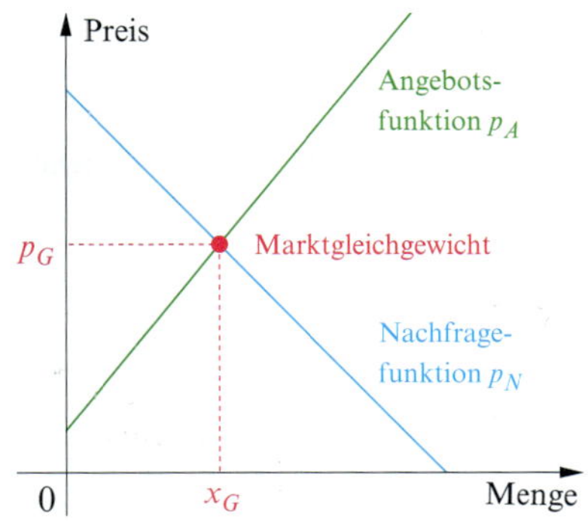
Angebotsfunktion p_A	$p_A(x)$ Preis in Abhängigkeit von der angebotenen Menge x	
Gleichgewichtsmenge	x_G Schnittstelle von p_N mit p_A	
Gleichgewichtspreis	$y_G = p_G = p_A(x_G) = p_N(x_G)$	
Produzentenrente P_R	$P_R = \int\limits_0^{x_G} (p_G - p_A(x))dx$ Differenz aus erzieltem Umsatz und mindestens erwartetem Umsatz	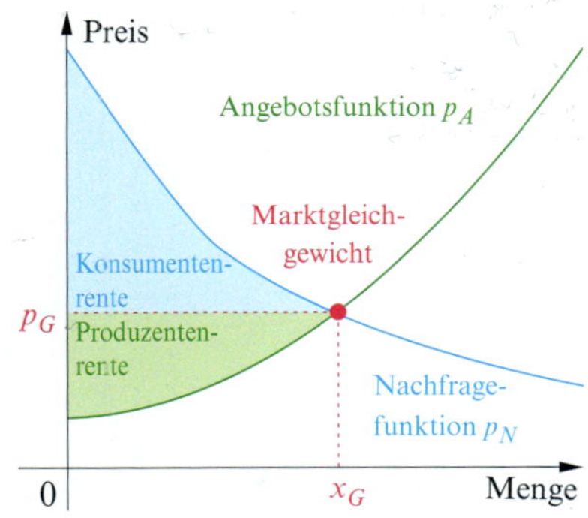
Konsumentenrente K_R	$K_R = \int\limits_0^{x_G} (p_N(x) - p_G)dx$ Differenz zwischen den theoretisch möglichen und den tatsächlichen Ausgaben für ein Gut	

Besteuerung und Subventionierung

Angebotsfunktion mit Besteuerung t (Tax) beim Verkäufer		
bei Mengensteuer t	$p_{A,t}(x) = p_A(x) + t$	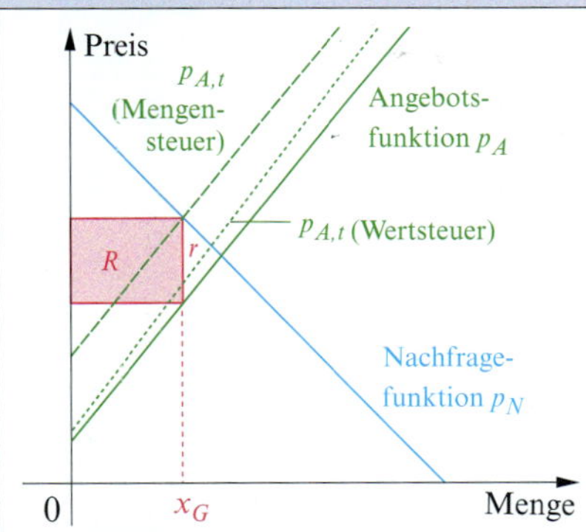
bei Wertsteuer $p\%$	$p_{A,t}(x) = p_A(x) \cdot \left(1 + \frac{p}{100}\right)$	
Steuerrate r	$r = p_{A,t}(x_G) - p_A(x_G)$ (in Abb. bezüglich Mengensteuer)	
Gesamtsteuer R	$R = r \cdot x_G$ (in Abb. bezüglich Mengensteuer)	
Nachfragefunktion mit Besteuerung t (Tax) beim Käufer		
bei Mengensteuer t	$p_{N,t}(x) = p_N(x) + t$	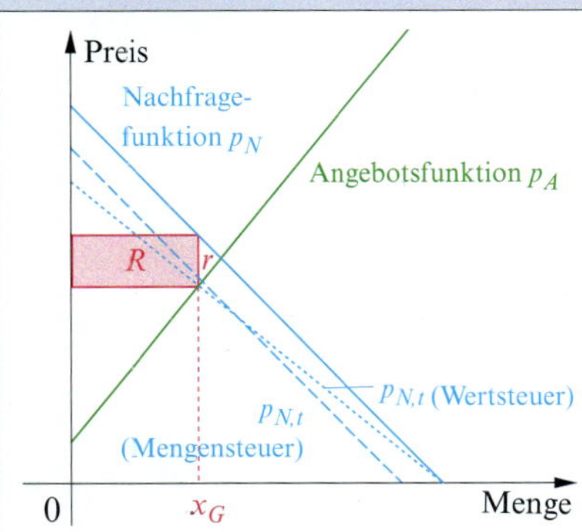
bei Wertsteuer $p\%$	$p_{N,t}(x) = \frac{p_N(x)}{\left(1 + \frac{p}{100}\right)}$	
Steuerrate r	$r = p_N(x_G) - p_{N,t}(x_G)$ (in Abb. bezüglich Wertsteuer)	
Gesamtsteuer R	$R = r \cdot x_G$ (in Abb. bezüglich Wertsteuer)	

Angebotsfunktion mit Subvention s beim Verkäufer		
bei Subvention s pro ME	$p_{A,s}(x) = p_A(x) - s$	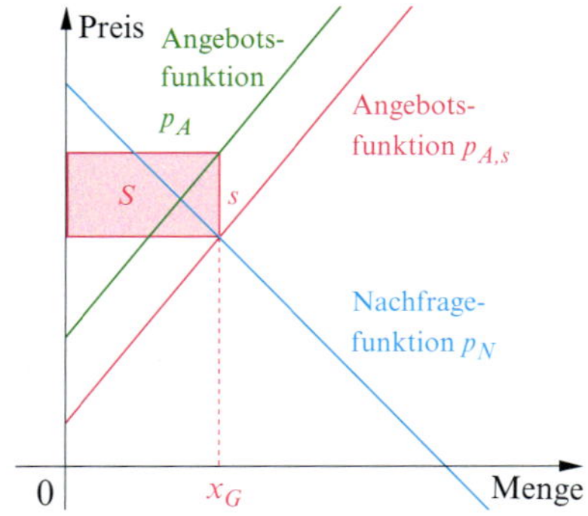
Gesamtsubvention S	$S = s \cdot x_G$ x_G Gleichgewichtsmenge	

Elastizitäten

allgemeine Definition	$e_{y,x} = \dfrac{\text{relative (prozentuale) Änderung bezüglich } y}{\text{relative (prozentuale) Änderung bezüglich } x} = \dfrac{\frac{\Delta y}{y}}{\frac{\Delta x}{x}}$ Es gilt der Zusammenhang: $e_{y,x} = \dfrac{1}{e_{x,y}}$
Elastizitätsfunktion $e_{f,x}$ von f bezüglich x	$e_{f,x}(x) = \dfrac{f'(x)}{f(x)} \cdot x$ (f differenzierbare Funktion)
Elastizität der Nachfrage	$\dfrac{\text{relative Änderung der nachgefragten Menge}}{\text{relative Preisänderung}} = \dfrac{\frac{\text{neue Menge} - \text{alte Menge}}{\text{alte Menge}}}{\frac{\text{neuer Preis} - \text{alter Preis}}{\text{alter Preis}}}$
Elastizitätsfunktion der Nachfrage e_{x,p_N} (direkte Preiselastizität der Nachfrage)	$e_{x,p_N}(x) = \dfrac{p_N(x)}{p'_N(x) \cdot x}$ mit p_N als Nachfragefunktion Interpretation: $e_{x,p_N}(x) < -1$; $\lvert e_{x,p_N}(x)\rvert > 1$; elastisch $-1 < e_{x,p_N}(x) < 0$; $0 < \lvert e_{x,p_N}(x)\rvert < 1$; unelastisch $e_{x,p_N}(x) = -1$; $\lvert e_{x,p_N}(x)\rvert = 1$; fließend $e_{x,p_N}(x) \to -\infty$; $\lvert e_{x,p_N}(x)\rvert \to \infty$; vollkommen elastisch $e_{x,p_N}(x) = 0$; $e_{x,p_N}(x) = 0$; vollkommen unelastisch *Hinweis:* In den Wirtschaftswissenschaften werden nur die Beträge betrachtet (siehe 2. Spalte).
Kreuzpreiselastizität (indirekte Preiselastizität der Nachfrage)	$e_{x_1,p_2} = \dfrac{\text{relative Mengenänderung von Gut } x_1}{\text{relative Preisänderung von Gut } x_2} = \dfrac{\frac{\Delta x_1}{x_1}}{\frac{\Delta p_2}{p_2}}$
Gleichung von Amoroso-Robinson	E' Grenzerlösfunktion mit $E'(x) = p_N(x) \cdot \left(1 + \dfrac{1}{e_{x,p_N}(x)}\right)$

Wirtschaftskreislauf (nur monetäre Ströme)

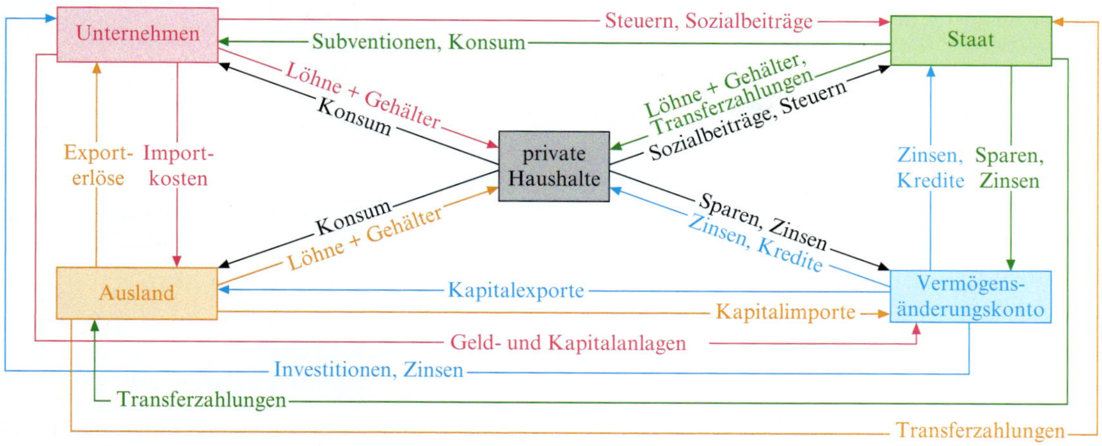

Volkswirtschaftliche Gesamtrechnung

Entstehungsrechnung	Verwendungsrechnung
Produktionswert – Vorleistungen = Bruttowertschöpfung (unbereinigt) – unterstellte Bankgebühren = Bruttowertschöpfung (bereinigt) + Gütersteuern – Gütersubventionen	private Konsumausgaben + Konsumausgaben des Staates + Bruttoinvestitionen + Exporte von Waren und Dienstleistungen – Importe von Waren und Dienstleistungen
= **Bruttoinlandsprodukt BIP** +/– Saldo der Primäreinkommen aus der übrigen Welt = **Bruttonationaleinkommen BNE** – Abschreibungen = **Nettonationaleinkommen NNE (Primäreinkommen)**	
Verteilungsrechnung	Nettonationaleinkommen NNE – Produktions- und Importabgaben an den Staat + Subventionen vom Staat **= Volkseinkommen Y** – Arbeitnehmerentgelt **= Unternehmens- und Vermögenseinkommen**
verfügbares Einkommen	Volkseinkommen – direkte Steuern und Sozialbeiträge + Transfereinkommen **= verfügbares Einkommen der privaten Haushalte**
Saldo der Primäreinkommen aus der übrigen Welt	Erwerbs- und Vermögenseinkommen aus der übrigen Welt + Subventionen aus der übrigen Welt – Erwerbs- und Vermögenseinkommen an die übrige Welt – Produktions- und Importabgaben an die übrige Welt **= Saldo der Primäreinkommen aus der übrigen Welt**
Wachstumsrate des Bruttoinlandprodukts	$\frac{(BIP_t - BIP_0) \cdot 100}{BIP_0}$ t Berichtsjahr, 0 Basisjahr

Geld und Geldpolitik

Geldmengendefinitionen	
Geldmenge M1	täglich verfügbares Geld (Bargeldumlauf) + Sichteinlagenbestände
Geldmenge M2	M1 + Termineinlagen mit Laufzeiten von bis zu 2 Jahren + Spareinlagen mit Kündigungsfristen von bis zu 3 Monaten
Geldmenge M3	M2 + Geldmarktfondsanteile + Geldmarktpapiere + Wertpapierpensionsgeschäfte (Repogeschäfte) + Schuldverschreibungen mit einer Laufzeit von bis zu 2 Jahren
Barreserve (BR)	Bestand an Bargeld und jederzeit in bar verfügbares Guthaben bei der Europäischen Zentralbank
Mindestreserve (MR)	Pflichteinlage, die die deutschen Geschäftsbanken bei der Zentralbank hinterlegen müssen Das Mindestreserve-Soll eines Kreditinstituts ergibt sich dadurch, dass die Mindestreservebasis (ergibt sich vereinfacht aus Kundeneinlagen und ausgegebenen Schuldverschreibungen) mit einem Mindestreservesatz multipliziert wird.
Überschussreserve (ÜR)	Teil der Barreserve (BR), der die Mindestreserve (MR) übersteigt: ÜR = BR – MR
Geldschöpfungsmultiplikator	Kehrwert des Mindestreservesatzes r: $\frac{1}{r}$ bzw. unter Berücksichtigung des Barreservesatzes b: $\frac{1}{r+b}$
Geldschöpfungspotenzial	äußerste Grenze der Geldschöpfung des Bankensystems bei gegebenem Mindestreservesatz (r) und gegebenem Zuwachs an Überschussreserven (ΔÜR): $\Delta \mathrm{M} \cdot \frac{1}{r} \cdot \Delta \mathrm{ÜR}$ ΔÜR Zuwachs an Überschussreserven ΔM Zuwachs an Geldmengen
Quantitätsgleichung des Geldes (Fisher'sche Verkehrsgleichung)	$M \cdot U = H \cdot P$ M Geldmenge U Umlaufgeschwindigkeit des Geldes H Handelsvolumen P Preisniveau mit Kassenhaltungskoeffizient $k = \frac{1}{U}$: $M = k \cdot H \cdot P$
Kaufkraft des Geldes	misst diejenige Gütermenge, die mit einem bestimmten Geldbetrag gekauft werden kann

Verbraucherpreisindex VPI	
Laspeyres-Index	Paasche-Index
$VPI_{Laspeyres} = \frac{\sum_{i=1}^{n} p_{ti} \cdot q_{0i}}{\sum_{i=1}^{n} p_{0i} \cdot q_{0i}}$	$VPI_{Paasche} = \frac{\sum_{i=1}^{n} p_{ti} \cdot q_{ti}}{\sum_{i=1}^{n} p_{0i} \cdot q_{ti}}$
Die Angaben beziehen sich auf die Güter im Warenkorb ($i = 1$ bis n). t Berichtsjahr 0 Basisjahr p_{ti} Preis des Gutes i des Warenkorbes im Berichtsjahr p_{0i} Preis des Gutes i im Basisjahr q_{ti} Gewichtungsfaktor (Menge/Verbrauch) des Gutes i im Warenkorb im Berichtsjahr q_{0i} Gewichtungsfaktor (Menge/Verbrauch) des Gutes i im Warenkorb im Basisjahr	
Veränderung der Kaufkraft in %	$\frac{VPI_{Basisjahr}}{VPI_{Berichtsjahr}} \cdot 100 - 100$
Inflationsrate in %	$\frac{VPI_{aktuelles\ Jahr}}{VPI_{Vorjahr}} \cdot 100 - 100$

Beschäftigung

Erwerbspersonen	
Erwerbspersonen sind all jene Personen, die mindestens 15 Jahre alt sind, ihren Wohnsitz im Bundesgebiet haben sowie eine mittel- oder unmittelbar auf Erwerb ausgerichtete Tätigkeit **ausüben** (Erwerbstätige) **oder suchen** (Erwerblose).	
Erwerbsquote in %	$\frac{\text{Anzahl der Erwerbspersonen} \cdot 100}{\text{Wohnbevölkerung}}$
Erwerbstätigenquote in %	$\frac{\text{Anzahl der tatsächlich Erwerbstätigen} \cdot 100}{\text{Anzahl aller Personen im Alter von 15 bis 64}}$
Erwerbslosenquote in %	$\frac{\text{Anzahl der Erwerbslosen} \cdot 100}{\text{Anzahl der Erwerbspersonen}}$
Arbeitslosenquote in %	$\frac{\text{Anzahl der Arbeitslosen} \cdot 100}{\text{Anzahl der Erwerbspersonen}}$
Lohnquote in %	allgemein: $\frac{L \cdot 100}{Y}$ bereinigt: $\frac{L_t}{Y_t} \cdot \frac{\frac{A_0}{E_0}}{\frac{A_t}{E_t}}$ L Einkommen aus unselbstständiger Tätigkeit (Arbeitnehmerentgelt) Y Volkseinkommen A Anzahl der Arbeitnehmer — t Berichtsjahr E Anzahl der Erwerbstätigen — 0 Basisjahr
Gewinnquote in %	$\frac{\text{Einkommen aus Unternehmertätigkeit und Vermögen} \cdot 100}{\text{Volkseinkommen}}$

Gesamtwirtschaftliche Kennzahlen

Steuerquote in % (auch Steuerlastquote)	$\frac{\text{Steueraufkommen} \cdot 100}{\text{Bruttoinlandsprodukt}}$
Abgabenquote in %	$\frac{(\text{Steueraufkommen} + \text{Sozialabgaben}) \cdot 100}{\text{Bruttoinlandsprodukt}}$
Staatsquote in %	allgemein: $\frac{\text{Staatsausgaben} \cdot 100}{\text{Bruttoinlandsprodukt}}$ im engeren Sinne: $\frac{C_{\text{Staat}} + I_{\text{Staat}}}{\text{Bruttoinlandsprodukt}}$ im weiteren Sinne: $\frac{C_{\text{Staat}} + I_{\text{Staat}} + Z + S}{\text{Bruttoinlandsprodukt}}$ C_{Staat} staatlicher Konsum I_{Staat} staatliche Investitionen Z Zinsausgaben des Staates S Ausgaben für Sozialtransfers und Subventionen
Sozialleistungsquote in %	$\frac{\text{Summe aller staatlichen Sozialleistungen} \cdot 100}{\text{Bruttoinlandsprodukt}}$
Terms of trade auf Güterbasis (Commodity Terms of Trade)	Die Terms of Trade geben Auskunft darüber, wie viel von einem konstruierten ausländischen Warenkorb gegen einen bestimmten Anteil des eigenen Warenkorbs getauscht werden kann. $\frac{\text{Preisindex der Exporte}}{\text{Preisindex der Importe}}$
Konsumquote in %	$\frac{\text{Konsumausgaben} \cdot 100}{\text{verfügbares Einkommen}}$
Investitionsquote in %	$\frac{\text{getätigte Gesamtinvestitionen} \cdot 100}{\text{Bruttoinlandsprodukt}}$
Sparquote in %	$\frac{\text{gespartes Einkommen} \cdot 100}{\text{verfügbares Einkommen}}$
Defizitquote in %	$\frac{\text{Nettoneuverschuldung} \cdot 100}{\text{Bruttoinlandsprodukt}}$
Schuldenquote in %	$\frac{\text{Summe der Staatsschulden} \cdot 100}{\text{Bruttoinlandsprodukt}}$

Hinweis: Die im Wirtschaftsteil aufgeführten Begriffe und Formeln zur Ermittlung bestimmter Maßzahlen werden in der Fachliteratur uneinheitlich dargestellt. Die hier angegebenen Definitionen stellen mögliche Ansätze dar.

Physik

Basiseinheiten des Internationalen Einheitensystems (SI)

Name	Zeichen	Definition
Meter	m	**Das Meter** ist die Länge der Strecke, die Licht im Vakuum während der Dauer von $^1/_{299\,792\,458}$ Sekunde durchläuft.
Kilogramm	kg	**Das Kilogramm** ist die Masse des internationalen Kilogrammprototyps.
Sekunde	s	**Die Sekunde** ist die Dauer von 9 192 631 770 Perioden der Strahlung, die dem Übergang zwischen den beiden Hyperfeinstrukturniveaus des Grundzustandes des Atoms Caesium 133 entspricht.
Ampere	A	**Das Ampere** ist die Stärke des zeitlich unveränderten elektrischen Stromes durch zwei geradlinige, parallele, unendlich lange Leiter von vernachlässigbarem Querschnitt, die den Abstand 1 m haben und zwischen denen die durch den Strom elektrodynamisch hervorgerufene Kraft im leeren Raum je 1 m Länge der Doppelleitung $2 \cdot 10^{-7}$ N beträgt.
Kelvin	K	**Das Kelvin** ist der 273,16te Teil der thermodynamischen Temperatur des Tripelpunktes von Wasser.
Mol	mol	**Das Mol** ist die Stoffmenge eines Systems, das aus ebenso vielen Einzelteilchen besteht, wie Atome in 0,012 kg des Kohlenstoffnuklids ^{12}C enthalten sind.
Candela	cd	**Die Candela** ist die Lichtstärke in einer bestimmten Richtung einer Strahlungsquelle, die monochromatische Strahlung der Frequenz $540 \cdot 10^{12}$ Hertz aussendet und deren Strahlstärke in dieser Richtung $^1/_{683}$ Watt durch Steradiant beträgt.

Mechanik

Größen und Einheiten der Mechanik

Größe	Formelzeichen	Name der Einheit	Einheitenzeichen	Beziehungen zwischen den Einheiten
Arbeit, Energie	W, E	Joule	J	$1\,\mathrm{J} = 1\,\mathrm{N} \cdot \mathrm{m} = 1\,\frac{\mathrm{kg} \cdot \mathrm{m}^2}{\mathrm{s}^2}$
		Newtonmeter	N · m	$1\,\mathrm{N} \cdot \mathrm{m} = 1\,\mathrm{J}$
		Wattsekunde	W · s	$1\,\mathrm{W} \cdot \mathrm{s} = 1\,\mathrm{J}$
		Kilowattstunde	kW · h	$1\,\mathrm{kW} \cdot \mathrm{h} = 3{,}6 \cdot 10^6\,\mathrm{W} \cdot \mathrm{s}$

Größe	Formelzeichen	Name der Einheit	Einheitenzeichen	Beziehungen zwischen den Einheiten
Beschleunigung	a	Meter durch Quadratsekunde	$\frac{m}{s^2}$	
Dichte	ϱ	Kilogramm durch Kubikmeter Gramm durch Kubikzentimeter	$\frac{kg}{m^3}$ $\frac{g}{cm^3}$	$1\,\frac{kg}{m^3} = 0{,}001\,\frac{g}{cm^3}$ $1\,\frac{g}{cm^3} = 1\,\frac{kg}{dm^3} = 1\,\frac{t}{m^3}$
Drehimpuls	L	Newtonmetersekunde	$N \cdot m \cdot s$	$1\,N \cdot m \cdot s = 1\,\frac{kg \cdot m^2}{s}$
Drehmoment	M	Newtonmeter	$N \cdot m$	$1\,N \cdot m = 1\,\frac{kg \cdot m^2}{s^2}$
Druck	p	Pascal Bar	Pa bar	$1\,Pa = 1\,\frac{N}{m^2} = 1\,\frac{kg}{m \cdot s^2}$ $1\,bar = 100\,000\,Pa = 10^5\,Pa$
Drehzahl	n	durch Sekunde	$\frac{1}{s}$	$\frac{1}{s} = 60\,\frac{1}{min}$
Federkonstante	D, k	Newton durch Meter	$\frac{N}{m}$	$1\,\frac{N}{m} = 1\,\frac{kg}{s^2}$
Fläche, Flächeninhalt	A	Quadratmeter	m^2	$1\,m^2 = 1\,m \cdot 1\,m$
Frequenz	f, ν	Hertz	Hz	$1\,Hz = \frac{1}{s}$
Geschwindigkeit	v	Meter durch Sekunde Kilometer durch Stunde	$\frac{m}{s}$ $\frac{km}{h}$	$1\,\frac{km}{h} = \frac{1}{3{,}6}\,\frac{m}{s}$
Impuls	p	Kilogrammmeter durch Sekunde	$\frac{kg \cdot m}{s}$	$1\,\frac{kg \cdot m}{s} = 1\,N \cdot s$
Kraft	F	Newton	N	$1\,N = 1\,\frac{kg \cdot m}{s^2}$
Länge	l	**Meter**	**m**	**Basiseinheit**
Leistung, Energiestrom	P	Watt	W	$1\,W = 1\,\frac{J}{s} = 1\,\frac{N \cdot m}{s} = 1\,\frac{kg \cdot m^2}{s^3}$
Masse	m	**Kilogramm** Tonne Karat	**kg** t Kt	**Basiseinheit** $1\,t = 10^3\,kg$ $1\,Kt = 0{,}2\,g$
Schwingungsdauer, Periodendauer	T	Sekunde	s	

Größe	Formelzeichen	Name der Einheit	Einheitenzeichen	Beziehungen zwischen den Einheiten
Trägheitsmoment	J	Kilogramm mal Quadratmeter	$kg \cdot m^2$	
Volumen	V	Kubikmeter Liter	m^3 l	$1\,m^3 = 1\,m \cdot 1\,m \cdot 1\,m$ $1\,l = 0{,}001\,m^3 = 10^{-3}\,m^3 = 1\,dm^3$
Wellenlänge	λ	Meter	m	
Winkelbeschleunigung	α	Radiant durch Quadratsekunde	$\frac{rad}{s^2}$	$1\,\frac{rad}{s^2} = \frac{1}{s^2}$
Winkelgeschwindigkeit Kreisfrequenz	ω	Radiant durch Sekunde Eins durch Sekunde	$\frac{rad}{s}$ $\frac{1}{s}$	$1\,\frac{rad}{s} = \frac{1}{s}$
Zeit	t	**Sekunde** Minute Stunde Tag Jahr	**s** min h d a	**Basiseinheit** $1\,min = 60\,s$ $1\,h = 60\,min = 3\,600\,s$ $1\,d = 24\,h = 1\,440\,min = 86\,400\,s$ $1\,a = 365{,}242\,d = 31\,556\,926\,s$

Größen und Einheiten der Akustik

Größe	Formelzeichen	Name der Einheit	Einheitenzeichen	Beziehungen zwischen den Einheiten
Lautstärkepegel	L_N, L_S	Phon	phon	
Schalldruckpegel	L_P	Dezibel	dB	
Schallintensität	I	Watt durch Quadratmeter	$\frac{W}{m^2}$	$1\,\frac{W}{m^2} = 1\,\frac{kg}{s^3}$

Kraft, Geschwindigkeit, Beschleunigung

Zusammensetzung von zwei Kräften $\vec{F}_1$ und $\vec{F}_2$			
$\vec{F}_1$ und $\vec{F}_2$ sind gleich gerichtet.	$\vec{F}_1$ und $\vec{F}_2$ sind entgegengesetzt gerichtet.	$\vec{F}_1$ und $\vec{F}_2$ stehen senkrecht aufeinander.	$\vec{F}_1$ und $\vec{F}_2$ bilden einen beliebigen Winkel α miteinander.
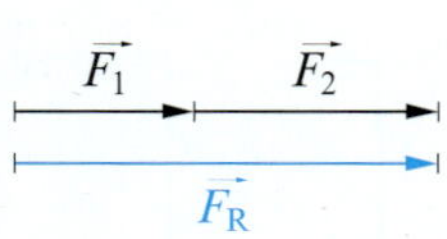	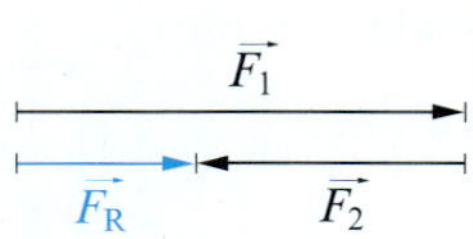	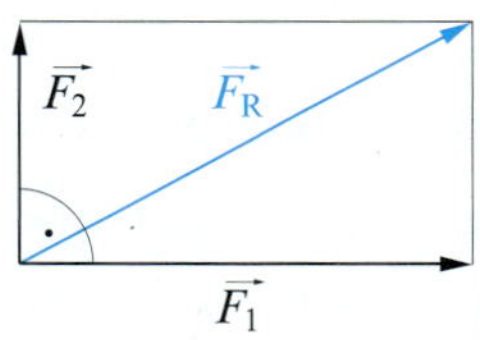	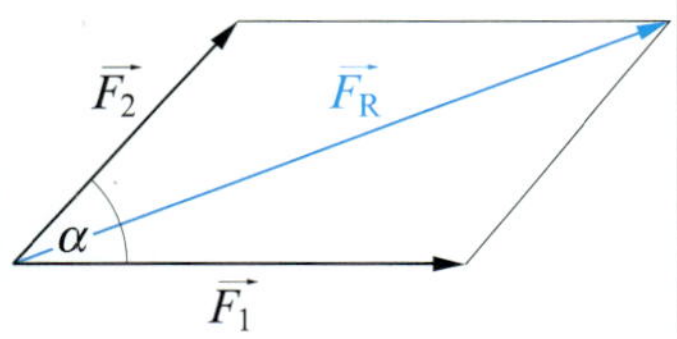
$F_R = F_1 + F_2$	$F_R = F_1 - F_2$	$F_R = \sqrt{F_1^2 + F_2^2}$	$F_R = \sqrt{F_1^2 + F_2^2 + 2F_1 \cdot F_2 \cdot \cos\alpha}$
F_R Betrag der resultierenden Kraft			

Gleichgewichtsbedingung	
für einen Massenpunkt $\sum_{i=1}^{n} \vec{F}_i = 0$ $\vec{F}_i$ Kräfte	für einen drehbaren starren Körper $\sum_{i=1}^{n} \vec{M}_i = 0$ und $\sum_{i=1}^{n} \vec{F}_i = 0$ $\vec{M}_i$ Drehmomente

Grundgesetze der Dynamik

Für die Translation		Für die Rotation	
$\vec{F} = m \cdot \vec{a}$	F Kraft m Masse a Beschleunigung	$\vec{M} = J \cdot \vec{\alpha}$	M Drehmoment J Trägheitsmoment α Winkelbeschleunigung

Rotation eines starren Körpers

Drehmoment M	Trägheitsmoment J	Drehimpuls L
$\vec{M} = \vec{r} \times \vec{F}$ F Kraft, r Radius Unter der Bedingung $\vec{r} \perp \vec{F}$ gilt: $M = F \cdot r$	$J = \int r^2 \,\mathrm{d}m$ r Radius m Masse	$\vec{L} = J \cdot \vec{\omega}$ J Trägheitsmoment ω Winkelgeschwindigkeit

Körper	Trägheitsmoment	Körper	Trägheitsmoment
Massenpunkt	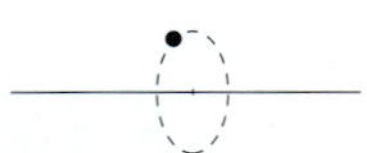 $J = m \cdot r^2$	Hohlzylinder	 $J = \frac{1}{2} m \cdot (r_a^2 + r_i^2)$
Dünner Kreisring	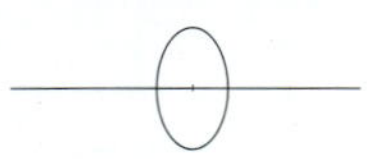 $J = m \cdot r^2$	Kugel	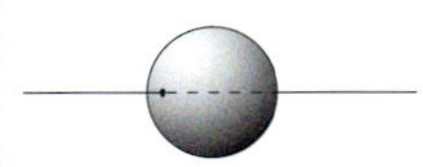 $J = \frac{2}{5} m \cdot r^2$
Vollzylinder	 $J = \frac{1}{2} m \cdot r^2$	Langer dünner Stab	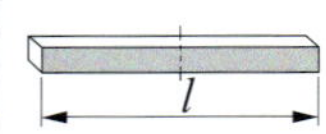 $J = \frac{1}{12} m \cdot l^2$

Bewegungsgesetze der Translation

Bewegung	Gesetze	Größen
Gleichförmige geradlinige Bewegung	$s = v \cdot t + s_0;\quad v = \frac{\Delta s}{\Delta t};\quad a = 0$	s Weg v Geschwindigkeit t Zeit s_0 Anfangsweg bei $t = 0$ a Beschleunigung v_0 Anfangsgeschwindigkeit bei $t = 0$
Gleichmäßig beschleunigte geradlinige Bewegung	$s = \frac{a}{2} \cdot t^2 + v_0 \cdot t + s_0$ $v = a \cdot t + v_0;\quad a = \frac{\Delta v}{\Delta t} = \text{konst.}$ Bei der Bedingung $s_0 = 0$ und $v_0 = 0$ gilt: $s = \frac{a}{2} \cdot t^2;\quad v = a \cdot t;\quad v = \sqrt{2a \cdot s};\ a = \frac{v}{t}$ Für den freien Fall gilt: $s = \frac{g}{2} \cdot t^2;\quad v = g \cdot t;\quad v = \sqrt{2g \cdot s}$	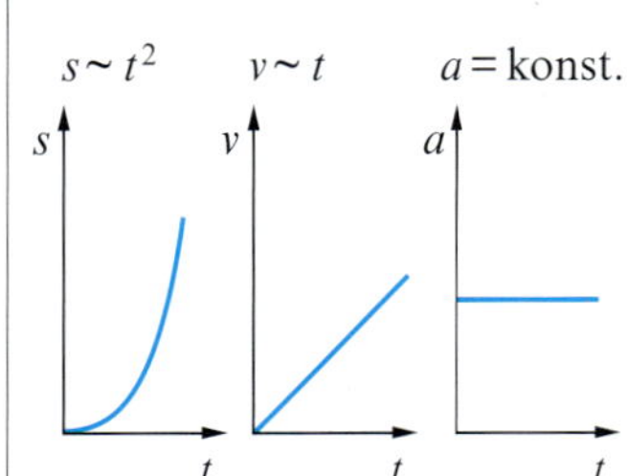

Ungleichmäßig beschleunigte geradlinige Bewegung		
Momentangeschwindigkeit	$v = \frac{ds}{dt} = \dot{s}$	$s = s(t)$ Weg-Zeit-Funktion
Momentanbeschleunigung	$a = \frac{dv}{dt} = \dot{v} = \frac{d^2s}{dt^2} = \ddot{s}$	$v = v(t)$ Geschwindigkeit-Zeit-Funktion
Weg-Zeit-Gesetz	$s = s_0 + \int_{t_0}^{t} v\,dt$	
Geschwindigkeit-Zeit-Gesetz	$v = v_0 + \int_{t_0}^{t} a\,dt$	

Bewegungsgesetze der Rotation

Größen	Gleichförmige Rotation	Gleichmäßig beschleunigte Rotation
Drehwinkel δ	$\delta = \omega \cdot t + \delta_0$	$\delta = \frac{\alpha}{2} \cdot t^2 + \omega_0 \cdot t + \delta_0$ $\delta = \frac{\alpha}{2} \cdot t^2 = \frac{\omega \cdot t}{2}$ $(\omega_0 = 0;\ \delta_0 = 0)$
Winkelgeschwindigkeit ω	$\omega =$ konst. $\omega = \frac{\Delta\delta}{\Delta t} = \frac{2\pi}{T} = 2\pi \cdot n;\ \omega = \frac{v}{r}$	$\omega = \alpha \cdot t + \omega_0$ $\omega = \alpha \cdot t$ $(\omega_0 = 0)$ 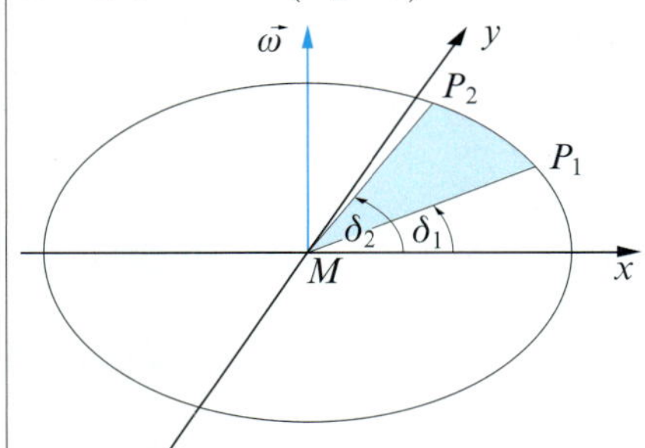
Winkelbeschleunigung α	$\alpha = 0$	$\alpha =$ konst. $\alpha = \frac{\Delta\omega}{\Delta t};\ \alpha = \frac{a}{r}$

Gleichförmige Kreisbewegung

Geschwindigkeit	$v = \frac{2\pi \cdot r}{T} = 2\pi \cdot r \cdot n = \omega \cdot r$	r Kreisradius T Umlaufzeit n Drehzahl ω Winkelgeschwindigkeit
Radialbeschleunigung (Zentripetalbeschleunigung)	$a_r = \frac{v^2}{r} = \omega^2 \cdot r$	
	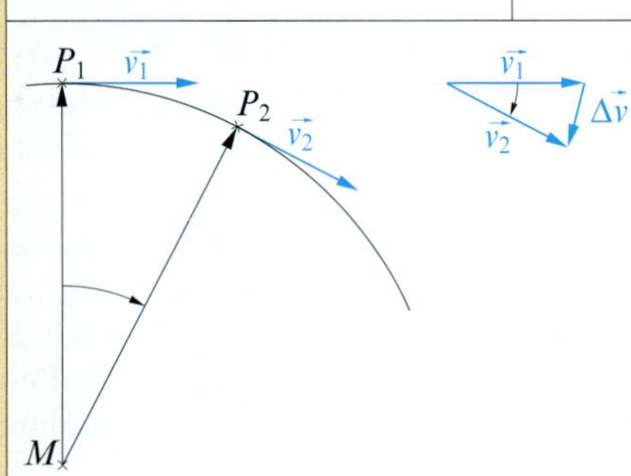	

▶

Wurfbewegungen			
Wurfart	**Gesetze und Gleichungen**		
Senkrechter Wurf		*Wurfrichtung nach oben*	*Wurfrichtung nach unten*
	Ort-Zeit-Gesetz	$y = v_0 \cdot t - \frac{g}{2} \cdot t^2$	$y = -v_0 \cdot t - \frac{g}{2} \cdot t^2$
	Geschwindigkeit-Zeit-Gesetz	$v = v_0 - g \cdot t$	$v = -v_0 - g \cdot t$
	Steigzeit t_{h}	$t_h = \frac{v_0}{g}$	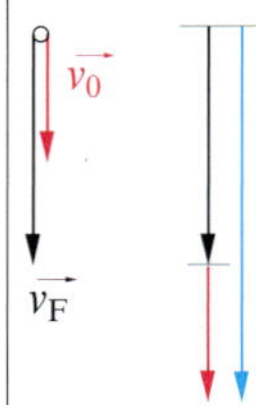
	Steighöhe s_{h}	$s_h = \frac{v_0^2}{2g}$	
Waagerechter Wurf	Ort-Zeit-Gesetz	$x = v_0 \cdot t;\quad y = -\frac{g}{2} \cdot t^2$	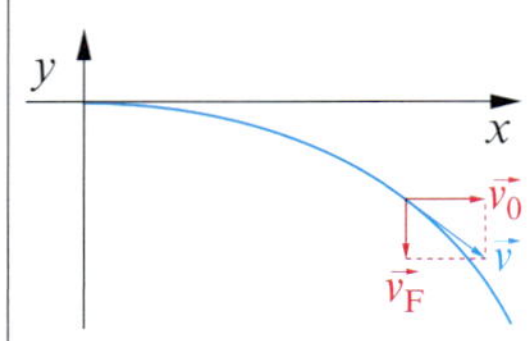
	Geschwindigkeit-Zeit-Gesetz	$v = \sqrt{v_0^2 + g^2 \cdot t^2}$	
	Wurfparabel	$y = -\frac{g}{2v_0^2} \cdot x^2$	v_{F} Geschwindigkeit im freien Fall
Schräger Wurf	Ort-Zeit-Gesetz	$x = v_0 \cdot t \cdot \cos\alpha;\quad y = -\frac{g}{2} \cdot t^2 + v_0 \cdot t \cdot \sin\alpha$	
	Geschwindigkeit-Zeit-Gesetz	$v = \sqrt{v_0^2 + g^2 \cdot t^2 - 2v_0 \cdot g \cdot t \cdot \sin\alpha}$	
	Wurfparabel	$y = -\frac{g}{2} \cdot \frac{x^2}{v_0^2 \cdot \cos^2\alpha} + x \cdot \tan\alpha$	
	Wurfweite s_{w}	$s_{\mathrm{w}} = \frac{v_0^2 \cdot \sin 2\alpha}{g}$	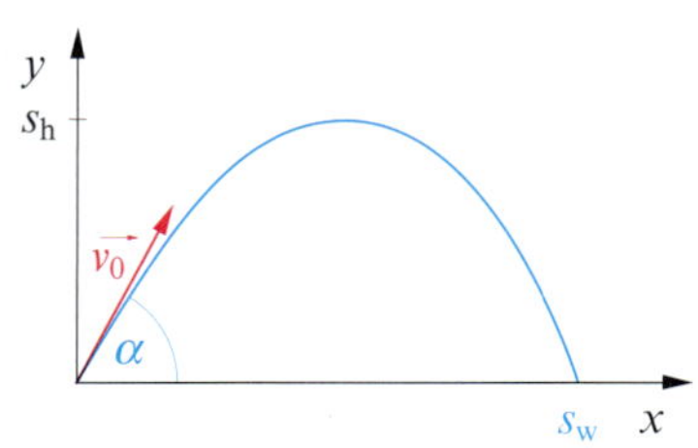
	Wurfhöhe s_{h}	$s_{\mathrm{h}} = \frac{v_0^2 \cdot \sin^2\alpha}{2g}$	
	Steigzeit t_{h}	$t_{\mathrm{h}} = \frac{v_0 \cdot \sin\alpha}{g}$	v_0 Anfangsgeschwindigkeit

Kräfte in der Mechanik		
Gewichtskraft F_{G}	$F_{\mathrm{G}} = m \cdot g$	m Masse g Fallbeschleunigung
Reibungskraft F_{R} **Gleitreibungskraft F_{GR}** **Haftreibungskraft F_{HR}** **Rollreibungskraft F_{RR}**	$F_{\mathrm{GR}} = \mu_{\mathrm{GR}} \cdot F_{\mathrm{N}}$ $F_{\mathrm{HR}} = \mu_{\mathrm{HR}} \cdot F_{\mathrm{N}}$ $F_{\mathrm{RR}} = \mu_{\mathrm{RR}} \cdot \frac{F_{\mathrm{N}}}{r}$	F_{N} Normalkraft μ_{GR} Gleitreibungszahl μ_{HR} Haftreibungszahl μ_{RR} Rollreibungszahl r Radius des rollenden Körpers

Radialkraft F_r Zentripetalkraft F_Z	$F_r = \frac{m \cdot v^2}{r} = m \cdot a_r$ $F_r = \frac{4\pi^2 \cdot m \cdot r}{T^2} = m \cdot \omega^2 \cdot r$ 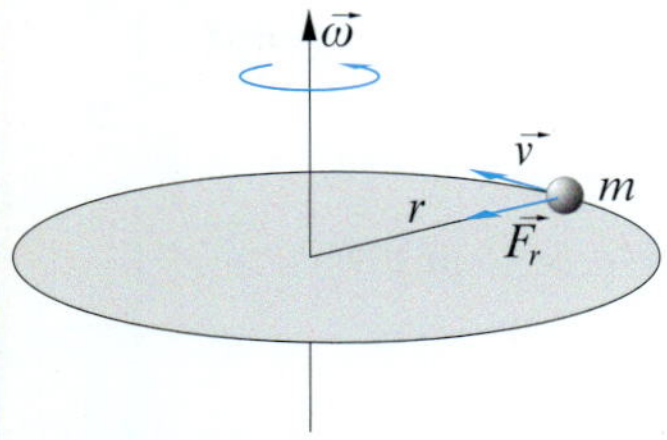	m Masse v Geschwindigkeit r Radius a_r Radialbeschleunigung (Zentripetalbeschleunigung) T Umlaufzeit ω Winkelgeschwindigkeit D Federkonstante s Verlängerung ϱ Dichte der Flüssigkeit/des Gases V Volumen des Körpers g Fallbeschleunigung
Federspannkraft F_S (Hooke'sches Gesetz)	$F_S = D \cdot s$	
Auftriebskraft F_A	$F_A = \varrho \cdot V \cdot g$	

Reibungszahlen (Richtwerte)

Werkstoffe	Haftreibungszahl μ_{HR}	Gleitreibungszahl μ_{GR}
Stahl auf Stahl	0,15	0,03 … 0,09
Stahl auf Gusseisen	0,18	0,16
Stahl auf Eis	0,03	0,01
Gummireifen auf Asphalt, trocken	< 0,9	< 0,3
Gummireifen auf Asphalt, nass	< 0,5	< 0,15
Gummireifen auf Beton, trocken	< 1,0	< 0,5
Gummireifen auf Beton, nass	< 0,6	< 0,3
Holz auf Holz	0,5 … 0,65	0,2 … 0,4
Metall auf Holz	0,5 … 0,6	0,2 … 0,5
Leder auf Metall (Dichtungen)	0,6	0,25

Werkstoffe	Rollreibungszahl μ_{RR} in cm	Werkstoffe	Rollreibungszahl μ_{RR} in cm
Gummireifen auf Asphalt	0,002	Eisenreifen auf Schotter	0,04
Gummireifen auf Pflaster	0,05	Eisenreifen auf Pflaster	0,02
Eisenreifen auf Asphalt	0,01	Stahlreifen auf Schienen	0,006

Arbeit, Energie, Leistung

Mechanische Arbeit W	$W = \int_{s_1}^{s_2} F(s)\,\mathrm{d}s$ wenn $F \neq$ konst.; $\measuredangle(\vec{F};\vec{s}) = 0$ $W = F \cdot s$ wenn $F =$ konst.; $\measuredangle(\vec{F};\vec{s}) = 0$ $W = F \cdot s \cdot \cos\alpha$ wenn $F =$ konst.; $\measuredangle(\vec{F};\vec{s}) = \alpha$	F Kraft s Weg F_G Gewichtskraft m Masse g Fallbeschleunigung h Höhe F_R Reibungskraft F_N Normalkraft μ_{GR} Gleitreibungszahl μ_{RR} Rollreibungszahl
Hubarbeit W_{Hub}	$W_{Hub} = F_G \cdot s$; $W_{Hub} = m \cdot g \cdot h$	
Reibungsarbeit W_R	$W_R = F_R \cdot s$; $W_{GR} = \mu_{GR} \cdot F_N \cdot s$ $W_{RR} = \frac{\mu_{RR}}{r} \cdot F_N \cdot s$	

Volumenarbeit W_V	$W_V = -\int_{V_1}^{V_2} p(V)\,dV$	p Druck V Volumen F_B beschleunigende Kraft a Beschleunigung F_e Kraft am Ende des Spannvorgangs D Federkonstante
Beschleunigungsarbeit W_B	$W_B = F_B \cdot s; \quad W_B = m \cdot a \cdot s$	
Federspannarbeit W_F	$W_F = \frac{1}{2} F_e \cdot s; \quad W_F = \frac{1}{2} D \cdot s^2$ (Bedingung: Es gilt das Hooke'sche Gesetz.)	

Mechanische Energie			
Potenzielle Energie E_{pot}		Kinetische Energie E_{kin}	
im erdnahen Gravitationsfeld	einer gespannten Feder	Translation	Rotation
$E_{pot} = F_G \cdot h$ $E_{pot} = m \cdot g \cdot h$	$E_{pot} = \frac{1}{2} F_E \cdot s$ $E_{pot} = \frac{1}{2} D \cdot s^2$	$E_{kin} = \frac{1}{2} m \cdot v^2$	$E_{kin} = \frac{1}{2} J \cdot \omega^2$

Gesetz von der Erhaltung der mechanischen Energie	
In einem abgeschlossenen reibungsfreien „mechanischen“ System gilt: $E_{ges} = E_{pot} + E_{kin} = \text{konst.}$; $E_{pot,a} + E_{kin,a} = E_{pot,e} + E_{kin,e}$	$E_{pot,a}$; $E_{kin,a}$ potenzielle bzw. kinetische Energie am Anfang der Energieumwandlung $E_{pot,e}$; $E_{kin,e}$ potenzielle bzw. kinetische Energie am Ende der Energieumwandlung

Mechanische Leistung, Wirkungsgrad		
Leistung P, Energiestrom	$P = \frac{dW}{dt}; \quad P = \frac{W}{t}; \quad P = \frac{dE}{dt}$ $P = \frac{F \cdot s}{t} = F \cdot v$ (v und F konst.)	W verrichtete Arbeit E übertragene oder umgewandelte Energie t Zeit F Kraft s Weg v Geschwindigkeit
Wirkungsgrad η	$\eta = \frac{E_{ab}}{E_{zu}}; \quad \eta = \frac{W_{ab}}{W_{zu}}; \quad \eta = \frac{P_{ab}}{P_{zu}}$	E_{ab}, W_{ab}, P_{ab} Beträge der abgegebenen, nutzbaren Energie, Arbeit, Leistung E_{zu}, W_{zu}, P_{zu} zugeführte, aufgewandte Energie, Arbeit, Leistung

Impuls, Drehimpuls

Impuls $\vec{p}$ Gesamtimpuls eines Systems	$\vec{p} = m \cdot \vec{v}; \quad \vec{p} = \vec{F} \cdot \Delta t; \quad \vec{p} = \int_{t_1}^{t_2} \vec{F}(t)\,dt$ $\vec{p}_{ges} = \sum_{i=1}^{n} m_i \cdot \vec{v}_i; \quad \vec{p}_{ges} = \sum_{i=1}^{n} \vec{p}_i$	F konstante Kraft Δt Zeitdauer $F(t)$ zeitabhängige Kraft m Masse v Geschwindigkeit J_A Trägheitsmoment (für eine feste Achse) ω Winkelgeschwindigkeit M Drehmoment
Drehimpuls $\vec{L}$ Drehmoment und Drehimpulsänderung	$\vec{L} = J_A \cdot \vec{\omega}$ $\Delta\vec{L} = \vec{M} \cdot \Delta t$	

Gesetz von der Erhaltung des Drehimpulses	Zusammenhang zwischen Kraft $\vec{F}$ und Impuls $\vec{p}$
$\vec{L} = \sum_{i=1}^{n} \vec{L}_i = \text{konst.}$	$\vec{F} = \frac{\mathrm{d}\vec{p}}{\mathrm{d}t}$

Gesetz von der Erhaltung des Impulses
für ein abgeschlossenes mechanisches System: $\sum_{k=1}^{n} \vec{p}_k = \text{konst.}$

Stoßarten

Elastischer Stoß (vollkommen, gerade, zentral)			
Impuls	$m_1 \cdot \vec{v}_1 + m_2 \cdot \vec{v}_2 = m_1 \cdot \vec{u}_1 + m_2 \cdot \vec{u}_2$	m_1, m_2 v_1, v_2	Massen der Körper Geschwindigkeiten der Körper vor dem Stoß
Energie	$E_{\text{kin, a}} = E_{\text{kin, e}}; \quad \Delta E_{\text{kin}} = 0$		
Geschwindigkeiten nach dem Stoß	$u_1 = \frac{(m_1 - m_2)\,v_1 + 2m_2 \cdot v_2}{m_1 + m_2}$ $u_2 = \frac{(m_2 - m_1)\,v_2 + 2m_1 \cdot v_1}{m_1 + m_2}$ $v_1 + u_1 = v_2 + u_2$	u_1, u_2 $E_{\text{kin, a}}$ $E_{\text{kin, e}}$	Geschwindigkeiten der Körper nach dem Stoß Energie vor dem Stoß Energie nach dem Stoß

Unelastischer Stoß (vollkommen, gerade, zentral)			
Impuls	$m_1 \cdot \vec{v}_1 + m_2 \cdot \vec{v}_2 = (m_1 + m_2)\,\vec{u}$	m_1, m_2 v_1, v_2	Massen der Körper Geschwindigkeiten der Körper vor dem Stoß
Energie	$E_{\text{kin, a}} > E_{\text{kin, e}}$ $\Delta E_{\text{kin}} = \frac{1}{2}\,(m_1 \cdot v_1^2 + m_2 \cdot v_2^2) - \frac{1}{2}\,u^2 (m_1 + m_2)$ $\Delta E_{\text{kin}} = \frac{m_1 \cdot m_2}{2(m_1 + m_2)} \cdot (v_1 - v_2)^2$	u $E_{\text{kin, a}}, E_{\text{kin, e}}$	Geschwindigkeiten der Körper nach dem Stoß Energie vor bzw. nach dem Stoß
Geschwindigkeit nach dem Stoß	$u = \frac{m_1 \cdot v_1 + m_2 \cdot v_2}{m_1 + m_2}$		

Gravitation

Gravitationskraft F (Gravitationsgesetz)	$F = \gamma \cdot \frac{m_1 \cdot m_2}{r^2}$	$\gamma\,(G)$ m_1, m_2 r r_1, r_2	Gravitationskonstante Massen der Körper Abstand der beiden Massenmittelpunkte Abstände
Arbeit W_G im Gravitationsfeld	$W_G = \gamma \cdot m_1 \cdot m_2 \left(\frac{1}{r_1} - \frac{1}{r_2}\right)$ 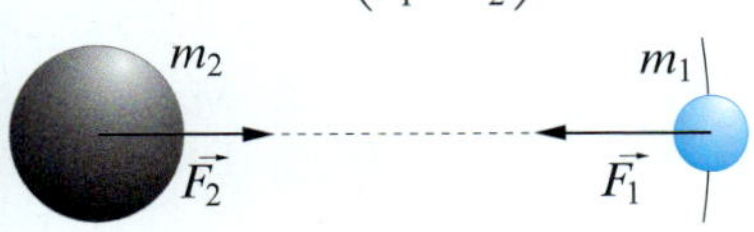	$\gamma = 6{,}673 \cdot 10^{-11}\,\mathrm{m}^3/(\mathrm{kg} \cdot \mathrm{s}^2)$	

Energie E_{pot} eines Körpers im Gravitationsfeld der Erde	$E_{pot} = -\gamma \cdot \frac{m_E \cdot m}{r}$ (für $r > r_E$)	m_E Masse der Erde m Masse des Körpers r Abstand zwischen Erdmittelpunkt und Körper r_E Radius der Erde
Gravitationsfeldstärke g der Erde	$g = \frac{\gamma \cdot m_E}{r^2}$ (für $r > r_E$)	m_E Masse der Erde r Abstand vom Erdmittelpunkt r_E Radius der Erde

Mechanische Schwingungen

Periodendauer T Schwingungsdauer T	$T = \frac{t}{n}$; $T = \frac{1}{f}$	n Anzahl der Schwingungen t Zeit
Frequenz f	$f = \frac{n}{t}$; $f = \frac{1}{T}$	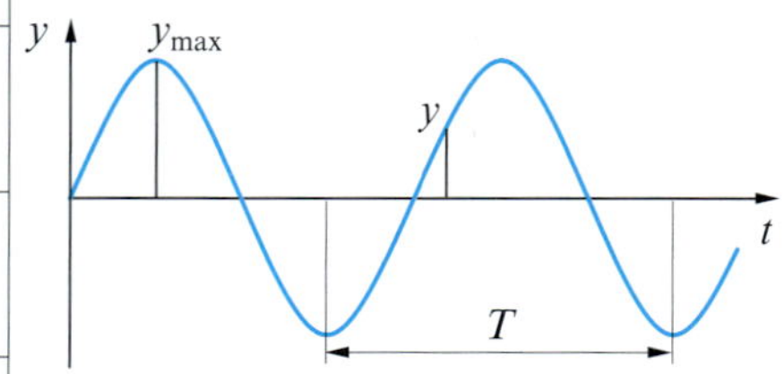
Kreisfrequenz ω	$\omega = 2\pi \cdot f$; $\omega = \frac{2\pi}{T}$	
Weg-Zeit-Gesetz einer harmonischen Schwingung	$y = y_{max} \cdot \sin(\omega \cdot t + \varphi_0)$	y Auslenkung y_{max} Amplitude ω Kreisfrequenz t Zeit φ_0 Phasenwinkel v Geschwindigkeit
Geschwindigkeit-Zeit-Gesetz einer harmonischen Schwingung	$v = \frac{dy}{dt} = \dot{y}$ $v = y_{max} \cdot \omega \cdot \cos(\omega \cdot t + \varphi_0)$	
Beschleunigung-Zeit-Gesetz einer harmonischen Schwingung	$a = \frac{dv}{dt} = \frac{d^2y}{dt^2} = \ddot{y}$ $a = -y_{max} \cdot \omega^2 \cdot \sin(\omega \cdot t + \varphi_0)$	ω Kreisfrequenz a Beschleunigung v Geschwindigkeit t Zeit y Auslenkung y_{max} Amplitude δ Abklingkoeffizient
Weg-Zeit-Gesetz einer gedämpften Schwingung	$y = -y_{max} \cdot e^{-\delta t} \cdot \sin(\omega \cdot t + \varphi_0)$	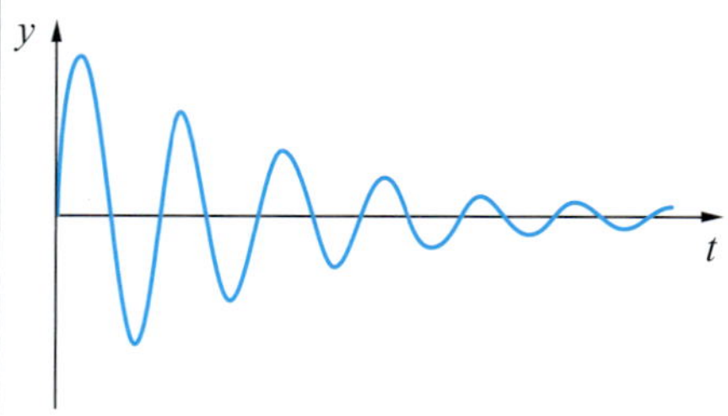
Schwingungsdauer T eines Fadenpendels	Für kleinen Ausschlag gilt: $T = 2\pi\sqrt{\frac{l}{g}}$	l Länge g Fallbeschleunigung $g = 9{,}80665\,m/s^2$
Schwingungsdauer T eines Federpendels	$T = 2\pi\sqrt{\frac{m}{D}}$	m Masse des Körpers D Federkonstante

Mechanische Wellen

Ausbreitungsgeschwindigkeit c	$c = \lambda \cdot f$	λ Wellenlänge f Frequenz y Auslenkung y_{max} Amplitude t Zeit x Ort T Periodendauer, Schwingungsdauer
Wellengleichung	$y = y_{max} \cdot \sin 2\pi \left(\frac{t}{T} - \frac{x}{\lambda}\right)$	

Doppler-Effekt		
Ruhender Sender, bewegter Empfänger	$f' = f\left(1 \pm \frac{v_E}{c}\right)$	f' vom Empfänger aufgenommene Frequenz f Frequenz des Senders c Schallgeschwindigkeit v_S Geschwindigkeit des Senders v_E Geschwindigkeit des Empfängers
Ruhender Empfänger, bewegter Sender	$f' = f \frac{1}{1 \mp \frac{v_S}{c}}$	
Bewegter Sender, bewegter Empfänger	$f' = f \frac{c \pm v_E}{c \mp v_S}$	oberes Zeichen gilt für Annäherung, unteres Zeichen gilt für Entfernungszunahme

Schallgeschwindigkeiten (Richtwerte für 20 °C und 101,3 kPa)

Feste Stoffe	v in $\frac{m}{s}$	Flüssigkeiten und Gase	v in $\frac{m}{s}$
Aluminium	5 100	Benzin	1 160
Beton	3 800	Leinöl	1 770
Blei	1 300	Methylalkohol	1 150
Eichenholz	4 100	Paraffinöl	1 420
Eis bei −4 °C	3 230	Petroleum	1 290
Glas	4 000 ... 5 000	Quecksilber	1 460
Granit	3 950	Wasser bei 4 °C	1 400
Gummi	40	Wasser bei 20 °C	1 484
Kork	500	Ammoniak	428
Kupfer	3 900	Chlor bei 0 °C	206
Marmor	3 800	Helium	1 020
Messing	3 400	Kohlenstoffdioxid	260
PVC, weich	80	Luft bei 0 °C	331
PVC, hart	1 700	Luft bei 10 °C	337
Silber	3 650	Luft bei 20 °C	343
Stahl	5 100	Stickstoff	348
Ziegel	3 600	Wasserstoff	1 280

Mechanik der Flüssigkeiten und Gase

Druck	Dichte	Schweredruck
$p = \frac{F}{A}$ Bedingung: Die Kraft ist senkrecht zur Fläche gerichtet.	$\varrho = \frac{m}{V}$	$p = \varrho \cdot g \cdot h = \frac{F_G}{A}$

Barometrische Höhenformel	
$p = p_0 \cdot e^{-\varrho_0 \cdot g \cdot \frac{h}{p_0}}$	ϱ_0 Dichte der Luft bei 0 °C und 101,325 kPa p_0 Luftdruck in 0 m Höhe

Hydraulische Anlagen		
$\frac{F_P}{F_A} = \frac{A_P}{A_A}$ Bedingung: Vernachlässigung der Reibung	F_P Kraft am Pumpenkolben A_P Fläche des Pumpenkolbens F_A Kraft am Arbeitskolben A_A Fläche des Arbeitskolbens	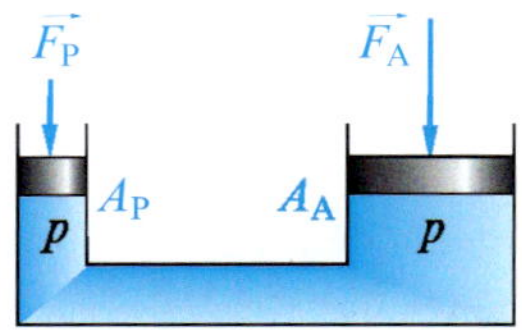

Auftrieb	
Auftriebskraft	
$F_A = \varrho \cdot V \cdot g$ (Archimedisches Prinzip)	V Volumen der verdrängten Flüssigkeit/des verdrängten Gases ϱ Dichte der Flüssigkeit/des Gases g Fallbeschleunigung

Sinken	Schweben	Steigen	Schwimmen
$F_G > F_A$	$F_G = F_A$	$F_G < F_A$	$F_G = F_A$

Stationäre Strömung		
$\frac{A_1}{A_2} = \frac{v_2}{v_1}$	A_1, A_2 Querschnittsflächen v_1, v_2 Geschwindigkeiten der Strömung	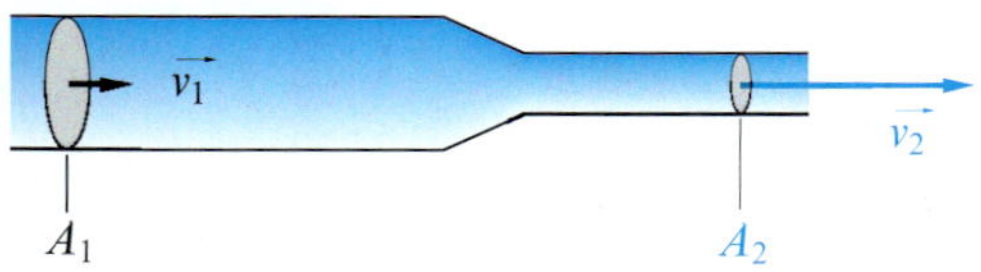

Strömungswiderstand	
$F_w = \frac{1}{2} c_w \cdot \varrho \cdot v^2 \cdot A$	c_w Widerstandsbeiwert ϱ Dichte des strömenden Stoffes v Strömungsgeschwindigkeit ($\vec{v}$ senkrecht zur durchströmten Fläche A) A Querschnittsfläche des umströmten Körpers

Dichten (↗ Chemie)

Flüssigkeiten (bei 25 °C)			
Stoff	Dichte ϱ in $\frac{g}{cm^3}$	Stoff	Dichte ϱ in $\frac{g}{cm^3}$
Aceton	0,79	Petroleum	0,76
Benzin	0,68...0,72	Quecksilber	13,53
Dieselkraftstoff	0,84	Spiritus	0,83
Erdöl	0,7...0,9	Wasser (destilliert)	0,99
Glycerin	1,26	Wasser (Meerwasser)	1,02

Gase (bei 101,325 kPa und 0 °C)			
Stoff	Dichte ϱ in $\frac{kg}{m^3}$	Stoff	Dichte ϱ in $\frac{kg}{m^3}$
Ammoniak	0,77	Luft	1,29
Chlor	3,214	Propan	2,01
Erdgas	0,73 … 0,83	Sauerstoff	1,429
Helium	0,179	Stickstoff	1,251
Kohlenstoffdioxid	1,977	Wasserstoff	0,0899

Feste Stoffe (bei 25 °C)			
Stoff	Dichte ϱ in $\frac{g}{cm^3}$	Stoff	Dichte ϱ in $\frac{g}{cm^3}$
Aluminium	2,70	Holz (Kiefer)	0,3 … 0,7
Beton	2,3	Konstantan	8,8
Blei	11,34	Kork	0,2 … 0,35
Diamant	3,51	Kupfer	8,96
Eis (bei 0 °C)	0,917	Lehm	1,5 … 1,8
Eisen	7,86	Magnesium	1,74
Glas (Fensterglas)	2,4 … 2,6	Papier	0,7 … 1,2
Glas (Quarzglas)	2,20	Porzellan	2,2 … 2,4
Gold	19,3	Silber	10,50
Graphit	2,26	Stahl	7,8
Hartgummi	1,2 … 1,8	Zink	7,14
Holz (Eiche)	0,5 … 1,3	Zinn	7,28

Widerstandsbeiwerte c_w einiger Körper (Kreisscheibe: $c_w = 1$)

Körper	c_w	Körper	c_w
Hohlhalbkugel (Strömung zur Höhlung)	1,4	Kugel	0,45
Hohlhalbkugel (Strömung zur Wölbung)	0,3 … 0,4	Pkw (geschlossen)	$\approx 0,3$
Stromlinienkörper (Strömung zur Spitze)	0,2	Rennwagen	0,15 … 0,2
Stromlinienkörper (Strömung zur Wölbung)	$< 0,1$	Fallschirm	1,4

Thermodynamik

Größen und Einheiten der Thermodynamik

Größe	Formelzeichen	Name der Einheit	Einheitenzeichen	Beziehungen zwischen den Einheiten
Enthalpie	H	Joule	J	$1\,J = 1\,N \cdot m = 1\,\frac{kg \cdot m^2}{s^2}$
Entropie	S	Joule durch Kelvin	$\frac{J}{K}$	$1\,\frac{J}{K} = 1\,\frac{kg \cdot m^2}{s^2 \cdot K}$

Größe	Formelzeichen	Name der Einheit	Einheitenzeichen	Beziehungen zwischen den Einheiten
Innere Energie	U	Joule	J	$1\,J = 1\,W \cdot s = 1\,N \cdot m$
Molare Masse	M	Kilogramm durch Mol	$\frac{kg}{mol}$	
Molares Volumen	V_M	Kubikmeter durch Mol	$\frac{m^3}{mol}$	
Spezifische Wärmekapazität	c	Joule durch Kilogramm und Kelvin	$\frac{J}{kg \cdot K}$	$1\,\frac{J}{kg \cdot K} = 1\,\frac{W \cdot s}{kg \cdot K}$
Stoffmenge	$\boldsymbol{n}$	**Mol**	**mol**	**Basiseinheit**
Temperatur	$\boldsymbol{T}$ ϑ, t	**Kelvin** Grad Celsius	**K** °C	**Basiseinheit** $0\,°C = 273{,}15\,K$
Wärme	Q	Joule	J	$1\,J = 1\,W \cdot s = 1\,N \cdot m$
Wärmekapazität	C	Joule durch Kelvin	$\frac{J}{K}$	$1\,\frac{J}{K} = 1\,\frac{W \cdot s}{K}$

Wärme, Wärmeübertragung

Berechnung der Wärme Q Grundgleichung der Wärmelehre	$Q = m \cdot c \cdot \Delta T = C \cdot \Delta T$ (Bedingung: keine Änderung des Aggregatzustandes)	c spezifische Wärmekapazität m Masse ΔT Temperaturänderung C Wärmekapazität

Feste Stoffe und Flüssigkeiten

Spezifische Schmelzwärme q_S	$q_S = \frac{Q_S}{m}$	Q_S Schmelzwärme m Masse
Spezifische Verdampfungswärme q_V	$q_V = \frac{Q_V}{m}$	Q_V Verdampfungswärme m Masse
Längenänderung Δl	$\Delta l = \alpha \cdot l_0 \cdot \Delta T$ $l = l_0(1 + \alpha \cdot \Delta T)$	α linearer Ausdehnungskoeffizient (Längenausdehnungskoeffizient) ΔT Temperaturänderung l_0 Anfangslänge
Volumenänderung ΔV	$\Delta V = \gamma \cdot V_0 \cdot \Delta T$; $V = V_0(1 + \gamma \cdot \Delta T)$	γ kubischer Ausdehnungskoeffizient (Volumenausdehnungskoeffizient) V_0 Anfangsvolumen $\gamma \approx 3\,\alpha$

Eigenschaften von festen Stoffen (↗ Chemie)

Stoff	Linearer Ausdehnungskoeffizient α in $\frac{1}{K}$	Schmelztemperatur ϑ_S in °C (bei 101,325 kPa)	Siedetemperatur ϑ_V in °C (bei 101,325 kPa)	Spezifische Wärmekapazität c in $\frac{kJ}{kg \cdot K}$	Spezifische Schmelzwärme q_S in $\frac{kJ}{kg}$
Aluminium	0,000 023	660	2 450	0,90	397
Beton	0,000 012			0,92	
Bismut	0,000 014	271	1 560	0,12	52,2
Blei	0,000 029	327	1 740	0,13	26
Diamant	0,000 001	ab 3 550	4 830	0,50	
Fensterglas	0,000 010			0,17	
Gold	0,000 014	1 063	2 970	0,13	65
Graphit	0,000 002	3 730	4 830	0,71	
Holz (Eiche)	0,000 008			2,39	
Konstantan	0,000 015			0,41	
Kupfer	0,000 016	1 083	2 600	0,39	205
Magnesium	0,000 026	650	1 110	1,02	382
Mauerwerk	0,000 005			0,86	
Platin	0,000 009	1 770	3 825	0,13	113
Porzellan	0,000 004			≈ 0,84	
Quarzglas	< 0,000 001	1 700		0,73	
Silber	0,000 020	961	2 212	0,23	104
Stahl	0,000 013	≈ 1 500		≈ 0,47	
Wolfram	0,000 004	3 350	5 700	0,13	192
Zink	0,000 036	419	906	0,39	111
Zinn	0,000 027	232	2 350	0,23	59

Eigenschaften von Flüssigkeiten (↗ Chemie)

Stoff	Kubischer Ausdehnungskoeffizient γ in $\frac{1}{K}$ (bei 18 °C)	Schmelztemperatur ϑ_S in °C (bei 101,3 kPa)	Siedetemperatur ϑ_V in °C (bei 101,3 kPa)	Spezifische Wärmekapazität c in $\frac{kJ}{kg \cdot K}$	Spezifische Schmelzwärme q_S in $\frac{kJ}{kg}$	Spezifische Verdampfungswärme q_V in $\frac{kJ}{kg}$ (bei 101,3 kPa)
Benzol	0,001 1	5,49	80,1	1,70	127	394
Diethylether	0,001 6	−116,3	34,5	2,35	98	384
Ethanol	0,001 1	−114,2	78,4	2,42	108	842
Glycerin	0,000 5	18	290	2,39	188	853
Methanol	0,001 2	−97,7	64,7	2,49	69	1 102
Petroleum	0,000 9			2,00		
Quecksilber	0,000 18	−39	357	0,14	11	285
Trichlormethan	0,001 28	−63,5	61,2	0,95	75	245
Wasser	0,000 207	0	100	4,186	334	2 260

Eigenschaften von Gasen (↗ Chemie)

Stoff	Schmelztemperatur ϑ_S in °C (bei 101,3 kPa) (* bei 2,6 MPa)	Siedetemperatur ϑ_V in °C (bei 101,3 kPa)	Spezifische Wärmekapazität c_V bei konstantem Volumen in $\frac{kJ}{kg \cdot K}$	Spezifische Wärmekapazität c_p bei konstantem Druck in $\frac{kJ}{kg \cdot K}$	Spezifische Verdampfungswärme q_V in $\frac{kJ}{kg}$
Ammoniak	−78	−33	1,56	2,05	1 370
Helium	−270*	−269	3,22	5,23	25
Kohlenstoffdioxid	−57	−79	0,65	0,85	574
Luft	−213	−193	0,72	1,01	190
Propan	−187,7	−42	1,36	1,55	427
Sauerstoff	−219	−183	0,65	0,92	213
Stickstoff	−210	−195,8	0,75	1,04	198
Wasserstoff	−259,3	−252,8	10,13	14,28	455

Heizwerte

Feste Brennstoffe	Heizwert in $\frac{MJ}{kg}$	Flüssige Brennstoffe	Heizwert in $\frac{MJ}{l}$	Heizwert in $\frac{MJ}{kg}$	Gasförmige Brennstoffe	Heizwert in $\frac{MJ}{m^3}$
Anthrazit	32	Benzol	35	40	Butan	134
Rohbraunkohle	8 … 12	Flugbenzin	45	59	Erdgas	19 … 54
Braunkohlebrikett	20	Erdöl	36 … 41	42 … 48	Kokereigas	20
Holz, trocken	15	Dieselkraftstoff	35 … 38	41 … 44	Methan	36
Magerkohle	33	Heizöl	42	43	Propan	102
Steinkohle	30	Methanol	16	20	Schwefelwasserstoff	24
Steinkohlenteer	36	Petroleum	41	50	Stadtgas	18
Torf, trocken	15	Spiritus	32	39	Steinkohlengas	23
Zechenkoks	28 … 30	Vergaserkraftstoff	32 … 38	44 … 53	Wasserstoff	11

Druckabhängigkeit der Siedetemperatur des Wassers

Druck in kPa	Siedetemperatur in °C	Druck in kPa	Siedetemperatur in °C	Druck in kPa	Siedetemperatur in °C
50	81,34	94	97,91	105	101,00
55	83,78	95	98,20	106	101,27
60	85,95	96	98,49	107	101,53
65	88,02	97	98,78	200	120,2
70	89,96	98	99,07	300	133,5
75	91,78	99	99,35	400	143,6
80	93,51	100	99,63	500	151,8
85	95,15	101	99,91	600	158,8
90	96,71	101,325	100,00	700	164,9
91	97,01	102	100,18	800	170,4
92	97,32	103	100,46	900	175,4
93	97,62	104	100,73	1 000	180,0

Ideales Gas

Normzustand	$T_n = 273{,}15\,K$ $p_n = 1{,}01325 \cdot 10^5\,Pa$ $= 1{,}01325\,bar$ $V_{m,0} = 22{,}414\,l/mol$	T_p Normtemperatur p_n Normdruck $V_{m,0}$ molares Normvolumen des idealen Gases
Allgemeine Zustandsgleichung	$\frac{p_1 \cdot V_1}{T_1} = \frac{p_2 \cdot V_2}{T_2} = \frac{p \cdot V}{T} = \text{konst.}$	V Volumen p Druck T Temperatur n Stoffmenge m Masse R universelle Gaskonstante $R = 8{,}314510\,J/(K \cdot mol)$
Universelle Gasgleichung	$p \cdot V = n \cdot R \cdot T \quad (n = \text{konst.})$ $R = \frac{p_n \cdot V_{m,0}}{T_n}$	
Isotherme Zustandsänderung (Gesetz von Boyle und Mariotte)	$p_1 \cdot V_1 = p_2 \cdot V_2$ $p \cdot V = \text{konst.}$ (Bedingung: $T = \text{konst.}$)	V Volumen p Druck T Temperatur
Isochore Zustandsänderung (Gesetz von Amontons)	$\frac{p_1}{T_1} = \frac{p_2}{T_2} \quad \frac{p}{T} = \text{konst.}$ (Bedingung: $V = \text{konst.}$)	
Isobare Zustandsänderung (Gesetz von Gay-Lussac)	$\frac{V_1}{T_1} = \frac{V_2}{T_2} \quad \frac{V}{T} = \text{konst.}$ (Bedingung: $p = \text{konst.}$)	
Adiabatische Zustandsänderung (Gesetz von Poisson)	$p_1 \cdot V_1^{\varkappa} = p_2 \cdot V_2^{\varkappa}$ $p \cdot V^{\varkappa} = \text{konst.}$ (Bedingung: $Q = 0$) $\varkappa = \frac{c_p}{c_V}$	$\varkappa$ Adiabatenexponent $\varkappa \approx 1{,}67$ (einatomiges Gas) $\varkappa = 1{,}40$ (zweiatomiges Gas) c_p spezifische Wärmekapazität bei konstantem Druck c_V spezifische Wärmekapazität bei konstantem Volumen

Reales Gas

van-der-Waals'sche Zustandsgleichung	$\left(p + a\,\frac{n^2}{V^2}\right)(V - nb) = nRT$	p Druck a, b van-der-Waals'sche Konstanten n Stoffmenge V Volumen R (universelle) Gaskonstante T Temperatur

Energie, Enthalpie, Entropieänderung

Erster Hauptsatz der Wärmelehre	$\Delta U = Q + W$	ΔU Änderung der inneren Energie (des Systems) Q Wärme W Arbeit
Enthalpie H (Wärmeinhalt)	$H = U + p \cdot V$	p Druck V Volumen

Volumenarbeit W_V – bei konstantem Druck – bei veränderlichem Druck	$W_V = -p \cdot \Delta V$ $W_V = -\int_{V_1}^{V_2} p(V)\,\mathrm{d}V$	p Druck V Volumen 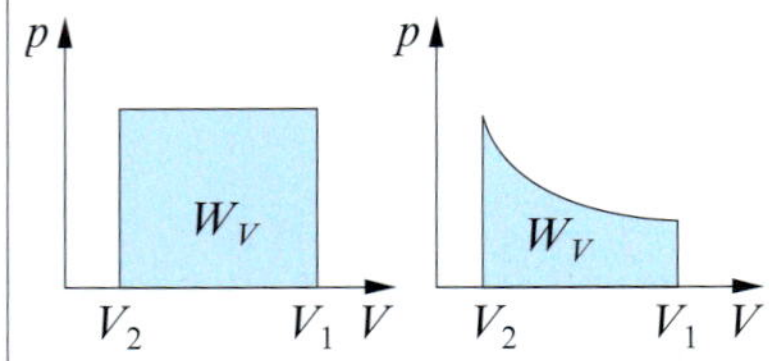
Wärmekapazität C eines Körpers – bei konstantem Volumen – bei konstantem Druck	$C_V = \frac{\Delta U}{\Delta T}$ für $V = \text{konst.}$ $C_p = \frac{\Delta U - W_V}{\Delta T}$ für $p = \text{konst.}$	ΔU Änderung der inneren Energie ΔT Temperaturänderung W_V Volumenarbeit V Volumen p Druck
Spezifische Wärmekapazität c – einatomiger Gase – zweiatomiger Gase	$c_V = 3/2\,R/M \quad c_p = 5/2\,R/M$ $c_V = 5/2\,R/M \quad c_p = 7/2\,R/M$	c_p für $p = \text{konst.}$ c_V für $V = \text{konst.}$ R (universelle) Gaskonstante M molare Masse
Wirkungsgrad η – von Wärmekraftmaschinen – für Carnot-Prozesse	$\eta = \frac{\lvert W_{ab}\rvert}{Q_{zu}}$ $\eta = \frac{Q_{zu} + Q_{ab}}{Q_{zu}} = \frac{T_{zu} - T_{ab}}{T_{zu}} = 1 - \frac{T_{ab}}{T_{zu}}$	W_{ab} abgegebene Arbeit Q_{zu} zugeführte Wärme Q_{ab} abgegebene Wärme T_{ab} Temperatur, bei der die Wärme abgegeben wird T_{zu} Temperatur, bei der die Wärme zugeführt wird
Entropieänderung ΔS	$\Delta S = \frac{Q_{rev}}{T}$ $\Delta S = k \cdot \ln \frac{W_e}{W_a}$	Q_{rev} reversibel aufgenommene Wärme T Temperatur, bei der die Wärme zugeführt wird W_a Wahrscheinlichkeit für den Ausgangszustand W_e Wahrscheinlichkeit für den Endzustand k Boltzmann-Konstante
Zweiter Hauptsatz der Wärmelehre (für abgeschlossene Systeme)	$\Delta S \geq 0$	ΔS Entropieänderung für reversible Prozesse $\Delta S = 0$ für irreversible Prozesse $\Delta S > 0$

Kinetische Gastheorie

Anzahl N der Teilchen	$N = N_A \cdot n$	n Stoffmenge V Volumen m Masse N_A Avogadro-Konstante $N_A = 6{,}022\,1367 \cdot 10^{23}\ \mathrm{mol}^{-1}$
Molares Volumen V_m	$V_m = \frac{V}{n}$	
Molare Masse M	$M = \frac{m}{n}$	
Mittlere kinetische Energie $\bar{E}_{kin}$ der Teilchen des idealen Gases	$\bar{E}_{kin} = \frac{3}{2} k \cdot T$	k Boltzmann-Konstante T Temperatur
Innere Energie U des idealen Gases	$U = N \cdot \bar{E}_{kin}$	N Anzahl der Teilchen $\bar{E}_{kin}$ mittlere kin. Energie der Teilchen

Druck-Volumen-Gesetz	$p \cdot V = \frac{2}{3} N \cdot \bar{E}_{kin}$ $p \cdot V = \frac{1}{3} N \cdot m_T \cdot \overline{v^2}$	N Anzahl der Teilchen $\bar{E}_{kin}$ mittlere kin. Energie der Teilchen $\overline{v^2}$ mittlere quadrat. Geschwindigkeit m_T Masse eines Teilchens T Temperatur V Volumen des Gases ϱ Dichte des Gases
Quadratisch gemittelte Geschwindigkeit v_q der Teilchen	$v_q = \sqrt{\frac{3k \cdot T}{m_T}}$	
Grundgleichung der kinetischen Gastheorie	$p = \frac{1}{3} \frac{N}{V} \cdot m_T \overline{v^2} = \frac{1}{3} \cdot \varrho \overline{v^2}$	

Elektrizitätslehre

Größen und Einheiten der Elektrizitätslehre und des Magnetismus

Größe	Formelzeichen	Name der Einheit	Einheitenzeichen	Beziehungen zwischen den Einheiten
Elektrische Arbeit Elektrische Energie	$W\,(W_{el})$ $E\,(E_{el})$	Joule Wattsekunde Kilowattstunde	J W · s kW · h	$1\,J = 1\,W \cdot s = 1\,V \cdot A \cdot s$ $1\,kW \cdot h = 3{,}6\,MJ$
Elektrische Feldstärke	E	Volt durch Meter	$\frac{V}{m}$	$1\,\frac{V}{m} = 1\,\frac{N}{C} = 1\,\frac{kg \cdot m}{s^3 \cdot A}$
Elektrische Kapazität	C	Farad	F	$1\,F = 1\,\frac{C}{V} = 1\,\frac{A \cdot s}{V}$
Elektrische Ladung	Q	Coulomb	C	$1\,C = 1\,A \cdot s$
Elektrische Leistung	$P\,(P_{el})$	Watt	W	$1\,W = 1\,V \cdot A = 1\,\frac{J}{s}$
Elektrische Spannung Elektrisches Potenzial	U φ	Volt	V	$1\,V = 1\,\frac{W}{A} = 1\,\frac{kg \cdot m^2}{s^3 \cdot A}$
Elektrische Stromstärke	I	**Ampere**	**A**	**Basiseinheit**
Elektrischer Widerstand	R	Ohm	Ω	$1\,\Omega = 1\,\frac{V}{A}$
Induktivität	L	Henry	H	$1\,H = 1\,\frac{V \cdot s}{A} = 1\,\frac{Wb}{A}$
Magnetische Feldstärke	H	Ampere durch Meter	$\frac{A}{m}$	
Magnetische Flussdichte	B	Tesla	T	$1\,T = 1\,\frac{V \cdot s}{m^2} = 1\,\frac{Wb}{m^2}$
Magnetischer Fluss	Φ	Weber	Wb	$1\,Wb = 1\,V \cdot s = 1\,T \cdot m^2$

Größe	Formelzeichen	Name der Einheit	Einheitenzeichen	Beziehungen zwischen den Einheiten
Permeabilität	μ	Henry durch Meter	$\frac{\text{H}}{\text{m}}$	$1\,\frac{\text{H}}{\text{m}} = 1\,\frac{\text{V} \cdot \text{s}}{\text{A} \cdot \text{m}}$
Permittivität (früher Dielektrizitätskonstante)	ε	Farad durch Meter	$\frac{\text{F}}{\text{m}}$	$1\,\frac{\text{F}}{\text{m}} = 1\,\frac{\text{A} \cdot \text{s}}{\text{V} \cdot \text{m}}$
Spezifischer elektrischer Widerstand	ϱ	Ohm mal Quadratmillimeter durch Meter Ohmmeter	$\frac{\Omega \cdot \text{mm}^2}{\text{m}}$ $\Omega \cdot \text{m}$	$1\,\frac{\Omega \cdot \text{mm}^2}{\text{m}} = 10^{-6}\,\Omega \cdot \text{m}$

Spezifische elektrische Widerstände (bei 20 °C)

Metalle	ϱ in $\frac{\Omega \cdot \text{mm}^2}{\text{m}}$	Kohle und Widerstandslegierungen	ϱ in $\frac{\Omega \cdot \text{mm}^2}{\text{m}}$	Halbleiter und Isolierstoffe	ϱ in $\frac{\Omega \cdot \text{cm}^2}{\text{cm}}$
Aluminium	0,028	Bogenlampenkohle	60 … 80	Bernstein	bis 10^{18}
Blei	0,21	Bürstenkohle	40 … 100	Holz, trocken	$10^{11} \ldots 10^{15}$
Eisen	0,10	Chromnickel	1,1	Kupferoxid	$10^{3} \ldots 10^{8}$
Gold	0,022	Eisen, legiert (4 Si)	0,5	Quarzglas	$10^{13} \ldots 10^{15}$
Kupfer	0,0172	Konstantan	0,50	Polyethylen	$10^{12} \ldots 10^{15}$
Quecksilber	0,96	Leitungskupfer	0,0178	Polyvinylchlorid	$10^{14} \ldots 10^{15}$
Silber	0,016	Manganin	0,43	Porzellan	bis 10^{15}
Wolfram	0,055	Nickelin	0,43	Silicium	$10^{-1} \ldots 10^{5}$
Zinn	0,11	Stahlguss	0,18	Transformatorenöl	$10^{12} \ldots 10^{15}$

Gleichstrom

Elektrische Stromstärke I	$I = \frac{Q}{t}$	Q elektrische Ladung t Zeit W_{el} elektrische Arbeit P_{el} elektrische Leistung
Elektrische Spannung U	$U = \frac{W_{el}}{Q}$; $U = \frac{P_{el}}{I}$	
Elektrischer Widerstand R	$R = \frac{U}{I}$	
Ohm'sches Gesetz (bei konstanter Temperatur)	$U \sim I$ $U = R \cdot I$ $R = \text{konst.}$	
Widerstandsgesetz	$R = \frac{\varrho \cdot l}{A}$	ϱ spezifischer elektrischer Widerstand l Länge des Leiters A Querschnittsfläche
Elektrische Leistung P_{el}	$P_{el} = U \cdot I = \frac{W_{el}}{t}$	
Elektrische Arbeit W_{el} (Joule'sches Gesetz) übertragene elektrische Energie E_{el}	$W_{el} = U \cdot I \cdot t$	U elektrische Spannung I elektrische Stromstärke t Zeit

Gesetze im unverzweigten und verzweigten Stromkreis

Unverzweigter Stromkreis (Reihenschaltung)	Verzweigter Stromkreis (Parallelschaltung)
$I = I_1 = I_2$ $U = U_1 + U_2$ $R = R_1 + R_2$ 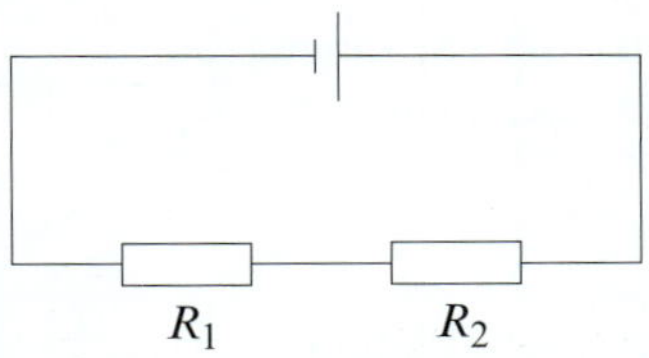 Spannungsteilerregel $\frac{U_1}{U_2} = \frac{R_1}{R_2}$	$I = I_1 + I_2$ $U = U_1 = U_2$ $\frac{1}{R} = \frac{1}{R_1} + \frac{1}{R_2}$; $R = \frac{R_1 \cdot R_2}{R_1 + R_2}$ 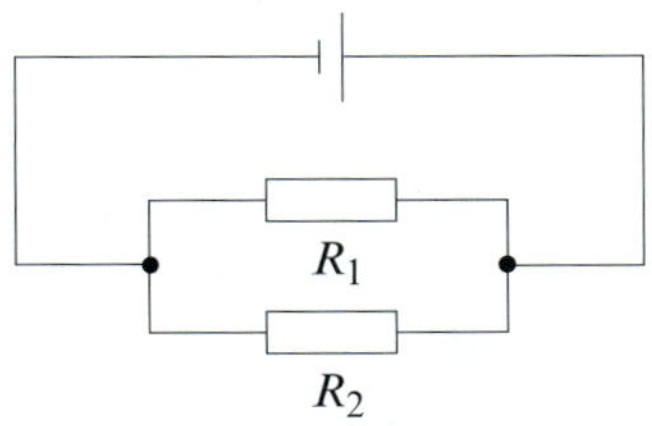 Stromteilerregel $\frac{I_1}{I_2} = \frac{R_2}{R_1}$
Reihenschaltung von Kondensatoren	**Parallelschaltung von Kondensatoren**
$\frac{1}{C} = \frac{1}{C_1} + \frac{1}{C_2}$	$C = C_1 + C_2$
Reihenschaltung von Spannungsquellen	**Parallelschaltung von Spannungsquellen**
$U = U_1 + U_2 + \ldots + U_n$	Für gleiche Spannungsquellen gilt: $U = U_1 = U_2 = \ldots = U_n$

Elektrisches Feld

Elektrische Ladung Q – allgemein – für $I = \text{konst.}$	$Q = \int_{t_1}^{t_2} I \, dt$ $Q = I \cdot t$	I elektrische Stromstärke t Zeit
Coulomb'sches Gesetz (Kraft F zwischen zwei Ladungen im Vakuum)	$F = \frac{1}{4\pi \cdot \varepsilon_0 \cdot \varepsilon_r} \cdot \frac{Q_1 \cdot Q_2}{r^2}$	Q_1, Q_2 Punktladungen ε_0 elektrische Feldkonstante ε_r relative Permittivität r Abstand der Punktladungen voneinander
Permittivität ε	$\varepsilon = \varepsilon_0 \cdot \varepsilon_r$	
Elektrische Feldstärke $\vec{E}$ – allgemein – im homogenen Feld eines Plattenkondensators – im Abstand r von einer Punktladung Q im Vakuum	$\vec{E} = \frac{\vec{F}}{Q_P}$ $E = \frac{U}{s}$ $E = \frac{Q}{4\pi \cdot \varepsilon_0 \cdot r^2}$	F Kraft Q_P elektrische Ladung des in das Feld gebrachten Probekörpers U elektrische Spannung s Abstand der Platten Q felderzeugende elektrische Ladung ε_0 elektrische Feldkonstante
Elektrische Flussdichte $\vec{D}$	$\vec{D} = \varepsilon_0 \cdot \varepsilon_r \cdot \vec{E}$	ε_0 elektrische Feldkonstante ε_r relative Permittivität E elektrische Feldstärke

Elektrische Kapazität C – allgemein – für einen Plattenkondensator	$C = \frac{Q}{U}$ $C = \varepsilon_0 \cdot \varepsilon_r \cdot \frac{A}{s} = \varepsilon \cdot \frac{A}{s}$	Q elektrische Ladung U elektrische Spannung ε_0 elektrische Feldkonstante ε_r relative Permittivität des Stoffes im Plattenkondensator A Fläche der Platten s Abstand der Platten ε Permittivität
Kinetische Energie E_{kin} eines Ladungsträgers nach der Beschleunigung in einem elektrischen Feld	$E_{kin} = Q \cdot U$	U elektrische Spannung Q elektrische Ladung
Arbeit W_{el} im elektrischen Feld – allgemein – Beschleunigungsarbeit W beim Elektron	$W = Q \cdot U$ $W = e \cdot U$	Q elektrische Ladung U elektrische Spannung e Elementarladung $e = 1{,}602\,176\,462 \cdot 10^{-19}$ C
Energie E_{el} des elektrischen Feldes im Plattenkondensator Energiedichte $w(\varrho_{el})$ eines elektrischen Feldes	$E_{el} = \frac{1}{2} C \cdot U^2$ $w = \frac{dE_{el}}{dV}; \quad w = \frac{E_{el}}{V}$ $w = \frac{1}{2} \varepsilon_0 \cdot \varepsilon_r \cdot E^2$	C Kapazität des Kondensators E_{el} elektrische Energie V Volumen ε_0 elektrische Feldkonstante ε_r relative Permittivität E elektrische Feldstärke

Magnetisches Feld

Magnetische Flussdichte B (Feldstärke B)* – allgemein – außerhalb eines geraden stromdurchflossenen Leiters – bei homogenem Feld im Inneren einer langen Spule	$B = \frac{F}{I \cdot l}$ (für $\vec{B}$ senkrecht zur Stromrichtung) $B = \frac{\mu_r \cdot \mu_0 \cdot I}{2\pi \cdot r}$ $B = \mu_r \cdot \mu_0 \cdot \frac{N \cdot I}{l}$	F Kraft auf den stromdurchflossenen Leiter im magnetischen Feld I elektrische Stromstärke r Abstand vom Leiter l Länge des Leiters bzw. der Spule N Windungszahl der Spule μ_r relative Permeabilität μ_0 magnetische Feldkonstante $\mu_0 = 4\pi \cdot 10^{-7}$ H/m
Permeabilität μ	$\mu = \mu_r \cdot \mu_0$	* Die magnetische Flussdichte B wird manchmal als magnetische Feldstärke B bezeichnet.
Magnetischer Fluss Φ	$\Phi = B \cdot A$ (für $\vec{B}$ = konst.) Für die Fläche A gilt: $A = A_0 \cdot \cos \alpha$	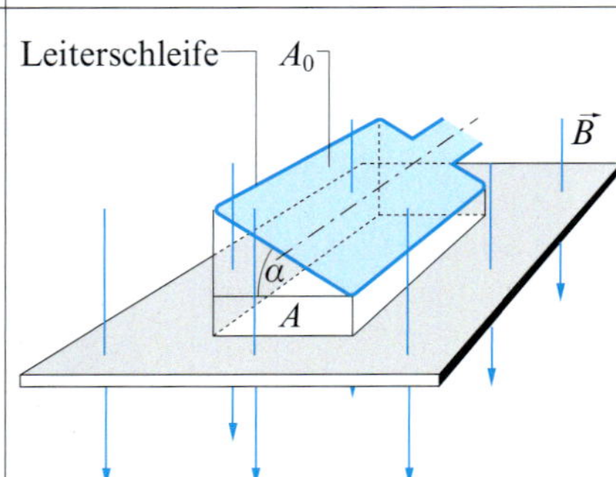

Kraft $\vec{F_L}$ auf einen bewegten Ladungsträger (Lorentzkraft)	$\vec{F_L} = Q \cdot \vec{v} \times \vec{B}$ $F_L = Q \cdot v \cdot B$ (für $\vec{v} \perp \vec{B}$)	Q elektrische Ladung v Geschwindigkeit B magnetische Flussdichte
Kraft F auf einen stromdurchflossenen Leiter	$F = l \cdot I \cdot B$ (für $\vec{B}$ senkrecht zur Stromrichtung)	l Länge des Leiters I elektrische Stromstärke B magnetische Flussdichte
Hall-Spannung U_H	$U_H = R_H \frac{I \cdot B}{d}$ $R_H = \frac{1}{n \cdot e}$ 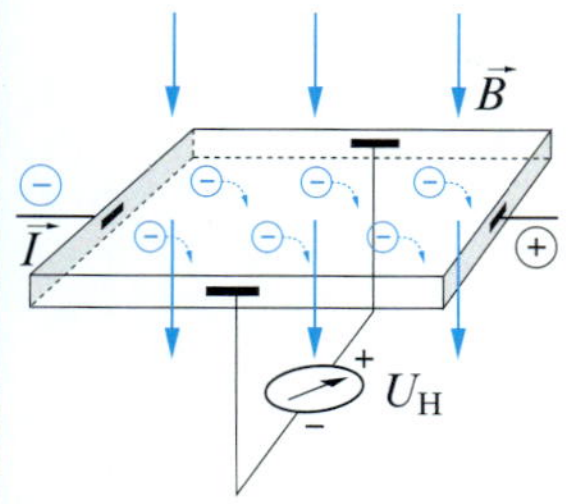	I elektrische Stromstärke des Gleichstroms durch die Folie B magnetische Flussdichte senkrecht zur Folienfläche R_H Hall-Konstante d Dicke des Leiterbandes n Elektronendichte in der Folie e Elementarladung

Hall-Konstanten R_H

Metall	R_H in $10^{-11}\ \frac{m^3}{C}$	Metall	R_H in $10^{-11}\ \frac{m^3}{C}$	Metall	R_H in $10^{-11}\ \frac{m^3}{C}$
Aluminium	$-3{,}5$	Gold	$-7{,}2$	Silber	$-8{,}9$
Bismut	$-(5{,}3 \ldots 6{,}8) \cdot 10^4$	Kupfer	$-5{,}3$	Wolfram	$+1{,}15$
Blei	$+0{,}9$	Palladium	$-8{,}6$	Zink	$+6{,}4$
Cadmium	$+5{,}9$	Platin	$-2{,}0$	Zinn	$-0{,}3$

Relative Permittivitäten ε_r (Permittivitätszahlen)

Stoff	ε_r	Stoff	ε_r
Bernstein	2,8	Paraffin	2,3
Glas	5 … 16	Polystyrol	2,6
Hartpapier	3,5 … 5	Porzellan	4,5 … 6,5
Keramische Werkstoffe für Kondensatoren	100 … 10 000	Transformatorenöl	2,5
Luft	1,000 6	Vakuum	1
		Wasser	81

Relative Permeabilitäten μ_r (Permeabilitätszahlen) magnetischer Werkstoffe

Stoff	Anfangspermeabilität $\mu_{r,a}$	Maximalpermeabilität $\mu_{r,max}$
Elektrolyteisen	600	15 000
Ferrite	300 … 3 000	
Nickel-Eisen-Legierung	2 700	20 000
Sonderlegierungen	bis 100 000	bis 300 000
Technisches Eisen	250	7 000
Transformatorenblech	600	7 600

Elektromagnetische Induktion

Induktionsgesetz – für eine Leiterschleife – für eine Spule – für einen bewegten Leiter	$U_i = -\frac{\Delta\Phi}{\Delta t}$; $U_i = -\frac{d\Phi}{dt}$ $U_i = -N\,\frac{d\Phi}{dt}$ $\lvert U_i \rvert = B \cdot l \cdot v \quad (\vec{v} \perp \vec{B})$	Φ magnetischer Fluss durch eine Leiterschleife U_i Induktionsspannung N Windungszahl der Spule B magnetische Flussdichte l Länge des Leiters v Geschwindigkeit des Leiters
Selbstinduktionsspannung U_i in einer Spule – allgemein – bei gleichmäßiger Änderung der Stromstärke	$U_i = -L\,\frac{dI}{dt}$ $U_i = -L\,\frac{\Delta I}{\Delta t}$	L Induktivität I elektrische Stromstärke t Zeit
Induktivität L für eine lange Spule	$L = \frac{\mu_0 \cdot \mu_r \cdot N^2 \cdot A}{l}$	μ_0 magnetische Feldkonstante μ_r relative Permeabilität N Windungszahl A Querschnittsfläche der Spule l Länge der Spule
Energie E_{mag} des magnetischen Feldes einer stromdurchflossenen Spule	$E_{mag} = \frac{1}{2} \cdot L \cdot I^2$	L Induktivität der Spule I elektrische Stromstärke

Wechselstrom

Momentanwert – Wechselspannung u – Wechselstromstärke i	$u = u_{max} \cdot \sin(\omega \cdot t + \varphi_1)$ $i = i_{max} \cdot \sin(\omega \cdot t + \varphi_2)$	u_{max}, i_{max} Scheitelwert (Amplitude) der elektrischen Spannung bzw. Stromstärke ω Kreisfrequenz φ_1, φ_2 Phasenwinkel t Zeit
Effektivwert – Wechselspannung U – Wechselstromstärke I	$U = \frac{u_{max}}{\sqrt{2}}$ $I = \frac{i_{max}}{\sqrt{2}}$	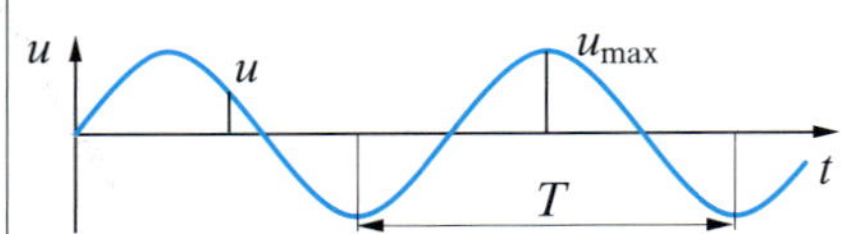
Kreisfrequenz ω	$\omega = \frac{2\pi}{T}$	T Periodendauer
Leistungsfaktor $\cos\varphi$	$\cos\varphi = \frac{P_W}{P_S}$	φ Phasenverschiebung zwischen Stromstärke und Spannung U, I Effektivwerte der elektrischen Spannung bzw. Stromstärke t Zeit
Wirkleistung P_W	$P_W = U \cdot I \cdot \cos\varphi = P_S \cdot \cos\varphi$	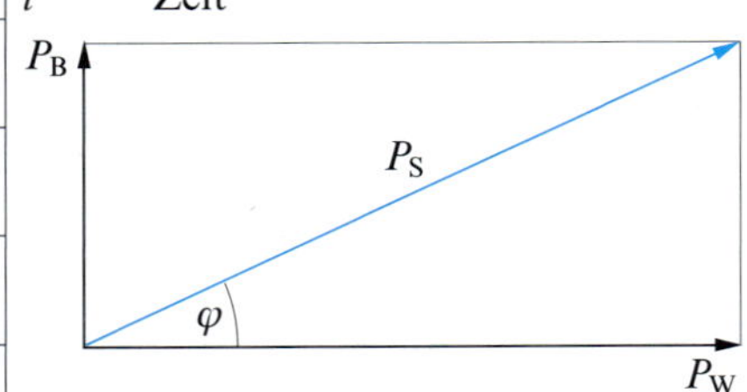
Scheinleistung P_S	$P_S = U \cdot I$	
Blindleistung P_B	$P_B = P_S \cdot \sin\varphi$	
Scheinarbeit W_S	$W_S = P_S \cdot t = U \cdot I \cdot t$	
Wirkarbeit W_W	$W_W = P_W \cdot t = U \cdot I \cdot t \cdot \cos\varphi$	

Widerstände im Wechselstromkreis

Ohmscher Widerstand R	Induktiver Widerstand X_L (R_L)	Kapazitiver Widerstand X_C (R_C)
$R = \frac{U}{I}$ bei ϑ = konst.	$X_L = \frac{U}{I}$; $X_L = \omega \cdot L$ $\varphi = \frac{\pi}{2}$	$X_C = \frac{U}{I}$; $X_C = \frac{1}{\omega \cdot C}$ $\varphi = -\frac{\pi}{2}$
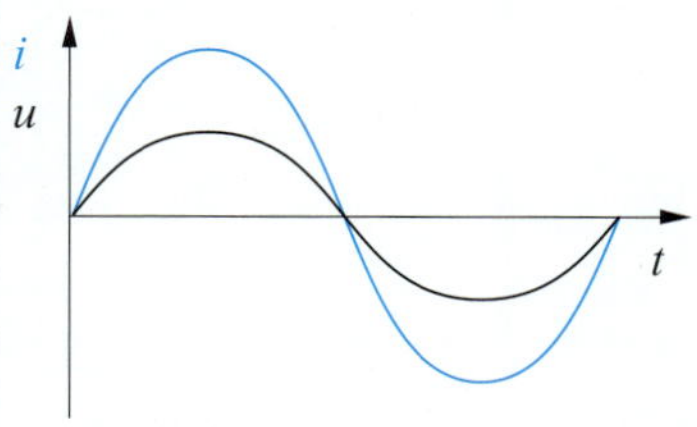	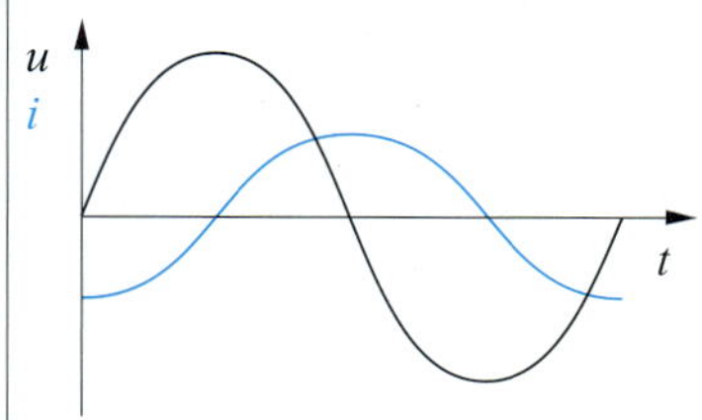	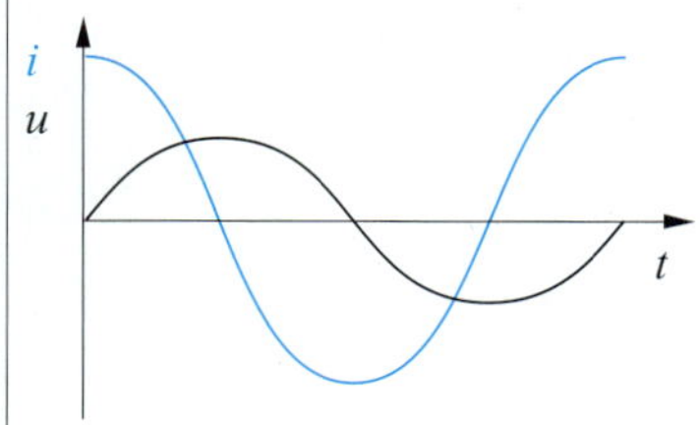

	Reihenschaltung von R, X_L und X_C	Parallelschaltung von R, X_L und X_C
Zeigerdiagramm	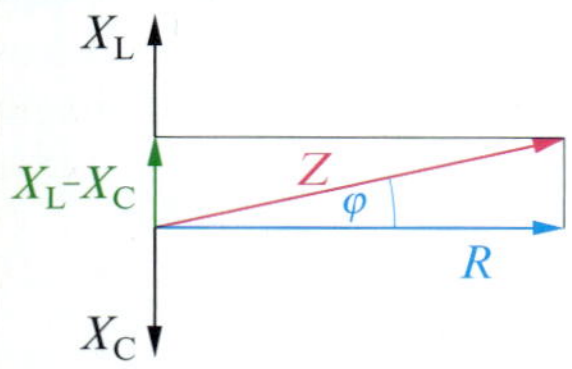	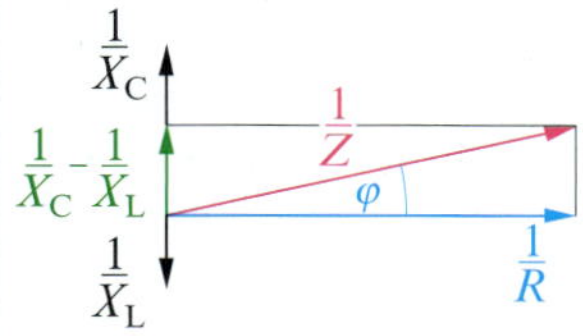
Blindwiderstand X	$X = \omega \cdot L - \frac{1}{\omega \cdot C}$	$\frac{1}{X} = \omega \cdot C - \frac{1}{\omega \cdot L}$
Scheinwiderstand Z (Wechselstromwiderstand)	$Z = \sqrt{R^2 + X^2}$	$\frac{1}{Z} = \sqrt{\frac{1}{R^2} + \frac{1}{X^2}}$
Tangens der Phasenverschiebung φ	$\tan \varphi = \frac{X_L - X_C}{R}$	$\tan \varphi = R\left(\frac{1}{X_C} - \frac{1}{X_L}\right)$

Transformator

Spannungsverhältnis am unbelasteten (idealen) Transformator	$\frac{U_1}{U_2} = \frac{N_1}{N_2}$	U_1 Primärspannung U_2 Sekundärspannung N_1 Windungszahl der Primärspule N_2 Windungszahl der Sekundärspule I_1 Primärstromstärke I_2 Sekundärstromstärke 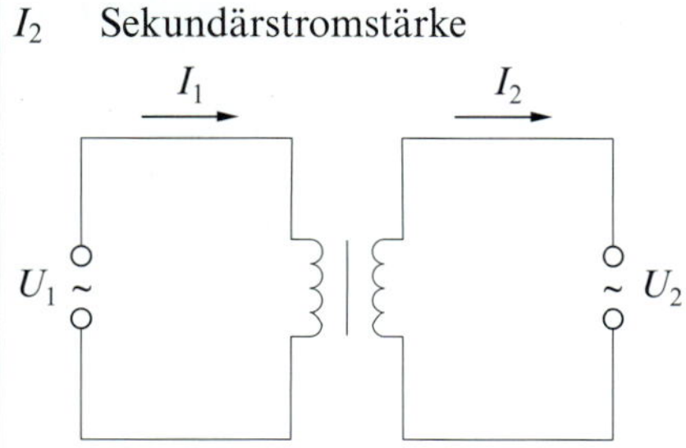
Stromstärkeverhältnis am stark belasteten Transformator	$\frac{I_1}{I_2} = \frac{N_2}{N_1}$	

Elektromagnetischer Schwingkreis

Thomson'sche Schwingungsgleichung	$T = 2\pi \cdot \sqrt{L \cdot C}$	T Periodendauer L Induktivität C Kapazität R ohmscher Widerstand c Ausbreitungsgeschwindigkeit l Länge des Dipols
Eigenfrequenz f eines elektrischen Schwingkreises – ungedämpft ($R = 0$) – gedämpft	$f = \frac{1}{2\pi \cdot \sqrt{L \cdot C}}$ $f = \frac{1}{2\pi} \cdot \sqrt{\frac{1}{L \cdot C} - \frac{R^2}{4L^2}}$	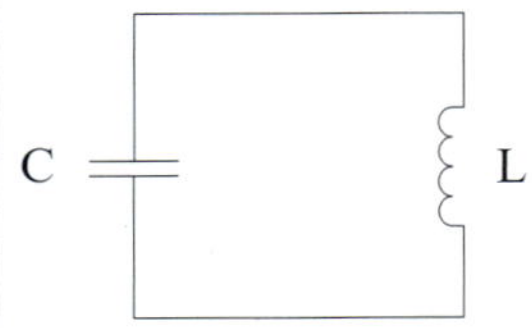
Eigenfrequenz f eines Dipols	$f = \frac{c}{2l}$	

Elektromagnetische Wellen

Ausbreitungsgeschwindigkeit c (im Vakuum)	$c = \lambda \cdot f$ $c = \sqrt{\frac{1}{\varepsilon_0 \cdot \mu_0}}$	λ Wellenlänge f Frequenz ε_0 elektrische Feldkonstante μ_0 magnetische Feldkonstante

Elektromagnetisches Spektrum

Bezeichnung	Frequenz f in Hz	Wellenlänge λ
Hertz'sche Wellen	$10^4 \ldots 10^{13}$	30 km … 0,03 mm
Langwellen	$1,5 \cdot 10^5 \ldots 3 \cdot 10^5$	2 000 m … 1 000 m
Mittelwellen	$0,5 \cdot 10^6 \ldots 2 \cdot 10^6$	600 m … 150 m
Kurzwellen	$0,6 \cdot 10^7 \ldots 2 \cdot 10^7$	50 m … 15 m
Ultrakurzwellen	$10^8 \ldots 3 \cdot 10^8$	30 m … 1 m
Mikrowellen	$3 \cdot 10^8 \ldots 10^{13}$	1 m … 0,03 m
Lichtwellen	$10^{12} \ldots 5 \cdot 10^{16}$	0,3 mm … 5 nm
infrarotes Licht	$10^{12} \ldots 3,9 \cdot 10^{14}$	0,3 mm … 770 nm
sichtbares Licht	$3,9 \cdot 10^{14} \ldots 7,7 \cdot 10^{14}$	770 nm … 390 nm
– Rot	$3,9 \cdot 10^{14} \ldots 4,7 \cdot 10^{14}$	770 nm … 640 nm
– Orange	$4,7 \cdot 10^{14} \ldots 5 \cdot 10^{14}$	640 nm … 600 nm
– Gelb	$5 \cdot 10^{14} \ldots 5,3 \cdot 10^{14}$	600 nm … 570 nm
– Grün	$5,3 \cdot 10^{14} \ldots 6,1 \cdot 10^{14}$	570 nm … 490 nm
– Blau	$6,1 \cdot 10^{14} \ldots 6,5 \cdot 10^{14}$	490 nm … 460 nm
– Violett	$6,5 \cdot 10^{14} \ldots 7,7 \cdot 10^{14}$	460 nm … 390 nm
ultraviolettes Licht	$7,7 \cdot 10^{14} \ldots 5 \cdot 10^{16}$	390 nm … 5 nm
Röntgenstrahlung	$3 \cdot 10^{16} \ldots 3 \cdot 10^{21}$	10 nm … 0,1 pm
Gammastrahlung	$10^{18} \ldots 10^{23}$	300 pm … 0,003 pm
Kosmische Strahlung	$10^{21} \ldots 10^{24}$	0,3 pm … 0,000 3 pm

Schaltzeichen

Symbol	Bedeutung	Symbol	Bedeutung	Symbol	Bedeutung
	Leiter, Leitung, Stromweg		Relais mit Schließkontakt		Fotoelement, Fotozelle
	Abzweig von 2 Leitern		Widerstand, allgemein		Diode, lichtempfindlich Fotodiode
	Doppelabzweig von Leitern		Widerstand mit Schleifkontakt, Potenziometer		Leuchtdiode, allgemein
	Erde, allgemein Verbindung mit der Erde		Widerstand mit Schleifkontakt, einstellbar		Oszilloskop
	Masse, Gehäuse		Widerstand, veränderbar, allgemein		Glühlampe
	Anschluss (z. B. Buchse)		Fotowiderstand		Glimmlampe
	Verbindung von Leitern		Heizelement		Lautsprecher, allgemein
	Buchse, Pol einer Steckdose		Kondensator, allgemein		Mikrofon, allgemein
	Stecker, Pol eines Steckers		Kondensator, gepolt		Hörer, allgemein
	Buchse und Stecker Steckverbindung		Spule, Wicklung		Summer
	elektrische Energiequelle, allgemein		Spule mit Eisenkern		Generator, nicht umlaufend
	Primärzelle, Akkumulator		Transformator mit zwei Wicklungen		Generator
	Batterie von Primärelementen, Akkumulatorenbatterie		Transformator, veränderbare Kopplung		Elektromotor
	Sicherung, allgemein		Transformator mit Mittelanzapfung an einer Wicklung		Gleichstrommotor
	Schließer, Schalter, allgemein		Antenne, allgemein		Thermoelement
	Öffner		Halbleiterdiode		Messgerät, anzeigend, allgemein, ohne Kennzeichnung der Messgröße
	Wechsler mit Unterbrechung		npn-Transistor, bei dem der Kollektor mit dem Gehäuse verbunden ist		Strommessgerät, anzeigend
	Zweiwegschließer mit Mittelstellung „Aus“				Spannungsmessgerät, anzeigend
					Leistungsmessgerät, anzeigend
					Galvanometer

Optik

Größen und Einheiten der Optik

Größe	Formelzeichen	Name der Einheit	Einheitenzeichen	Beziehungen zwischen den Einheiten
Brechwert	D	Dioptrie	dpt	$1\,\text{dpt} = \frac{1}{\text{m}}$
Brechzahl	n	Eins	–	
Brennweite Objektweite Bildweite	f g, a, s b, a', s'	Meter	m	
Lichtstärke	I	**Candela**	**cd**	**Basiseinheit**

Strahlenoptik

Brechzahl n	$n = \frac{c_{\text{Vakuum}}}{c_{\text{Medium}}}$	α Einfallswinkel β Brechungswinkel n_1, n_2 Brechzahlen der Medien 1 und 2 c_1, c_2 Lichtgeschwindigkeit im Medium 1 bzw. Medium 2 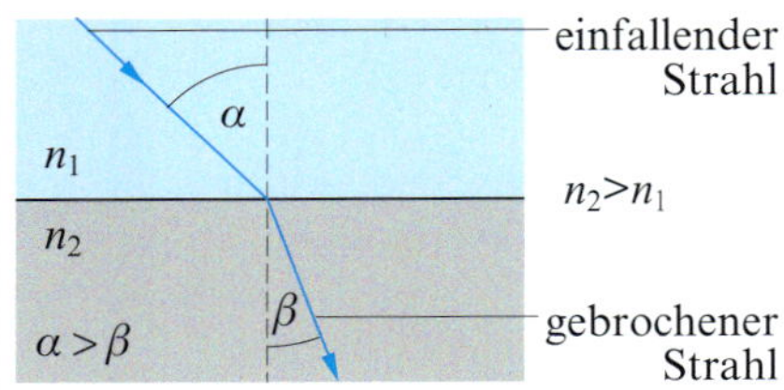
Brechungsgesetz	$\frac{\sin\alpha}{\sin\beta} = \frac{n_2}{n_1} = \frac{c_1}{c_2}$	
Grenzwinkel α_G der Totalreflexion	$\sin\alpha_G = \frac{n_2}{n_1}$	n_1 Brechzahl des optisch dichteren Mediums n_2 Brechzahl des optisch dünneren Mediums 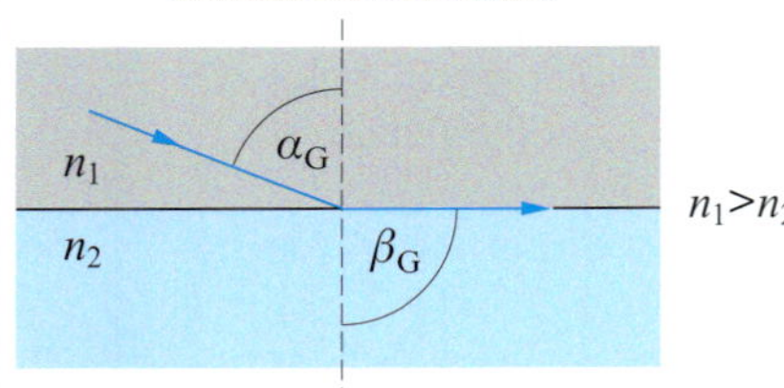
Abbildungsgleichung (für dünne Linsen)	$\frac{1}{f} = \frac{1}{g} + \frac{1}{b}$	f Brennweite g Gegenstandsweite b Bildweite G Gegenstandsgröße B Bildgröße 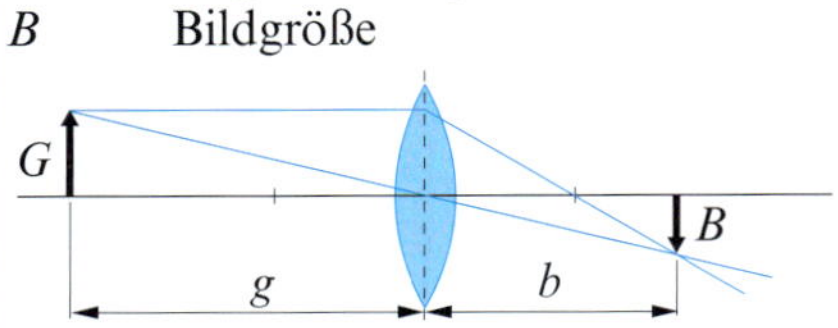
Abbildungsmaßstab A	$A = \frac{B}{G} = \frac{b}{g}$	
Brechwert D einer Linse	$D = \frac{1}{f}$	

Wellenoptik

Ausbreitungsgeschwindigkeit einer Lichtwelle	$c = \lambda \cdot f$	λ Wellenlänge f Frequenz
Interferenz am Einzelspalt – für Maxima – für Minima	$\frac{2n+1}{2d}\,\lambda \approx \sin\,\alpha_n = \frac{s_n}{e_n}$ $\frac{n \cdot \lambda}{d} = \sin\,\alpha_n = \frac{s_n}{e_n}$	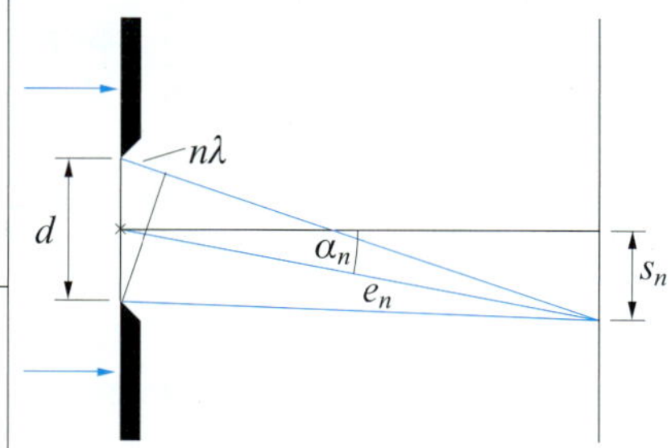 d Spaltbreite λ Wellenlänge s_n Abstand zwischen dem n-ten jeweiligen Maximum/Minimum und dem Maximum 0-ter Ordnung e_n Abstand zwischen dem n-ten Interferenzstreifen und dem Doppelspalt bzw. dem Gitter b Abstand der Spalte (Gitterkonstante) $(n = 1, 2, 3, \ldots)$ Einzelspalt $(n = 0, 1, 2, 3, \ldots)$ Doppelspalt
Interferenz am Doppelspalt – für Maxima – für Minima	$\frac{n \cdot \lambda}{b} = \sin\,\alpha_n = \frac{s_n}{e_n}$ $\frac{2n+1}{2b} \cdot \lambda \approx \sin\,\alpha_n = \frac{s_n}{e_n}$ 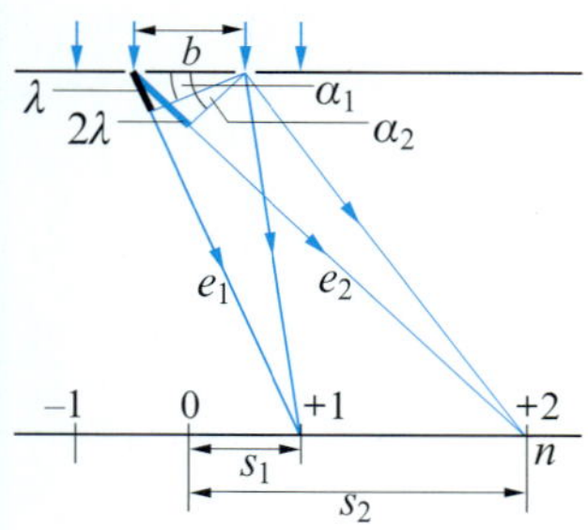	
Interferenz am Gitter für Hauptmaxima	$\frac{n \cdot \lambda}{b} = \sin\,\alpha_n = \frac{s_n}{e_n}$	
Interferenz an dünnen Schichten (reflektiertes Licht)	$d_A = \frac{2m}{n} \cdot \frac{\lambda}{4}$ $d_V = \frac{2m+1}{n} \cdot \frac{\lambda}{4}$	d_A Schichtdicke bei Auslöschung d_V Schichtdicke bei Verstärkung n Brechzahl der Schicht λ Wellenlänge im Stoff $(m = 0, 1, 2, \ldots)$
	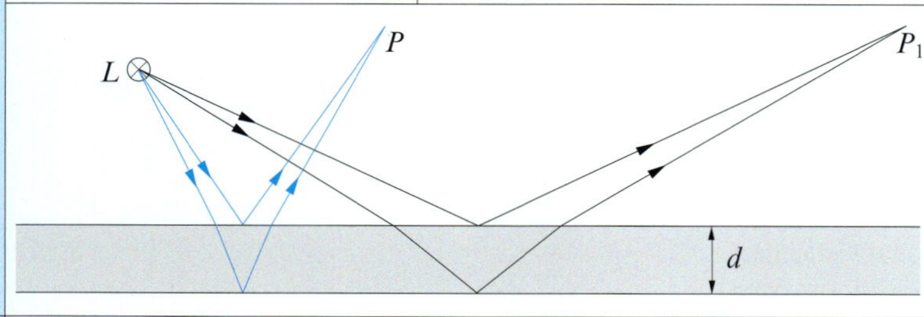	
Brewster'sches Gesetz (Lichtwellen)	$\tan\,\alpha_p = \frac{n_2}{n_1}$	α_p Polarisationswinkel n_1, n_2 Brechzahlen der Medien 1 und 2
Doppler-Effekt für Licht (bewegter Sender, ruhender Empfänger)	$f' = f \cdot \frac{\sqrt{1 \pm \frac{v}{c}}}{\sqrt{1 \mp \frac{v}{c}}}$	f' vom Empfänger gemessene Frequenz f Frequenz des Senders v Relativgeschwindigkeit zwischen Sender und Empfänger c Lichtgeschwindigkeit

Lichtgeschwindigkeiten in Stoffen und im Vakuum

Stoff	c in $10^8\,\frac{\text{m}}{\text{s}}$	Stoff	c in $10^8\,\frac{\text{m}}{\text{s}}$
Diamant	1,22	Kohlenstoffdisulfid	1,84
Flintglas	1,86	Wasser	2,24
Kronglas	1,97	Luft	2,997 11
Polystyrol	1,89	Vakuum	2,997 924 58

Brechzahlen *n*

für den Übergang des Lichtes aus dem Vakuum in den betreffenden Stoff
für die gelbe Natriumlinie ($\lambda = 589{,}3$ nm)

Stoff	Brechzahl n	Stoff	Brechzahl n
Diamant	2,417	Kronglas, leicht	1,515
Eis	1,31	Kronglas, schwer	1,615
Flintglas, leicht	1,608	Quarzglas	1,459
Flintglas, schwer	1,754	Steinsalz	1,544
Glycerin	1,469	Luft	1,000 3
Kohlenstoffdisulfid	1,629	Wasser	1,333

Spezielle Relativitätstheorie

Galilei-transformation	$x = x' + v \cdot t$ $t = t'$ 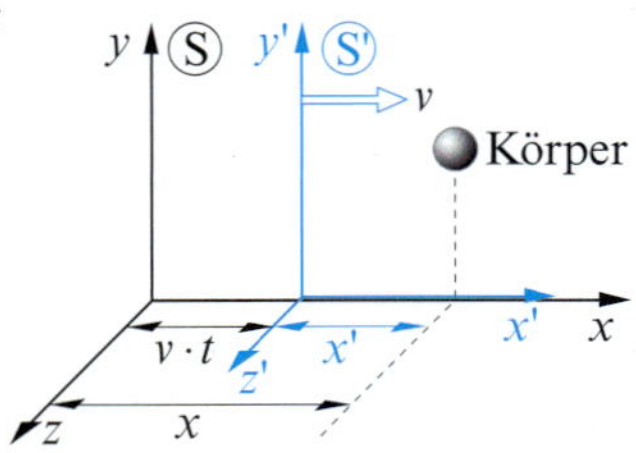 	x Koordinate in einem Inertialsystem S x' Koordinate in einem zweiten Inertialsystem S' v Relativgeschwindigkeit t, t' Zeiten in den jeweiligen Systemen c Lichtgeschwindigkeit
Lorentz-transformation	$x = \frac{x' + v \cdot t'}{\sqrt{1 - \frac{v^2}{c^2}}}$ $\quad t = \frac{t' + x' \cdot \frac{v}{c^2}}{\sqrt{1 - \frac{v^2}{c^2}}}$	
Relativistisches Additionsgesetz für Geschwindigkeiten	$u = \frac{u' + v}{1 + \frac{u' \cdot v}{c^2}}$	u, u' Geschwindigkeit des Körpers von S bzw. von S' aus gemessen v Relativgeschwindigkeit zwischen S und S' c Lichtgeschwindigkeit t, t' Zeiten in den jeweiligen Systemen l, l' Längen in den jeweiligen Systemen
Zeitdilatation	$t = \frac{t'}{\sqrt{1 - \frac{v^2}{c^2}}}$	
Längen-kontraktion	$l = l' \cdot \sqrt{1 - \frac{v^2}{c^2}}$	

Relativistische Masse	$m = \dfrac{m_0}{\sqrt{1 - \dfrac{v^2}{c^2}}}$	m_0 Ruhmasse c Lichtgeschwindigkeit v Geschwindigkeit
Relativistische Energie	$E_{\text{kin}} = \dfrac{m_0 \cdot c^2}{\sqrt{1 - \dfrac{v^2}{c^2}}} - m_0 c^2$	
Masse-Energie-Beziehung	$E = m \cdot c^2; \quad E_0 = m_0 \cdot c^2; \quad E_{\text{kin}} = E - E_0$	E Gesamtenergie m_0 Ruhmasse E_0 Ruhenergie c Lichtgeschwindigkeit

Temperaturstrahlung

Kirchhoff'sches Strahlungsgesetz	$\varepsilon(\lambda, T) = \alpha(\lambda, T)$	$\varepsilon(\lambda, T)$ Emissionsgrad eines nichtschwarzen Körpers $\alpha(\lambda, T)$ Absorptionsgrad eines nichtschwarzen Körpers
Stefan-Boltzmann'sches Strahlungsgesetz (für den schwarzen Strahler)	$\Phi = \sigma \cdot A \cdot T^4$	Φ Strahlungsfluss (Energiestrom P) σ Stefan-Boltzmann-Konstante T Temperatur des Strahlers A Senderfläche

Quantenphysik

Energie E eines Lichtquants	$E = h \cdot f$	h Planck'sches Wirkungsquantum f Frequenz E_{kin} kinetische Energie f_g Grenzfrequenz c Lichtgeschwindigkeit λ Wellenlänge $h = 6{,}626\,068\,76 \cdot 10^{-34}\ \text{J} \cdot \text{s}$
Energiebilanz beim Fotoeffekt	$h \cdot f = E_{\text{kin}} + W_A$	
Austrittsarbeit W_A (Auslöseenergie E_A)	$W_A = h \cdot f_g$	
Masse m eines Lichtquants	$m = \dfrac{h \cdot f}{c^2}$	
Impuls p eines Lichtquants	$p = \dfrac{h}{\lambda}$	
Compton-Effekt – Energiebilanz – Wellenlängenänderung	$h \cdot f_0 = E_{\text{kin}} + h \cdot f$ $\Delta\lambda = \lambda_C (1 - \cos \vartheta)$ mit $\lambda_C = \dfrac{h}{m_e \cdot c}$	f_0 Frequenz des auftreffenden Quants f Frequenz des gestreuten Quants E_{kin} kinetische Energie des Elektrons λ_C Compton-Wellenlänge m_e Ruhmasse des Elektrons ϑ Streuwinkel $\lambda_C = 2{,}426\,310\,215 \cdot 10^{-12}\ \text{m}$

De-Broglie-Wellenlänge λ	$\lambda = \frac{h}{p} = \frac{h}{m \cdot v}$	p Impuls v Geschwindigkeit des Teilchens h Planck'sches Wirkungsquantum
Heisenberg'sche Unschärferelation	$\Delta x \cdot \Delta p_x \geq h$	Δx Unschärfe der Ortskoordinate Δp_x Unschärfe der Impulskoordinate ΔE Unschärfe der Energie Δt Unschärfe der Zeit h Planck'sches Wirkungsquantum
Energie – Zeit – Unschärfe-relation	$\Delta E \cdot \Delta t \geq h$	
Bohr'sche Frequenzbedingung	$h \cdot f = E_m - E_n = \Delta E$	ΔE abgegebener Energiebetrag n, m Bezeichnung der Energie-zustände des Atoms
Moseley-Gesetz	$f_{k_\alpha} = \frac{3}{4} R_H (Z-1)^2$	f_{k_α} Frequenz der k_α-Linie Z Ordnungszahl R_H Rydberg-Frequenz für das Wasserstoffatom $R_H = 3{,}289\,841\,960\,368 \cdot 10^{15}$ Hz
Spektrallinien für das H-Atom – Lyman-Serie – Balmer-Serie	$f = R_H \left(\frac{1}{n^2} - \frac{1}{m^2} \right)$ $n = 1;\ m = 2, 3, 4, \ldots$ $n = 2;\ m = 3, 4, 5, \ldots$	

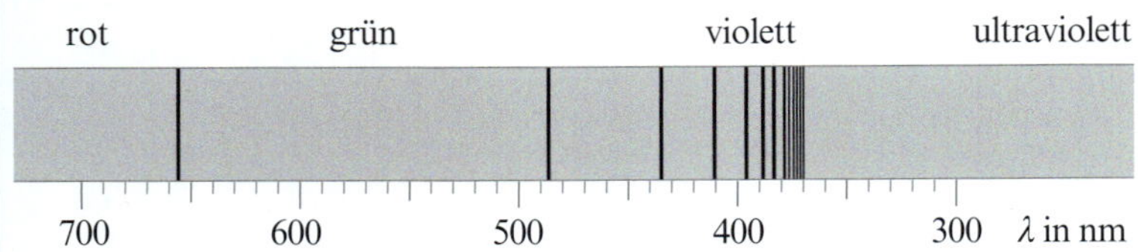

Austrittsarbeiten W_A (Auslöseenergie E_A) der Elektronen aus reinen Metalloberflächen

Metall	W_A in eV	Metall	W_A in eV	Metall	W_A in eV
Aluminium	4,20	Calcium	3,20	Platin	5,36
Barium	2,52	Gold	4,71	Wolfram	4,53
Cadmium	4,04	Eisen	4,63	Zink	3,95
Caesium	1,94	Magnesium	3,70	Zinn	4,39

Kernphysik

Beispiele für Halbwertszeiten $T_{1/2}$

Element	Radionuklid	Halbwertszeit	Element	Radionuklid	Halbwertszeit
Natrium	Na-22	2,6 Jahre	Iridium	Ir-192	73,8 Tage
Phosphor	P-29	4,1 Sekunden		Ir-195	2,5 Stunden
	P-32	14,5 Tage	Blei	Pb-210	22,5 Jahre
Cobalt	Co-60	5,3 Jahre	Radium	Ra-226	1600 Jahre
Krypton	Kr-85	10,7 Jahre			
Caesium	Cs-137	30,3 Jahre			

Größen und Einheiten der Kernphysik und im Strahlenschutz

Größe	Formelzeichen	Name der Einheit	Einheitenzeichen	Beziehungen zwischen den Einheiten
Aktivität	A	Becquerel	Bq	$1\ \mathrm{Bq} = \frac{1}{\mathrm{s}}$
Äquivalentdosis	H	Sievert rem	Sv rem	$1\ \mathrm{Sv} = 1\,\frac{\mathrm{J}}{\mathrm{kg}}$ $1\ \mathrm{rem} = 10^{-2}\ \mathrm{Sv}$
Energiedosis	D	Gray	Gy	$1\ \mathrm{Gy} = 1\,\frac{\mathrm{J}}{\mathrm{kg}}$
Ionendosis	J	Coulomb durch Kilogramm	$\frac{\mathrm{C}}{\mathrm{kg}}$	

Atomkerne und Strahlenschutz

Atomare Masseneinheit u	$1\ \mathrm{u} = \frac{1}{12}\, m_\mathrm{a}\,({}^{12}_{6}\mathrm{C})$	m_a	Atommasse
Relative Atommasse A_r	$A_\mathrm{r} = \frac{m_\mathrm{a}}{\mathrm{u}}$	m_a u	Atommasse atomare Masseneinheit
Massenzahl A	$A = Z + N$	Z N	Protonenanzahl Neutronenanzahl
Massendefekt	$\Delta m = (Z \cdot m_\mathrm{p} + N \cdot m_\mathrm{n}) - m_\mathrm{k}$	m_p m_n m_k	Masse eines Protons Masse eines Neutrons Gesamtmasse des Kerns
Kernbindungsenergie E_B	$E_\mathrm{B} = \Delta m \cdot c^2$	c	Lichtgeschwindigkeit
Halbwertszeit $T_{1/2}$ (t_H)	$T_{1/2} = \frac{\ln 2}{\lambda}$	λ N_0 N t	Zerfallskonstante Anzahl der Kerne zum Zeitpunkt $t = 0$ Anzahl der Kerne zum Zeitpunkt t Zeit
Zerfallsgesetz	$N = N_0 \cdot e^{-\lambda \cdot t}$ $N = N_0 \cdot \left(\frac{1}{2}\right)^{\frac{t}{T_{1/2}}}$		
Aktivität A eines Radionuklids	$A = \frac{\Delta N}{\Delta t};\ A = \lambda \cdot N$	ΔN	Anzahl der zerfallenen Kerne in der Zeitdauer Δt
Energiedosis D	$D = \frac{E}{m}$	E m	aufgen. Strahlungsenergie Masse des bestrahlten Körpers
Äquivalentdosis H	$H = D \cdot q$	D q	Energiedosis Bewertungsfaktor
Ionendosis	$J = \frac{Q}{m}$	Q m	Betrag der von ionisierender Strahlung in Luft gebildeten elektrischen Ladung Masse der Luft

Auszug aus der Nuklidkarte (vereinfacht)

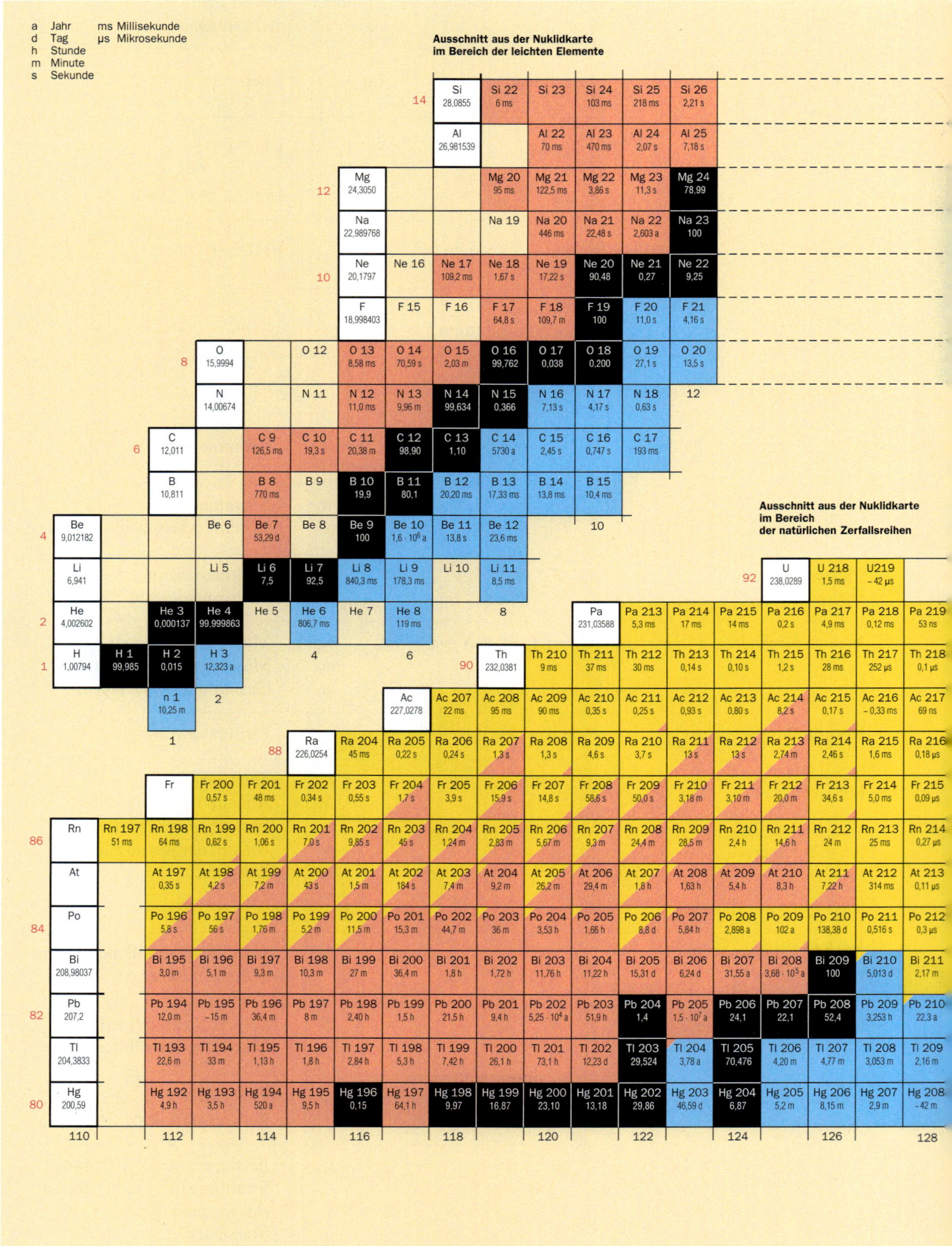

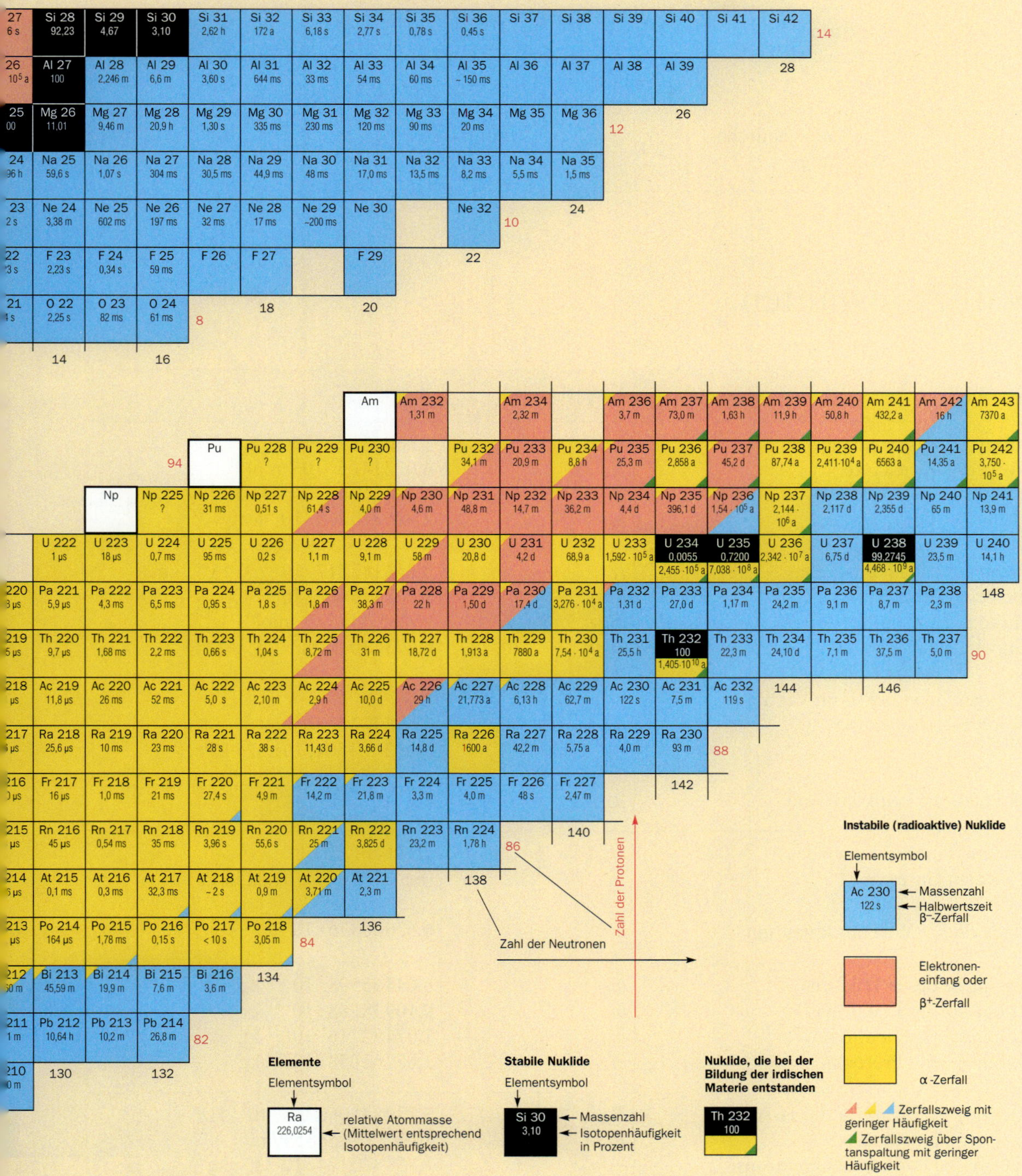

Nach: G. Pfennig, H. Klewe-Nebenius, W. Seelmann-Eggebert: Karlsruher Nuklidkarte. 6. Aufl. 1995, Copyright by Forschungszentrum Karlsruhe GmbH

Alpha-, Beta- und Gammastrahlung

Name	Art	Symbol	Elektrische Ladung	Massenzahl
α	Heliumkern	${}^{4}_{2}\mathrm{He}$	$+2e$	4
β^-	Elektron	${}^{0}_{-1}\mathrm{e}$	$-1e$	0
β^+	Positron	${}^{0}_{+1}\mathrm{e}$	$+1e$	0
γ	elektromagnetische Strahlung	${}^{0}_{0}\gamma$	ungeladen	0

Naturkonstanten

Konstante	Formelzeichen	Betrag
Atomare Masseneinheit	u	$1{,}660\,538\,73 \cdot 10^{-27}$ kg
Avogadro-Konstante	N_A	$6{,}022\,141\,5 \cdot 10^{23}\ \mathrm{mol}^{-1}$
Boltzmann-Konstante	k	$1{,}380\,650\,3 \cdot 10^{-23}\ \mathrm{J \cdot K^{-1}}$
Compton-Wellenlänge	λ_C	$2{,}426\,310\,215 \cdot 10^{-12}$ m
Elektrische Feldkonstante	ε_0	$8{,}854\,187\,817 \cdot 10^{-12}\ \mathrm{C \cdot V^{-1} \cdot m^{-1}}$
Elementarladung	e	$1{,}602\,176\,462 \cdot 10^{-19}$ C
Faraday-Konstante	F	$96\,485{,}341\,5\ \mathrm{C \cdot mol^{-1}}$
Gravitationskonstante	$G(\gamma)$	$6{,}673 \cdot 10^{-11}\ \mathrm{m^3 \cdot kg^{-1} \cdot s^{-2}}$
Lichtgeschwindigkeit im Vakuum	$c_0(c)$	$299\,792\,458\ \mathrm{m \cdot s^{-1}}$
Loschmidt-Konstante	$n_0(N_L, L)$	$2{,}686\,777\,5 \cdot 10^{25}\ \mathrm{m^{-3}}$ (bei 273,15 K; 101,325 kPa)
Magnetische Feldkonstante	μ_0	$4\pi \cdot 10^{-7}\ \mathrm{H \cdot m^{-1}}$
Molares Normvolumen des idealen Gases	$V_{m,0}$	$22{,}414\,1\ \mathrm{l \cdot mol^{-1}}$ (bei 273,15 K; 101,325 kPa)
Planck'sches Wirkungsquantum	h	$6{,}626\,068\,76 \cdot 10^{-34}\ \mathrm{J \cdot s}$
Ruhmasse des α-Teilchens	m_α	$6{,}644\,655\,98 \cdot 10^{-27}$ kg
Ruhmasse des Elektrons	m_e	$9{,}109\,381\,88 \cdot 10^{-31}$ kg
Ruhmasse des Neutrons	m_n	$1{,}674\,927\,16 \cdot 10^{-27}$ kg
Ruhmasse des Protons	m_p	$1{,}672\,621\,58 \cdot 10^{-27}$ kg
Rydberg-Frequenz für das H-Atom	R_H	$3{,}289\,841\,960\,368 \cdot 10^{15}$ Hz
Rydberg-Konstante	R_∞	$10\,973\,731{,}568\,549\ \mathrm{m^{-1}}$
Spezifische Ladung des Elektrons	$e \cdot m_e^{-1}$	$1{,}758\,820\,174 \cdot 10^{11}\ \mathrm{C \cdot kg^{-1}}$
Stefan-Boltzmann-Konstante	σ	$5{,}670\,400 \cdot 10^{-8}\ \mathrm{W \cdot m^{-2} \cdot K^{-4}}$
Temperatur des Tripelpunkts von Wasser	T_{tr}	273,16 K = 0,01 °C
Universelle Gaskonstante	R	$8{,}314\,472\ \mathrm{J \cdot K^{-1} \cdot mol^{-1}}$

Chemie

Übersichten zur Chemie

Chemische Elemente

Die Werte in eckigen Klammern geben die Atommassen der längstlebigen zurzeit bekannten Atomart des betreffenden Elements an.
Die Massenzahlen der Elemente sind nach der Häufigkeit der natürlich vorkommenden Isotope geordnet.

Element	Symbol	Ordnungszahl	Atommasse in u (gerundet)	Massenzahlen natürlicher Isotope	Oxidationszahlen (häufig auftretende)	Elektronegativitätswert
Actinium	Ac	89	227	227; 228	+3	1,1
Aluminium	Al	13	27	27	+3	1,5
Americium	Am	95	[243]		+3	1,3
Antimon	Sb	51	122	121; 123	+3; +5; −3	1,9
Argon	Ar	18	40	40; 36; 38	±0	
Arsen	As	33	75	75	+3; +5; −3	2,0
Astat	At	85	[210]	215; 216; 218	−1	2,2
Barium	Ba	56	137	138; 137; 136; 135; 134; 130; 132	+2	0,9
Berkelium	Bk	97	[247]		+3	1,3
Beryllium	Be	4	9	9	+2	1,5
Bismut	Bi	83	209	209	+3; −3	1,9
Blei	Pb	82	207	208; 206; 207; 204	+2; +4	1,8
Bor	B	5	11	11; 10	+3	2,0
Brom	Br	35	80	79; 81	+1; +5; −1	2,8
Cadmium	Cd	48	112,5	114; 112; 111; 110; 113; 116; 106; 108	+2	1,7
Caesium	Cs	55	113	133	+1	0,7
Calcium	Ca	20	40	40; 44; 42; 48; 43; 46	+2	1,0
Californium	Cf	98	[251]		+3	1,3
Cer	Ce	58	140	140; 142; 138; 136	+3	1,1
Chlor	Cl	17	35,5	35; 37	+1; +3; +5; +7; −1	3,0
Chrom	Cr	24	52	52; 53; 50; 54	+2; +3; +6	1,6
Cobalt	Co	27	59	59	+2; +3	1,8
Curium	Cm	96	[247]		+3	1,3
Dysprosium	Dy	66	162,5	164; 162; 163; 161; 160; 158; 156	+3	1,2
Einsteinium	Es	99	[252]			1,3
Eisen	Fe	26	56	56; 54; 57; 58	+2; +3; +6	1,8
Erbium	Er	68	167	166; 168; 167; 170; 164; 162	+3	1,2
Europium	Eu	63	152	153; 151	+3	1,2
Fermium	Fm	100	[257]			1,3
Fluor	F	9	19	19	−1	4,0
Francium	Fr	87	[223]	223	+1	0,7
Gadolinium	Gd	64	157	158; 160; 156; 157; 155; 154; 152	+3	1,1

Element	Symbol	Ordnungszahl	Atommasse in u (gerundet)	Massenzahlen natürlicher Isotope	Oxidationszahlen (häufig auftretende)	Elektronegativitätswert
Gallium	Ga	31	70	69; 71	+3	1,6
Germanium	Ge	32	72,5	74; 72; 70; 73; 76	+4	1,8
Gold	Au	79	197	197	+1; +3	2,4
Hafnium	Hf	72	178,5	180; 178; 177; 179; 176; 174	+4	1,3
Helium	He	2	4	4; 3	±0	
Holmium	Ho	67	165	165	+3	1,2
Indium	In	49	115	115; 113	+3	1,7
Iod	I	53	127	127	+1; +5; +7; −1	2,5
Iridium	Ir	77	192	193; 191	+3; +4	2,2
Kalium	K	19	39	39; 41; 40	+1	0,8
Kohlenstoff	C	6	12	12; 13	+2; +4; −2	2,5
Krypton	Kr	36	84	84; 86; 83; 82; 80; 78	±0	
Kupfer	Cu	29	63,5	63; 65	+1; +2	1,9
Lanthan	La	57	139	139; 138	+3	1,1
Lithium	Li	3	7	7; 6	+1	1,0
Lutetium	Lu	71	175	175; 176	+3	1,2
Magnesium	Mg	12	24	24; 26; 25	+2	1,2
Mangan	Mn	25	55	55	+2; +4; +6; +7	1,5
Molybdän	Mo	42	96	98; 96; 95; 92; 100; 97; 94	+6	1,8
Natrium	Na	11	23	23	+1	0,9
Neodym	Nd	60	144	142; 144; 146; 143; 145; 148; 150	+3	1,2
Neon	Ne	10	20	20; 22; 21	±0	
Neptunium	Np	93	[237]	237	+5	1,8
Nickel	Ni	28	59	58; 60; 62; 61; 64	+2	1,6
Niob	Nb	41	93	93	+5	
Osmium	Os	76	190	192; 190; 189; 188; 187; 186; 184	+4; +8	2,2
Palladium	Pd	46	106	106; 108; 105; 110; 104; 102	+2; +4	2,2
Phosphor	P	15	31	31	+3; +5; −3	2,1
Platin	Pt	78	195	195; 194; 196; 198; 192; 190	+2; +4	2,2
Plutonium	Pu	94	[244]	239	+4	1,3
Polonium	Po	84	[209]	209; 210; 211; 212; 214; 215; 216; 218	+4; −2	2,0
Praseodym	Pr	59	141	141	+3	1,1
Promethium	Pm	61	[145]	147	+3	1,2
Protactinium	Pa	91	231	231; 234	+5	1,5
Quecksilber	Hg	80	200,5	202; 200; 199; 201; 198; 204; 196	+1; +2	1,9
Radium	Ra	88	226	223; 224; 226; 228	+2	0,9
Radon	Rn	86	[222]	218; 219; 220; 222	±0	
Rhenium	Re	75	186	187; 185	+7	1,9
Rhodium	Rh	45	103	103	+3; +4	2,2
Rubidium	Rb	37	85,5	85; 87	+1	0,8
Ruthenium	Ru	44	101	102; 104; 101; 99; 100; 96; 98	+4; +8	2,2
Samarium	Sm	62	150	152; 154; 147; 149; 148; 150; 144	+3	1,2

Element	Symbol	Ordnungszahl	Atommasse in u (gerundet)	Massenzahlen natürlicher Isotope	Oxidationszahlen (häufig auftretende)	Elektronegativitätswert
Sauerstoff	O	8	16	16; 18; 17	−2	3,5
Scandium	Sc	21	45	45	+3	1,3
Schwefel	S	16	32	32; 34; 33; 36	+4; +6; −2	2,5
Selen	Se	34	79	80; 78; 82; 76; 77; 74	+4; +6; −2	2,4
Silber	Ag	47	108	107; 109	+1	1,9
Silicium	Si	14	28	28; 29; 30	+4; −4	1,8
Stickstoff	N	7	14	14; 15	+3; +5; −3	3,0
Strontium	Sr	38	87,5	88; 86; 87; 84	+2	1,0
Tantal	Ta	73	181	181; 180	+5	1,5
Technetium	Tc	43	[98]		+7	1,9
Tellur	Te	52	127,5	130; 128; 126; 125; 124; 122; 123; 120	+4; +6; −2	2,1
Terbium	Tb	65	159	159	+3	1,2
Thallium	Tl	81	204	205; 203	+3	1,8
Thorium	Th	90	232	227; 228; 230; 231; 234	+4	1,3
Thulium	Tm	69	169	169	+3	1,2
Titan	Ti	22	48	48; 46; 47; 49; 50	+4	1,5
Uran	U	92	238	238; 234; 235	+4; +5; +6	1,7
Vanadium	V	23	51	51; 50	+5	1,6
Wasserstoff	H	1	1	1; 2	+1; −1	2,1
Wolfram	W	74	184	184; 186; 182; 183; 180	+6	1,7
Xenon	Xe	54	131	132; 129; 131; 134; 136; 130; 128; 124; 126	±0	
Ytterbium	Yb	70	173	174; 172; 173; 171; 176; 170; 168	+3	1,1
Yttrium	Y	39	89	89	+3	1,3
Zink	Zn	30	65	64; 66; 68; 67; 70	+2	1,6
Zinn	Sn	50	119	120; 118; 116; 119; 117; 124; 122; 112; 114; 115	+2; +4	1,8
Zirconium	Zr	40	19	90; 94; 92; 91; 96	+4	1,4

Atom- und Ionenradien einiger Elemente

Symbol	Atomradius in 10^{-12} m	Ionenradius in 10^{-12} m	Symbol	Atomradius in 10^{-12} m	Ionenradius in 10^{-12} m	Symbol	Atomradius in 10^{-12} m	Ionenradius in 10^{-12} m
Al	143	50 (+3)	I	133	216 (−1)	S	104	184 (−2)
Ba	217	135 (+2)	K	231	133 (+1)	Se	117	198 (−2)
Be	112	31 (+2)	Cu	128	72 (+2)	Ag	144	126 (+1)
Br	114	195 (−1)	Li	152	60 (+1)	Si	117	41 (+4)
Cs	262	169 (+1)	Mg	160	65 (+2)	N	70	171 (−3)
Ca	197	97 (+2)	Na	186	95 (+1)	Sr	215	113 (+2)
Cl	99	181 (−1)	P	110	212 (−3)	Te	137	221 (−2)
Fe	124	64 (+3)	Rb	244	148 (+1)	Zn	133	74 (+2)
F	64	136 (−1)	O	66	140 (−2)			

Anorganische Stoffe (zers.: zersetzlich; subl.: sublimiert, [1] bei 101,3 kPa)

Name	Symbol/ Formel	Molare Masse M in $g \cdot mol^{-1}$ (gerundet)	Aggregatzustand bei 25 °C	Dichte ϱ in $g \cdot cm^{-3}$ bei 25 °C (* bei 0 °C)	Schmelztemperatur[1] ϑ_S in °C	Siedetemperatur[1] ϑ_V in °C
Aluminium	Al	27	s	2,70	660	2450
Aluminiumchlorid	$AlCl_3$	133	s	2,44	192,5 (u. Druck)	subl. bei 180
Aluminiumhydroxid	$Al(OH)_3$	78	s	2,42	zers. ab 170	–
Aluminiumoxid	Al_2O_3	102	s	3,90	2045	2980
Aluminiumsulfat-18-Wasser	$Al_2(SO_4)_3 \cdot 18\,H_2O$	666	s	1,69	zers. ab 86	–
Ammoniak	NH_3	17	g	0,77 $g \cdot l^{-1}$*	– 78	– 33
Ammoniumcarbonat-1-Wasser	$(NH_4)_2CO_3 \cdot H_2O$	114	s		zers. ab 58	–
Ammoniumchlorid	NH_4Cl	53,5	s	1,54	–	subl. bei 340
Ammoniumnitrat	NH_4NO_3	80	s	1,73	169	zers. ab 200
Ammoniumsulfat	$(NH_4)_2SO_4$	132	s	1,77	zers. ab 357	–
Argon	Ar	40	g	1,78 $g \cdot l^{-1}$*	– 189	– 186
Barium	Ba	137	s	3,50	714	1640
Bariumcarbonat	$BaCO_3$	197	s	4,40	zers. ab 1350	–
Bariumcholorid	$BaCl_2$	208	s	3,9	963	1562
Bariumhydroxid	$Ba(OH)_2$	171	s	4,5	408	–
Bariumsulfat	$BaSO_4$	233	s	4,48	1350	–
Blei	Pb	207	s	11,34	327	1740
Blei(II)-chlorid	$PbCl_2$	278	s	5,85	498	954
Blei(II)-oxid	PbO	223	s	9,53	890	1470
Blei(II, IV)-oxid	Pb_3O_4	685	s	9,10	zers. ab 500	–
Blei(IV)-oxid	PbO_2	239	s	9,37	zers. ab 290	–
Blei(II)-sulfat	$PbSO_4$	303	s	6,2	1170	–
Brom	Br_2	160	l	3,12	– 7	58,7
Bromwasserstoff	HBr	81	g	3,64 $g \cdot l^{-1}$*	– 87	– 67
Caesium	Cs	133	s	1,9	29	690
Calcium	Ca	40	s	1,55	838	1490
Calciumbromid	$CaBr_2$	200	s	3,35	730	810
Calciumcarbonat	$CaCO_3$	100	s	2,93	zers. ab 825	–
Calciumchlorid	$CaCl_2$	111	s	2,15	772	>1600
Calciumhydroxid	$Ca(OH)_2$	74	s	2,23	zers. ab 580	–
Calciumoxid	CaO	56	s	3,40	≈ 2570	2850
Calciumsulfat	$CaSO_4$	136	s	2,96	1450	–
Calciumsulfat-2-Wasser	$CaSO_4 \cdot 2\,H_2O$	172	s	2,32	zers. ab 100	–
Chlor	Cl_2	71	g	3,214 $g \cdot l^{-1}$*	– 101	– 35
Chlorwasserstoff	HCl	36,5	g	1,639 $g \cdot l^{-1}$*	– 112	– 85
Chrom	Cr	52	s	7,19	≈ 1900	2642
Chrom(III)-chlorid	$CrCl_3$	158	s	2,76	≈ 1150	subl. bei ≈ 1300
Chrom(III)-oxid	Cr_2O_3	152	s	5,21	2437	≈ 3000
Chrom(III)-sulfat-18-Wasser	$Cr_2(SO_4)_3 \cdot 18\,H_2O$	716	s	1,86	zers. ab 100	–
Cobalt	Co	59	s	8,90	1490	≈ 2900
Cobaltchlorid	$CoCl_2$	130	s	3,36	727	1050
Deuterium	D_2	4	g	0,170 $g \cdot l^{-1}$*	– 254,6	– 249,7
Deuteriumoxid	D_2O	20	l	1,11	3,8	101,4

Aggregatzustand: s = fest; l = flüssig; g = gasförmig

Name	Symbol/ Formel	Molare Masse M in $g \cdot mol^{-1}$ (gerundet)	Aggregat-zustand bei 25 °C	Dichte ϱ in $g \cdot cm^{-3}$ bei 25 °C (* bei 0 °C)	Schmelz-tempe-ratur[1] ϑ_S in °C	Siede-tempe-ratur[1] ϑ_V in °C
Eisen	Fe	56	s	7,86	1 540	≈ 3000
Eisen(III)-chlorid	$FeCl_3$	162	s	2,80	306	zers. ab 315
Eisen(III)-hydroxid	$Fe(OH)_3$	107	s	3,4 … 3,9	zers. ab 500	–
Eisen(II)-oxid	FeO	72	s	5,70	1 360	–
Eisen(III)-oxid	Fe_2O_3	160	s	5,24	zers. ab 1 560	–
Eisen(II, III)-oxid	Fe_3O_4	231,5	s	5,18	zers. ab 1 538	–
Eisen(II)-sulfat	$FeSO_4$	152	s	2,84	zers.	–
Eisen(II)-sulfid	FeS	88	s	4,84	1 195	zers.
Fluor	F_2	38	g	$1{,}69\ g \cdot l^{-1}$*	– 220	– 188
Fluorwasserstoff	HF	20	g	0,99 (l)	– 83	19
Gold	Au	197	s	19,3	1 063	2 970
Helium	He	4	g	$0{,}179\ g \cdot l^{-1}$*	– 270	– 269
Iod	I_2	254	s	4,94	114	182,8
Iodwasserstoff	HI	128	g	$5{,}79\ g \cdot l^{-1}$*	– 51	– 35
Kalium	K	39	s	0,86	64	760
Kaliumbromid	KBr	119	s	2,75	734	1 382
Kaliumcarbonat	K_2CO_3	138	s	2,43	897	zers.
Kaliumchlorid	KCl	74,5	s	1,98	770	1405
Kaliumfluorid	KF	58	s	2,48	857	1 502
Kaliumhydroxid	KOH	56	s	2,04	360	1 327
Kaliumiodid	KI	166	s	3,13	682	1 324
Kaliumnitrat	KNO_3	101	s	2,11	339	zers. ab 400
Kaliumnitrit	KNO_2	85	s	1,91	zers. ab 350	–
Kaliumpermanganat	$KMnO_4$	158	s	2,70	zers. ab 240	–
Kaliumsulfat	K_2SO_4	174	s	2,66	1 074	1 688
Kohlenstoff (Diamant)	C	12	s	3,51	ab 3 550	4 830
Kohlenstoff (Graphit)	C	12	s	2,26	3 730	4 830
Kohlenstoffdioxid	CO_2	44	g	$1{,}977\ g \cdot l^{-1}$*	– 57 (u. Druck)	subl. bei –79
Kohlenstoffdisulfid	CS_2	76	l	1,26	– 112	46
Kohlenstoffmonooxid	CO	28	g	$1{,}250\ g \cdot l^{-1}$*	– 205	– 192
Krypton	Kr	84	g	$3{,}71\ g \cdot l^{-1}$*	– 157	– 152
Kupfer	Cu	63,5	s	8,96	1 083	2 600
Kupfer(I)-chlorid	CuCl	99	s	3,53	432	1 490
Kupfer(II)-chlorid	$CuCl_2$	134,5	s	3,05	498	zers. ab 990
Kupfer(I)-oxid	Cu_2O	143	s	6,0	1 232	zers. ab 1800
Kupfer(II)-oxid	CuO	79,5	s	6,45	zers. ab 1 026	–
Kupfer(II)-sulfat	$CuSO_4$	159,5	s	3,61	200	zers. ab 650
Kupfersulfat-5-Wasser	$CuSO_2 \cdot 5\,H_2O$	249,5	s	2,3	zers. ab 250	–
Kupfer(II)-sulfid	CuS	95,5	s	4,6	zers. ab 200	–
Lithium	Li	7	s	0,534	180	1 372
Lithiumhydrid	LiH	8	s	0,82	680	–
Magnesium	Mg	24	s	1,74	650	1 110
Magnesiumchlorid	$MgCl_2$	95	s	2,32	712	1420
Magnesiumhydroxid	$Mg(OH)_2$	58	s	2,4	zers. ab 350	–
Magnesiumoxid	MgO	40	s	3,65	2 800	3 600
Magnesiumsulfat	$MgSO_4$	120	s	2,66	1 127	–
Mangan	Mn	55	s	7,43	1 244	≈ 2 100
Manganchlorid	$MnCl_2$	126	s	2,98	650	1 190
Mangan(IV)-oxid	MnO_2	87	s	5,03	535	zers.
Mangansulfat	$MnSO_4$	151	s	3,18	700	zers. bei 850

Name	Symbol/ Formel	Molare Masse M in $g \cdot mol^{-1}$ (gerundet)	Aggregatzustand bei 25 °C	Dichte ϱ in $g \cdot cm^{-3}$ bei 25 °C (* bei 0 °C)	Schmelztemperatur[1] ϑ_S in °C	Siedetemperatur[1] ϑ_V in °C
Natrium	Na	23	s	0,97	98	892
Natriumbromid	NaBr	103	s	3,21	747	1 390
Natriumcarbonat-10-Wasser	$Na_2CO_3 \cdot 10\,H_2O$	286	s	1,46	33	–
Natriumchlorid	NaCl	58,5	s	2,16	800	1465
Natriumhydrogencarbonat	$NaHCO_3$	84	s	2,159	270	zers. ab 65
Natriumhydroxid	NaOH	40	s	2,13	322	1 390
Natriumiodid	NaI	150	s	3,67	662	1 305
Natriumnitrat	$NaNO_3$	85	s	2,25	310	zers. ab 380
Natriumsulfat	Na_2SO_4	142	s	2,69	884	–
Neon	Ne	20	g	$0{,}899\,g \cdot l^{-1}$*	– 249	– 246
Ozon	O_3	48	g	$2{,}14\,g \cdot l^{-1}$*	– 193	– 111
Perchlorsäure	$HClO_4$	100,5	l	1,76	– 112	zers.
Phosphor (weiß)	P	31	s	1,82	44	280
Phosphor(V)-oxid	P_2O_5	142	s	2,40	566	subl. bei 358
Phosphorsäure	H_3PO_4	98	s	1,88	42	zers. ab 213
Platin	Pt	195	s	21,45	1770	3825
Quecksilber	Hg	200,5	l	13,53	– 39	357
Quecksilber(I)-chlorid	Hg_2Cl_2	472	s	7,15	302	384
Quecksilber(II)-oxid	HgO	216,5	s	11,14	zers. ab 500	–
Salpetersäure	HNO_3	63	l	1,51	– 47	86
Sauerstoff	O_2	32	g	$1{,}429\,g \cdot l^{-1}$*	– 219	– 183
Schwefel (amorph)	S	32	s	1,92	120	444,6
Schwefel (monoklin)	S	32	s	1,96	119	444,6
Schwefel (rhombisch)	S	32	s	2,07	113	444,6
Schwefeldioxid	SO_2	64	g	$2{,}926\,g \cdot l^{-1}$*	– 76	– 10
Schwefelsäure	H_2SO_4	98	l	1,83	11	zers. ab 338
Schwefeltrioxid (α)	SO_3	80	l	1,99	17	45
Silber	Ag	108	s	10,50	961	2212
Silberbromid	AgBr	188	s	6,47	430	zers. ab 700
Silberchlorid	AgCl	143	s	5,56	455	1 554
Silberiodid	AgI	235	s	5,71	557	1 506
Silbernitrat	$AgNO_3$	170	s	4,35	209	zers. ab 444
Silicium	Si	28	s	2,33	1410	2680
Siliciumdioxid (Quarz)	SiO_2	60	s	2,65	≈ 1470	2590
Stickstoff	N_2	28	g	$1{,}251\,g \cdot l^{-1}$*	– 210	– 195,8
Stickstoffdioxid	NO_2	46	g	1,49	– 11	21
Stickstoffmonooxid	NO	30	g	$1{,}340\,g \cdot l^{-1}$*	– 164	– 152
Strontium	Sr	88	s	2,58	757	1364
Wasser	H_2O	18	l	1,0	0	100
Wasserstoff	H_2	2	g	$0{,}0899\,g \cdot l^{-1}$*	– 259,3	– 252,8
Wasserstoffperoxid	H_2O_2	34	l	1,46	– 2	152
Xenon	Xe	131	g	$5{,}89\,g \cdot l^{-1}$*	– 112	– 108,0
Zink	Zn	65	s	7,14	419	906
Zinkchlorid	$ZnCl_2$	136	s	2,90	318	732
Zinkoxid	ZnO	81,5	s	5,47	1975 (u. Druck)	subl. bei 1800

Organische Stoffe (zers.: zersetzlich; subl.: sublimiert; [1] bei 101,3 kPa)

Name	Formel	Molare Masse M in $g \cdot mol^{-1}$ (gerundet)	Aggregat-zustand bei 25 °C	Dichte ϱ in $g \cdot cm^{-3}$ bei 25 °C (* bei 0 °C)	Schmelz-tempe-ratur[1] ϑ_S in °C	Siede-tempe-ratur[1] ϑ_V in °C
Acrylnitril	$CH_2{=}CH-CN$	53	l	0,81	−82	78
Aminobenzol (Anilin)	$-NH_2$	93	l	1,02	−6,2	184,4
2-Amino-ethansäure (Glycin)	$CH_2(NH_2)-COOH$	75	s	1,16	zer. ab 232	–
2-Amino-propan-säure (Alanin)	$CH_3-CH(NH_2)-COOH$	89	s	–	zers. ab 297	–
Anthracen	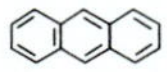	178	s	1,242	216	340
Benzaldehyd	$-CHO$	106	l	1,05	−26	178
Benzoesäure	$-COOH$	122	s	1,27 (15 °C)	121,7	249
Benzol (Benzen)		78	l	0,88	5,49	80,1
Benzolsulfonsäure	$-SO_3H$	158	s	–	≈ 60	–
Brenztraubensäure (2-Ketopropansäure)	$CH_3-\underset{\underset{O}{\Vert}}{C}-COOH$	88	l	1,26	11	165
Biphenyl	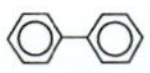	154	s	0,9896 (77 °C)	69	255
Brombenzol	$-Br$	157	l	1,495	−30,6	155,6
Bromethan	CH_3-CH_2-Br	109	l	1,46	−119	38,4
Brommethan	CH_3-Br	95	g	1,73 (0 °C)	−93,3	4,6
1,3-Butadien	$CH_2{=}CH-CH{=}CH_2$	54	g	0,65 (−6 °C)	−113	−4,75
Butan	$CH_3-(CH_2)_2-CH_3$	58	g	$2{,}703\ g \cdot l^{-1*}$	−135	−0,5
1-Butanol	$CH_3-(CH_2)_3-OH$	74	l	0,81	−89	117
2-Butanol	$CH_3-\underset{\underset{OH}{\vert}}{CH}-CH_2-CH_3$	74	l	0,81	−114	99
Butansäure (Buttersäure)	C_3H_7-COOH	88	l	0,96	−4,7	164
Butansäureethylester	$C_3H_7-COO-C_2H_5$	116	l	0,879 (20 °C)	−93,3	120
Chlorbenzol	$-Cl$	113	l	1,10	−45	132
Chlorethan	CH_3-CH_2-Cl	64,5	g	0,92 (6 °C)	−136,4	12,3
Chlorethen (Vinylchlorid)	$CH_2{=}CH-Cl$	62,5	g	0,97 (−13 °C)	−159,7	−13,5
Chlormethan	CH_3Cl	50,5	g	$2{,}31\ g \cdot l^{-1*}$	−97	−23,7
Citronensäure	$HO-\overset{\overset{CH_2-COOH}{\vert}}{\underset{\underset{CH_2-COOH}{\vert}}{C}}-COOH$	192	s	1,54	153	zers.
Cyclohexan	C_6H_{12}	84	l	0,779	6,6	80,8
Cyclohexen	C_6H_{10}	82	l	0,81	−104	83
1,2-Dibromethan	$Br-CH_2-CH_2-Br$	188	l	2,18	10	131,6
1,2-Dichlorbenzol	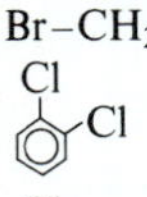	147	l	1,31	−17,5	179,2
1,3-Dichlorbenzol	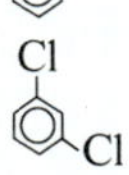	147	l	1,29	−24,4	172
1,4-Dichlorbenzol		147	s	1,26 (55 °C)	54	173,7
Dichlordifluormethan (Freon 12)	CCl_2F_2	121	g	1,468 (−30 °C)	−158	−30

Aggregatzustand: s = fest; l = flüssig; g = gasförmig

Name	Formel	Molare Masse M in $g \cdot mol^{-1}$ (gerundet)	Aggregatzustand bei 25 °C	Dichte ϱ in $g \cdot cm^{-3}$ bei 25 °C (* bei 0 °C)	Schmelztemperatur [1] ϑ_S in °C	Siedetemperatur [1] ϑ_V in °C
1,2-Dichlorethan	$Cl{-}CH_2{-}CH_2{-}Cl$	99	l	1,26	−35,5	83,7
Dichlormethan	$Cl{-}CH_2{-}Cl$	85	l	1,34	−96,7	40,7
Diethylether	$C_2H_5{-}O{-}C_2H_5$	74	l	0,714	−116,3	34,5
1,2-Dihydroxybenzol (Benzcatechin)	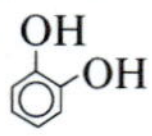	110	s	1,344	103	246
1,3-Dihydroxybenzol (Resorcin)	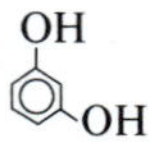	110	s	1,271 (15 °C)	110	280
1,4-Dihydroxybenzol (p-Hydrochinon)		110	s	1,358	170	286
1,2-Dimethylbenzol (o-Xylol)	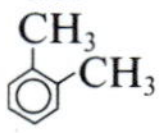	106	l	0,875	−25	144
1,3-Dimethylbenzol (m-Xylol)	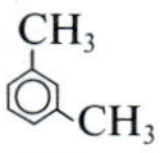	106	l	0,864	−48	139
1,4-Dimethylbenzol (p-Xylol)	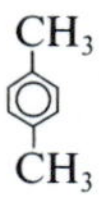	106	l	0,861	13	138
Ethan	$CH_3{-}CH_3$	30	g	1,356 $g \cdot l^{-1}$*	−183,2	−88,5
Ethanal (Acetaldehyd)	CH_3CHO	44	g	0,788 (13 °C)	−123	20,2
Ethanol	C_2H_5OH	46	l	0,79	−114,2	78,4
Ethansäure (Essigsäure)	CH_3COOH	60	l	1,05	16,6	118,1
Ethansäureethylester	$CH_3{-}COO{-}C_2H_5$	88	l	0,899	−83,6	77,1
Ethansäuremethylester	$CH_3{-}COO{-}CH_3$	74	l	0,92	−98	56,9
Ethen (Ethylen)	$CH_2{=}CH_2$	28	g	1,260 $g \cdot l^{-1}$*	−169,5	−103,9
Ethin (Acetylen)	$CH{\equiv}CH$	26	g	1,17 $g \cdot l^{-1}$*	−81,8	−83,8
Ethylbenzol	$-CH_2{-}CH_3$	106	l	0,87	−93,9	136,2
Ethylenglykol (Glykol)	$HO{-}CH_2{-}CH_2{-}OH$	62	l	1,113	−12,9	197,8
Furan		68	l	0,94	−86	32
Glucose (Traubenzucker)	$C_6H_{12}O_6$	180	s	1,54	146	zers. ab 200
Glycerin (Gycerol)	$CH_2{-}CH{-}CH_2$ (je OH an jedem C: OH OH OH)	92	l	1,26	18	zers. bei 290
Harnstoff	$CO(NH_2)_2$	60	s	1,34	132,7	zers.
Heptan	$CH_3{-}(CH_2)_5{-}CH_3$	100	l	0,68	−90	98
l-Hepten	$CH_2{=}CH{-}(CH_2)_4{-}CH_3$	98	l	0,70	−119	94
Hexachlorcyclohexan (Lindan)	$C_6H_6Cl_6$	291	s	1,85	113	323
Hexadekansäure (Palmitinsäure)	$CH_3{-}(CH_2)_{14}{-}COOH$	256	s	0,85 (62 °C)	62,6	219 (2,7 kPa)
Hexan	$CH_3{-}(CH_2)_4{-}CH_3$	86	l	0,659	−94,3	68,7
l-Hexen	C_6H_{12}	84	l	0,6732	−139,8	63,5
l-Hexin	C_6H_{10}	82	l	0,719 (15 °C)	−124	71,5
2-Hydroxybenzoesäure (Salicylsäure)	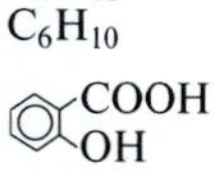	138	s	144	159	sub. zers. 200 °C
Isopropylbenzol (Cumol)	$C_6H_5{-}CH(CH_3)_2$	120	l	0,86	−97	153

Name	Formel	Molare Masse M in $g \cdot mol^{-1}$ (gerundet)	Aggregatzustand bei 25 °C	Dichte ϱ in $g \cdot cm^{-3}$ bei 25 °C (* bei 0 °C)	Schmelztemperatur[1] ϑ_S in °C	Siedetemperatur[1] ϑ_V in °C
Methan	CH_4	16	g	$0{,}717\ g \cdot l^{-1}$*	−182,5	−161,4
Methanal (Formaldehyd)	$HCHO$	30	g	0,82 (−20 °C)	−92	−21
Methanol	CH_3OH	32	l	0,79	−97,7	64,7
Methansäure (Ameisensäure)	$HCOOH$	46	l	1,22	8,4	100,5
Methylbenzol (Toluol)		92	l	0,87 (15 °C)	−95,3	110,8
2-Methylpropan (Isobutan)	$(CH_3)_2-CH-CH_3$	58	g	$2{,}67\ g \cdot l^{-1}$*	−145	−11,7
2-Methyl-2-propanol	$(CH_3)_3C-OH$	74	l	0,78	24	82
Milchsäure (2-Hydroxypropansäure)	$CH_3-\underset{\overset{\vert}{OH}}{CH}-COOH$	90	l	1,21	18	119 zers.
Naphthalin	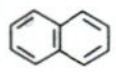	128	s	1,168 (22 °C)	80,4	217,9
Nitrobenzol	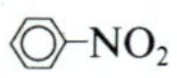	123	l	1,20	5,7	210,9
Octadecansäure (Stearinsäure)	$CH_3-(CH_2)_{16}-COOH$	284,5	s	0,84 (80 °C)	69,4	291 (u. Druck)
Octadecen-(9)-säure (Ölsäure)	$C_{17}H_{33}COOH$	282,5	l	0,89 (25 °C)	14	205
Octan	$CH_3-(CH_2)_6-CH_3$	114	l	0,7024	−56,5	125,8
Oxalsäure (Ethandisäure)	$HOOC-COOH$	90	s	1,901 (25 °C)	189,5	subl.
Pentan	$CH_3-(CH_2)_3-CH_3$	72	l	0,6337 (15 °C)	−129,7	36,2
Phenol	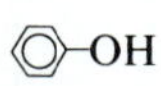	94	s	1,05 (45 °C)	41	181,4
Phthalsäure		166	s	1,59	210	zers. ab 231
Propan	$CH_3-CH_2-CH_3$	44	g	$2{,}01\ g \cdot l^{-1}$*	−187,1	−42,1
1-Propanol	$CH_3-(CH_2)_2-OH$	60	l	0,8035	−126	97,2
2-Propanol	$CH_3-\underset{\overset{\vert}{OH}}{CH}-CH_3$	60	l	0,7854	−89,5	82
Propanon (Aceton)	$CH_3-CO-CH_3$	58	l	0,79	−95	56,1
Propen (Propylen)	$CH_3-CH=CH_2$	42	g	$1{,}937\ g \cdot l^{-1}$*	−185,2	−47,7
Propin	$CH_3-C \equiv CH$	40	g	$1{,}787\ g \cdot l^{-1}$*	−102	−23,3
Terephthalsäure	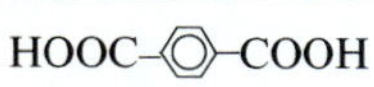	166	s	1,51	subl.	subl. bei ≈ 300
Tetrachlormethan (Tetrachlorkohlenstoff)	CCl_4	154	l	1,60	−22,9	76,7
Thiophen		84	l	1,06	−38	84
Trichlormethan (Chloroform)	$CHCl_3$	119,5	l	1,50 (15 °C)	−63,5	61,2
Triiodmethan (Iodoform)	CHI_3	394	s	4,008 (17 °C)	119	subl.
1,3,5-Trimethylbenzol	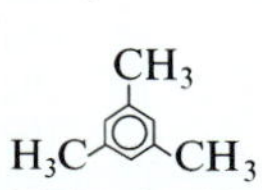	120	l	0,86	−44	164
2,2,4-Trimethylpentan (Isooctan)	$(CH_3)_3C-CH_2-CH(CH_3)_2$	114	l	0,69	−107	99
Vinylbenzol (Styrol, Styren)	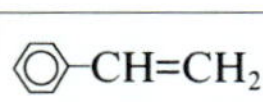	104	l	0,91	−31	145

Molare Standardgrößen – Anorganische Verbindungen

Tabellierungsbedingungen für molare Standardgrößen: 25 °C (298 K) und 101,3 kPa;
$\Delta_B H_m^\ominus$: molare Standardbildungsenthalpie; $\Delta_B G_m^\ominus$: molare freie Standardbildungsenthalpie;
$S_m^\ominus$: molare Standardentropie

Name	Symbol/ Formel	Aggregat-zustand	$\Delta_B H_m^\ominus$ in $kJ \cdot mol^{-1}$	$\Delta_B G_m^\ominus$ in $kJ \cdot mol^{-1}$	$S_m^\ominus$ in $J \cdot K^{-1} \cdot mol^{-1}$
Aluminium	Al	s	0	0	28
Aluminium-Ionen	Al^{3+}	aq	−525	−481	−322
Aluminiumchlorid	$AlCl_3$	s	−706	−630	109
Aluminiumoxid	Al_2O_3	s	−1 676	−1 582	51
Ammoniak	NH_3	g	−46	−16	193
Ammoniaklösung	NH_3	aq	−80	−26	111
Ammonium-Ionen	NH_4^+	aq	−132	−79	113
Ammoniumchlorid	NH_4Cl	s	−315	−203	95
Ammoniumnitrat	NH_4NO_3	s	−366	−184	151
Barium-Ionen	Ba^{2+}	aq	−538	−561	10
Bariumchlorid	$BaCl_2$	s	−859	−810	124
Blei	Pb	s	0	0	65
Blei(II)-Ionen	Pb^{2+}	aq	−2	−24	10
Blei(II)-chlorid	$PbCl_2$	s	−359	−314	136
Blei(II)-oxid (rot)	PbO	s	−219	−189	66
Blei(II)-sulfat	$PbSO_4$	s	−923	−816	148
Blei(II)-sulfid	PbS	s	−99	−97	91
Brom	Br_2	g	31	3	245
Brom	Br_2	l	0	0	152
Brom-Atome	Br	g	112	82	175
Bromid-Ionen	Br^-	aq	−122	−104	82
Bromwasserstoff	HBr	g	−36	−53	199
Bromwasserstoffsäure	HBr	aq	−122	−104	82
Calcium-Ionen	Ca^{2+}	aq	−543	−554	−53
Calciumcarbonat	$CaCO_3$	s	−1207	−1129	93
Calciumchlorid	$CaCl_2$	s	−796	−748	105
Calciumchlorid-6-Wasser	$CaCl_2 \cdot 6\,H_2O$	s	−2 609		
Calciumoxid	CaO	s	−635	−604	38
Calciumsulfat	$CaSO_4$	s	−1 434	−1 322	107
Calciumsulfat-1/2-Wasser	$CaSO_4 \cdot 1/2\,H_2O$	s	−1 577	−1 437	130
Calciumsulfat-2-Wasser	$CaSO_4 \cdot 2\,H_2O$	s	−2 023	−1 797	194
Carbonat-Ionen	CO_3^{2-}	aq	−677	−528	−57
Chlor	Cl_2	g	0	0	223
Chlor-Atome	Cl	g	121	105	165
Chlorid-Ionen	Cl^-	aq	−167	−131	56
Chlorwasserstoff	HCl	g	−92	−95	187
Chlorwasserstoffsäure (Salzsäure)	HCl	aq	−167	−131	56
Distickstoffpentaoxid	N_2O_5	g	11	118	347
Distickstofftetraoxid	N_2O_4	g	9	98	304
Eisen	Fe	s	0	0	27
Eisen(II)-Ionen	Fe^{2+}	aq	−89	−79	−138
Eisen(III)-Ionen	Fe^{3+}	aq	−49	−5	−316
Eisen(III)-chlorid	$FeCl_3$	s	−399	−334	142
Eisen(II)-oxid	FeO	s	−272	−251	61
Eisen(III)-oxid (Hämatit)	Fe_2O_3	s	−824	−742	87
Eisen(II, III)-oxid	Fe_3O_4	s	−1 118	−1 015	146
Eisen(II)-sulfid	FeS	s	−102	−102	60
Eisen(II)-sulfid (Pyrit)	FeS_2	s	−172	−160	53
Fluor	F_2	g	0	0	203
Fluor-Atome	F	g	79	62	159
Fluorid-Ionen	F^-	aq	−333	−279	−14
Fluorwasserstoff	HF	g	−273	−275	174

Aggregatzustand: s = fest; l = flüssig; g = gasförmig; aq = in wässriger Lösung bei $c = 1\ mol \cdot l^{-1}$

Name	Symbol/ Formel	Aggregat-zustand	$\Delta_B H_m^\ominus$ in $kJ \cdot mol^{-1}$	$\Delta_B G_m^\ominus$ in $kJ \cdot mol^{-1}$	$S_m^\ominus$ in $J \cdot K^{-1} \cdot mol^{-1}$
Hydronium-Ionen	H_3O^+	aq	−286	−237	70
Hydroxid-Ionen	OH^-	aq	−230	−157	−11
Iod	I_2	g	62	19	261
Iod	I_2	s	0	0	116
Iod-Atome	I	g	107	70	181
Iodid-Ionen	I^-	aq	−55	−52	111
Iodwasserstoff	HI	g	26	2	207
Kalium	K	s	0	0	65
Kalium-Atome	K	g	89	60	160
Kalium-Ionen	K^+	aq	−252	−283	102
Kaliumbromid	KBr	s	−394	−380	96
Kaliumcarbonat	K_2CO_3	s	−1150	−1065	156
Kaliumchlorid	KCl	s	−437	−409	83
Kaliumhydroxid	KOH	s	−425	−379	79
Kaliumiodid	KI	s	−328	−323	106
Kaliumnitrat	KNO_3	s	−495	−395	133
Kaliumoxid	K_2O	s	−361	−323	102
Kaliumpermanganat	$KMnO_4$	s	−813	−714	172
Kohlenstoff (Diamant)	C	s	2	3	2
Kohlenstoff (Graphit)	C	s	0	0	6
Kohlenstoff-Atome	C	g	717	671	158
Kohlenstoffdioxid	CO_2	g	−394	−394	214
Kohlenstoffdisulfid	CS_2	g	117	67	238
Kohlenstoffdisulfid	CS_2	l	90	65	151
Kohlenstoffmonooxid	CO	g	−111	−137	198
Kupfer	Cu	s	0	0	33
Kupfer-Atome	Cu	g	338	298	166
Kupfer(I)-Ionen	Cu^+	aq	72	50	41
Kupfer(II)-Ionen	Cu^{2+}	aq	65	66	−100
Kupfer(II)-chlorid	$CuCl_2$	s	−218	−174	108
Kupfer(I)-oxid	Cu_2O	s	−171	−148	92
Kupfer(II)-oxid	CuO	s	−156	−128	43
Kupfer(II)-sulfat	$CuSO_4$	s	−771	−662	109
Kupfer(II)-sulfat-5-Wasser	$CuSO_4 \cdot 5\,H_2O$	s	−2280	−1880	300
Kupfer(II)-sulfid	CuS	s	−53	−53	66
Lithium	Li	s	0	0	29
Lithium-Ionen	Li^+	aq	−279	−293	−13
Lithiumoxid	Li_2O	s	−599	−562	38
Magnesium	Mg	s	0	0	33
Magnesium-Atome	Mg	g	146	112	149
Magnesium-Ionen	Mg^{2+}	aq	−467	−455	−138
Magnesiumchlorid	$MgCl_2$	s	−642	−592	90
Magnesiumoxid	MgO	s	−601	−569	27
Mangan(II)-Ionen	Mn^{2+}	aq	−221	−228	−74
Mangan(II)-oxid	MnO	s	−385	−363	60
Mangan(IV)-oxid	MnO_2	s	−520	−465	53
Natrium	Na	s	0	0	51
Natrium-Atome	Na	g	107	77	154
Natrium-Ionen	Na^+	g	611	573	148
Natrium-Ionen	Na^+	aq	−240	−262	59
Natriumbromid	NaBr	s	−361	−349	87
Natriumcarbonat	Na_2CO_3	s	−1131	−1048	139
Natriumcarbonat-10-Wasser	$Na_2CO_3 \cdot 10\,H_2O$	s	−4085		
Natriumchlorid	NaCl	g	−181	−201	230
Natriumchlorid	NaCl	s	−411	−384	72
Natriumhydroxid	NaOH	s	−426	−380	64
Natriumiodid	NaI	s	−288	−285	98
Natriumnitrat	$NaNO_3$	s	−468	−367	116
Natriumoxid	Na_2O	s	−418	−379	75
Natriumperoxid	Na_2O_2	s	−513	−450	95

Name	Symbol/ Formel	Aggregat-zustand	$\Delta_B H_m^\ominus$ in $kJ \cdot mol^{-1}$	$\Delta_B G_m^\ominus$ in $kJ \cdot mol^{-1}$	$S_m^\ominus$ in $J \cdot K^{-1} \cdot mol^{-1}$
Natriumsulfat	Na_2SO_4	s	−1388	−1270	150
Natriumsulfat-10-Wasser	$Na_2SO_4 \cdot 10\,H_2O$	s	−4324	−3644	593
Nitrat-Ionen	NO_3^-	aq	−205	−109	146
Ozon	O_3	g	143	164	239
Permanganat-Ionen	MnO_4^-	aq	−541	−447	191
Phosphat-Ionen	PO_4^{3-}	aq	−1277	−1019	−222
Phosphor (weiß)	P	s	0	0	41
Phosphor (rot)	P	s	−17	−12	23
Phosphor	P_4	g	59	24,5	280
Phosphor(V)-oxid (dimer)	P_4O_{10}	s	−3010	−2723	229
Phosphorsäure	H_3PO_4	s	−1279	−1119	110
Quecksilber(II)-chlorid	$HgCl_2$	s	−230	−184	144
Quecksilber(II)-oxid (rot)	HgO	s	−91	−59	70
Salpetersäure	HNO_3	g	−134	−74	266
Salpetersäure	HNO_3	l	−174	−81	156
Sauerstoff	O_2	g	0	0	205
Sauerstoff-Atome	O	g	249	232	161
Schwefel (rhombisch)	S	s	0	0	32
Schwefel (monoklin)	S	s	0,4	0,1	33
Schwefel	S_8	g	100	49	430
Schwefeldioxid	SO_2	g	−297	−300	248
Schwefelsäure	H_2SO_4	l	−814	−690	157
Schwefeltrioxid	SO_3	g	−396	−371	257
Schwefelwasserstoff	H_2S	g	−21	−33	206
Sulfat-Ionen	SO_4^{2-}	aq	−909	−744	20
Sulfid-Ionen	S^{2-}	aq	33	86	−15
Sulfit-Ionen	SO_3^{2-}	aq	−625		44
Silber	Ag	s	0	0	43
Silber-Atome	Ag	g	284	245	173
Silber-Ionen	Ag^+	aq	106	77	73
Silberbromid	AgBr	s	−101	−97	107
Silberchlorid	AgCl	s	−127	−110	96
Silberiodid	AgI	s	−62	−66	115
Silbersulfid	Ag_2S	s	−33	−41	144
Siliciumdioxid (Quartz)	SiO_2	s	−911	−856	41
Stickstoff	N_2	g	0	0	192
Stickstoff-Atome	N	g	473	456	153
Stickstoffdioxid	NO_2	g	33	51	240
Stickstoffmonooxid	NO	g	90	87	211
Thiosulfat-Ionen	$S_2O_3^{2-}$	aq	−645		121
Tetraamminkupfer(II)-Ionen	$[Cu(NH_3)_4]^{2+}$	aq	334	−256	807
Wasser	H_2O	g	−242	−229	189
Wasser	H_2O	l	−286	−237	70
Wasserstoff	H_2	g	0	0	131
Wasserstoff-Atome	H	g	218	203	115
Wasserstoff-Ionen	H^+	aq	0	0	0
Wasserstoffperoxid	H_2O_2	l	−188	−120	110
Zink	Zn	s	0	0	42
Zink-Atome	Zn	g	130	95	161
Zink-Ionen	Zn^{2+}	aq	−154	−147	−112
Zinkchlorid	$ZnCl_2$	s	−415	−369	111
Zinkiodid	ZnI_2	s	−208	−209	161
Zinkoxid	ZnO	s	−350	−320	44

Molare Standardgrößen – Organische Verbindungen

Tabellierungsbedingungen für molare Standardgrößen: 25 °C (298 K) und 101,3 kPa;
$\Delta_B H_m^\ominus$: molare Standardbildungsenthalpie; $\Delta_B G_m^\ominus$: molare freie Standardbildungsenthalpie;
$S_m^\ominus$: molare Standardentropie; $\Delta_V H_m^\ominus$: molare Standardverbrennungsenthalpie

Name	Formel	Aggregat-zustand	$\Delta_B H_m^\ominus$ in $kJ \cdot mol^{-1}$	$\Delta_B G_m^\ominus$ in $kJ \cdot mol^{-1}$	$S_m^\ominus$ in $J \cdot K^{-1} \cdot mol^{-1}$	$\Delta_V H_m^\ominus$ in $kJ \cdot mol^{-1}$
Aminobenzol (Anilin)	$C_6H_5NH_2$	l	31	148	192	
Acetat-Ionen	CH_3COO^-	aq	– 486	– 368	86	
Benzoesäure	C_6H_5COOH	s	– 385	– 245	167	– 3 221
Benzol		g	83	130	269	– 3 265 (l)
Benzol		l	49	125	173	
Brommethan	CH_3Br	g	– 36	– 27	246	
1,3-Butadien	$CH_2{=}CHCH{=}CH_2$	g	110	151	279	
Butan	$CH_3(CH_2)_2CH_3$	g	– 126	– 17	310	– 2 874
1-Buten	C_4H_8	g	0	71	306	– 271,5
Campher	$C_{10}H_{16}O$	s				– 5 910
Chlormethan	CH_3Cl	g	– 86	– 63	235	
Cyclohexan	C_6H_{12}	g	– 123	32	298	– 3 916 (l)
Cyclohexan	C_6H_{12}	l	– 156	27	204	
Essigsäureethylester	$CH_3COOC_2H_5$	l	– 479	– 333	259	
Ethan	C_2H_6	g	– 85	– 33	230	– 1 557
Ethanal (Acetaldehyd)	CH_3CHO	g	– 166	– 133	264	– 1 191
Ethanol	C_2H_5OH	l	– 277	– 174	161	– 1 364
Ethansäure (Essigsäure)	CH_3COOH	l	– 484	– 389	160	– 872
Ethen	C_2H_4	g	52	68	219	– 1 409
Ethin	C_2H_2	g	227	209	201	– 1 299
Ethylenglykol (Glykol)	$HO–CH_2–CH_2–OH$	l	– 454	– 327	179	
Fluormethan	CH_3F	g	– 234	– 210	223	
Formiat-Ionen	$HCOO^-$	aq	– 426	– 351	92	
α-D-Glucose	$C_6H_{12}O_6$	s	– 1 274	– 910	212	– 2 820
Glycerin	$C_3H_5(OH)_3$	l	– 666	– 480	205	– 1 650
Glycin	NH_2CH_2COOH	s	– 529	– 369	104	
Harnstoff	$CO(NH_2)_2$	s	– 333	– 197	105	
Heptan	C_7H_{16}	l	– 224	1	329	
Heptan	C_7H_{16}	g	– 188	8	428	
Hexan	C_6H_{14}	l	– 199	– 4	296	– 4 158
Hexan	C_6H_{14}	g	– 167	0	389	
Methan	CH_4	g	– 75	– 51	186	– 889
Methanal (Formaldehyd)	$HCHO$	g	– 116	– 110	219	– 563
Methanol	CH_3OH	g	– 201	– 162	240	– 725 (l)
Methanol	CH_3OH	l	– 239	– 166	127	
Methansäure (Ameisensäure)	$HCOOH$	l	– 425	– 361	129	– 270
Methansäure (Ameisensäure)	$HCOOH$	aq	– 426	– 351	92	
Methylbenzol (Toluol)	$–CH_3$	l	12	114	221	– 3 907
Nitrobenzol	$–NO_2$	l	16	146	224	
Nonan	C_9H_{20}	g	– 229	25	506	– 6 118
Nonan	C_9H_{20}	l	– 275	12	394	
Octan	C_8H_{18}	g	– 208	17	467	
Octan	C_8H_{18}	l	– 250	7	361	– 5 464
Palmitinsäure	$C_{15}H_{31}COOH$	s	– 903	– 315	476	

Aggregatzustand: s = fest; l = flüssig; g = gasförmig; aq = in wässriger Lösung bei $c = 1\ mol \cdot l^{-1}$

Name	Formel	Aggregat-zustand	$\Delta_B H_m^\ominus$ in $kJ \cdot mol^{-1}$	$\Delta_B G_m^\ominus$ in $kJ \cdot mol^{-1}$	$S_m^\ominus$ in $J \cdot K^{-1} \cdot mol^{-1}$	$\Delta_V H_m^\ominus$ in $kJ \cdot mol^{-1}$
Pentan	C_5H_{12}	g	– 146	– 8	349	
Pentan	C_5H_{12}	l	– 173	– 9	263	– 3509
Phenol	⌬–OH	s	– 165	– 50	144	– 3050
Propan	C_3H_8	g	– 104	– 23	270	– 2217
Propanol	CH_3CH_2CHO	g	– 192	– 131	305	– 1815 (l)
1-Propanol	C_3H_7OH	g	– 258	– 163	325	– 2016
2-Propanol	C_3H_7OH	g	– 272	– 173	310	– 2003
2-Propanol	C_3H_7OH	l	– 318	– 180	180	
Propanon (Aceton)	CH_3COCH_3	l	– 248	– 155	200	– 1785
Propen	$CH_3CH{=}CH_2$	g	20	63	267	– 2056
Propin	$CH_3C{\equiv}CH$	g	185	194	248	– 1936
Saccharose	$C_{12}H_{22}O_{11}$	s	– 2222	– 1544	360	– 5650
Stearinsäure	$C_{17}H_{35}COOH$	s	– 949			– 11298
Tetrabrommethan	CBr_4	g	50	36	358	
Tetrachlormethan	CCl_4	l	– 133	– 63	216	
Tetrachlormethan	CCl_4	g	– 100	– 58	310	
Trichlormethan (Chloroform)	$CHCl_3$	g	– 101	– 68	296	
Trichlormethan (Chloroform)	$CHCl_3$	l	– 132	– 71	203	
Triiodmethan (Iodoform)	CHI_3	g	220	187	356	

Griechische Zahlwörter in der chemischen Nomenklatur

Ziffer	Zahlwort	Ziffer	Zahlwort	Ziffer	Zahlwort
1/2	hemi	7	hepta	14	tetradeca
1	mono	8	octa	15	pentadeca
2	di, bis	9	nona	16	hexadeca
3	tri	10	deca	17	heptadeca
4	tetra	11	undeca	18	octadeca
5	penta	12	dodeca	19	enneadeca
6	hexa	13	trideca	20	eicosa

Massenanteil und Dichte von sauren und alkalischen Lösungen

Lösung	Verdünnte Lösung *gesättigte Lösung bei 20 °C			Konzentrierte Lösung		
	Massenanteil in %	Dichte bei 20 °C in $g \cdot cm^{-3}$	Stoffmengenkonzentration in $mol \cdot l^{-1}$	Massenanteil in %	Dichte bei 20 °C in $g \cdot cm^{-3}$	Stoffmengenkonzentration in $mol \cdot l^{-1}$
Salzsäure	7	1,033	2	37	1,18	12
Schwelfelsäure	9	1,059	1	96	1,84	17,97
Salpetersäure	12	1,066	2	65	1,39	14,35
Phosphorsäure	10	1,05	1,1	85	1,69	14,65
Essigsäure	12	1,015	2	98	1,05	17,22
Natronlauge	8	1,087	2,2	32	1,35	10,79
Kalilauge	11	1,1	2,2	27	1,26	6,12
Kalkwasser	0,12*	1,001*	0,017*			
Barytwasser	1,8	1,04*	0,11*			
Ammoniaklösung	3	0,987	1,7	25	0,91	13,35

Molare Gitterenthalpie $\Delta_G H_m$ von Ionensubstanzen bei 25 °C

Verbindung	$\Delta_G H_m$ in $kJ \cdot mol^{-1}$	Verbindung	$\Delta_G H_m$ in $kJ \cdot mol^{-1}$	Verbindung	$\Delta_G H_m$ in $kJ \cdot mol^{-1}$	Verbindung	$\Delta_G H_m$ in $kJ \cdot mol^{-1}$
LiF	−1039	NaCl	−780	CaF_2	−2617	MgO	−3929
LiCl	−850	KCl	−710	$CaCl_2$	−2231	CaO	−3477
LiBr	−802	RbCl	−686	$CaBr_2$	−2134	SrO	−3205
LiI	−742	CsCl	−651	CaI_2	−2043	BaO	−3042

Molare Hydratationsenthalpie $\Delta_H H_m$ einiger Ionen bei 25 °C

Ion	$\Delta_H H_m$ in $kJ \cdot mol^{-1}$	Ion	$\Delta_H H_m$ in $kJ \cdot mol^{-1}$	Ion	$\Delta_H H_m$ in $kJ \cdot mol^{-1}$
H_3O^+	−1085	Be^{2+}	−2500	OH^-	−365
Li^+	−510	Mg^{2+}	−1910	F^-	−510
Na^+	−400	Ca^{2+}	−1580	Cl^-	−380
K^+	−325	Sr^{2+}	−1430	Br^-	−340
Rb^+	−300	Ba^{2+}	−1290	I^-	−300
Cs^+	−270	Al^{3+}	−4610	NO_3^-	−256

Umschlagsbereiche für Säure-Base-Indikatoren

Indikator	pH-Wert-Bereich des Farbumschlages	Farbe des Indikators	
		unterer pH-Wert	oberer pH-Wert
Thymolblau 1. Stufe	1,2 ... 2,8	rot	gelb
Methylgelb	2,4 ... 4,0	rot	gelb
Methylorange	3,0 ... 4,4	rot	gelborange
Methylrot	4,4 ... 6,2	rosa	gelb
Lackmus	5,0 ... 8,0	rot	blau
Bromthymolblau	6,0 ... 7,6	gelb	blau
Thymolblau 2. Stufe	8,0 ... 9,6	gelb	blau
Phenolphthalein	8,3 ... 10,0	farblos	rot
Alizaringelb	10,1 ... 12	gelb	orangebraun

Komplexzerfallskonstanten (Dissoziationskonstanten) bei 25 °C

Gleichgewicht	Komplexzerfallskonstante K_D	lg {K_D}
$[Ag(CN)_2]^- \rightleftharpoons Ag^+ + 2\,CN^-$	$1{,}0 \cdot 10^{-20}\ mol^2 \cdot l^{-2}$	20
$[Ag(NH_3)_2]^+ \rightleftharpoons Ag^+ + 2\,NH_3$	$6{,}0 \cdot 10^{-8}\ mol^2 \cdot l^{-2}$	7,2
$[Ag(S_2O_3)_2]^{3-} \rightleftharpoons Ag^+ + 2\,S_2O_3^{2-}$	$5{,}0 \cdot 10^{-14}\ mol^2 \cdot l^{-2}$	13,3
$[AlF_6]^{3-} \rightleftharpoons Al^{3+} + 6\,F^-$	$1{,}4 \cdot 10^{-20}\ mol^6 \cdot l^{-6}$	19,9
$[Co(NH_3)_6]^{2+} \rightleftharpoons Co^{2+} + 6\,NH_3$	$1{,}3 \cdot 10^{-5}\ mol^6 \cdot l^{-6}$	4,9
$[Co(NH_3)_6]^{3+} \rightleftharpoons Co^{3+} + 6\,NH_3$	$2{,}2 \cdot 10^{-34}\ mol^6 \cdot l^{-6}$	33,7
$[Cu(NH_3)_4]^{2+} \rightleftharpoons Cu^{2+} + 4\,NH_3$	$4{,}7 \cdot 10^{-15}\ mol^4 \cdot l^{-4}$	14,3
$[Fe(CN)_6]^{4-} \rightleftharpoons Fe^{2+} + 6\,CN^-$	$1{,}0 \cdot 10^{-35}\ mol^6 \cdot l^{-6}$	35

Säurekonstanten K_S und Basekonstanten K_B bei 22 °C

Säurestärke	K_S in $mol \cdot l^{-1}$	pK_S	Formel der Säure	Formel der korrespondierenden Base	pK_B	K_B in $mol \cdot l^{-1}$	Basestärke
	$1{,}0 \cdot 10^{11}$	−11	HI	I^-	25	$1{,}0 \cdot 10^{-25}$	
	$1{,}0 \cdot 10^{10}$	−10	$HClO_4$	ClO_4^-	24	$1{,}0 \cdot 10^{-24}$	
	$1{,}0 \cdot 10^{9}$	−9	HBr	Br^-	23	$1{,}0 \cdot 10^{-23}$	
	$1{,}0 \cdot 10^{7}$	−7	HCl	Cl^-	21	$1{,}0 \cdot 10^{-21}$	
	$1{,}0 \cdot 10^{3}$	−3	H_2SO_4	HSO_4^-	17	$1{,}0 \cdot 10^{-17}$	
	55,5	−1,74	H_3O^+	H_2O	15,74	$1{,}8 \cdot 10^{-16}$	
	$2{,}1 \cdot 10^{1}$	−1,32	HNO_3	NO_3^-	15,32	$4{,}8 \cdot 10^{-16}$	
	$6{,}6 \cdot 10^{-1}$	0,18	$[(NH_2)CO(NH_3)]^+$	$CO(NH_2)_2$	13,82	$1{,}5 \cdot 10^{-14}$	
	$5{,}6 \cdot 10^{-2}$	1,25	HOOC–COOH	$HOOC–COO^-$	12,75	$1{,}77 \cdot 10^{-13}$	
	$1{,}5 \cdot 10^{-2}$	1,81	H_2SO_3	HSO_3^-	12,19	$6{,}5 \cdot 10^{-13}$	
	$1{,}2 \cdot 10^{-2}$	1,92	HSO_4^-	SO_4^{2-}	12,08	$8{,}3 \cdot 10^{-13}$	
	$7{,}5 \cdot 10^{-3}$	2,12	H_3PO_4	$H_2PO_4^-$	11,88	$1{,}3 \cdot 10^{-12}$	
	$6{,}0 \cdot 10^{-3}$	2,22	$[Fe(H_2O)_6]^{3+}$	$[Fe(OH)(H_2O)_5]^{2+}$	11,78	$1{,}7 \cdot 10^{-12}$	
	$7{,}2 \cdot 10^{-4}$	3,14	HF	F^-	10,86	$1{,}4 \cdot 10^{-11}$	
	$4{,}5 \cdot 10^{-4}$	3,35	HNO_2	NO_2^-	10,65	$2{,}2 \cdot 10^{-11}$	
	$1{,}8 \cdot 10^{-4}$	3,75	HCOOH	$HCOO^-$	10,25	$5{,}6 \cdot 10^{-11}$	
	$2{,}6 \cdot 10^{-5}$	4,58	$C_6H_5NH_3^+$	$C_6H_5NH_2$	9,42	$3{,}8 \cdot 10^{-10}$	
	$1{,}8 \cdot 10^{-5}$	4,75	CH_3COOH	CH_3COO^-	9,25	$5{,}6 \cdot 10^{-10}$	
	$1{,}4 \cdot 10^{-5}$	4,85	$[Al(H_2O)_6]^{3+}$	$[Al(OH)(H_2O)_5]^{2+}$	9,15	$7{,}1 \cdot 10^{-10}$	
	$3{,}0 \cdot 10^{-7}$	6,52	H_2CO_3	HCO_3^-	7,48	$3{,}3 \cdot 10^{-8}$	
	$1{,}2 \cdot 10^{-7}$	6,92	H_2S	HS^-	7,08	$8{,}3 \cdot 10^{-8}$	
	$9{,}1 \cdot 10^{-8}$	7,04	HSO_3^-	SO_3^{2-}	6,96	$1{,}1 \cdot 10^{-7}$	
	$6{,}2 \cdot 10^{-8}$	7,20	$H_2PO_4^-$	HPO_4^{2-}	6,80	$1{,}6 \cdot 10^{-7}$	
	$5{,}6 \cdot 10^{-10}$	9,25	NH_4^+	NH_3	4,75	$1{,}8 \cdot 10^{-5}$	
	$4{,}0 \cdot 10^{-10}$	9,40	HCN	CN^-	4,60	$2{,}5 \cdot 10^{-5}$	
	$2{,}5 \cdot 10^{-10}$	9,60	$[Zn(H_2O)_6]^{2+}$	$[Zn(OH)(H_2O)_5]^+$	4,40	$4{,}0 \cdot 10^{-5}$	
	$1{,}3 \cdot 10^{-10}$	9,89	C_6H_5OH	$C_6H_5O^-$	4,11	$7{,}8 \cdot 10^{-5}$	
	$4{,}0 \cdot 10^{-11}$	10,40	HCO_3^-	CO_3^{2-}	3,60	$2{,}5 \cdot 10^{-4}$	
	$4{,}4 \cdot 10^{-13}$	12,36	HPO_4^{2-}	PO_4^{3-}	1,64	$2{,}3 \cdot 10^{-2}$	
	$1{,}0 \cdot 10^{-13}$	13,00	HS^-	S^{2-}	1,00	$1{,}0 \cdot 10^{-1}$	
	$1{,}8 \cdot 10^{-16}$	15,74	H_2O	OH^-	−1,74	55,5	
	$1{,}0 \cdot 10^{-23}$	23	NH_3	NH_2^-	−9	$1{,}0 \cdot 10^{9}$	
	$1{,}0 \cdot 10^{-24}$	24	OH^-	O^{2-}	−10	$1{,}0 \cdot 10^{10}$	

Kryoskopische und ebullioskopische Konstanten k_G und k_S von Lösemitteln

Lösemittel	Schmelztemperatur ϑ_S in °C	k_G in $K \cdot kg \cdot mol^{-1}$	Siedetemperatur ϑ_V in °C	k_S in $K \cdot kg \cdot mol^{-1}$
Wasser	0	1,86	100	0,515
Benzol	5,5	5,12	80,1	2,53
Cyclohexan	6,5	20,2	80,8	2,79
Campher	179,5	40,4		
Essigsäure	16,6	3,9	118,1	3,07
Ethanol	−114,2	7,3	78,8	1,20

Löslichkeitsprodukte bei 25 °C

Name des Stoffes	Formel	Löslichkeitsprodukt K_L		Löslichkeits-exponent pK_L
		Zahlenwert	Einheit	
Aluminiumhydroxid	$Al(OH)_3$	$1{,}0 \cdot 10^{-33}$	$mol^4 \cdot l^{-4}$	33,0
Bariumcarbonat	$BaCO_3$	$8{,}1 \cdot 10^{-9}$	$mol^2 \cdot l^{-2}$	8,1
Bariumhydroxid	$Ba(OH)_2$	$4{,}3 \cdot 10^{-3}$	$mol^3 \cdot l^{-3}$	2,4
Bariumphosphat	$Ba_3(PO_4)_2$	$6{,}0 \cdot 10^{-38}$	$mol^5 \cdot l^{-5}$	37,2
Bariumsulfat	$BaSO_4$	$1{,}0 \cdot 10^{-10}$	$mol^2 \cdot l^{-2}$	10,0
Bismut(III)-sulfid	Bi_2S_3	$1{,}6 \cdot 10^{-72}$	$mol^5 \cdot l^{-5}$	71,8
Blei(II)-carbonat	$PbCO_3$	$3{,}3 \cdot 10^{-14}$	$mol^2 \cdot l^{-2}$	13,5
Blei(II)-chlorid	$PbCl_2$	$2{,}0 \cdot 10^{-5}$	$mol^3 \cdot l^{-3}$	4,7
Bleihydroxid	$Pb(OH)_2$	$2{,}8 \cdot 10^{-16}$	$mol^3 \cdot l^{-3}$	15,55
Blei(II)-iodid	PbI_2	$8{,}7 \cdot 10^{-9}$	$mol^3 \cdot l^{-3}$	8,1
Blei(II)-sulfid	PbS	$3{,}4 \cdot 10^{-28}$	$mol^2 \cdot l^{-2}$	27,5
Blei(II)-sulfat	$PbSO_4$	$1{,}5 \cdot 10^{-8}$	$mol^2 \cdot l^{-2}$	7,8
Cadmiumcarbonat	$CdCO_3$	$2{,}5 \cdot 10^{-14}$	$mol^2 \cdot l^{-2}$	13,6
Cadmiumhydroxid	$Cd(OH)_2$	$1{,}2 \cdot 10^{-14}$	$mol^3 \cdot l^{-3}$	13,9
Cadmiumsulfid	CdS	$1{,}0 \cdot 10^{-29}$	$mol^2 \cdot l^{-2}$	29,0
Calciumcarbonat	$CaCO_3$	$4{,}8 \cdot 10^{-9}$	$mol^2 \cdot l^{-2}$	8,3
Calciumhydroxid	$Ca(OH)_2$	$5{,}5 \cdot 10^{-6}$	$mol^3 \cdot l^{-3}$	5,3
Calciumoxalat	$Ca(COO)_2$	$2{,}6 \cdot 10^{-9}$	$mol^2 \cdot l^{-2}$	8,6
Calciumphospat	$Ca_3(PO_4)_2$	$1{,}0 \cdot 10^{-25}$	$mol^5 \cdot l^{-5}$	25,0
Calciumsulfat	$CaSO_4$	$6{,}1 \cdot 10^{-5}$	$mol^2 \cdot l^{-2}$	4,2
Eisen(II)-hydroxid	$Fe(OH)_2$	$4{,}8 \cdot 10^{-16}$	$mol^3 \cdot l^{-3}$	15,3
Eisen(III)-hydroxid	$Fe(OH)_3$	$3{,}8 \cdot 10^{-38}$	$mol^4 \cdot l^{-4}$	37,4
Eisen(II)-phospat	$Fe_3(PO_4)_2$	$1{,}0 \cdot 10^{-36}$	$mol^5 \cdot l^{-5}$	36,0
Eisen(III)-phospat	$FePO_4$	$4{,}0 \cdot 10^{-27}$	$mol^2 \cdot l^{-2}$	26,4
Eisen(II)-sulfid	FeS	$5{,}0 \cdot 10^{-18}$	$mol^2 \cdot l^{-2}$	17,3
Kupfer(I)-chlorid	$CuCl$	$1{,}0 \cdot 10^{-6}$	$mol^2 \cdot l^{-2}$	6,0
Kupfer(II)-sulfid	CuS	$8{,}0 \cdot 10^{-45}$	$mol^2 \cdot l^{-2}$	44,1
Magnesiumcarbonat	$MgCO_3$	$2{,}6 \cdot 10^{-5}$	$mol^2 \cdot l^{-2}$	4,6
Magnesiumhydroxid	$Mg(OH)_2$	$2{,}6 \cdot 10^{-12}$	$mol^3 \cdot l^{-3}$	11,6
Magnesiumphospat	$Mg_3(PO_4)_2$	$6{,}0 \cdot 10^{-23}$	$mol^5 \cdot l^{-5}$	22,2
Manganhydroxid	$Mn(OH)_2$	$4{,}0 \cdot 10^{-14}$	$mol^3 \cdot l^{-3}$	13,4
Nickel(II)-hydroxid	$Ni(OH)_2$	$1{,}6 \cdot 10^{-14}$	$mol^3 \cdot l^{-3}$	13,8
Nickelsulfid	NiS	$1{,}0 \cdot 10^{-26}$	$mol^2 \cdot l^{-2}$	26,0
Quecksilber(I)-chlorid (Kalomel)	Hg_2Cl_2	$2{,}0 \cdot 10^{-18}$	$mol^3 \cdot l^{-3}$	17,7
Quecksilber(II)-sulfid (schwarz)	HgS	$1{,}0 \cdot 10^{-52}$	$mol^2 \cdot l^{-2}$	52,0
Silberbromid	$AgBr$	$6{,}3 \cdot 10^{-13}$	$mol^2 \cdot l^{-2}$	12,2
Silbercarbonat	Ag_2CO_3	$6{,}2 \cdot 10^{-12}$	$mol^3 \cdot l^{-3}$	11,2
Silberchlorid	$AgCl$	$1{,}6 \cdot 10^{-10}$	$mol^2 \cdot l^{-2}$	9,8
Silberchromat	Ag_2CrO_4	$4{,}0 \cdot 10^{-12}$	$mol^3 \cdot l^{-3}$	11,4
Silberhydroxid	$AgOH$	$1{,}5 \cdot 10^{-8}$	$mol^2 \cdot l^{-2}$	7,8
Silberiodid	AgI	$1{,}5 \cdot 10^{-16}$	$mol^2 \cdot l^{-2}$	15,8
Silberphospat	Ag_3PO_4	$1{,}8 \cdot 10^{-18}$	$mol^4 \cdot l^{-4}$	17,7
Silbersulfid	Ag_2S	$1{,}6 \cdot 10^{-49}$	$mol^3 \cdot l^{-3}$	48,8
Zinkcarbonat	$ZnCO_3$	$6{,}0 \cdot 10^{-11}$	$mol^2 \cdot l^{-2}$	10,2

Elektrochemische Spannungsreihe der Metalle (Standardpotenziale bei 25 °C und 101,3 kPa)

Reduktionsmittel	⇌ Oxidationsmittel	$+z \cdot e^-$	Redoxpaar	Standardpotenzial $E^\ominus$ in V
Li (s)	⇌ Li^+(aq)	$+e^-$	Li/Li^+	–3,04
K (s)	⇌ K^+(aq)	$+e^-$	K/K^+	–2,92
Ba (s)	⇌ Ba^{2+}(aq)	$+2e^-$	Ba/Ba^{2+}	–2,90
Ca (s)	⇌ Ca^{2+}(aq)	$+2e^-$	Ca/Ca^{2+}	–2,87
Na (s)	⇌ Na^+(aq)	$+e^-$	Na/Na^+	–2,71
Mg (s)	⇌ Mg^{2+}(aq)	$+2e^-$	Mg/Mg^{2+}	–2,36
Be (s)	⇌ Be^{2+}(aq)	$+2e^-$	Be/Be^{2+}	–1,85
Al (s)	⇌ Al^{3+}(aq)	$+3e^-$	Al/Al^{3+}	–1,66
Ti (s)	⇌ Ti^{3+}(aq)	$+3e^-$	Ti/Ti^{3+}	–1,21
Mn (s)	⇌ Mn^{2+}(aq)	$+2e^-$	Mn/Mn^{2+}	–1,18
V (s)	⇌ V^{2+}(aq)	$+2e^-$	V/V^{2+}	–1,17
Zn (s)	⇌ Zn^{2+}(aq)	$+2e^-$	Zn/Zn^{2+}	–0,76
Cr (s)	⇌ Cr^{3+}(aq)	$+3e^-$	Cr/Cr^{3+}	–0,74
Fe (s)	⇌ Fe^{2+}(aq)	$+2e^-$	Fe/Fe^{2+}	–0,41
Cd (s)	⇌ Cd^{2+}(aq)	$+2e^-$	Cd/Cd^{2+}	–0,40
Co (s)	⇌ Co^{2+}(aq)	$+2e^-$	Co/Co^{2+}	–0,28
Ni (s)	⇌ Ni^{2+}(aq)	$+2e^-$	Ni/Ni^{2+}	–0,23
Sn (s)	⇌ Sn^{2+}(aq)	$+2e^-$	Sn/Sn^{2+}	–0,14
Pb (s)	⇌ Pb^{2+}(aq)	$+2e^-$	Pb/Pb^{2+}	–0,13
Fe (s)	⇌ Fe^{3+}(aq)	$+3e^-$	Fe/Fe^{3+}	–0,02
H_2(g) + 2 H_2O(l)	⇌ 2 H_3O^+(aq)	$+2e^-$	$H_2/2H_3O^+$	0.00 (pH = 0)
Cu (s)	⇌ Cu^{2+}(aq)	$+2e^-$	Cu/Cu^{2+}	+0,35
Cu (s)	⇌ Cu^+(aq)	$+e^-$	Cu/Cu^+	+0,52
Ag (s)	⇌ Ag^+(aq)	$+e^-$	Ag/Ag^+	+0,80
Hg (I)	⇌ Hg^{2+}(aq)	$+2e^-$	Hg/Hg^{2+}	+0,85
Pt (s)	⇌ Pt^{2+}(aq)	$+2e^-$	Pt/Pt^{2+}	+1,20
Au (s)	⇌ Au^{3+}(aq)	$+3e^-$	Au/Au^{3+}	+1,50

Elektrochemische Spannungsreihe der Nichtmetalle (Standardpotenziale bei 25 °C und 101,3 kPa)

Reduktionsmittel	⇌ Oxidationsmittel	$+z \cdot e^-$	Redoxpaar	Standardpotenzial $E^\ominus$ in V
Se^{2-}(aq)	⇌ Se (s)	$+2e^-$	Se^{2-}/Se	–0,92
S^{2-} (aq)	⇌ S (s)	$+2e^-$	S^{2-}/S	–0,48
2 I^-(aq)	⇌ I_2 (s)	$+2e^-$	$2I^-/I_2$	+0,54
2 Br^- (aq)	⇌ Br_2 (I)	$+2e^-$	$2Br^-/Br_2$	+1,07
2 Cl^- (aq)	⇌ Cl_2 (g)	$+2e^-$	$2Cl^-/Cl_2$	+1,36
2 F^- (aq)	⇌ F_2 (g)	$+2e^-$	$2F^-/F_2$	+2,87

s = fest; l = flüssig; g = gasförmig; aq = in wässriger Lösung

Elektrochemische Spannungsreihe einiger Redoxreaktionen (Standardpotenziale bei 25 °C und 101,3 kPa)

Reduktionsmittel	⇌ Oxidationsmittel	$+z \cdot e^-$	Standardpotenzial $E^\ominus$ in V
$H_2(g) + 2\,OH^-$ (aq)	⇌ $2\,H_2O$ (l)	$+2e^-$	−0,83* für pH = 14
$Cd(s) + 2\,OH^-$ (aq)	⇌ $Cd(OH)_2$ (s)	$+2e^-$	−0,82* für pH = 14
$C_2O_4^{2-}$ (aq)	⇌ $2\,CO_2$ (g)	$+2e^-$	−0,49
$H_2(g) + 2\,H_2O$ (l)	⇌ $2\,H_3O^+$ (aq)	$+2e^-$	−0,41* für pH = 7
Cr^{2+} (aq)	⇌ Cr^{3+} (aq)	$+e^-$	−0,41
$Pb(s) + SO_4^{2-}$ (aq)	⇌ $PbSO_4$ (s)	$+2e^-$	−0,36
HCOOH (l) + $2\,H_2O$(l)	⇌ $CO_2(g) + 2\,H_3O^+$ (aq)	$+2e^-$	−0,20* für pH = 0
HCHO (g) + $3\,H_2O$ (l)	⇌ HCOOH (l) + $2\,H_3O^+$ (aq)	$+2e^-$	+0,06 für pH = 0
H_2S (g) + $2\,H_2O$ (l)	⇌ $2\,H_3O^+$ (aq) + S (s)	$+2e^-$	+0,14
Cu^+ (aq)	⇌ Cu^{2+} (aq)	$+e^-$	+0,17
Ag (s) + Cl^- (aq)	⇌ AgCl (s)	$+e^-$	+0,22
$4\,OH^-$ (aq)	⇌ O_2 (g) + $2\,H_2O$ (l)	$+4e^-$	+0,40* für pH = 14
AsO_3^{3-} (aq) + $3\,H_2O$ (l)	⇌ AsO_4^{3-} (aq) + $2\,H_3O^+$ (aq)	$+2e^-$	+0,56* für pH = 0
MnO_2 (s) + $4\,OH^-$ (aq)	⇌ MnO_4^- (aq) + $2\,H_2O$ (l)	$+3e^-$	+0,59* für pH = 14
H_2O_2 (l) + $2\,H_2O$(l)	⇌ O_2 (g) + $2\,H_3O^+$ (aq)	$+2e^-$	+0,68* für pH = 0
Fe^{2+} (aq)	⇌ Fe^{3+} (aq)	$+e^-$	+0,77
$4\,OH^-$ (aq)	⇌ O_2 (g) + $2\,H_2O$ (l)	$+4e^-$	+0,82* für pH = 7
NO (g) + $6\,H_2O$ (l)	⇌ NO_3^- (aq) + $4\,H_3O^+$ (aq)	$+3e^-$	+0,96* für pH = 0
$6\,H_2O$ (l)	⇌ O_2 (g) + $4\,H_3O^+$ (aq)	$+4e^-$	+1,23* für pH = 0
Mn^{2+}(aq) + $6\,H_2O$ (l)	⇌ MnO_2 (s) + $4\,H_3O^+$ (aq)	$+2e^-$	+1,23* für pH = 0
$2\,Cr^{3+}$(aq) + $21\,H_2O$ (l)	⇌ $Cr_2O_7^{2-}$ (aq) + $14\,H_3O^+$ (aq)	$+6e^-$	+1,33* für pH = 0
Pb^{2+} (aq) + $6\,H_2O$ (l)	⇌ $PbO_2(s) + 4\,H_3O^+$ (aq)	$+2e^-$	+1,46* für pH = 0
Mn^{2+} (aq) + $12\,H_2O$ (l)	⇌ MnO_4^- (aq) + $8\,H_3O^+$ (aq)	$+5e^-$	+1,51* für pH = 0
$PbSO_4(s) + 6\,H_2O$ (l)	⇌ $PbO_2(s) + 4\,H_3O^+$ (aq) + SO_4^{2-} (aq)	$+2e^-$	+1,69* für pH = 0
$4\,H_2O$ (l)	⇌ H_2O_2 (l) + $2\,H_3O^+$ (aq)	$+2e^-$	+1,77* für pH = 0
$2\,SO_4^{2-}$ (aq)	⇌ $S_2O_8^{2-}$ (aq)	$+2e^-$	+2,01
O_2 (g) + $3\,H_2O$ (l)	⇌ $O_3(g) + 2\,H_3O^+$ (aq)	$+2e^-$	+2,07

* pH-Wert-abhängige Zellspannungen; s = fest; l = flüssig; g = gasförmig; aq = in wässriger Lösung

Löslichkeit einiger Gase in Wasser (Löslichkeit in g Gas je kg Wasser bei 101,3 kPa)

Gas		Temperatur in °C					
Name	Chemisches Zeichen	0	20	25	40	60	80
Helium	He	0,0017	0,0015	0,0015	0,0014	0,0013	
Argon	Ar	0,099	0,059	0,053	0,042	0,030	
Wasserstoff	H_2	0,0019	0,0016	0,0015	0,0014	0,0012	0,0008
Stickstoff	N_2	0,0294	0,0190	0,0175	0,0139	0,0105	0,0066
Sauerstoff	O_2	0,0694	0,0434	0,0393	0,0308	0,0227	0,0138
Chlor	Cl_2	5,0	7,25	6,41	4,59	3,30	2,23
Ammoniak	NH_3	897	529	480	316	168	65
Schwefelwasserstoff	H_2S	7,07	3,85	3,38	2,36	1,48	0,77
Schwefeldioxid	SO_2	228	113	94,1	54,1		
Kohlenstoffmonooxid	CO	0,0440	0,0284	0,0260	0,0208	0,0152	0,0098
Kohlenstoffdioxid	CO_2	3,35	1,69	1,45	0,973	0,576	
Methan	CH_4	0,0396	0,0232	0,0209	0,0159	0,0114	0,0070
Ethan	C_2H_6	0,132	0,062	0,0535	0,0366	0,0239	0,0134
Ethen	C_2H_4	0,281	0,149	0,131			

Größengleichungen der Chemie

Stoffmenge, molare Masse, molares Volumen und Normvolumen

Berechnungen zur Stoffmenge *n*		
$n = \frac{N}{N_A}$	n	Stoffmenge einer Stoffportion
	N	Teilchenanzahl einer Stoffportion
	N_A	Avogadro-Konstante ($6{,}022\,141\,5 \cdot 10^{23}\,\text{mol}^{-1}$)
$n = \frac{m}{M}$	m	Masse
	M	molare Masse
$n = \frac{V}{V_m}$ $n = \frac{V_n}{V_{m,n}}$	V_n	Normvolumen
	$V_{m,n}$	molares Normvolumen
$n = c \cdot V(\text{Ls})$	c	Stoffmengenkonzentration eines Stoffes
	$V(\text{Ls})$	Volumen der Lösung
$n = \frac{p \cdot V}{R \cdot T}$	p	Druck V Volumen T Temperatur
	R	(universelle) Gaskonstante ($8{,}314\,472\,\text{J} \cdot \text{K}^{-1} \cdot \text{mol}^{-1}$)
Berechnungen zur molaren Masse *M*		
$M = \frac{m}{n}$	m	Masse
	n	Stoffmenge
$M = \frac{m \cdot V_{m,n}}{V_n}$	$V_{m,n}$	molares Normvolumen
	V_n	Normvolumen
$M = \frac{m \cdot R \cdot T}{p \cdot V}$	R	(universelle) Gaskonstante ($8{,}314\,472\,\text{J} \cdot \text{K}^{-1} \cdot \text{mol}^{-1}$)
	T	Temperatur
	p	Druck
$M = V_m \cdot \varrho$	V	Volumen
	V_m	molares Volumen
	ϱ	Dichte
$M(\text{B}) = k_G \cdot \frac{m(\text{B})}{\Delta T_G \cdot m(\text{Lm})}$	$M(\text{B})$	molare Masse des Stoffes B
	$m(\text{B})$	Masse des Stoffes B
	k_G	kryoskopische Konstante (molale Gefriertemperaturerniedrigung des Lösemittels)
	ΔT_G	Gefriertemperaturerniedrigung $\Delta T_G = T(\text{Lm}) - T(\text{Ls})$
	$m(\text{Lm})$	Masse des Lösemittels
$M(\text{B}) = k_S \cdot \frac{m(\text{B})}{\Delta T_S \cdot m(\text{Lm})}$	k_S	ebullioskopische Konstante (molale Siedetemperaturerhöhung des Lösemittels)
	ΔT_S	Siedetemperaturerhöhung
Berechnungen zum molaren Volumen V_m		
$V_m = \frac{V}{n}$	V	Volumen
	n	Stoffmenge
$V_{m,n} = \frac{V_n}{n}$	$V_{m,n}$	molares Normvolumen
	V_n	Normvolumen
Berechnung zum Normvolumen V_n		
$V_n = \frac{p \cdot T_n}{p_n \cdot T} \cdot V$	T_n	Normtemperatur 273,15 K
$V_n = n \cdot V_{m,n}$	p_n	Normdruck 101,3 kPa

Zusammensetzungsgrößen

Massenanteil *w*	
$w(\mathrm{B}) = \dfrac{m(\mathrm{B})}{m(\mathrm{Gem})}$	$m(\mathrm{B})$ Masse des Stoffes B $m(\mathrm{Gem})$ Masse des Stoffgemisches Einheiten: 1; %; ‰; ppm, ppb, ppt % (Prozent) entspricht 10^{-2} ‰ (Promille) entspricht 10^{-3} ppm (parts per million) entspricht 10^{-6} ppb (parts per billion) entspricht 10^{-9} ppt (parts per trillion) entspricht 10^{-12}
Volumenanteil *φ*	
$\varphi(\mathrm{B}) = \dfrac{V(\mathrm{B})}{\Sigma V(\mathrm{Ko})}$	$V(\mathrm{B})$ Volumen des Stoffes B $\Sigma V(\mathrm{Ko})$ Summe der Volumina der Komponenten des Stoffgemisches Einheiten: 1; %; ‰; ppm, ppb, ppt
Stoffmengenanteil *x*	
$x(\mathrm{B}) = \dfrac{n(\mathrm{B})}{\Sigma n(\mathrm{Ko})}$	$n(\mathrm{B})$ Stoffmenge des Stoffes B $\Sigma n(\mathrm{Ko})$ Summe der Stoffmengen der Komponenten des Gemisches Einheiten: 1; %; ‰; ppm, ppb, ppt
Massenkonzentration *β*	
$\beta(\mathrm{B}) = \dfrac{m(\mathrm{B})}{V(\mathrm{Ls})}$	$m(\mathrm{B})$ Masse des Stoffes B $V(\mathrm{Ls})$ Volumen der Lösung Einheit: $\mathrm{g \cdot l^{-1}}$
Volumenkonzentration *σ*	
$\sigma(\mathrm{B}) = \dfrac{V(\mathrm{B})}{V(\mathrm{Ls})}$	$\sigma(\mathrm{B})$ Volumenkonzentration des Stoffes B $V(\mathrm{Ls})$ Volumen der Lösung Einheit: $\mathrm{l \cdot l^{-1}}$
Stoffmengenkonzentration *c*	
$c(\mathrm{B}) = \dfrac{n(\mathrm{B})}{V(\mathrm{Ls})}$	$n(\mathrm{B})$ Stoffmenge des gelösten Stoffes B $V(\mathrm{Ls})$ Volumen der Lösung Einheiten: $\mathrm{mol \cdot m^{-3}}$; $\mathrm{mol \cdot l^{-1}}$
Molalität *b*	
$b(\mathrm{B}) = \dfrac{n(\mathrm{B})}{m(\mathrm{Lm})}$ $b(\mathrm{B}) = \dfrac{m(\mathrm{B})}{m(\mathrm{Lm}) \cdot M(\mathrm{B})}$	$b(\mathrm{B})$ Molalität des Stoffes B in einer Lösung $m(\mathrm{B})$ Masse des zu lösenden Stoffes B $M(\mathrm{B})$ molare Masse des zu lösenden Stoffes B $m(\mathrm{Lm})$ Masse des Lösemittels Einheiten: $\mathrm{mol \cdot g^{-1}}$; $\mathrm{mol \cdot kg^{-1}}$
Mischungsgleichung – Mischungskreuz (Mischungsregel)	
$m_1 \cdot w_1 + m_2 \cdot w_2 = (m_1 + m_2) \cdot w_3$	w_1, w_2 Massenanteile eines Stoffes in den Lösungen 1 und 2 w_3 Massenanteil eines Stoffes in der herzustellenden Lösung m_1, m_2 Massen der Lösungen 1 und 2

Chemische Thermodynamik

Molare Reaktionsenergie (Änderung der molaren inneren Energie) $\Delta_R U_m$		
$\Delta_R U_m = Q_m - p \cdot \Delta_R V_m$	Q_m	molare Reaktionswärme

Molare Reaktionsenthalpie $\Delta_R H_m$		
$\Delta_R H_m = \Delta_R U_m + p \cdot \Delta_R V_m$	$\Delta_R U_m$	molare Reaktionsenergie
	$\Delta_R V_m$	molares Reaktionsvolumen
	p	Druck

Berechnungen mit der kalorimetrischen Grundgleichung		
$\Delta_R H_m = -\frac{m(H_2O) \cdot c_p(H_2O) \cdot \Delta T}{n_F}$	$m(H_2O)$	Masse des Kalorimeterwassers
	$c_p(H_2O)$	spezifische Wärmekapazität des Wassers bei konstantem Druck
	ΔT	Temperaturänderung
	n_F	Stoffmenge der Formelumsätze

Berechnung der molaren Standardreaktionsenthalpie $\Delta_R H_m^\ominus$ nach dem Satz von Hess		
Für die Reaktion $\nu_A A + \nu_B B \rightarrow \nu_C C + \nu_D D$ gilt: $\Delta_R H_m^\ominus = [\nu_C \cdot \Delta_B H_m^\ominus(C) + \nu_D \cdot \Delta_B H_m^\ominus(D)] - [\nu_A \cdot \Delta_B H_m^\ominus(A) + \nu_B \cdot \Delta_B H_m^\ominus(B)]$	$\Delta_B H_m^\ominus$	molare Standardbildungsenthalpie
	$\nu_{A,B,C,D}$	Stöchiometriezahl der Stoffe A, B, C, D

Molare Lösungsenthalpie $\Delta_L H_m$		
$\Delta_L H_m = \Delta_H H_m - \Delta_G H_m$	$\Delta_H H_m$	molare Hydratationsenthalpie
	$\Delta_G H_m$	molare Gitterenthalpie

Berechnung der molaren Gitterenthalpie $\Delta_G H_m$ (Born-Haber-Kreisprozess)		
$\Delta_G H_m = \Delta_B H_m^\ominus - \Delta_S H_m^\ominus - \frac{1}{2} \cdot \Delta_D H_m^\ominus - \Delta_I H_m - \Delta_E H_m$	$\Delta_S H_m^\ominus$	molare Standardsublimationsenthalpie
	$\Delta_D H_m^\ominus$	molare Standardbindungs-(Standarddissoziations-)enthalpie
	$\Delta_I H_m$	molare Ionisierungsenthalpie
	$\Delta_E H_m$	molare Elektronenaffinität

Entropie S und molare Standardreaktionsentropie $\Delta_R S_m^\ominus$		
$S = k \cdot \ln W; \quad k = \frac{R}{N_A}$	k	Boltzmann-Konstante
$\Delta_R S_m^\ominus = S_m^\ominus(\mathrm{Rp}) - S_m^\ominus(\mathrm{As})$	W	thermodynamische Wahrscheinlichkeit
$\Delta S_U = -\frac{\Delta_R H_m^\ominus}{T}$	$S_m^\ominus$	molare Standardentropie
	Rp	Reaktionsprodukte
	As	Ausgangsstoffe
	ΔS_U	Entropieänderung der Umgebung

Molare freie Reaktionsenthalpie $\Delta_R G_m$ (Gibbs-Helmholtz-Gleichung)		
$\Delta_R G_m = \Delta_R H_m - T \cdot \Delta_R S_m$	$\Delta_R G_m$	molare freie Reaktionsenthalpie
	$\Delta_R S_m$	molare Reaktionsentropie
	T	Temperatur der Reaktion in K

Reaktionskinetik

Mittlere (durchschnittliche) Reaktionsgeschwindigkeit v	
$v = -\frac{\Delta c(\mathrm{A})}{\nu(\mathrm{A}) \cdot \Delta t}$ bzw. $v = -\frac{\Delta p(\mathrm{A})}{\nu(\mathrm{A}) \cdot \Delta t}$	$\Delta c(\mathrm{A})$ Änderung der Stoffmengenkonzentration eines Ausgangsstoffes ν Stöchiometriezahl $\Delta p(\mathrm{A})$ Änderung des Partialdruckes eines Ausgangsstoffes
Momentane Reaktionsgeschwindigkeit v	
$v = -\frac{1}{\nu(\mathrm{A})} \cdot \frac{\mathrm{d}c(\mathrm{A})}{\mathrm{d}t}$ bzw. $v = -\frac{1}{\nu(\mathrm{A})} \cdot \frac{\mathrm{d}p(\mathrm{A})}{\mathrm{d}t}$	
Geschwindigkeitsgleichung für eine Reaktion erster Ordnung	
Für die Reaktion A → B + C gilt: $v = -\frac{\mathrm{d}c(\mathrm{A})}{\mathrm{d}t} = k \cdot c(\mathrm{A})$ $\ln\{c(\mathrm{A})\} = \ln\{c_0(\mathrm{A})\} - k \cdot t$	k Reaktionsgeschwindigkeitskonstante $c(\mathrm{A})$ Stoffmengenkonzentration des Stoffes A t Zeit c_0 Anfangskonzentration des Stoffes A $\{c(\mathrm{A})\} = \frac{c(\mathrm{A})}{\mathrm{mol} \cdot \mathrm{l}^{-1}}$
Reaktionsgeschwindigkeit und Temperatur (Arrhenius-Gleichung)	
$k = A \cdot \mathrm{e}^{-\frac{E_\mathrm{A}}{R \cdot T}}$ $\ln\{k\} = \ln\{A\} - \frac{E_\mathrm{A}}{R \cdot T}$	k Reaktionsgeschwindigkeitskonstante A Aktionskonstante (Frequenzfaktor) e Euler'sche Zahl E_A molare Aktivierungsenergie R (universelle) Gaskonstante T absolute Temperatur

Chemisches Gleichgewicht

Massenwirkungsgesetz (MWG)	
Für die Reaktion $\nu_\mathrm{A}\mathrm{A} + \nu_\mathrm{B}\mathrm{B} \rightleftharpoons \nu_\mathrm{C}\mathrm{C} + \nu_\mathrm{D}\mathrm{D}$ gilt: $K_c = \frac{c^{\nu_\mathrm{C}}(\mathrm{C}) \cdot c^{\nu_\mathrm{D}}(\mathrm{D})}{c^{\nu_\mathrm{A}}(\mathrm{A}) \cdot c^{\nu_\mathrm{B}}(\mathrm{B})}$ $K_p = \frac{p^{\nu_\mathrm{C}}(\mathrm{C}) \cdot p^{\nu_\mathrm{D}}(\mathrm{D})}{p^{\nu_\mathrm{A}}(\mathrm{A}) \cdot p^{\nu_\mathrm{B}}(\mathrm{B})}$ $K_p = K_c \cdot (R \cdot T)^{\Delta\nu}$	K_c, K_p Gleichgewichtskonstanten c Stoffmengenkonzentration p Partialdruck ν Stöchiometriezahl Einheit der Gleichgewichtskonstante K_c: $(\mathrm{mol} \cdot \mathrm{l}^{-1})^{\Delta\nu}$ mit $\Delta\nu = (\nu_\mathrm{C} + \nu_\mathrm{D}) - (\nu_\mathrm{A} + \nu_\mathrm{B})$ Einheit der Gleichgewichtskonstante K_p: k $\mathrm{Pa}^{\Delta\nu}$

Gleichgewichtskonstante K
Molare freie Standardreaktionsenthalpie $\Delta_\mathrm{R} G_\mathrm{m}^\ominus$ und Gleichgewichtskonstante K $\Delta_\mathrm{R} G_\mathrm{m}^\ominus = -R \cdot T \cdot \ln\{K\}$ Für die Berechnung der Gleichgewichtskonstante bei verschiedenen Temperaturen gilt: $\ln\{K_2\} = \ln\{K_1\} + \frac{\Delta_\mathrm{R} H_\mathrm{m}^\ominus}{R} \cdot \frac{T_2 - T_1}{T_1 \cdot T_2}$

Säure-Base-Gleichgewichte

Ionenprodukt K_W und Ionenexponent des Wassers pK_W	
$K_W = c(H_3O^+) \cdot c(OH^-)$ $pK_W = -\lg\{K_W\}$ $pK_W = pH + pOH = 14$	$K_W = 10^{-14}\,mol^2 \cdot l^{-2}$ (bei 22 °C) $\{K_W\}$ Zahlenwert für das Ionenprodukt des Wassers
pH-Wert und pOH-Wert	
$pH = -\lg\{c(H_3O^+)\}$ $c(H_3O^+) = 10^{-pH}$ $pOH = -\lg\{c(OH^-)\}$	$c(H_3O^+)$ Hydronium-Ionenkonzentration $\{c(H_3O^+)\}$ Zahlenwert der Hydronium-Ionenkonzentration $c(OH^-)$ Hydroxid-Ionenkonzentration $\{c(OH^-)\}$ Zahlenwert der Hydroxid-Ionenkonzentration
Säurekonstante K_S und Säureexponent pK_S	
Für die Reaktion $HA + H_2O \rightleftharpoons H_3O^+ + A^-$ gilt: $K_S = \frac{c(H_3O^+) \cdot c(A^-)}{c(HA)}$ $pK_S = -\lg\{K_S\}$ $pK_S = 14 - pK_B$	HA Säure H_3O^+ korrespondierende Base K_S Säurekonstante pK_S Säureexponent $\{K_S\}$ Zahlenwert der Säurekonstante
Basekonstante K_B und Baseexponent pK_B	
Für die Reaktion $B + H_2O \rightleftharpoons OH^- + BH^+$ gilt: $K_B = \frac{c(OH^-) \cdot c(BH^+)}{c(B)}$ $pK_B = -\lg\{K_B\}$ $pK_B = 14 - pK_S$	B Base BH^+ korrespondierende Säure K_B Basekonstante pK_B Baseexponent $\{K_B\}$ Zahlenwert der Basekonstante
Protolysegrad der Säure α_S und der Base α_B	
$\alpha_S = \frac{c(H_3O^+)}{c_0(HA)}$ $\alpha_B = \frac{c(OH^-)}{c_0(B)}$	$c_0(HA)$ Ausgangskonzentration der Säure HA $c_0(B)$ Ausgangskonzentration der Base B
Ostwald'sches Verdünnungsgesetz	
$K_S = \frac{\alpha_S^2}{1-\alpha_S} \cdot c_0(HA)$ $K_B = \frac{\alpha_B^2}{1-\alpha_B} \cdot c_0(B)$	α_S Protolysegrad der Säure K_S Säurekonstante K_B Basekonstante α_B Protolysegrad der Base

Berechnung des pH-Wertes wässriger Lösungen
sehr starke Säuren ($K_S > 10^{1,74}\,mol \cdot l^{-1}$): $pH = -\lg\{c_0(HA)\}$ mittelstarke bis sehr schwache Säuren ($K_S < 10^{-4}\,mol \cdot l^{-1}$): $pH = \frac{1}{2}(pK_S - \lg\{c_0(HA)\})$ starke Säuren $\left(10^{-2} < \frac{K_S}{c_0} < 10^2\right)$: $c(H_3O^+) = -\frac{K_S}{2} + \sqrt{\left(\frac{K_S}{2}\right)^2 + K_S \cdot c_0(HA)}$ Ampholyte: $pH = \frac{1}{2}(14 + pK_S - pK_B)$

pH-Wert einer Pufferlösung (Henderson-Hasselbalch-Gleichung)
$\mathrm{pH} = \mathrm{p}K_\mathrm{S} + \lg \frac{c(\mathrm{A}^-)}{c(\mathrm{HA})}$

Auswertung von Titrationen	
$z_1 \cdot c_1 \cdot V_1 = z_2 \cdot c_2 \cdot V_2$ Berechnung der Stoffmengenkonzentration: $c_1 = \frac{c_2 \cdot V_2}{V_1} \cdot \frac{z_2}{z_1}$ Berechnung der Masse: $m_1 = M_1 \cdot c_2 \cdot V_2 \cdot \frac{z_2}{z_1}$	c_1 Stoffmengenkonzentration der zu bestimmenden Lösung c_2 Stoffmengenkonzentration der Maßlösung V_1 Volumen der zu bestimmenden Lösung V_2 Volumen der verbrauchten Maßlösung n_1 Stoffmenge des zu bestimmenden Stoffes n_2 Masse des zu bestimmenden Stoffes M_1 molare Masse des zu bestimmenden Stoffes z_1 Äquivalenzzahl des Stoffes in der zu bestimmenden Lösung z_2 Äquivalenzzahl des Stoffes in der Maßlösung

Löslichkeitsgleichgewichte

Löslichkeitsprodukt K_L und Löslichkeitsexponent pK_L	
Für das Gleichgewicht $\mathrm{M}_a\mathrm{L}_b \rightleftharpoons a\,\mathrm{M}^{m+} + b\,\mathrm{L}^{n-}$ gilt: $K_\mathrm{L}(\mathrm{M}_a\mathrm{L}_b) = c^a(\mathrm{M}^{m+}) \cdot c^b(\mathrm{L}^{n-})$ $\mathrm{p}K_\mathrm{L} = -\lg\{K_\mathrm{L}\}$	Einheit des Löslichkeitsproduktes: $[K_\mathrm{L}(\mathrm{M}_a\mathrm{L}_b)] = \mathrm{mol}^{a+b} \cdot \mathrm{l}^{-(a+b)}$ $\{K_\mathrm{L}\}$ Zahlenwert des Löslichkeitsproduktes
Löslichkeit l	
$l(\mathrm{M}_a\mathrm{L}_b) = \sqrt[a+b]{\frac{K_\mathrm{L}(\mathrm{M}_a\mathrm{L}_b)}{a^a \cdot b^b}}$	
Komplexzerfallskonstante K_D und Komplexzerfallsexponent pK_D	
Für das Gleichgewicht $\mathrm{ML}_n \rightleftharpoons \mathrm{M} + n\,\mathrm{L}$ gilt: $K_\mathrm{D} = \frac{c(\mathrm{M}) \cdot c^n(\mathrm{L})}{c(\mathrm{ML}_n)}$ $K_\mathrm{D} = \frac{1}{K_\mathrm{St}}$ $\mathrm{p}K_\mathrm{D} = -\lg\{K_\mathrm{D}\} = \lg\{K_\mathrm{St}\}$	K_St Komplexstabilitätskonstante pK_D Komplexzerfallsexponent $\{K_\mathrm{St}\}$ Zahlenwert der Komplexstabilitätskonstante

Elektrochemie

Berechnung nach den Faraday'schen Gesetzen	
$I \cdot t = F \cdot n \cdot z$ $\frac{m}{M} = \frac{I \cdot t}{z \cdot F}$	F Faraday-Konstante ($9{,}64853 \cdot 10^4\,\mathrm{C \cdot mol^{-1}}$) n Stoffmenge z Anzahl der Elementarladungen t Zeit M molare Masse m Masse I elektrische Stromstärke

Berechnung des Redoxpotenzials E (Nernst-Gleichung)

Für die Reaktion Red $\rightleftharpoons$ Ox $+ z \cdot e^-$ gilt:

$$E = E^{\ominus} + \frac{R \cdot T}{z \cdot F} \cdot \ln \frac{c(\mathrm{Ox})}{c(\mathrm{Red})}$$

Für 25 °C ergibt sich:

$$E = E^{\ominus} + \frac{0{,}059\,\mathrm{V}}{z} \cdot \lg \frac{c(\mathrm{Ox})}{c(\mathrm{Red})}$$

$$E = E^{\ominus} + \frac{0{,}059\,\mathrm{V}}{z} \cdot \lg c(\mathrm{Me}^{z+})$$

E	Redoxpotenzial
$E^{\ominus}$	Standardelektrodenpotenzial für die Redoxreaktion
z	ausgetauschte Elektronenanzahl je Formelumsatz
$c(\mathrm{Ox})$	Stoffmengenkonzentration des Oxidationsmittels
$c(\mathrm{Red})$	Stoffmengenkonzentration des Reduktionsmittels
$c(\mathrm{Me}^{z+})$	Stoffmengenkonzentration der Metall-Ionen
R	universelle Gaskonstante
T	Temperatur

Zellspannung U

$U = \Delta E = E\,(\mathrm{Katode}) - E\,(\mathrm{Anode})$

U	Zellspannung

Zellspannung U und pH-Wert einer Lösung

Aus der Zellspannung U einer Konzentrationszelle, die aus einer Standard-Wasserstoff-Halbzelle und einer Wasserstoff-Halbzelle mit einer Elektrolytlösung besteht, lässt sich der pH-Wert der Lösung berechnen:

$$\mathrm{pH} = \frac{U}{0{,}059\,\mathrm{V}}$$

Zellspannung U und Gleichgewichtskonstante K

Im elektrochemischen Gleichgewicht bei $U = 0$ gilt:

$$U^{\ominus} = \frac{R \cdot T}{z \cdot F} \cdot \ln\{K\}$$

$U^{\ominus}$	Standardzellspannung
R	universelle Gaskonstante
T	Temperatur
F	Faraday-Konstante

Molare freie Reaktionsenthalpie $\Delta_R G_m$ und Zellspannung U

$$\Delta_R G_m = -z \cdot F \cdot U$$

Elektrischer Leitwert G

$$G = \frac{1}{R}$$

G	elektrischer Leitwert
R	elektrischer Widerstand

Kernchemie (↗ auch Physik, Kernphysik)

Halbwertszeit und Aktivität

$$T_{1/2} = \frac{\ln 2}{\lambda}$$

$$A = \lambda \cdot N = \ln 2 \, \frac{N_A \cdot m}{T_{1/2} \cdot M}$$

$T_{1/2}$	Halbwertszeit
λ	Zerfallskonstante
A	Aktivität eines Radionuklids
N	Anzahl der zerfallsfähigen Kerne des Präparats
m	Masse des Präparats
M	molare Masse
N_A	Avogadro-Konstante ($6{,}022\,141\,99 \cdot 10^{23}\,\mathrm{mol}^{-1}$)

Radioaktives Zerfallsgesetz

$$N = N_0 \cdot e^{-\lambda \cdot t}$$

$$\ln N = \ln N_0 - \lambda \cdot t = \ln N_0 - \frac{\ln 2}{T_{1/2}} \cdot t$$

N	Anzahl der vorhandenen Atomkerne zum Zeitpunkt t
N_0	Anzahl der vorhandenen Atomkerne zum Zeitpunkt $t = 0$

Biologie

Allgemeine Angaben

Ungefähre Artenanzahlen einiger wichtiger Tiergruppen weltweit (nach Flindt 2000)

Tiergruppe	Artenanzahl	Tiergruppe	Artenanzahl
Einzeller	40 000	Insekten	1 000 000
Schwämme	5 000	Heuschrecken	20 000
Hohltiere	10 000	Käfer	350 000
Plattwürmer	16 100	Schmetterlinge	120 000
Fadenwürmer	23 000	Wirbeltiere	46 500
Weichtiere (Mollusca)	130 000	Fische	20 600
Schnecken	85 000	Lurche	3 300
Ringelwürmer	17 000	Kriechtiere	6 300
Spinnentiere	68 000	Vögel	8 600
Krebse	50 000	Säugetiere	3 700

Ungefähre Artenanzahlen einiger wichtiger Pflanzengruppen weltweit (nach Flindt 2000)

Pflanzengruppe	Artenanzahl	Pflanzengruppe	Artenanzahl
Prokaryota	3 600	Dicotyledoneae	177 000
Eukaryotische Algen	33 000	Magnoliidae	13 200
Pilze	90 000	Dilleniidae	29 600
Moose	26 000	Rosidae	57 700
Flechten	20 000	Asteridae	64 000
Farnartige	15 000	Monocotyledoneae	52 800
Samenpflanzen	236 000	Commelinidae	19 700
Nacktsamer	800	Arecidae	5 700
Bedecktsamer	235 000	Liliidae	26 800

Maximales Alter verschiedener Lebewesen (nach Flindt 2000)

Lebewesen	Höchstalter*	Lebewesen	Höchstalter*	Lebewesen	Höchstalter*	Lebewesen	Höchstalter*
Tiere		Tiere		Pflanzen		Pflanzen	
Rädertierchen	2…3 T.	Huhn	30 J.	Eichenfarn	7 J.	Ölbaum	700 J.
Stubenfliege	76 T.	Anakonda	31 J.	Heidekraut	42 J.	Rotbuche	900 J.
Bienenarbeiterin	6 Wo.	Feuersalamander	43 J.	Eberesche	80 J.	Zeder	1 300 J.
Bettwanze	6 M.	Braunbär	47 J.	Birke	120 J.	Eiche	1 300 J.
Lanzettfischchen	7 M.	Adler	60…80 J.	Salweide	150 J.	Eibe	1 800 J.
Bienenkönigin	5 J.	Elefant	70 J.	Apfelbaum	200 J.	Linde	1 900 J.
Eidechsen	5…8 J.	Storch	70…100 J.	Kirsche	400 J.	Feige	2 000 J.
Regenwurm	10 J.	Esel	100 J.	Efeu	440 J.	Mammutbaum	4 000 J.
Vogelspinne	15 J.	Elefantenschildkröte	150 J.	Wacholder	500 J.	Borstenkiefer	4 600 J.
Laubfrosch	22 J.			Kiefer	500 J.		

* Zeitangaben: T. = Tage, Wo. = Wochen, M. = Monate, J. = Jahre

Zellbiologie

Lebensdauer von Zellen in verschiedenen Organen des Menschen (verändert nach Flindt 1995)

Organe	Durchschnittliche Lebensdauer in Tagen	Organe	Durchschnittliche Lebensdauer in Tagen
Leber	10,0...20,0	Harnblase	64
Magen (Pylorus)	1,8... 9,1	Epidermis:	
Magen (Cardia)	9,1	– Lippen	14,7
Dünndarm	1,3... 1,6	– Fußsohlen	19,1
Dickdarm	10,0	– Bauch	19,4
Enddarm	6,2	– Ohr	34,5
After	4,3	Rote Blutkörperchen	120,0
Luftröhre	47,5	Weiße Blutkörperchen	1,0...3,0
Lunge (Alveolen)	8,1	Nervensystem	keine Erneuerung

Größe von Zellen oder Zellorganellen (nach Flindt 1995)

	Länge	Durchmesser
Virus, Maul- und Klauenseuche		10 nm
Influenza-Virus		120 nm
Tabak-Mosaik-Virus	28 nm	
Micrococcus (Bakterie)		0,2 µm
Escherichia coli (Bakterie)	3 µm	
Thiospirillum (Bakterie)	80 µm	
Hefezellen		6...8 µm
Chlamydomonas (Geißelalge)		20 µm
Kieselalgen, gestreckte Form	180 µm	
Kieselalgen, runde Form		35 µm
Rotes Blutkörperchen, Mensch		7,5 µm
Spermium, Mensch	50 µm	
Eizelle, Mensch		100 µm
Straußenei	150 mm	
Epidermis, Eiche		28 µm
Markgewebe, Holunder		200 µm

	Länge	Durchmesser
Epidermis, Zwiebel		400 µm
Faserzelle, Lein	40...65 mm	
Faserzelle, Brennnessel	50...75 mm	
Internodalzelle, Chara	40...80 mm	
Faserzelle, Ramiepflanze	400 mm	
Zelle Mundschleimhaut, Mensch		60...80 µm
Chondriosomen		0,5...0,8 µm
Dictyosomen	0,2...5,5 µm	
Chloroplasten		4...8 µm
Ribosomen		10...15 nm
Elementar-Membran, Pflanzen		6...8 nm
Doppelmembran, ER, Pflanzen		25...30 nm
Zellmembran, Mensch, Mundschleimhaut		7,67 nm
Zellmembran, Mensch, Erythrozyt		8,5 nm

Dauer der Zellteilung (Mitose) verschiedener Zellen (nach Flindt 1995)

Art und Zelle	Prophase	Metaphase	Anaphase	Telophase	Mitosedauer
Sonnentierchen	12 min	3... 6 min	4 min		30 min
Saubohne, Meristem	90 min	31 min	34 min	34 min	189 min
Erbse, Endosperm	40 min	20 min	12 min	110 min	182 min
Iris, Endosperm	40...60 min	10...30 min	12...22 min	40...75 min	140 min
Gräser, Spaltöffnungszellen	36...45 min	7...10 min	15...20 min	20...35 min	78...110 min
Molch, Fibroblasten	18 min	38 min	26 min	28 min	110 min
Hühnchen, Fibroblasten	45 min	6 min	2 min	10 min	63 min
Hühnchen, Mesenchym	30...60 min	2...10 min	2... 3 min	3...12 min	37... 82 min
Ratte, Leberzellen	4 h	10 min	30 min	30 min	5 h 10 min
Drosophila-Eier, Furchung	4 min	30 s	1 min	50 s	6 min 20 s

Sinnes- und Nervenphysiologie

Obergrenze der Hörfähigkeit bei Tieren und beim Mensch (verändert nach Flindt 1995)

Art	Obergrenze in kHz	Art	Obergrenze in kHz	Art	Obergrenze in kHz
Hai	2	Uhu	8	Meerschweinchen	33
Zwergwels	13	Huhn	38	Mensch	
Ochsenfrosch	4	Kanarienvogel	10	– Kind	21
Brillenkaiman	6	Wellensittich	14	– 35 Jahre	15
Eidechsen	8	Delfin	200	– 50 Jahre	12
Schlangen	0	Fledermaus	400	– Greis	5
Sperling	18	Hund	135	Grillen	8
Star	15	Katze	47	Laubheuschrecken	90

Schallpegel verschiedener Geräusche (verändert nach Flindt 1995)

Geräusch	dB(A)*	Geräusch	dB(A)*
Schwellenlautstärke	0	Staubsauger, Straßenverkehr	80
leises Flüstern	10	Motorrad, Lkw, starker Straßenverkehr	90
ruhige Unterhaltung, ruhige Wohnung	40	Propellerflugzeug, Rockkonzert	120
normale Unterhaltung, Lautsprecher auf Zimmerlautstärke	50	Schmerzgrenze, Lärm in Kesselschmiede	130
		Düsenjäger beim Start	140

* dB(A): Intensität der frequenzabhängigen Wahrnehmung des menschlichen Ohres

Erregungsleitungsgeschwindigkeit in Nerven (verändert nach Flindt 1995)

Tierart	Nervenfasertyp	Durchmesser in µm	Erregungsleitungs-geschwindigkeit in m/s
Ohrenqualle (Aurelia)	Nervennetz	6 … 12	0,5
Regenwurm	mediale Riesenfaser	50 … 90	30
	laterale Riesenfaser	40 … 60	11,3
Hummer	Beinnerv	60 … 80	14 … 18
Karpfen	laterale Faser	20	47
Frosch	A-Faser	15	30
Mensch	A-Faser	10 … 20	60 … 120
	B-Faser	3	3 … 15
	C-Faser	0,3 … 1,3	0,6 … 2,3

Anzahl der Rezeptoren und ableitenden Nervenfasern der Sinne des Menschen (nach Flindt 1995)

Sinn	Anzahl der Rezeptoren	Anzahl der Nervenfasern	Sinn	Anzahl der Rezeptoren	Anzahl der Nervenfasern
Auge	$2 \cdot 10^8$	$2 \cdot 10^6$	Druck	$5 \cdot 10^5$	10^6
Ohr	$3 \cdot 10^4$	$2 \cdot 10^4$	Schmerz	$3 \cdot 10^6$	10^6
Geschmack	10^7	$2 \cdot 10^3$	Wärme	10^4	10^6
Geruch	10^7	$2 \cdot 10^3$	Kälte	10^5	10^6

Stoff- und Energiewechsel

Ernährung

Grundumsatz GU	$GU = 4{,}2\,\text{kJ} \cdot t \cdot m_k$ bei Jugendlichen: $6{,}2\,\text{kJ} \cdot t \cdot m_k$	t Zeit in Stunden m_k Körpermasse in kg
Leistungsumsatz LU	$LU = (t_1 \cdot EV_1) + (t_2 \cdot EV_2) + \ldots + (t_n \cdot EV_n)$	t Zeit in Stunden für die ausgeführte Tätigkeit EV Energieumsatz je Stunde der Tätigkeit
Gesamtumsatz $GesU$	$GesU = GU + LU$	
Nährstoffbedarf Nb	$Nb = Bf \cdot m_k$	Bf Bedarfsfaktor der Nährstoffe
Energiebedarf Eb	$Eb = (Nb_{KH} \cdot EG_{KH}) + (Nb_{Fett} \cdot EG_{Fett}) + (Nb_{Eiw} \cdot EG_{Eiw})$	EG Energiegehalt der Nährstoffe
Energiegehalt einer Mahlzeit EG_m	$EG_m = EG_{n1} + EG_{n2} + \ldots + EG_{nn}$	EG_n Energiegehalt der Nahrungsmittel

Täglich benötigte Nahrungsmenge verschiedener Lebewesen (verändert nach Flindt 1995)

Lebewesen	Nahrungsbedarf in % der Körpermasse	Lebewesen	Nahrungsbedarf in % der Körpermasse	Lebewesen	Nahrungsbedarf in % der Körpermasse
Anakonda	0,013	Rind	3,0	Star	11,9
Indischer Elefant	1,0	Huhn	3,5	Blaumeise	30
Bär	2,0	Bussard	4,5	Maus	40
Tiger	2,8	Steinkauz	6,5	Maulwurf	100
Löwe	2,9	Turmfalke	8	Spitzmaus	100
		Singdrossel	10	Kolibri	200

Täglicher Energiebedarf von Säuglingen, Kindern und Jugendlichen (nach Flindt 1995)

Alter	Mittlere Körpermasse in kg	Energiebedarf (Gesamtumsatz)			
		je kg Körpermasse		je Tag	
		in kJ	in kcal	in kJ	in kcal
1 ... 2 Monate	5,3	480	115	2544	609
3 ... 6 Monate	6,8	460	110	3128	748
6 ... 9 Monate	8,4	420	100	3528	840
9 ... 12 Monate	9,8	405	97	3969	950
3 Jahre	15,3	395	95	6043	1453
5 Jahre	18,1	375	90	6787	1629
10 Jahre	31,3	310	74	9703	2316
15 Jahre	55,4	222	53	12298	2936
18 Jahre	65,5	205	49	13427	3209

Energie-, Nährstoff-, Wasser- und Vitamingehalt ausgewählter Nahrungsmittel (nach Flindt 1995)

Nahrungsmittel in g (berechnet auf 100 g)	Energiegehalt		Nährstoffgehalt in g			Wasser-gehalt in g	Vitamingehalt			
	in kJ	in kcal	Eiweiß	Fett	Kohlen-hydrate		A in I. E.	B in mg	C in mg	E in mg
Roggenbrot	950	227	6,4	1,0	52,7	38,5	o. A.	o. A.	o. A.	o. A.
Brötchen	1 126	269	6,8	0,5	58,0	34,0	o. A.	o. A.	o. A.	o. A.
Spagetti	1 544	369	12,5	1,2	75,2	10,4	o. A.	o. A.	o. A.	o. A.
Weizenmehl	1 385	331	12,1	2,1	71,5	12,6	–	0,06	–	–
Kartoffeln	318	76	2,1	0,1	17,7	79,8	5	0,11	20	0,06
Walnüsse	2 725	651	14,8	64,0	15,8	3,5	30	1,43	2	1,5
Bananen	356	85	1,1	0,2	22,2	75,7	190	0,05	10	0,2
Apfel (süß)	243	58	0,3	0,6	15,0	84,0	90	0,04	5	0,3
Erdbeeren	155	37	0,7	0,5	8,4	89,9	60	0,03	60	–
Kirschen	251	60	1,2	0,4	14,6	83,4	1 000	0,05	10	–
Wassermelonen	109	26	0,5	0,2	6,4	92,6	o. A.	o. A.	o. A.	o. A.
Kokosnüsse	1 469	351	4,2	34,0	12,8	48,0	o. A.	o. A.	o. A.	o. A.
Gurken	55	13	0,8	0,1	3,0	95,6	o. A.	o. A.	o. A.	o. A.
Spargel	88	21	2,1	0,2	4,1	92,9	900	0,18	33	2,5
Tomaten	92	22	1,1	0,2	4,7	93,5	900	0,06	23	0,27
Champignon	92	22	2,8	0,2	3,7	90,8	–	0,1	5	0,83
Karotten	167	40	1,1	0,2	9,1	88,6	11 000	0,06	2–10	0,45
Jogurt	297	71	4,8	3,8	4,5	86,1	o. A.	o. A.	o. A.	o. A.
Kuhmilch	268	64	3,2	3,7	4,6	88,5	140	0,04	1	0,06
Butter	2 996	716	0,6	81,0	0,7	17,4	3 300	Spuren	Spuren	2,4
Schlagsahne	1 205	288	2,2	30,4	2,9	64,1	o. A.	o. A.	o. A.	o. A.
Emmentaler	1 666	398	27,4	30,5	3,4	34,9	1 140	0,05	0,5	0,35
Margarine	3 013	720	0,5	80,0	0,4	19,7	3 000	–	–	30,0
Hühnerei	678	162	12,8	11,5	0,7	74,0	1 100	0,12	–	1,0
Forelle	423	101	19,2	2,1	0,0	77,6	150	0,09	–	–
Schweinekotelett	1 427	341	15,2	30,6	0,0	53,9	–	0,8	–	0,6
Rinderfilet	511	122	19,2	4,4	0,0	75,1	–	0,1	–	0,5
Brathuhn	578	138	20,6	5,6	0,0	72,7	o. A.	o. A.	o. A.	o. A.
Kammkotelett	1 473	352	14,9	32,0	0,0	52,0	o. A.	o. A.	o. A.	o. A.
Salami	1 072	256	12,5	27,6	1,8	55,6	–	0,18	–	0,11
Hering	1 017	243	17,3	18,8	0,0	62,8	o. A.	o. A.	o. A.	o. A.
Thunfisch	1 214	290	23,8	20,9	0,0	52,5	90	0,05	–	–
Tintenfisch	306	73	15,3	0,8	0,0	82,2	o. A.	o. A.	o. A.	o. A.
Honig	1 272	304	0,3	0,0	82,3	17,2	–	Spuren	1	–
Traubenzucker	1 611	385	0,0	0,0	99,5	0,0	–	–	–	–
Milchschokolade	2 176	520	7,7	32,3	56,9	0,9	270	0,01	–	1,1

o. A.: ohne Angaben
I. E.: Internationale Einheiten

Energiegehalt der Nährstoffe

Nährstoffe	Energiegehalt		Bedarfsfaktor
	in $\frac{kJ}{g}$	in $\frac{kcal}{g}$	in g je kg Körpermasse
Fette	39	9,3	0,8
Eiweiße	17	4,1	0,9
Kohlenhydrate	17	4,1	0,9

4,1868 kJ = 1 kcal

Energieverbrauch bei verschiedenen Tätigkeiten (verändert nach Flindt 1995)

Tätigkeiten	$\frac{kJ}{h}$	$\frac{kcal}{h}$	Tätigkeiten	$\frac{kJ}{h}$	$\frac{kcal}{h}$
Fenster putzen	3059	730	Brustschwimmen (50 m/min)	11942	2850
Betten machen	3352	800	Dauerlauf (10 km/h)	10475	2500
Wäsche bügeln	2388	570	Fußball spielen	7961	1900
Staub saugen	3143	750	Rad fahren	2933	700
Spielen/Aufräumen	1048	250	Gymnastik	5866	1400
Stehen	587	140	Skilanglauf (8 km/h)	13408	3250
Sitzen	503	120	Tanzen	4190	1000

Körpermassenindex (nach Flindt 1995)

$$BMI = \frac{\text{Körpermasse (in kg)}}{\text{Körpergröße (in m)} \cdot \text{Körpergröße (in m)}}$$

BMI Body-Mass-Index

ohne Berücksichtigung des Alters			unter Berücksichtigung des Alters	
Klassifikation	Körpermassenindex (BMI)		Altersgruppe nach Jahren	Wünschenswerter Körpermassenindex (BMI)
	männlich	weiblich		
Untergewicht	< 20	< 19	19...24	19...24
Normalgewicht	20...25	19...24	25...34	20...25
Übergewicht	25...30	24...30	35...44	21...26
Fettsucht (Adipositas)	30...40	30...40	45...54	22...27
Massive Fettsucht	> 40	> 40	55...64	23...28
			> 64	24...29

Respiratorischer Quotient

Respiratorischer Quotient RQ	Formel	Größe	Bedeutung
	$RQ = \frac{n(CO_2)_{aus} - n(CO_2)_{ein}}{n(O_2)_{ein} - n(O_2)_{aus}}$	$n(CO_2)_{aus/ein}$	aus- bzw. eingeatmete Stoffmenge an Kohlenstoffdioxid
	$= \frac{n(CO_2)_{gebildet}}{n(O_2)_{verbraucht}}$	$n(O_2)_{ein/aus}$	ein- bzw. ausgeatmete Stoffmenge an Sauerstoff
	$= \frac{V(CO_2)_{gebildet}}{V(O_2)_{verbraucht}}$	$V(CO_2)_{gebildet}$	gebildetes Kohlenstoffdioxidvolumen
		$V(O_2)_{verbraucht}$	verbrauchtes Sauerstoffvolumen

Abbau der Nährstoffe im Körper (nach Flindt 1995)

Nährstoffe	Sauerstoffverbrauch in cm^3 je g Nährstoff	Kohlenstoffdioxidabgabe in cm^3 je g Nährstoff	RQ	Energie in kJ (kcal) je min
Kohlenhydrate	820	820	1	17,2 (4,1)
Fette	2020	1430	0,71	39,3 (9,4)
Eiweiße	960	770	0,8	18,0 (4,3)

Veränderung des Sauerstoff- und Kohlenstoffdioxidgehaltes in der Atemluft und im Blut des Menschen während der Atmung (verändert nach Flindt 1995)

	O_2 in %	O_2-Partialdruck $p(O_2)$ in hPa	CO_2 in %	CO_2-Partialdruck $p(CO_2)$ in hPa
Einatemluft	20,9	200	0,03	0,3
Alveolarluft	14	133	5,6	53
Ausatemluft	16	155	4	39
Arterielles Blut	o. A.	127	o. A.	53
Venöses Blut	o. A.	53	o. A.	61

Diffusion

1. Fick'sches Diffusionsgesetz	$\frac{dn}{dt} = -D \cdot A \cdot \frac{dc}{dx}$	n Stoffmenge t Diffusionszeit A Durchtrittsfläche
2. Fick'sches Diffusionsgesetz	$x = D \cdot \sqrt{t}$ $t_{max} = \frac{x^2}{2 \cdot D}$	D Diffusionskonstante x Diffusionsweg c Stoffmengenkonzentration t_{max} maximale Diffusionszeit
Diffusion durch eine Membran	$\frac{dn}{dt} = -D \cdot A \cdot \frac{(c_i - c_a)}{z}$	c_i, c_a Stoffmengenkonzentration beiderseits der Membran (innen und außen) z Dicke der Membran
Diffusionspotenzial E_D (Nernst'sche Gleichung)	$E_D = \frac{R \cdot T}{z \cdot F} \cdot \ln \frac{c(\text{Ion})_I}{c(\text{Ion})_{II}}$	R (universelle) Gaskonstante T Temperatur z Ionenwertigkeit F Faraday-Konstante $c(\text{Ion})_I$ Ionenkonzentration der Lösung I $c(\text{Ion})_{II}$ Ionenkonzentration der Lösung II

Osmose

Saugkraft der Zelle S	$S = O - W$	W Turgordruck (Wanddruck) T Temperatur
Osmotischer Druck O	$O = c \cdot R \cdot T$	R (universelle) Gaskonstante c Stoffmengenkonzentration der gelösten Stoffe

Enzymreaktionen

Reaktionsgeschwindigkeit v_0 einer Enzymreaktion	$v_0 = \frac{V_{max} \cdot c(S)}{K_m + c(S)}$	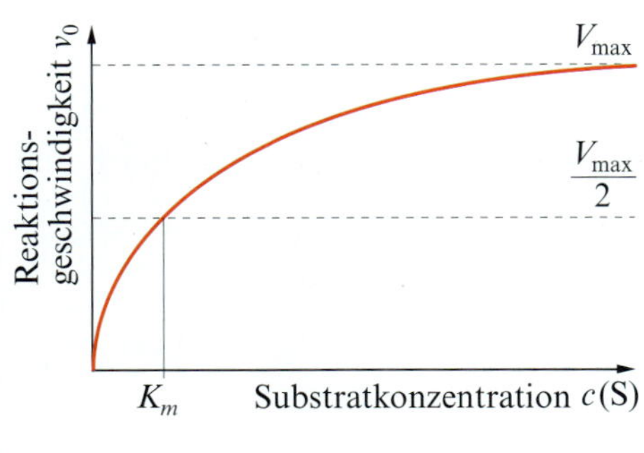
Michaelis-Menten-Konstante K_m	$\Rightarrow K_m = c(S)$ $\left(c(S) \text{ bei } V_0 = \frac{V_{max}}{2}\right)$.	
Lineweaver-Burk-Gleichung	doppelt reziproke Darstellung: $\frac{1}{v_0} = \frac{K_m}{V_{max}} \cdot \frac{1}{c(S)} + \frac{1}{V_{max}}$	V_{max} maximale Reaktionsgeschwindigkeit

Genetik und Evolution

Chromosomensätze von Lebewesen

Tiere Art	Chromosomenanzahl eines diploiden Chromosomensatzes	**Pflanzen** (*Pilz **Einzeller) Art	Chromosomenanzahl eines diploiden Chromosomensatzes
Stechmücke	6	Champignon*	8
Drosophila	8	Erbse	14
Stubenfliege	12	Gerste	14
Hecht	18	Walderdbeere	14
Riesenkänguru	22	Heidekraut	16
Feuersalamander	24	Frauenschuh	20
Laubfrosch	24	Mais	20
Regenwurm	32	Fichte	24
Kreuzotter	36	Ginkgo	24
Hauskatze	38	Kiefer	24
Schwein	38	Stieleiche	24
Hausspinne	43	Erle	28
Mensch	46	Kokosnuss	32
Schimpanse	48	Raps	38
Weinbergschnecke	54	Kürbis	40
Pferd	64	Pflaume	48
Reiher	68	Kirsche	16, 24, 32, 64
Haushuhn	78	Birke	84
Hund	78	Birne	34, 51, 68, 85
Kanarienvogel	80	Adlerfarn	104
Taube	80	Behaarte Segge	112
Goldfisch	94	Augentierchen**	ca. 200
Karpfen	104	Schachtelhalm	216
Neunauge	174	Natternzunge	480

Genetischer Code

„Code – Sonne“
Schemadarstellung des genetischen Codes

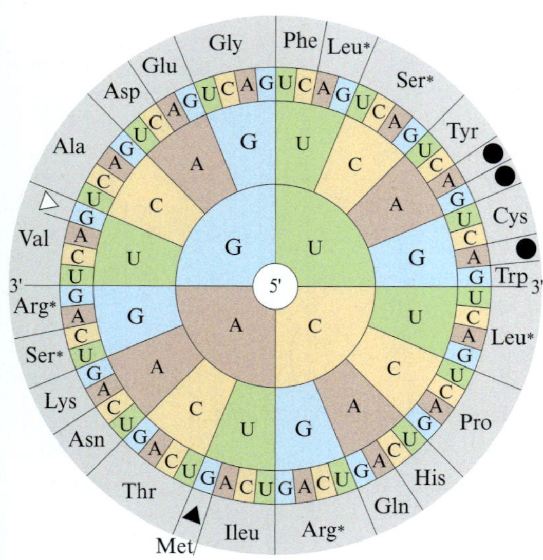

► Start
▷ Start (selten)
● Stopp

* Redundanz erweitert

DNA- und RNA-Gehalt verschiedener Zellen des Menschen (verändert nach Flindt 1995)

Zelle	DNA in $\frac{pg^*}{Zelle}$	RNA in $\frac{pg^*}{Zelle}$	Zelle	DNA in $\frac{pg^*}{Zelle}$	RNA in $\frac{pg^*}{Zelle}$
Knochenmark	0,87	0,69	Leber	1,0	2,48
Gehirn	0,68	2,63	Leukozyten	0,73	0,25
Niere	0,83	1,10	Spermien	0,31	0,24

* pg: Picogramm; 1 pg = 10^{-12} g

Mutationsrate

Berechnung der Mutationsrate M_r (nach Nachtsheim)	$M_r = \frac{N_N}{2N_I}$	N_N Anzahl der Neumutanten N_I Gesamtanzahl der betrachteten Individuen

Populationsgenetik

Hardy-Weinberg-Gesetz	Für die Ausgangspopulation gilt: $p+q=1$ Für die Folgepopulation gilt: $p^2+2pq+q^2=1$ $d+h+r=1$ $p=d+0{,}5h$ $q=0{,}5h+r$	p, q Häufigkeit dominanter und rezessiver Allele Genotyphäufigkeit: p homozygot dominant h heterozygot r homozygot rezessiv
	Bedingung: Das Gesetz gilt unter den Annahmen, dass – keine Mutationen auftreten, – unendlich große Population vorhanden ist, – die Individuen der Population sich beliebig paaren können (vollständige Panmixie), – keine Selektion stattfindet, – kein Genfluss auftritt.	

Selektion

Individualfitness W	$W = \frac{N_I}{N_{max}}$ Für den besten Genotyp gilt: $W = 1$.	N_I Genotyphäufigkeit des betrachteten Genotyps N_{max} Nachkommenschaft des besten Genotyps
Mittlere Populationsfitness $\overline{W}$	$\overline{W} = \frac{f_1 \cdot W_1 + f_2 \cdot W_2 + \ldots + f_n \cdot W_n}{f_1 + f_2 + \ldots + f_n}$	W_1, W_2 Individualfitness der Genotypen 1 und 2 f_1, f_2 Häufigkeit der Genotypen 1 und 2
Genetische Last L (Genetische Bürde)	$L = \frac{W_{max} - \overline{W}}{W_{max}}$	W_{max} Fitness des besten Genotyps In jeder Population ist die durchschnittliche Fitness $\overline{W}$ geringer als die Fitness des besten Genotyps.
Selektionskoeffizient S	$S = 1 - W$	

Entwicklung der Lebewesen im Verlauf der Erdgeschichte

Zeitalter	Epoche (Mio. Jahre)	Hauptgruppe	Entwicklung der Organismen	Erstmalig treten auf
Erdneuzeit	Quartär (2 bis heute)	Bedecktsamer	Pflanzen und Tiere der Eiszeiten; zunehmender Einfluss der Menschen auf Biotope der Erde	Australopithecinen, Homo habilis, Homo erectus, Homo sapiens
	Tertiär (65 bis 2)	Säuger und Vögel	Herausbildung von Pflanzen und Tieren ähnlich den rezenten Formen; Ausbreitung der Säugetiere	Rezente Insektengattungen und rezente Säugerordnungen
Erdmittelalter	Kreide (135 bis 65)		Entfaltung der Knochenfische; Entwicklung der Säugetiere; Entstehung der Blütenpflanzen	Erste Laubhölzer, echte Vögel
	Jura (195 bis 135)		Volle Entfaltung der Nadelbäume; Blütezeit der Saurier	Urvogel Archaeopteryx, rezente Gattung von Ginkgo
	Trias (225 bis 195)	Saurier Nacktsamer	Fast völliges Aussterben der Ammoniten; Riesenformen von Schachtelhalmen und Farnen	Saurier und erste kleine Säugetiere, Urschmetterlinge
Erdaltertum	Perm (280 bis 225)		Weiterentwicklung der Fische, Amphibien und Reptilien	Nadelbäume, Ginkgogewächse, Käfer
	Karbon (345 bis 280)		Blütezeit der Amphibien; Wälder aus Bärlappgewächsen, Schuppenbäumen und Farnen	Erste Reptilien, geflügelte Insekten, Süßwassermuscheln
	Devon (395 bis 345)	erste Lurche	Besiedlung feuchter Lebensräume des Festlandes durch Farne, Moose und Schachtelhalme	Übergangsformen von Fischen zu Lurchen, erste Insekten
	Silur (430 bis 395)	Farne	Algen, Pilze und Flechten besiedeln das Land; Blütezeit der Wirbellosen	Panzerfische (mit Kiefer), Korallenriffe
	Ordovicium (500 bis 430)	erste Fische	Entfaltung der Artenanzahl der Wirbellosen und Meeresalgen	Erste Fische (ohne Kiefer), Quallen und Weichtiere
	Kambrium (570 bis 500)	Algen	Erste vielzellige Tiere im Urozean; Blütezeit der Trilobiten	Algen, Trilobiten, Krebse, Schnecken, Steinkorallen, Stachelhäuter
	Praekambrium (4 000 bis 570)	Wirbellose Urbakterien	Entstehung des Lebens; Entwicklung der Fotosynthese	Erste organische Moleküle, Urbakterien, algenartige Strukturen

Ökologie

Wachstumsgesetze

Geburtenrate GR	$GR = \frac{\Delta N_G}{\Delta t\, N}$	N_G Anzahl der Geburten N Gesamtzahl der betrachteten Individuen N_T Anzahl der Todesfälle t Zeit K Faktor, der die Lebensraumkapazität angibt (maximale Populationsgröße)
Sterberate SR	$SR = \frac{\Delta N_T}{\Delta t\, N}$	
Zuwachsrate r	$r = GR - SR$	
Logistisches Wachstum	$\frac{dN}{dt} = r \cdot N \cdot \frac{K - N}{K}$	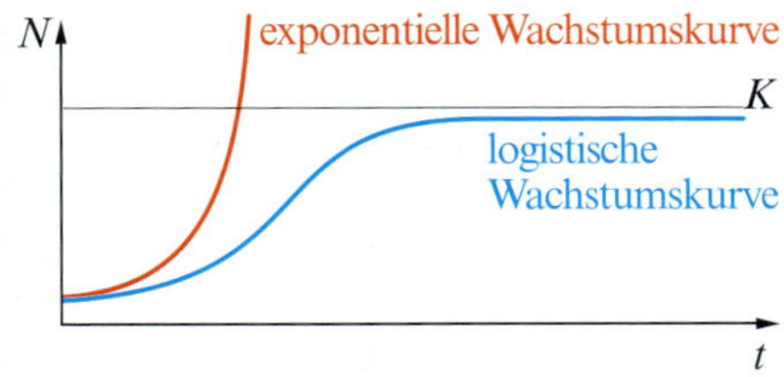
Exponentielles Wachstum	$\frac{dN}{dt} = r \cdot N$ gültig für $N < K$	

Bestimmen der Wasserqualität

Sauerstoffgehalt $\beta(O_2)$ in mg/l (nach Winkler)	$\beta(O_2) = \frac{a \cdot 0{,}08 \cdot 1\,000}{V - b}$	V Volumen der Wasserprobe in ml a Verbrauch an Natriumthiosulfatlösung in ml ($c = 0{,}01$ mol/l) b zugesetzte Reagenzienmenge in ml 1 000 Umrechnungsfaktor für einen Liter
Sauerstoffsättigung S	$S = \frac{\beta(O_2) \cdot 100\%}{\beta(O_2)\, S}$	$\beta(O_2)$ gemessener Sauerstoffgehalt der Frischprobe bei gemessener Temperatur $\beta(O_2)\, S$ theoretischer Sauerstoffsättigungswert bei der gemessenen Temperatur
Sauerstoffdefizit $\beta(O_2)_{Def}$	$\beta(O_2)_{Def} = \beta(O_2) - \beta(O_2)\, S$	
Saprobienindex S_x	$S_x = \frac{\sum_{i=1}^{n} h_i \cdot s_i \cdot g_i}{\sum_{i=1}^{n} h_i \cdot g_i}$ oder $S_x = \frac{(h_1 \cdot s_1 \cdot g_1) + (h_2 \cdot s_2 \cdot g_2) + \ldots + (h_n \cdot s_n \cdot g_n)}{(h_1 \cdot g_1) + (h_2 \cdot g_2) + \ldots + (h_n \cdot g_n)}$	n Anzahl der untersuchten Organismenarten h Ausgezählte Häufigkeit der Organismen einer Art s Saprobienindex für die einzelne Art, gibt deren Optimum innerhalb der Saprobienstufen an g Indikationsgewicht (1–5), gibt Eignung einer Art als Indikator für bestimmte Güteklassen an (Bindung an nur eine Güteklasse g = 5; Vorkommen in zwei oder mehr Güteklassen g = 4, 3, 2, 1)

Biomasseproduktion und Wasserbilanz bei Pflanzen

Biomasseproduktion	$S = Pb - (R + m_V)$ $Pn = Pb - R$	S langfristiger Stoffgewinn für den betrachteten Organismus Pb Brutto-Primärproduktion Pn Netto-Primärproduktion R Stoffverlust durch Atmung m_V Verlustmasse
Trockenmasse TM	Unter der Bedingung 24 Stunden bei 105 °C gilt: $TM = FM - WG$	FM Frischmasse WG Wassergehalt
Wassergehalt WG	$WG = FM - TM$	
Aschemasse AM	$AM = TM - m_V$	m_V Verlustmasse beim Glühen
Wasserdefizit Wd	$Wd = \frac{W_{max} - W_a}{W_{max}} \cdot 100\%$	W_{max} maximal möglicher Wassergehalt W_a zurzeit vorhandener Wassergehalt (aktueller Wassergehalt)
Wasserbilanzquotient BQ	$BQ = \frac{m(H_2O)_{ab}}{m(H_2O)_{auf}} \mathrel{\hat{=}} \frac{V(H_2O)_{ab}}{V(H_2O)_{auf}}$	$m(H_2O)_{ab}$ Masse des abgegebenen Wassers je Zeiteinheit $m(H_2O)_{auf}$ Masse des aufgenommenen Wassers je Zeiteinheit $V(H_2O)_{ab}$ Volumen des abgegebenen Wassers je Zeiteinheit $V(H_2O)_{auf}$ Volumen des aufgenommenen Wassers je Zeiteinheit
Lichtgenuss LG	$LG = \frac{E_{Ort}}{E_{frei}} \cdot 100\%$	E_{Ort} Beleuchtungsstärke am Wuchsort E_{frei} Beleuchtungsstärke im Freiland

Bestandsaufnahme von Pflanzen

Stufen	Deckungsgrad der Art (bedeckter Anteil der Untersuchungsfläche in %)	Häufigkeit der Art in der Untersuchungsfläche	Entwicklungsstatus
r	sehr wenig Fläche abdeckend; <5	1 Individuum	*K* Keimpflanze *J* Jungpflanze *st* steril (ausgewachsene Pflanze ohne Blüten und Samen) *ko* knospend (Blüten- oder Blattknospen) *b* blühend *f* fruchtend *v* vergilbend *t* tot (oberirdische Teile abgestorben) *S* nur als Samen zu finden *g* abgemäht
+	wenig Fläche abdeckend; <5	2 ... 5 Individuen	
1	<5	sehr spärlich vorhanden	
2	5 ... 25	spärlich vorhanden	
3	26 ... 50	wenig zahlreich vorhanden	
4	51 ... 75	zahlreich vorhanden	
5	76 ... 100	sehr zahlreich vorhanden	

Zeigerwerte von Pflanzen

Stufen	Licht *L*	Temperatur *T*	Bodenfeuchtigkeit *F*	Bodenreaktion *R*	Stickstoffversorgung *N*
1	sehr schattig noch bei weniger als 1 %, selten bei mehr als 30 % r. B.* **Tiefschattenpflanze** *Oxalis acetosella*	sehr kalt in alpinen bzw. nivalen Lagen **Kältezeiger** *Ranunculus glacialis*	sehr trocken auf trockene Böden beschränkt **Starktrockniszeiger** *Festuca duvalii*	stark sauer nicht auf schwachsauren bis basischen Böden **Starksäurezeiger** *Gentiana pannonica*	sehr stickstoffarm stickstoffärmste Standorte anzeigend *Festuca ovina*
2	zwischen 1 und 3 *Lysimachia nemorum*	zwischen 1 und 3 *Leontopodium alpinum*	zwischen 1 und 3 *Sedum acre*	zwischen 1 und 3 *Sempervivum montanum*	zwischen 1 und 3 *Dianthus deltoides*
3	schattig meist bei weniger als 5 % r. B.* **Schattenpflanze** *Paris quadrifolia*	kühl in subalpinen Lagen **Kühlezeiger** *Betula nana*	trocken häufiger auf trockenen als auf frischen Böden **Trockniszeiger** *Herniaria glabra*	sauer auf sauren, ausnahmsweise auch auf neutralen Böden **Säurezeiger** *Digitalis purpurea*	stickstoffarm häufiger auf ärmeren und nur ausnahmsweise auf reicheren Böden *Eryngium campestre*
4	zwischen 3 und 5 *Lunaria rediviva*	zwischen 3 und 5 *Andromeda polifolia*	zwischen 3 und 5 *Cornus mas*	zwischen 3 und 5 *Frangula alnus*	zwischen 3 und 5 *Poa nemoralis*
5	halbschattig meist bei mehr als 10 % r. B.*, selten aber im vollen Licht **Halbschattenpflanze** *Pulmonaria officinalis*	mäßig warm in submontan-temperaten Lagen **Mäßigwärmezeiger** *Chaerophyllum aureum*	frisch auf mittelfeuchten Böden, nasse oder öfter austrocknende Böden meidend **Frischezeiger** *Dactylis glomerata*	mäßig sauer selten auf stark sauren oder neutral bis alkalischen Böden **Mäßigsäurezeiger** *Chrysanthemum segetum*	mäßig stickstoffreich seltener auf armen und reichen Böden *Papaver argemone*
6	zwischen 5 und 7 selten bei weniger als 20 % r. B.* *Aquilegia vulgaris*	zwischen 5 und 7 *Daucus carota*	zwischen 5 und 7 *Galanthus nivalis*	zwischen 5 und 7 *Scrophularia nodosa*	zwischen 5 und 7 *Sinapis arvensis*
7	sonnig und schattig ab 30 % r. B.*, meist im vollen Licht **Halblichtpflanze** *Anthriscus sylvestris*	warm in relativ warmen Tieflagen **Wärmezeiger** *Buddleja davidii*	feucht auf gut durchfeuchteten, aber nicht nassen Böden **Feuchtezeiger** *Lychnis flos-cuculi*	schwach sauer bis schwach basisch meidet stark saure Böden **Schwachsäure- bis Schwachbasenzeiger** *Cirsium vulgare*	stickstoffreich seltener auf mittelmäßigen und nur ausnahmsweise auf ärmeren Böden *Phalaris arundinacea*
8	sonnig nur ausnahmsweise bei weniger als 40 % r. B.* **Lichtpflanze** *Lolium perenne*	zwischen 7 und 9 meist submediterran verbreitet *Muscari comosum*	zwischen 7 und 9 *Cirsium palustre*	zwischen 7 und 9 meist auf Kalk weisend *Orchis purpurea*	sehr stickstoffreich **ausgesprochener Stickstoffzeiger** *Humulus lupulus*
9	sehr sonnig an voll besonnten Plätzen, nicht bei weniger als 50 % r. B.* **Volllichtpflanze** *Poa compressa*	sehr warm mediterrane Verbreitung **extremer Wärmezeiger** *Ceterach officinarum*	nass auf durchnässten, luftarmen Böden **Nässezeiger** *Cicuta virosa*	basisch stets auf kalkreichen Böden **Basen- und Kalkzeiger** *Myosotis alpestris*	übermäßig stickstoffreich an Standorten mit übermässiger Nährstoffversorgung bzw. Verschmutzung *Urtica dioica*

* r. B.: relative Beleuchtung ist die Beleuchtung, die am Wuchsort zur vollen Belaubung der sommergrünen Pflanzen (Juli bis September) bei diffuser Beleuchtung (Nebel oder gleichmäßig bedeckter Himmel) herrscht

Register

Zusammengestellt und bearbeitet von
Christian Dirksen (Wirtschaft)
Prof. Dr. Rüdiger Erbrecht (Informatik)
Matthias Felsch (Mathematik)
Alois Graelmann (Wirtschaft)
Dr. Hubert König (Biologie)
Dr. Wolfgang Kricke (Biologie)
Karlheinz Martin (Mathematik)
Wolfgang Pfeil (Chemie)
Dr. Rolf Winter (Physik)
Willi Wörstenfeld (Physik/Astronomie)

Beratung (Wirtschaft):
Dr. Volker Dietzsch
Manfred Scharffe

Unter Planung und Mitarbeit der Verlagsredaktionen
Jan-Holger Gründler, Lutz Kasper, Marielle Kaufmann, Dorothe Redeker,
Christina Schwalm, Dr. Claudia Seidel, Grit Weber

Umschlaggestaltung: Bonnie Siebke
Zeichnungen: Peter Hesse, Christian Böhning
Layout: Wolfgang Lorenz
Satz: Cross Media Solutions GmbH, Würzburg
Herstellung: Bärbel Simon, Wolf-Dieter Stark

www.cornelsen.de

1. Auflage, 2. Druck 2010

Alle Drucke dieser Auflage sind inhaltlich unverändert
und können im Unterricht nebeneinander verwendet werden.

Druck: CS-Druck CornelsenStürtz, Berlin

ISBN 978-3-06-450100-3

Inhalt gedruckt auf säurefreiem Papier aus nachhaltiger Forstwirtschaft.

Sonnensystem

Erde

Größe	Formelzeichen	Wert
Radius am Äquator	$r_{Ä}$	6378 km
Radius am Pol	r_P	6357 km
Volumen	V_E	$1{,}083 \cdot 10^{12}$ km^3
Masse	m_E	$5{,}976 \cdot 10^{24}$ kg
Normfallbeschleunigung	g_n	9,806 65 m/s^2
Luftdruck in Meereshöhe (Normdruck)	p_n	101,3 kPa = 1013 hPa
Mittlere Entfernung von der Sonne	r, S_S	$149{,}6 \cdot 10^6$ km = 1 AE
Mittlere Bahngeschwindigkeit	v_E	29,79 km/s
Siderische Umlaufzeit um die Sonne	T_{sid}	365,26 d

Mond

Größe	Formelzeichen	Wert
Mittlere Entfernung von der Erde	s_M	384 400 km ≈ 60,3 Erdradien
Mittlerer scheinbarer Radius	R'_M	15′ 32,6″ = 0,259°
Radius	R_M	1738 km ≈ 0,2725 Erdradien
Volumen	V_M	$2{,}192 \cdot 10^{10}$ km^3 ≈ 0,02 V_E
Masse	m_M	$7{,}35 \cdot 10^{22}$ kg = 0,0123 m_E
Mittlere Bahngeschwindigkeit	v_M	1,02 km/s
Siderische Umlaufzeit um die Erde	T_{sid}	27,322 d

Planeten des Sonnensystems

Planet	Symbol	Mittlere Bahngeschwindigkeit in km/s	Mittlere Entfernung von der Sonne in 10^6 km	Äquatordurchmesser in km	Masse in Erdmassen ($5{,}976 \cdot 10^{24}$ kg)	Mittlere Dichte in g/cm^3
Merkur	☿	47,8	57,9	4878	0,06	5,43
Venus	♀	35,03	108,2	12104	0,82	5,24
Erde	♁, ⊕	29,79	149,6	12756	1	5,52
Mars	♂	24,13	227,9	6794	0,11	3,93
Jupiter	♃	13,06	778,3	143600	317,9	1,31
Saturn	♄	9,64	1427	120000	95,15	0,69
Uranus	⛢	6,81	2869,6	50800	14,54	1,3
Neptun	♆	5,43	4496,7	49500	17,20	1,71

Sonne

Größe	Formelzeichen	Wert
Mittlere Entfernung zwischen Sonne und Erde	S_S	$149{,}6 \cdot 10^6$ km = 1 AE
Mittlerer scheinbarer Radius	R'_S	16′ 1,2″ = 0,267°
Radius	R_S	700 000 km = 109 Erdradien
Volumen	V_S	$1{,}414 \cdot 10^{18}$ km^3 = $1{,}3 \cdot 10^6$ V_E
Masse	m_S	$2 \cdot 10^{30}$ kg = $3{,}35 \cdot 10^5$ m_E